亚洲物理
奥林匹克竞赛
理论试题与解析

第1—19届

陈 怡　杨军伟　编译

中国科学技术大学出版社

内 容 简 介

本书系统地收录了2000年第1届至2018年第19届亚洲物理奥林匹克竞赛(APhO)的理论试题与解析。随着参加亚洲物理奥林匹克竞赛的国家和地区不断增加,不仅试题难度明显增加,而且涉及的物理知识范围逐渐扩大。由于亚洲物理奥林匹克竞赛的试题均由当年的主办国(地区)准备,各国(地区)轮流命题,因此试题风格各异,而且这些试题基本来源于科研问题和生产生活中的实际问题,很有新意,也很有启发性。

本书可供有志于物理竞赛的中学生和物理教师以及相关物理工作者参考。

图书在版编目(CIP)数据

亚洲物理奥林匹克竞赛理论试题与解析:第1—19届/陈怡,杨军伟编译. —合肥:中国科学技术大学出版社,2021.3(2024.5重印)

ISBN 978-7-312-05129-6

Ⅰ.亚⋯ Ⅱ.①陈⋯ ②杨⋯ Ⅲ.中学物理课—竞赛题 Ⅳ.G634.75

中国版本图书馆 CIP 数据核字(2020)第 259603 号

亚洲物理奥林匹克竞赛理论试题与解析(第1—19届)

YAZHOU WULI AOLINPIKE JINGSAI LILUN SHITI YU JIEXI (DI 1—19 JIE)

出版	中国科学技术大学出版社
	安徽省合肥市金寨路96号,230026
	http://press.ustc.edu.cn
	https://zgkxjsdxcbs.tmall.com
印刷	合肥华苑印刷包装有限公司
发行	中国科学技术大学出版社
开本	787 mm×1092 mm 1/16
印张	22
字数	563 千
版次	2021年3月第1版
印次	2024年5月第2次印刷
定价	58.00 元

前　言

亚洲物理奥林匹克竞赛(Asian Physics Olympiad，简称 APhO)旨在促进亚洲各国(地区)在中学物理教学方面的国际交流，强调"物理学在一切科学技术和青年的普通教育中日益增长的重要性"，希望通过竞赛促进开展物理学科的课外活动，加强不同国家青少年之间的友好关系和人民之间的相互了解与合作，同时帮助参赛者提高物理方面的创造力和将从学校学到的知识用于解决实际问题的能力。

随着国际物理奥林匹克竞赛的规模逐年扩大，人们便有了举办分区比赛的构想。1999 年，在意大利帕多瓦举行的第 30 届国际物理奥林匹克竞赛期间，国际物理奥林匹克竞赛主席 Waldemar Gorzkowski 教授和印度尼西亚领队 Yohanes Surya 博士商定，2000 年 4 月在印度尼西亚举办第 1 届亚洲物理奥林匹克竞赛。我国自 2000 年第 1 届开始，便派出代表队参加亚洲物理奥林匹克竞赛。

亚洲物理奥林匹克竞赛每年举办一次，到 2018 年已经举办了 19 届，每年由各参赛国家和地区轮流主办。每一国家和地区选拔 8 名不超过 20 岁的中学生组成国家代表队参赛，亚洲物理奥林匹克的章程明确宣布该竞赛为个人之间的竞赛而非国家和地区之间的竞争。近年来，每年都有 20 多个亚洲国家和地区报名组队参赛，有时还邀请部分欧洲国家作为客队参加。亚洲物理奥林匹克竞赛一般在每年 5 月左右举行，竞赛分两天进行：一天进行理论竞赛，3 道理论试题，时间为 5 小时；另一天进行实验竞赛，一般有 1 或 2 道实验试题，时间为 5 小时。理论竞赛和实验竞赛中间有一天的休息时间。

随着参加亚洲物理奥林匹克竞赛的国家和地区不断增加，不仅试题难度明显增加，而且涉及的物理知识范围逐渐扩大。由于亚洲物理奥林匹克竞赛的试题均由当年的主办国(地区)准备，各国(地区)轮流命题，因此试题风格各异，而且这些试题基本来源于科研问题和生产生活中的实际问题，很有新意，也很有启发性。

作者自从事物理竞赛教学以来，一直潜心收集历届亚洲物理奥林匹克竞赛试题，关注亚洲物理奥林匹克竞赛动态。我们对 2000 年第 1 届至 2018 年第 19 届亚洲物理奥林匹克竞赛的理论试题与解析进行了系统的翻译和整理，汇集成本书出版，以满足有志于参加物理竞赛的学生和关心物理竞赛的教师的需求。需要说明的是，由于亚洲物理奥林匹克竞赛的实验仪器通常是为了竞赛而特制的，而非全国中学生物理竞赛实验考试或普通物理实验中的通用仪器，一般的学校和学生没有机会接触亚洲物理奥林匹克竞赛实验考试的仪器，因此只能对实验试题忍痛割爱，本书只收录第 1 届至第 19 届亚洲物理奥林匹克竞赛的理论试题与解析。

非常感谢金华一中2021届物理竞赛小组的同学们,他们在首先使用本书书稿的过程中,不仅及时指出了在书稿中发现的各种计算和翻译错误,而且提供了许多与官方解答不一样的解法。特别是陈贝宁同学(第37届全国中学生物理竞赛金牌获得者,国家集训队成员)在成书过程中对部分试题进行校对和验算,在此表示感谢。

  2019年1月,我们在中国科学技术大学出版社出版了《国际物理奥林匹克竞赛理论试题与解析(第31—47届)》一书。时隔两年,我们再次在中国科学技术大学出版社出版《亚洲物理奥林匹克竞赛理论试题与解析(第1—19届)》。希望这两本姊妹图书能够给读者以较大的帮助。

  由于作者水平有限,经验不足,再加上中英文翻译的某些障碍的困难和国内外有些物理学术语的表述差异,书中难免存在着不足、不妥甚至错误之处。真诚地希望读者能够指出错误,批评指正(作者邮箱:chenyi304@126.com),以便日后更正,本人不胜感激。

陈 怡

2020年5月于浙江金华第一中学

目 录

前言 ·· (i)

第 1 届亚洲物理奥林匹克竞赛理论试题与解析 ··· (1)

第 2 届亚洲物理奥林匹克竞赛理论试题与解析 ··· (10)

第 3 届亚洲物理奥林匹克竞赛理论试题与解析 ··· (24)

第 4 届亚洲物理奥林匹克竞赛理论试题与解析 ··· (36)

第 5 届亚洲物理奥林匹克竞赛理论试题与解析 ··· (46)

第 6 届亚洲物理奥林匹克竞赛理论试题与解析 ··· (58)

第 7 届亚洲物理奥林匹克竞赛理论试题与解析 ··· (72)

第 8 届亚洲物理奥林匹克竞赛理论试题与解析 ··· (88)

第 9 届亚洲物理奥林匹克竞赛理论试题与解析 ··· (105)

第 10 届亚洲物理奥林匹克竞赛理论试题与解析 ·· (125)

第 11 届亚洲物理奥林匹克竞赛理论试题与解析 ·· (139)

第 12 届亚洲物理奥林匹克竞赛理论试题与解析 ·· (165)

第 13 届亚洲物理奥林匹克竞赛理论试题与解析 ·· (186)

第 14 届亚洲物理奥林匹克竞赛理论试题与解析 ·· (200)

第 15 届亚洲物理奥林匹克竞赛理论试题与解析 ·· (228)

第 16 届亚洲物理奥林匹克竞赛理论试题与解析 …………………………………………（242）

第 17 届亚洲物理奥林匹克竞赛理论试题与解析 …………………………………………（265）

第 18 届亚洲物理奥林匹克竞赛理论试题与解析 …………………………………………（285）

第 19 届亚洲物理奥林匹克竞赛理论试题与解析 …………………………………………（315）

参考文献 ……………………………………………………………………………………（344）

第1届亚洲物理奥林匹克竞赛理论试题与解析

理 论 试 题

第1题 木星的卫食

早在科学家能精确测量光速之前,丹麦天文学家欧·罗梅尔就研究了木星的卫星的星食时间,通过观测木星的卫星绕木星运动的周期来确定光的传播速率。图 T1.1.1 表示地球 E 绕太阳 S 的运动轨道和木星的卫星 M 绕木星 J 的运动轨道。卫星运行至行星的阴影部分时,在卫星和行星之间的区域会因为太阳光被行星遮蔽,称为卫星食,简称卫食。欧·罗梅尔观测了木星的卫星 M 相继两次从木星的影子中出现的间隔时间。

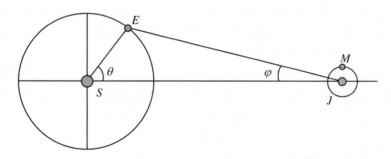

图 T1.1.1 地球 E 绕太阳 S 的运动轨道和卫星 M 绕木星 J 的运动轨道

从一系列的卫星观测可以精确地求出卫食周期,而该周期 T 的观测值依赖于地球在以连线 SJ 为坐标轴之一的参考系中的相对位置。卫星绕木星运动周期的平均观测值为 $T_0 = $ 42 h 28 min 16 s,卫星绕木星运动周期的最大观测值为 $T_0 + 15$ s。

已知物理数据:地球 E 与太阳 S 的平均距离 $R_E = 1.496 \times 10^8$ km,地球 E 与太阳 S 的最大距离 $R_{E\max} = 1.015 R_E$,地球 E 绕太阳 S 公转的周期为 365 d(1 a),木星 J 绕太阳 S 公转的周期为 11.9 a,卫星 M 与木星 J 的距离 $R_M = 0.422 \times 10^6$ km。

(A1) 假定地球和木星绕太阳运动的轨道均为圆形,试用牛顿万有引力定律计算木星与太阳的距离。

(A2) 计算地球在以太阳-木星连线 SJ 为坐标轴的参考系中的角速度,并计算地球在该参考系中的相对速率。

设地球上的观测者(欧·罗梅尔)位于地日轨道的 θ 位置时,观测到卫星 M 从木星 J 的影子中出现。当地球上的观测者(欧·罗梅尔)位于地日轨道的 θ' 位置时,观测到卫星 M 又

---

① 第1届亚洲物理奥林匹克竞赛于 2000 年 4 月 23 日至 5 月 2 日在印度尼西亚卡拉瓦奇举行,10 个国家和地区派出代表队参加。

一次从木星 J 的影子中出现。由上述观测结果，地球上的观测者可以得到卫星 M 绕木星 J 公转的表观周期 $T(t)$ 依赖于观测时刻 t。欧·罗梅尔认为这种表观周期因观测时间而发生的变化是由在观测过程中地球与木星间的距离 d 发生变化造成的。

（A3）请根据图 T1.1.1 推导地球 E 与木星 J 间的距离 $d(t)$ 与观测时刻 t 之间的关系式。然后利用该关系式的近似表达式解释地球与木星间的距离 d 的变化是如何影响卫星 M 绕木星 J 公转的周期的，并估算地球与木星间的距离 d 的近似表达式的相对误差。

（A4）导出地球 E 与木星 J 间的距离 $d(t)$ 与卫星 M 绕木星 J 公转的表观周期 $T(t)$ 之间的关系式，画出表观周期 $T(t)$ 与观测时刻 t 之间的函数曲线，并指出观测者观测到卫星 M 绕木星 J 公转的表观周期为最大值、最小值和真实值时的地球位置。

（A5）请估算光的传播速率，并指出估算的光的传播速率的误差来源，计算该误差的数量级大小。

（A6）已知地球的质量 $M_E = 5.98 \times 10^{24}$ kg 和月球绕地球公转的周期 27 d 7 h 3 min，求木星的质量。

第 2 题　α 粒子的检测

我们一直受到天然放射源辐射和人工放射源辐射。随着核反应堆的发展和放射性同位素在农业、工业、生物和医药等领域的应用，人工放射源的数量逐年增加。α 粒子就是从放射源发射出来的粒子，其本质为氦原子核 $^4_2\text{He}^{2+}$。

利用电学方法可以检测 α 粒子，其基本原理是：当 α 粒子通过气体或其他物质时，会使气体或其他物质发生电离。在标准大气压下，α 粒子的平均电离程 R_α 与 α 粒子的能量 E 之间的关系为

$$R_\alpha = 0.318 E^{\frac{3}{2}}$$

其中 R_α 以 cm 为单位，E 以 MeV 为单位。

为了检测由放射源（α 粒子源）发射的 α 粒子，将充满气体的电离室作为（α 粒子）探测器，如图 T1.2.1 所示。α 粒子通过气体时使气体电离，电离产生的正、负离子分别奔向阴极和阳极，阴极和阳极分别收集正、负离子后会产生脉冲电压，该脉冲电压可被放大、检测和记录。阳极和阴极间的电压保持足够高，使得在正、负离子分别到达阴极和阳极的过程中正、负离子复合的数量忽略不计。

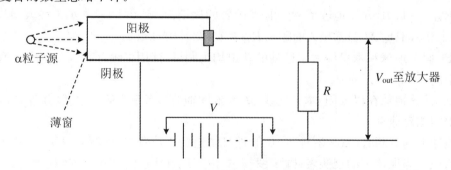

图 T1.2.1　电离室电路原理图

电容为 45 pF 的电离室系统用来检测电离程为 5.50 cm 的 α 粒子。

(A1) 假定在空气中产生正负离子对(离子对由较轻的负电子和较重的正离子组成,两者均带一个元电荷)所需的能量为 35 eV,则每个 α 粒子产生的脉冲电压的峰值是多少? 假定图 T1.2.1 中的 R 很大。

由 α 粒子产生的脉冲电压将出现在电阻 R 的两端,假定该装置可以测量的饱和电流的最小值为 10^{-12} A(饱和电流值大体为常量,此时阳极和阴极单位时间内吸收的正、负离子数量与入射 α 粒子单位时间内电离产生的正、负离子数量相同)。假定该检测系统的检测效率为 10%,α 粒子的电离程 $R_α = 5.5$ cm。

(A2) 计算该装置所能检测到的放射源的最小活度 A,所谓活度指单位时间内由放射源产生的 α 粒子数。

活度的国际单位是居里(Ci),1 Ci = $3.78×10^{10}$ dis/s(次衰变/秒),1 次衰变/秒在本题中即为放射源每秒产生 1 个 α 粒子。

现在利用上述电离室对由 α 粒子产生的脉冲进行计数。

(A3) 欲使该测量系统的 RC 电路的时间常数 $\tau = 10^{-3}$ s,请确定电阻 R 的阻值。若要产生 0.25 V 的脉冲电压信号,所需的脉冲放大器的放大倍数是多少?

电离室由圆柱形的电极板组成,如图 T1.2.2 所示。对于采用这种电离室的检测系统,设中心的金属圆柱阳极和外面的薄金属圆柱形阴极的直径分别为 d 和 D。

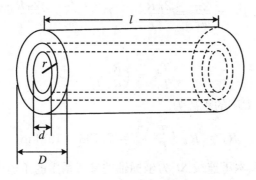

图 T1.2.2 圆柱形电离室

(A4) 当阳极单位长度上带有电荷 λ 时,导出距圆柱阳极轴心为 $r\left(\dfrac{d}{2} \leqslant r \leqslant \dfrac{D}{2} \ll l\right)$ 处的电场强度 E(r) 和电势 U(r) 的表达式,并导出电离室单位长度的电容。

设空气的击穿电场强度 $E_b = 3×10^6$ V/m(当空气中电场强度最大处的电场场强大于 E_b 时,空气将被击穿)。如果 d = 1 mm,D = 1 cm,计算当圆柱形电离室发生击穿时阳极和阴极间的电势差。

第 3 题 斯泰瓦-托尔曼效应

1917 年,斯泰瓦和托尔曼发现,对于绕在圆柱上的闭合线圈,当该圆柱以恒定的角加速度绕圆柱中心轴线旋转时,线圈中会有电流通过。

现有许多匝线圈,每匝线圈半径为 r,每匝线圈均用电阻为 R 的细金属导线绕成,线圈均匀地绕在很长的空心玻璃圆柱上,圆柱的内部为真空。每匝线圈用黏胶固定在圆柱上,单位长度的线圈匝数为 n,线圈平面与圆柱的中心轴线垂直。从某时刻开始,圆柱和线圈以恒

定的角加速度 β 绕圆柱的中心轴线转动。已知电子质量 m 和元电荷 e。

求经过足够长时间后,圆柱中心轴线处磁场的磁感应强度 B。

解 析

第1题 木星的卫食

(A1) 假定地球和木星的绕日轨道均为圆形,万有引力提供所需的向心力,有

$$G\frac{M_S M_E}{R_E^2} = M_E \frac{v_E^2}{R_E}, \quad G\frac{M_J M_S}{R_J^2} = M_J \frac{v_J^2}{R_J} \tag{1.1.1}$$

其中 G 为万有引力常量,M_S 为太阳质量,M_E 为地球质量,M_J 为木星质量,R_E 为地球绕日轨道半径,R_J 为木星绕日轨道半径,v_E 为地球绕日轨道速度,v_J 为木星绕日轨道速度。

由式(1.1.1)可得

$$\frac{R_J}{R_E} = \left(\frac{v_E}{v_J}\right)^2 \tag{1.1.2}$$

已知地球绕日周期、木星绕日周期分别为

$$T_E = \frac{2\pi}{\omega_E} = \frac{2\pi R_E}{v_E}, \quad T_J = \frac{2\pi}{\omega_J} = \frac{2\pi R_J}{v_J} \tag{1.1.3}$$

由式(1.1.3)可得

$$\frac{T_E}{T_J} = \left(\frac{R_E}{R_J}\right)^{\frac{3}{2}} \tag{1.1.4}$$

由式(1.1.4)可得木星与太阳的距离为

$$R_J = R_E \left(\frac{T_J}{T_E}\right)^{\frac{2}{3}} = 7.798 \times 10^8 \text{ km} \tag{1.1.5}$$

(A2) 地球在以太阳-木星连线 SJ 为坐标轴的参考系中的角速度为

$$\omega = \omega_E - \omega_J = 2\pi\left(\frac{1}{365 \times 86400} - \frac{1}{11.9 \times 365 \times 86400}\right) = 1.83 \times 10^{-7} \text{ rad/s} \tag{1.1.6}$$

地球在以太阳-木星连线 SJ 为坐标轴的参考系中相对太阳的运行速率为

$$v = \omega R_E = 1.83 \times 10^{-7} \text{ rad/s} \times 1.496 \times 10^8 \text{ km} = 27.3 \text{ km/s} \tag{1.1.7}$$

(A3) 方法一

根据图 T1.1.1 中的几何关系,令 $\theta = \omega t$,木星与地球的距离为

$$\begin{aligned}
d(t) &= \sqrt{R_J^2 + R_E^2 - 2R_E R_J \cos\omega t} \\
&= R_J \left(1 - 2\frac{R_E \cos\omega t}{R_J} + \frac{R_E^2}{R_J^2}\right)^{\frac{1}{2}} \\
&\approx R_J \left(1 - \frac{R_E \cos\omega t}{R_J}\right) \\
&= R_J - R_E \cos\omega t
\end{aligned} \tag{1.1.8}$$

式(1.1.8)最终结果的误差来源于略去了 $\frac{R_E^2}{R_J^2}$ 项,其相对误差约为

$$\left(\frac{R_E}{R_J}\right)^2 \approx 4\% \tag{1.1.9}$$

当地球和木星间的距离为 $d(t)$ 时,地球上的观测者观察到卫星 M 从木星 J 的影子中出现;当地球 E 和木星 J 间的距离为 $d(t+T_0)$ 时,地球上的观测者观察到卫星 M 从木星 J 的影子中再一次出现。由于光行进距离 $\Delta d(t) = d(t+T_0) - d(t)$ 是需要时间的,因此地球上的观测者观察到的卫星 M 绕木星 J 的周期是表观周期 T 而非真实周期 T_0。

由于 $\omega T_0 \approx 0.03$,$\sin \omega T_0 \approx \omega T_0$,$\cos \omega T_0 \approx 1$,因此地球 E 与木星 J 间的距离在真实周期 T_0 内的变化为

$$\Delta d(t) = R_E[\cos \omega t - \cos \omega(t+T_0)] \approx R_E \omega T_0 \sin \omega t \quad (1.1.10)$$

方法二

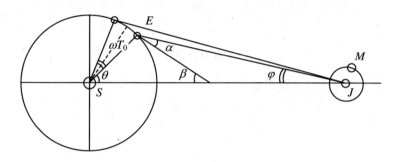

图 J1.1.1

如图 J1.1.1 所示,由图中的几何关系可得

$$\beta = \varphi + \alpha \quad (1.1.11)$$

$$\frac{1}{2}\omega T_0 + \beta + \theta = \frac{\pi}{2} \quad (1.1.12)$$

地球 E 与木星 J 间的距离在真实周期 T_0 内的变化为

$$\Delta d(t) = R_E[\cos \theta - \cos(\theta + \omega T_0)] \quad (1.1.13)$$

联立(1.1.11)~(1.1.13)三式,可得

$$\Delta d(t) \approx \omega T_0 R_E \cos \alpha = \omega T_0 R_E \sin\left(\omega t + \frac{1}{2}\omega T_0 + \varphi\right) \quad (1.1.14)$$

考虑到 $\omega T_0 \approx 0.03$ 和 $\varphi < \dfrac{R_E}{R_J} \approx 0.19$,式(1.1.14)可化为

$$\Delta d(t) \approx \omega T_0 R_E \sin \omega t \quad (1.1.15)$$

(A4) 光行进距离 $\Delta d(t) = d(t+T_0) - d(t)$ 需要的时间为

$$T - T_0 \approx \frac{\Delta d(t)}{c} \quad (1.1.16)$$

其中 c 为光速。因此观测者观察到卫星 M 绕木星运动的表观周期 T 为

$$T \approx T_0 + \frac{\Delta d(t)}{c} = T_0 + \frac{\omega T_0 R_E \sin \omega t}{c} \quad (1.1.17)$$

卫星 M 绕木星运动的表观周期 T 与观测时刻 t 之间的函数曲线图像如图 J1.1.2 所示。

当 $\omega t = \dfrac{\pi}{2}$ 时,地球上的观测者观测到卫星 M 绕木星 J 的最大表观周期;当 $\omega t = \dfrac{3\pi}{2}$ 时,地球上的观测者观测到卫星 M 绕木星 J 的最小表观周期;当 $\omega t = 0$ 或 π 时,地球上的观测者观测到卫星 M 绕木星 J 的表观周期恰好为卫星 M 绕木星 J 的真实周期。

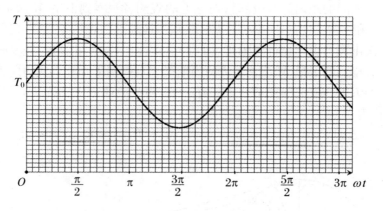

图 J1.1.2

(A5) 由卫星 M 的最大表观周期

$$T_{\max} = T_0 + \frac{R_E \omega T_0}{c} \tag{1.1.18}$$

可得

$$\frac{R_E \omega T_0}{c} = 15 \text{ s} \tag{1.1.19}$$

将题中已知数据代入式(1.1.19),可得

$$c = 2.78 \times 10^8 \text{ m/s} \tag{1.1.20}$$

我们在(A2)小题中知道了 $\left(\dfrac{R_E}{R_J}\right)^2$ 产生的相对误差约为 4%,由于时间测量产生的相对误差约为 $\dfrac{0.5}{15} \approx 3.4\%$,故而总的相对误差约为 7.4%。另一误差来自轨道是圆形的假设,实际上运行轨道是椭圆轨道,其相对误差约为

$$\frac{R_{E\max} - R_E}{R_E} \approx 1.5\% \tag{1.1.21}$$

因此光的传播速率的误差约为 4% + 3.4% + 1.5% = 8.9%,数据修正后与真实光速基本相符,相差不大。

(A6) 我们利用推广的开普勒第三定律,可得木星质量 M_J 与地球质量 M_E 之比为

$$\frac{M_J}{M_E} = \left(\frac{T_{mE}}{T_M}\right)^2 \left(\frac{R_M}{R_{mE}}\right)^3 \tag{1.1.22}$$

代入数据可得木星的质量为

$$M_J = 1.887 \times 10^{27} \text{ kg} \tag{1.1.23}$$

第 2 题 α 粒子的检测

(A1) 根据题中所给的 α 粒子的电离程与能量的关系和数据可得

$$E = \left(\frac{R_\alpha}{0.318}\right)^{\frac{2}{3}} = \left(\frac{5.50}{0.318}\right)^{\frac{2}{3}} \text{ MeV} = 6.69 \text{ MeV} \tag{1.2.1}$$

由于 $E_{\text{离子对}} = 35 \text{ eV}$,因此产生的离子对数量为

$$N_{\text{离子对}} = \frac{E}{E_{\text{离子对}}} = 1.91 \times 10^5 \tag{1.2.2}$$

每个 α 粒子产生的脉冲电压峰值为

$$\Delta U = \frac{\Delta Q}{C} = \frac{N_{\text{离子对}} e}{C} \tag{1.2.3}$$

将电离室系统的电容 $C = 45$ pF 代入式(1.2.3),可得每个 α 粒子产生的脉冲电压峰值为

$$\Delta U = 0.68 \times 10^{-3} \text{ V} \tag{1.2.4}$$

(A2) 活度为 A(放射源每秒发射的 α 粒子数)的放射源发出的 α 粒子进入效率为 10% 的探测器后产生的电流为

$$I = \frac{Q}{t} = 0.1 A N_{\text{离子对}} e \tag{1.2.5}$$

将题中所给的饱和电流的最小值 $I_{\min} = 1.0 \times 10^{-12}$ A 和其他数据代入式(1.2.5),可得该检测系统所能检测到的 α 粒子放射源的最小活度为

$$A_{\min} = 3.3 \times 10^2 \text{ dis/s} \tag{1.2.6}$$

由题意知 1 Ci $= 3.78 \times 10^{10}$ dis/s,于是该检测系统所能检测到的 α 粒子放射源的最小活度为

$$A_{\min} = 8.7 \times 10^{-9} \text{ Ci} \tag{1.2.7}$$

(A3) 该测量系统的 RC 电路的时间常数 $\tau = 10^{-3}$ s,因此该测量系统中的电阻为

$$R = \frac{\tau}{C} = 2.222 \times 10^7 \text{ Ω} \tag{1.2.8}$$

我们在(A1)小题中已经求出能量为 6.69 MeV 的 α 粒子在电离室阳极引起的电压信号大小为 0.68 mV,因而为了获得 0.25 V 的电压信号,所需电压脉冲放大器的放大倍数为

$$G = \frac{0.25}{0.68 \times 10^{-3}} = 368 \tag{1.2.9}$$

(A4) 由对称性可知,电场强度方向沿半径方向且仅依赖于与中心轴线的距离 r。利用高斯定理,取半径为 r、长为 l 的圆柱形高斯面,高斯面内的电荷为 λl。由电场的高斯定理可得

$$\oint \vec{E} \cdot d\vec{S} = 2\pi r l E = \frac{\lambda l}{\varepsilon_0} \tag{1.2.10}$$

因此,距圆柱阳极轴心 r 处的电场强度为

$$E(r) = \frac{\lambda}{2\pi\varepsilon_0 r} \tag{1.2.11}$$

电场强度仅随半径 r 变化。设圆柱阳极电势为 U_0,则有

$$U(r) - U_0 = -\frac{\lambda}{2\pi\varepsilon_0} \int_{\frac{d}{2}}^{r} \frac{dr}{r} \tag{1.2.12}$$

于是,半径为 r 处的电势为

$$U(r) = U_0 - \frac{\lambda}{2\pi\varepsilon_0} \ln\frac{2r}{d} \tag{1.2.13}$$

令 $r = \frac{D}{2}$,可得电离室阴阳两极间的电压为

$$U = \frac{\lambda}{2\pi\varepsilon_0} \ln\frac{D}{d} \tag{1.2.14}$$

因此单位长度的电容为

$$C_0 = \frac{Q}{U} = \frac{2\pi\varepsilon_0}{\ln\dfrac{D}{d}} \qquad (1.2.15)$$

圆柱形电容器内的最大电场出现在 $r = \dfrac{d}{2}$ 处。若令 $r = \dfrac{d}{2}$ 处的电场强度等于击穿电场强度 E_b，则电容器单位长度所带电荷为 $E_b \pi \varepsilon_0 d$，将其代入电容器两极板电势差表达式，可得

$$U = \frac{1}{2} E_b d \ln \frac{D}{d} \qquad (1.2.16)$$

将题中已知数据代入式(1.2.16)，可得

$$U = 3.45 \times 10^3 \, \text{V} \qquad (1.2.17)$$

第 3 题　斯泰瓦-托尔曼效应

首先考虑一个圆环。考虑环的微元，并引进相对该微元静止的参考系。由于环以恒定的角加速度 β 运动，因此我们引入的参考系并不是惯性参考系，而是具有一定的线加速度的。此线加速度只需考虑切向分量 βr，而无需考虑法向分量，原因是环很细，观察不到任何法向效应。在我们所取的参考系中，形成金属晶格的金属阳离子处于静止状态，而电子受到大小 $m\beta r$ 的惯性力的作用，该惯性力的方向与前述线加速度的切线分量相反。

金属晶格与电子间的相互作用不允许电子速度无限制地增大。根据欧姆定律，此相互作用随电子相对晶格的速度增大而增大。在某一时刻，电子所受的惯性力与这种相互作用造成的阻力会达到平衡状态，结果使得金属阳离子和自由电子以不同的速度运动。也就是说，在相对金属阳离子静止的参考系中观察到由电子运动产生的电流。

电子所受的惯性力大小为常量，惯性力的方向在环的任一部分均与环相切，它对电子的作用和在环的每一点上与环相切的虚拟电场相同。显然，该虚拟电场对电子的作用力应该与惯性力相等，因此有

$$eE = m\beta r \qquad (1.3.1)$$

故虚拟电场强度为

$$E = \frac{m\beta r}{e} \qquad (1.3.2)$$

在电阻为 R 的圆环（静止）中，上述虚拟电场将产生电流

$$I = \frac{2\pi r E}{R} \qquad (1.3.3)$$

于是，在所考察的圆环中电流应为

$$I = \frac{2\pi m r^2 \beta}{eR} \qquad (1.3.4)$$

虽然电场是虚拟的电场，但它描述了惯性力对电子的一种真实作用，即环中的电流是真实的。

然后，仿照前述考虑转动圆环的方法，考虑题中所述单位长度的线圈匝数为 n、线圈平面与圆柱的中心轴线垂直的很长的螺线管的问题，假设其中有电流 I。在此螺线管中，磁感应强度 B 的大小均匀，其值为

$$B = \mu_0 n I \qquad (1.3.5)$$

其中 μ_0 为真空中的磁导率。由于圆柱中心轴线上的点不论在转动的非惯性参考系中还是在实验室参考系中均静止不动,因而在实验室参考系中,圆柱中心轴线上的磁感应强度为

$$B = \frac{2\pi\mu_0 nmr^2\beta}{eR} \tag{1.3.6}$$

尽管圆环或线圈是电中性的,但是出人意料的是,由于金属的特殊结构(金属阳离子几乎静止不动,只有电子才能运动),螺线管中会出现磁场。

第 2 届亚洲物理奥林匹克竞赛理论试题与解析

理论试题

第 1 题 月球何时会成为地球的同步卫星

目前,月球的自转周期与月球的公转周期恰好是相等的,因此月球总是以相同的一面朝向地球。月球的自转周期与月球的公转周期相等可能是月球与地球间的潮汐力长期作用的结果。

但是,目前地球的自转周期比月球的公转周期要短。因此,地球与月球间的潮汐力将继续起作用,使得地球的自转速度变慢,月球与地球间的距离变长。

在本题中,我们试图估计再经过多长时间,地球的自转周期会与月球的公转周期相等。到那时,月球将成为地球的同步卫星,如同固定在天空中的物体,永远出现在同一位置,只有处于地球上朝向月球的一面的人类才能看到月球。当然,我们也想知道,到那时地球的自转周期是多长。

我们采用以下两个空间直角坐标系(右手系)作为参考基准。这两个参考系的第三条坐标轴 z 轴彼此相互同向平行,且垂直于月球的轨道平面。

第一个参考系称为地月质心参考系,其原点位于地球-月球系统的质心 C,是惯性参考系。

第二个参考系称为 xyz 参考系,其原点位于地心 O,z 轴与地球的自转轴重合,x 轴则沿着月球与地球的连心线,x 轴正方向与图 T2.1.1 中标示的单位矢量 $\hat{r}$ 相同。在 xyz 参考系中,月球永远处于 x 负半轴上。

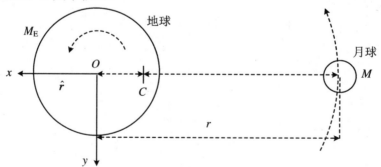

图 T2.1.1 两个弯曲箭头分别表示地球自转方向和月球公转方向,地月距离为 r(未按照实际比例绘制)

---

① 第 2 届亚洲物理奥林匹克竞赛于 2001 年 4 月 22 日至 5 月 1 日在中国台北举行,12 个国家和地区派出代表队参加。

为简单起见,我们作如下假定:

① 地球-月球系统视为孤立系统,忽略宇宙中的其他物质(包括太阳)对地月系统的作用和影响。

② 月球绕地球的运行轨道为圆。

③ 地球的自转轴与月球的公转轨道平面垂直。

④ 若月球不存在,地球无自转,则地球质量将呈现球对称分布,其半径为 R_E。

⑤ 无论是地球还是月球,绕过球心的任意轴转动的转动惯量 $I = \frac{2}{5}MR^2$。

⑥ 地球周围的水相对于 xyz 参考系总是保持静止。

已知物理数据:目前月球和地球间的距离 $r_0 = 3.85 \times 10^8$ m,且每年增加 0.038 m。目前月球绕地球的运行周期(月球公转周期)$T_M = 27.322$ d,月球质量 $M = 7.35 \times 10^{22}$ kg,月球半径 $R_M = 1.74 \times 10^6$ m。目前地球自转周期 $T_E = 23.933$ h,地球质量 $M_E = 5.97 \times 10^{24}$ kg,地球半径 $R_E = 6.37 \times 10^6$ m。万有引力常量 $G = 6.67259 \times 10^{-11}$ N·m²/kg²。

参考公式:

当 $0 \leqslant s < r$ 且 $x = s\cos\theta$ 时,

$$\frac{1}{\sqrt{r^2 + s^2 + 2rx}} \approx \frac{1}{r} - \frac{x}{r^2} + \frac{3x^2 - s^2}{2r^3} + \cdots$$

当 $a \neq 0$ 且 $\frac{d\omega}{dt} = b\omega^{1-a}$ 时,

$$\omega^a(t') - \omega^a(t) = (t' - t)ab$$

(A1) 以质心 C 为参考点,求目前地球-月球系统的总角动量 L 的值。

(A2) 当地球的自转周期与月球的公转周期相等时,求地球的自转周期 T 的近似值,以目前地球的自转周期"天"为单位。

现将地球视为在静止的海水层之下自转的固体球。若考虑自转的固体球与海水层之间的摩擦力,并假设由于固体球自转较快,会拖着潮汐跟着自己一起前进,从而使得地球两端涨潮区的连心线与 x 轴所成夹角为 δ,如图 T2.1.2 所示。因此以 O 为参考点,月球对地球的潮汐力的力矩 Γ 并不为零,地球的自转也会因此而变慢。假设 δ 为定值,且与地月距离无关。但当月球的公转周期与地球的自转周期相等时,地球的固体球与海水层之间的摩擦力便不复存在,δ 也就变成零。已知月球对地球的潮汐力的力矩 Γ 与地月距离 r 的六次方成反比,即 $\Gamma \propto \frac{1}{r^6}$。

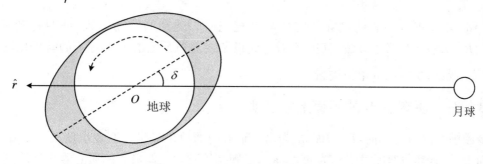

图 T2.1.2

(A3) 根据上述模型,求从现在到地球自转周期与月球公转周期相等需要经历的时间

t_f,以目前的地球公转周期"年"为单位。

第 2 题 电偶极子在磁场中的运动

在匀强磁场 $\boldsymbol{B} = B \cdot \hat{\boldsymbol{B}}$ 中,由多个带电质点组成的系统的平动和转动会相互耦合。因此,系统的动量守恒定律以及沿着 $\boldsymbol{B}$ 方向的角动量守恒定律需要进行修正,与常见的形式不同。在本题中,我们希望研究该问题。

考虑由两个质量同为 m、带电量分别为 $q(>0)$ 和 $-q$、用长度为 l 且质量可忽略不计的刚性绝缘细棒连接的两质点组成的电偶极子。设带电量为 q 与 $-q$ 的质点的位置矢量分别为 $\boldsymbol{r}_1$ 和 $\boldsymbol{r}_2$,则 $\boldsymbol{l} = \boldsymbol{r}_1 - \boldsymbol{r}_2$。设电偶极子绕质心转动的角速度为 $\boldsymbol{\omega}$,系统质心的位置矢量为 $\boldsymbol{r}_{CM}$,系统质心的速度为 $\boldsymbol{v}_{CM}$。

已知速度为 $\boldsymbol{v}$、带电量为 q 的质点在磁场 $\boldsymbol{B}$ 中受到的洛伦兹力为 $q\boldsymbol{v} \times \boldsymbol{B}$。

忽略相对论效应、电磁辐射和电偶极子绕两质点连线的转动。

参考公式:

$\boldsymbol{A}_1 \times \boldsymbol{A}_2$ 表示 $\boldsymbol{A}_1$ 和 $\boldsymbol{A}_2$ 的矢量积,在空间直角坐标系中的定义为

$$(\boldsymbol{A}_1 \times \boldsymbol{A}_2)_x = A_{1y}A_{2z} - A_{1z}A_{2y}$$
$$(\boldsymbol{A}_1 \times \boldsymbol{A}_2)_y = A_{1z}A_{2x} - A_{1x}A_{2z}$$
$$(\boldsymbol{A}_1 \times \boldsymbol{A}_2)_z = A_{1x}A_{2y} - A_{1y}A_{2x}$$

对于任意三矢量 $\boldsymbol{A}_1, \boldsymbol{A}_2, \boldsymbol{A}_3$,有以下三个关系式成立:

$$\boldsymbol{A}_1 \times \boldsymbol{A}_2 = -\boldsymbol{A}_2 \times \boldsymbol{A}_1$$
$$\boldsymbol{A}_1 \cdot (\boldsymbol{A}_2 \times \boldsymbol{A}_3) = (\boldsymbol{A}_1 \times \boldsymbol{A}_2) \cdot \boldsymbol{A}_3$$
$$\boldsymbol{A}_1 \times (\boldsymbol{A}_2 \times \boldsymbol{A}_3) = (\boldsymbol{A}_1 \cdot \boldsymbol{A}_3)\boldsymbol{A}_2 - (\boldsymbol{A}_1 \cdot \boldsymbol{A}_2)\boldsymbol{A}_3$$

A 部分 守恒量

(A1) 求作用于此电偶极子的合力和相对于质心的合力矩,从而写出此电偶极子的质心的动力学方程与绕质心转动的转动方程。

(A2) 由质心的动力学方程导出修正后的总动量守恒定律,将该守恒量记为 $\boldsymbol{P}$,并将守恒的系统能量 E 用 $\boldsymbol{v}_{CM}$ 和 $\boldsymbol{\omega}$ 表示。

系统的角动量由两部分组成:一部分来自于系统质心的运动,另一部分来自于系统绕质心的转动。

(A3) 求修正后的总动量守恒定律与系统绕质心转动的转动方程,证明物理量 $J = (\boldsymbol{r}_{CM} \times \boldsymbol{P} + I\boldsymbol{\omega}) \cdot \hat{\boldsymbol{B}}$ 必须守恒,其中 I 为电偶极子绕通过质心且垂直于 $\boldsymbol{l}$ 的转轴的转动惯量,$\hat{\boldsymbol{B}}$ 为沿磁场 $\boldsymbol{B}$ 方向的单位矢量。

B 部分 垂直于 B 的平面上的运动

令磁场方向为 z 方向,$\boldsymbol{B} = B\boldsymbol{k}$,$\boldsymbol{k}$ 为沿 z 轴方向的单位矢量。假设电偶极子只在 $z = 0$ 的平面上运动,其角速度可表示为 $\boldsymbol{\omega} = \omega\boldsymbol{k}$。已知初始时刻电偶极子的质心静止于原点,$\boldsymbol{l}$ 指向 x 轴方向,电偶极子的角速度为 $\omega_0 \boldsymbol{k}$。

(B1) 若 $\omega_0 < \omega_c$,则此电偶极子无法绕其质心完成一周以上的转动,求临界值 ω_c 的表

达式。

(B2) 对于任意 $\omega_0 > 0$，求电偶极子的质心在 $-x$ 方向能达到的最大位移 d_m 的表达式。

(B3) 求刚性棒所受到的张力 T 的表达式，用角速度 ω 表示。

第 3 题 金属晶体表面的金属原子的热振动

本题探究由单一金属元素构成的金属晶体的表面金属原子的热振动。该金属晶体的晶格为面心立方结构，其单位晶胞为立方体，在立方体各顶点和各面中心位置上各有一个金属原子，如图 T2.3.1 所示。在 x, y, z 轴上的三个原子的位置坐标分别为 $(a, 0, 0)$，$(0, a, 0)$，$(0, 0, a)$。已知晶体的晶格常数（即图 T2.3.1 中立方体的边长）$a = 0.392$ nm。

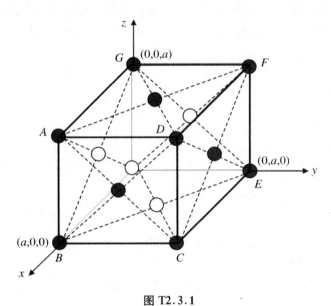

图 T2.3.1

已知物理学常量：金属元素的摩尔质量 $M = 195.1 \times 10^{-3}$ kg/mol，玻尔兹曼常量 $k_B = 1.38 \times 10^{-23}$ J/K，电子的质量 $m_e = 9.11 \times 10^{-31}$ kg，电子的电量 $e = 1.60 \times 10^{-19}$ C，普朗克常量 $h = 6.63 \times 10^{-34}$ J·s。

A 部分

现将此金属晶体进行切割，使得 $ABCD$ 所在平面成为金属晶体样品的表面，用于低能量电子衍射实验。动能为 64.0 eV 的电子形成准直电子束以 $\varphi_0 = 15.0°$ 的入射角（电子束的入射线与样品表面法线的夹角）射向该表面，准直电子束的入射面为 AC 与该金属晶体表面法线所构成的平面。为简单起见，假设入射的电子只能被金属晶体表面最外层的原子散射。

(A1) 求入射低能量电子的物质波的波长值。

(A2) 若利用探测器探测经金属晶体表面衍射后仍不偏离入射面的电子，请问探测器的探测方向与样品表面法线的夹角应取何值才能探测到目标衍射电子？

B 部分

假设金属晶体表面原子的热振动可视为简谐运动。当温度升高时，热振动的振幅会增大，我们可用低能电子衍射来探测热振动的平均振幅。已知衍射后电子束的强度 I 与单位时间散射进入探测器的电子数成正比，而衍射后电子束的强度 I 与金属晶体表面原子的位移 $u(t)$ 之间满足

$$I = I_0 \exp\{-\overline{[(\boldsymbol{K}' - \boldsymbol{K}) \cdot \boldsymbol{u}]^2}\}$$

其中 I, I_0 分别表示绝对温度为 T 与绝对零度时经金属晶体表面衍射后电子束的强度，$\boldsymbol{K}$ 与 $\boldsymbol{K}'$ 分别表示电子经金属晶体表面衍射前与衍射后的波矢，式中上方的横线表示对时间的平均值。已知粒子的波矢 $\boldsymbol{K}$ 与动量 $\boldsymbol{p}$ 之间满足 $\boldsymbol{K} = \dfrac{2\pi \boldsymbol{p}}{h} = \dfrac{\boldsymbol{p}}{\hbar}$，其中 h 为普朗克常量，$\hbar = \dfrac{h}{2\pi}$ 为约化普朗克常量。

为测量金属晶体表面原子的热振动的振幅，用准直电子束对此金属晶体表面入射，已知入射电子的动能为 $64.0\,\text{eV}$，入射角为 $15.0°$，探测器设置为仅能探测在镜面反射方向上被弹性散射的电子。图 T2.3.2 表示经此金属晶体表面衍射前后电子束的强度之比的对数值 $\ln\dfrac{I}{I_0}$ 与绝对温度 T 的函数关系曲线。

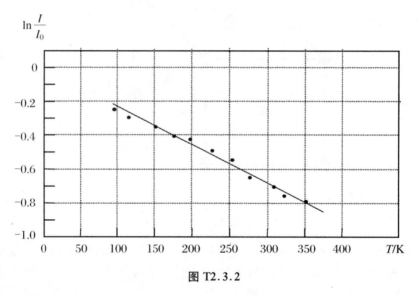

图 T2.3.2

假设某金属原子沿样品表面法线方向（即 x 轴正方向）热振动，其总能量为 $k_B T$，k_B 为玻尔兹曼常量。

(B1) 求金属晶体表面的金属原子沿表面法线方向振动的频率值。

(B2) 当绝对温度为 $300\,\text{K}$ 时，求金属晶体表面的金属原子沿表面法线方向的振动位移的方均根值 $\sqrt{\overline{u_x^2(t)}}$。

解 析

第 1 题 月球何时会成为地球的同步卫星

(A1) 欲求以 C 为参考点时，地球-月球系统的总角动量 $\boldsymbol{L} = L\hat{z}$，由于所有的角动量都沿着 z 轴方向，因此只需计算各角动量的 z 分量。

质心 C 与地心 O 的距离为

$$r_{CM} = \frac{Mr_0}{M + M_E} = 0.735R_E = 4.68 \times 10^6 \text{ m} \tag{2.1.1}$$

月球公转的角速度为

$$\omega_0 = \frac{2\pi}{T_M} = 2.6617 \times 10^{-6} \text{ rad/s} \tag{2.1.2}$$

月球绕地月系统质心 C 的轨道角动量为

$$L_M = M(r_0 - r_{CM})^2 \omega_0 = 2.83 \times 10^{34} \text{ kg} \cdot \text{m}^2/\text{s} \tag{2.1.3}$$

月球的自转角速度 Ω_M 与月球的公转角速度 ω_0 相同,均为

$$\Omega_M = \omega_0 = 2.6617 \times 10^{-6} \text{ rad/s} \tag{2.1.4}$$

月球的自转角动量为

$$L_{SM} = \frac{2}{5} M R_M^2 \Omega_M = 2.37 \times 10^{29} \text{ kg} \cdot \text{m}^2/\text{s} \tag{2.1.5}$$

相比较而言,月球的自转角动量远小于月球的公转轨道角动量,因此可以忽略。

地球绕地月系统质心 C 的轨道角动量为

$$L_E = M_E r_{CM}^2 \omega_0 = \frac{M}{M_E} L_M = 3.48 \times 10^{32} \text{ kg} \cdot \text{m}^2/\text{s} \tag{2.1.6}$$

地球的自转角速度为

$$\Omega_E = \frac{2\pi}{T_E} = 7.2926 \times 10^{-5} \text{ rad/s} \tag{2.1.7}$$

地球绕其自转轴的转动惯量为

$$I = \frac{2}{5} M_E R_E^2 = 9.69 \times 10^{37} \text{ kg} \cdot \text{m}^2/\text{s} \tag{2.1.8}$$

地球的自转角动量为

$$L_{SE} = \frac{2}{5} M_E R_E^2 \Omega_E = 7.07 \times 10^{33} \text{ kg} \cdot \text{m}^2/\text{s} \tag{2.1.9}$$

地球-月球系统的总角动量为月球绕地月系统质心 C 的轨道角动量、地球绕地月系统质心 C 的轨道角动量、地球的自转角动量和月球的自转角动量之和:

$$L = L_M + L_E + L_{SE} + L_{SM} \approx L_M + L_E + L_{SE} = 3.57 \times 10^{34} \text{ kg} \cdot \text{m}^2/\text{s} \tag{2.1.10}$$

(A2) 由开普勒行星运动三定律可得,月球的公转角速度 ω 与地月距离 r 满足关系

$$\omega^2 r^3 = G(M_E + M) \tag{2.1.11}$$

因此,地月系统相对于质心 C 的轨道总角动量 L_t 为

$$L_t = L_E + L_M = M\left(\frac{M_E r}{M + M_E}\right)^2 \omega + M_E \left(\frac{Mr}{M + M_E}\right)^2 \omega$$

$$= \frac{M_E M}{M + M_E} r^2 \omega = M M_E \left[\frac{G^2}{\omega(M + M_E)}\right]^{\frac{1}{3}} \tag{2.1.12}$$

忽略月球的自转角动量 L_{SM},则当地球的自转角速度 Ω_E 等于月球的公转角速度 ω_f 时,地球-月球系统的总角动量 L_f 为

$$L_f = L_M + L_E + L_{SE} + L_{SM} \approx MM_E \left[\frac{G^2}{\omega_f(M + M_E)}\right]^{\frac{1}{3}} + \frac{2}{5} M_E R_E^2 \omega_f \tag{2.1.13}$$

根据角动量守恒定律,地月系统的总角动量是守恒的,即

$$L = L_f \Rightarrow MM_E \left[\frac{G^2}{\omega_f(M+M_E)}\right]^{\frac{1}{3}} + \frac{2}{5}M_E R_E^2 \omega_f = L \tag{2.1.14}$$

利用计算器,解式(2.1.14)可得

$$\omega_f = 1.38 \times 10^{-6} \text{ rad/s} \tag{2.1.15}$$

故当月球成为地球的同步卫星时,地球的自转周期(月球的公转周期)为

$$T_f = \frac{2\pi}{\omega_f} = 52.7 \text{ d} \tag{2.1.16}$$

(A3) 由题意,月球对地球的潮汐力的力矩 $\Gamma \propto \frac{1}{r^6}$,由图 J2.1.1 可知 Γ 为回复力矩,故有

$$r^6 \Gamma = 常数 \tag{2.1.17}$$

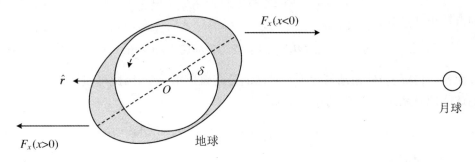

图 J2.1.1

设目前的地月距离为 r_0,目前的潮汐力回复力矩为 Γ_0,则由式(2.1.7)可得

$$\Gamma = \left(\frac{r_0}{r}\right)^6 \Gamma_0 \tag{2.1.18}$$

根据转动方程,潮汐力矩 Γ 等于地球自转角动量随时间的变化率,即

$$\Gamma = I \frac{d\Omega}{dt} \tag{2.1.19}$$

根据角动量守恒定律,$-\Gamma$ 应等于地球-月球系统的轨道总角动量 L_t 的变化率,即

$$-\Gamma = \frac{dL_t}{dt} \tag{2.1.20}$$

式(2.1.12)可改写为

$$L_t = \frac{M_E M}{M+M_E} r^2 \omega = MM_E \left(\frac{G}{M+M_E}\right)^{\frac{1}{2}} r^{\frac{1}{2}} = MM_E \left(\frac{G^2}{M+M_E}\right)^{\frac{1}{3}} \omega^{-\frac{1}{3}} \tag{2.1.21}$$

联立(2.1.11)、(2.1.20)和(2.1.21)三式,得

$$\frac{dL_t}{dt} = MM_E \left(\frac{G}{M+M_E}\right)^{\frac{1}{2}} \frac{1}{2r^{\frac{1}{2}}} \frac{dr}{dt}$$

$$= -\frac{1}{3} MM_E \left(\frac{G^2}{M+M_E}\right)^{\frac{1}{3}} \omega^{-\frac{4}{3}} \frac{d\omega}{dt} = -\Gamma \tag{2.1.22}$$

目前的潮汐力矩 Γ_0 利用式(2.1.22),可得

$$-\Gamma_0 = \left(\frac{dL_t}{dt}\right)_0 = \frac{1}{2} MM_E \sqrt{\frac{G}{(M+M_E)r_0}} \left(\frac{dr}{dt}\right)_0 = 4.5 \times 10^{16} \text{ N} \cdot \text{m} \tag{2.1.23}$$

由式(2.1.22)可知

$$\frac{dL_t}{dt} = -\frac{1}{3} MM_E \left(\frac{G^2}{M+M_E}\right)^{\frac{1}{3}} \omega^{-\frac{4}{3}} \frac{d\omega}{dt} = -\left(\frac{r_0}{r}\right)^6 \Gamma_0 \tag{2.1.24}$$

利用式(2.1.11),式(2.1.24)可改写为

$$\frac{1}{3} M M_E \left(\frac{G^2}{M+M_E}\right)^{\frac{1}{3}} \frac{d\omega}{dt} = \frac{r_0^6 \Gamma_0}{G^2(M_E+M)^2} \omega^{\frac{16}{3}}$$

$$\Rightarrow \quad \frac{d\omega}{dt} = \frac{3 r_0^6 \Gamma_0}{G M_E M G^{\frac{5}{3}} (M_E+M)^{\frac{5}{3}}} \omega^{\frac{16}{3}} = b\omega^{\frac{16}{3}} \tag{2.1.25}$$

其中 $b = \dfrac{3 r_0^6 \Gamma_0}{G M_E M G^{\frac{5}{3}} (M_E+M)^{\frac{5}{3}}}$。式(2.1.25)积分后可得

$$\omega_f^{-\frac{13}{3}} - \omega_0^{-\frac{13}{3}} = -\frac{13}{3} b (t_f - 0) \tag{2.1.26}$$

其中 t_f 表示从目前算起,月球成为地球的同步卫星所需的时间。将(2.1.2)、(2.1.15)和(2.1.23)三式代入式(2.1.26),可得

$$t_f = -\frac{3}{13 b}(\omega_f^{-\frac{13}{3}} - \omega_0^{-\frac{13}{3}}) = 7.9 \times 10^{17} \text{ s} = 2.5 \times 10^{10} \text{ a} \tag{2.1.27}$$

即大约再过 250 亿年,月球将成为地球的同步卫星。

第 2 题　电偶极子在磁场中的运动

A 部分　守恒量

(A1) 设组成电偶极子的两质点的速度分别为 v_1 和 v_2,则有

$$\begin{aligned}
r_{CM} &= \frac{1}{2}(r_1 + r_2) \\
v_{CM} &= \frac{1}{2}(v_1 + v_2) \\
l &= r_1 - r_2 \\
\frac{dl}{dt} &= v_1 - v_2
\end{aligned} \tag{2.2.1}$$

欲计算作用于电偶极子的总作用力 F,只需要考虑来自磁场 B 的作用力,故

$$\begin{aligned}
F &= F_1 + F_2 = q(v_1 \times B) + (-q)(v_2 \times B) \\
&= q(v_1 - v_2) \times B = q \frac{dl}{dt} \times B
\end{aligned} \tag{2.2.2}$$

因此电偶极子质心的动力学方程为

$$2m \frac{dv_{CM}}{dt} = M \frac{dv_{CM}}{dt} = q \frac{dl}{dt} \times B = q(v_1 - v_2) \times B \quad (\text{其中 } M = 2m) \tag{2.2.3}$$

同样,相对于质心的合力矩也来自于磁场 B 的作用力,故合力矩为

$$\begin{aligned}
\tau &= \frac{l}{2} \times (qv_1 \times B) + \frac{-l}{2}(-qv_2 \times B) \\
&= ql \times \left(\frac{v_1 + v_2}{2} \times B\right) = ql \times (v_{CM} \times B)
\end{aligned} \tag{2.2.4}$$

由于忽略电偶极子绕两质点的连线的转动,故电偶极子绕通过其质心且垂直于 l 的转轴的转动惯量为

$$I = m\left(\frac{l}{2}\right)^2 + m\left(\frac{l}{2}\right)^2 = \frac{1}{2} m l^2 \tag{2.2.5}$$

则此电偶极子绕质心的角动量可以表示为 $L = I\omega$,从而得到电偶极子绕质心转动的转动方程为

$$\frac{dL}{dt} = I\frac{d\omega}{dt} = \tau = ql \times (v_{CM} \times B) \tag{2.2.6}$$

(A2) 由式(2.2.3),可得系统的总动量守恒定律为

$$\frac{dP}{dt} = 0 \Rightarrow P = Mv_{CM} - ql \times B \tag{2.2.7}$$

因为两质点的相对速度可表示为 $\frac{dl}{dt} = v_1 - v_2 = \omega \times l$,故由(2.2.3)和(2.2.6)两式,可得

$$v_{CM} \cdot M \frac{dv_{CM}}{dt} + \omega \cdot I \frac{d\omega}{dt} = qv_{CM} \cdot \frac{dl}{dt} \times B + q\omega \cdot l \times (v_{CM} \times B)$$

$$= -q \frac{dl}{dt} \cdot v_{CM} \times B + q(\omega \times l) \cdot (v_{CM} \times B) = 0 \tag{2.2.8}$$

上式等号左侧也可改写为

$$v_{CM} \cdot M \frac{dv_{CM}}{dt} + \omega \cdot I \frac{d\omega}{dt} = \frac{1}{2}\frac{d}{dt}(Mv_{CM} \cdot v_{CM} + I\omega \cdot \omega)$$

$$= \frac{1}{2}\frac{d}{dt}(Mv_{CM}^2 + I\omega^2) \tag{2.2.9}$$

故由(2.2.8)和(2.2.9)两式可得能量 E 的守恒定律为

$$\frac{dE}{dt} = 0 \Rightarrow E = \frac{1}{2}Mv_{CM}^2 + \frac{1}{2}I\omega^2 \tag{2.2.10}$$

(A3) 由于 P 与 B 均不随时间变化,故由(2.2.6)和(2.2.7)两式可得

$$\frac{d}{dt}(I\omega \cdot B) = I\frac{d\omega}{dt} \cdot B = qB \cdot l \times (v_{CM} \times B) = q(B \times l) \cdot (v_{CM} \times B)$$

$$= (P - Mv_{CM}) \cdot (v_{CM} \times B) = P \cdot (v_{CM} \times B)$$

$$= (P \times v_{CM}) \cdot B = -(v_{CM} \times P) \cdot B$$

$$= -\frac{d}{dt}[(r_{CM} \times P) \cdot B] \tag{2.2.11}$$

由上式,可得沿 B 方向的角动量分量的守恒定律和相应的角动量为

$$\frac{dJ}{dt} = \frac{d}{dt}[I\omega \cdot B + (r_{CM} \times P) \cdot B] = 0 \Rightarrow J = (r_{CM} \times P + I\omega) \cdot B \tag{2.2.12}$$

B 部分　垂直于 B 的平面上的运动

(B1) 因电偶极子只在 $z = 0$ 的平面上运动,故 l 可表示为

$$l = l[\cos\varphi(t)\hat{x} + \sin\varphi(t)\hat{y}] \tag{2.2.13}$$

初始条件为 $\varphi(0) = 0, \left.\frac{d\varphi(t)}{dt}\right|_{t=0} = \omega_0$.

电偶极子转动的角速度为

$$\omega = \omega\hat{z} = \frac{d\varphi}{dt}\hat{z} \tag{2.2.14}$$

由式(2.2.7)可得

$$M\boldsymbol{v}_{CM} = \boldsymbol{P} + qlB[\sin\varphi(t)\hat{\boldsymbol{x}} - \cos\varphi(t)\hat{\boldsymbol{y}}] \qquad (2.2.15)$$

由在初始时刻 $t=0$ 时，$v_{CM}=0$，$\varphi=0$，可得守恒量为

$$\boldsymbol{P} = qlB\hat{\boldsymbol{y}} \qquad (2.2.16)$$

由(2.2.15)和(2.2.16)两式，可得

$$\frac{dx_{CM}}{dt} = \frac{qlB}{M}\sin\varphi, \quad \frac{dy_{CM}}{dt} = \frac{qlB}{M}(1-\cos\varphi) \qquad (2.2.17)$$

按照能量守恒定律式(2.2.10)，可得

$$\frac{1}{2}I\left(\frac{d\varphi}{dt}\right)^2 + \frac{1}{2}M\left[\left(\frac{dx_{CM}}{dt}\right)^2 + \left(\frac{dy_{CM}}{dt}\right)^2\right] = \frac{1}{2}I\omega_0^2 \qquad (2.2.18)$$

将式(2.2.17)代入式(2.2.18)，可得

$$\frac{1}{2}I\left(\frac{d\varphi}{dt}\right)^2 + \frac{(qlB)^2}{M}(1-\cos\varphi) = \frac{1}{2}I\omega_0^2$$

$$\Rightarrow \left(\frac{d\varphi}{dt}\right)^2 + \frac{1}{2}\omega_c^2(1-\cos\varphi) = \omega_0^2 \qquad (2.2.19)$$

其中

$$\omega_c = \sqrt{\frac{4(qlB)^2}{MI}} = \sqrt{\frac{4(qlB)^2}{2m\cdot\frac{1}{2}ml^2}} = \frac{2qB}{m} \qquad (2.2.20)$$

若电偶极子能绕其质心完成整圈的转动，则 $\frac{d\varphi}{dt}\neq 0$，故由式(2.2.19)可得

$$\omega_0^2 - \frac{1}{2}\omega_c^2(1-\cos\varphi) = \left(\frac{d\varphi}{dt}\right)^2 > 0 \qquad (2.2.21)$$

当 $\varphi=\pi$ 时，$\left(\frac{d\varphi}{dt}\right)^2$ 达到其最小值 $\omega_0^2 - \omega_c^2$，从而有如下关系：

$$\omega_0^2 - \omega_c^2 > 0 \quad \Rightarrow \quad |\omega_0| > \omega_c = \frac{2qB}{m} \qquad (2.2.22)$$

即式(2.2.20)所定义的 ω_c 即为所求的临界值。

(B2) 将式(2.2.16)表示为

$$\boldsymbol{P} = P\hat{\boldsymbol{y}} = qlB\hat{\boldsymbol{y}} \qquad (2.2.23)$$

而由式(2.2.12)可得

$$x_{CM}P + I\omega = J \qquad (2.2.24)$$

在初始时刻 $t=0$ 时，$x_{CM}=0$，$\omega=\omega_0$，故式(2.2.24)可改写为

$$x_{CM}P = I(\omega_0 - \omega) \qquad (2.2.25)$$

由题意，$\omega_0 > 0$，而由式(2.2.19)可得 $\omega_0^2 \geq \left(\frac{d\varphi}{dt}\right)^2 = \omega^2$，即 $\omega_0 \geq \omega$，故由式(2.2.25)可得 $x_{CM} \geq 0$，且当 ω 达到其极小值时，x_{CM} 将达到其极大值 d_m。

若 $\omega_0 < \omega_c$，则电偶极子将在 $\varphi=0$ 两侧来回振荡，从而得到 ω 的极小值为 $-\omega_0$，故得最大位移量为

$$d_m = \frac{I(2\omega_0)}{P} = \left(\frac{m\omega_0}{qB}\right)l \quad (\omega_0 < \omega_c) \qquad (2.2.26)$$

若 $\omega_0 > \omega_c$，则 ω 不能为零，必须一直维持为正值，其极小值为 $\sqrt{\omega_0^2 - \omega_c^2}$，故得最大位移

量为

$$d_m - \frac{I}{P}(\omega_0 - \sqrt{\omega_0^2 - \omega_c^2}) = \frac{ml}{2qB}(\omega_0 - \sqrt{\omega_0^2 - \omega_c^2}) \quad (\omega_0 > \omega_c) \quad (2.2.27)$$

若 $\omega_0 = \omega_c$,则 $\omega^2 = \omega_c^2 \dfrac{1+\cos\varphi}{2} = \omega_c^2 \cos^2\dfrac{\varphi}{2}$,故 $\omega = \omega_c \cos\dfrac{\varphi}{2}$。当 φ 随着时间的增加而接近 π 时,令 $\varphi = \pi - 2\varepsilon (\varepsilon \ll 1)$,从而得到 $\dfrac{\mathrm{d}\varepsilon}{\mathrm{d}t} = -\dfrac{\omega_c \sin\varepsilon}{2} \approx -\dfrac{\omega_c \varepsilon}{2}$,即 $\varepsilon \approx \exp\left(-\dfrac{\omega_c t}{2}\right)$。表明只有当 $t \to \infty$ 时,才可能出现 $\varepsilon \to 0 (\varphi \to \pi)$。由此可得在运动过程中 $\varphi \geqslant 0$,故 ω 的极小值为零,从而得到最大位移量为

$$d_m = \frac{I}{P}\omega_0 = \frac{m\omega_0 l}{2qB} \quad (\omega_0 = \omega_c) \quad (2.2.28)$$

注 式(2.2.19)的形式与在重力作用下单摆在竖直平面内的运动方程相同。因此(B1)和(B2)两小题也可以利用单摆模拟关系来求解。

(B3) **方法一**

设对棒产生压缩作用的力为正。作用于棒的张力由三部分组成:一是两质点间的库仑力 $\dfrac{1}{4\pi\varepsilon_0}\dfrac{q^2}{l^2}$;二是棒绕质心旋转的离心力 $-\dfrac{1}{2}m\omega^2 l$;三是两质点以质心速度运动时,其所受洛伦兹力沿棒方向的分力 $q\boldsymbol{v}_{\mathrm{CM}} \times \boldsymbol{B} \cdot (-\hat{\boldsymbol{l}}) = q\boldsymbol{v}_{\mathrm{CM}} \cdot \hat{\boldsymbol{l}} \times \boldsymbol{B}$。

将式(2.2.7)两边平方后,可得

$$P^2 = (M\boldsymbol{v}_{\mathrm{CM}})^2 - 2M\boldsymbol{v}_{\mathrm{CM}} \cdot q\boldsymbol{l} \times \boldsymbol{B} + (qlB)^2 \quad (2.2.29)$$

将式(2.2.10)和式(2.2.23)代入式(2.2.29),可得

$$\frac{1}{2}M v_{\mathrm{CM}}^2 = q\boldsymbol{v}_{\mathrm{CM}} \cdot \boldsymbol{l} \times \boldsymbol{B} = \frac{1}{2}I(\omega_0^2 - \omega^2) \quad (2.2.30)$$

最终可得刚性棒所受的张力为

$$T = \frac{1}{4\pi\varepsilon_0}\frac{q^2}{l^2} - \frac{1}{2}ml\omega^2 + \frac{1}{4}ml(\omega_0^2 - \omega^2) \quad (2.2.31)$$

当张力 T 为正时,表示其对刚性棒为压缩作用力。

方法二:利用单个质点的动力学方程

考虑带电量为 q 的质点,其加速度为

$$\frac{\mathrm{d}\boldsymbol{v}_1}{\mathrm{d}t} = \frac{\mathrm{d}}{\mathrm{d}t}\left(\boldsymbol{v}_{\mathrm{CM}} + \frac{1}{2}\frac{\mathrm{d}\boldsymbol{l}}{\mathrm{d}t}\right) = \frac{\mathrm{d}\boldsymbol{v}_{\mathrm{CM}}}{\mathrm{d}t} + \frac{1}{2}\frac{\mathrm{d}}{\mathrm{d}t}(\boldsymbol{\omega} \times \boldsymbol{l})$$

$$= \frac{\mathrm{d}\boldsymbol{v}_{\mathrm{CM}}}{\mathrm{d}t} + \frac{1}{2}\frac{\mathrm{d}\boldsymbol{\omega}}{\mathrm{d}t} \times \boldsymbol{l} + \frac{1}{2}\boldsymbol{\omega} \times \frac{\mathrm{d}\boldsymbol{l}}{\mathrm{d}t} \quad (2.2.32)$$

上式利用了 $\dfrac{\mathrm{d}\boldsymbol{l}}{\mathrm{d}t} = \boldsymbol{\omega} \times \boldsymbol{l}$。此质点受到的总作用力为

$$\boldsymbol{F} = \left(T - \frac{1}{4\pi\varepsilon_0}\frac{q^2}{l^2}\right)\hat{\boldsymbol{l}} + q\boldsymbol{v}_1 \times \boldsymbol{B}$$

$$= \left(T - \frac{1}{4\pi\varepsilon_0}\frac{q^2}{l^2}\right)\hat{\boldsymbol{l}} + q\left(\boldsymbol{v}_{\mathrm{CM}} + \frac{1}{2}\frac{\mathrm{d}\boldsymbol{l}}{\mathrm{d}t}\right) \times \boldsymbol{B} \quad (2.2.33)$$

由牛顿第二定律可得

$$\hat{\boldsymbol{l}} \cdot m \frac{\mathrm{d}\boldsymbol{v}_1}{\mathrm{d}t} = \hat{\boldsymbol{l}} \cdot \boldsymbol{F}$$

$$\Rightarrow \quad \hat{\boldsymbol{l}} \cdot m \frac{\mathrm{d}\boldsymbol{v}_{\mathrm{CM}}}{\mathrm{d}t} + \frac{1}{2} m \hat{\boldsymbol{l}} \cdot \left(\boldsymbol{\omega} \times \frac{\mathrm{d}\boldsymbol{l}}{\mathrm{d}t} \right) = T - \frac{1}{4\pi\varepsilon_0} \frac{q^2}{l^2} + q \hat{\boldsymbol{l}} \cdot \boldsymbol{v}_{\mathrm{CM}} \times \boldsymbol{B} + \frac{1}{2} q \hat{\boldsymbol{l}} \cdot \frac{\mathrm{d}\boldsymbol{l}}{\mathrm{d}t} \times \boldsymbol{B}$$

$$\tag{2.2.34}$$

由式(2.2.3)可知式(2.2.34)左侧第一项与右侧最后一项相等,因此有

$$T = \frac{1}{4\pi\varepsilon_0} \frac{q^2}{l^2} - q\hat{\boldsymbol{l}} \cdot \boldsymbol{v}_{\mathrm{CM}} \times \boldsymbol{B} + \frac{1}{2} m \hat{\boldsymbol{l}} \cdot \left(\boldsymbol{\omega} \times \frac{\mathrm{d}\boldsymbol{l}}{\mathrm{d}t} \right)$$

$$= \frac{1}{4\pi\varepsilon_0} \frac{q^2}{l^2} - q\hat{\boldsymbol{l}} \cdot \boldsymbol{v}_{\mathrm{CM}} \times \boldsymbol{B} + \frac{1}{2} m (\boldsymbol{\omega} \times \hat{\boldsymbol{l}}) \cdot \frac{\mathrm{d}\boldsymbol{l}}{\mathrm{d}t}$$

$$= \frac{1}{4\pi\varepsilon_0} \frac{q^2}{l^2} - q\hat{\boldsymbol{l}} \cdot \boldsymbol{v}_{\mathrm{CM}} \times \boldsymbol{B} + \frac{1}{2} m (\boldsymbol{\omega} \times \hat{\boldsymbol{l}}) \cdot (\boldsymbol{\omega} \times \boldsymbol{l})$$

$$= \frac{1}{4\pi\varepsilon_0} \frac{q^2}{l^2} + q \boldsymbol{v}_{\mathrm{CM}} \cdot \boldsymbol{l} \times \boldsymbol{B} - \frac{1}{2} m l \omega^2 \tag{2.2.35}$$

该结果与式(2.2.31)相同。

第3题 金属晶体表面的金属原子的热振动

A 部分

(A1) 入射电子的物质波波长为

$$\lambda = \frac{h}{p} = \frac{h}{\sqrt{2meU}} = 1.53 \times 10^{-10} \text{ m} \tag{2.3.1}$$

(A2) 题设低能量电子只能由金属晶体表面的最外层金属原子散射,故只需考虑金属晶体表面最外层各金属原子列之间的相长干涉,如图 J2.3.1 所示。

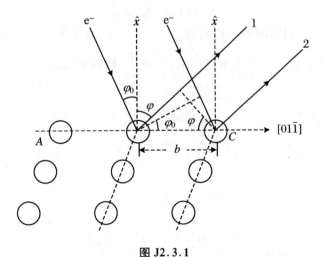

图 J2.3.1

图 J2.3.1 所示的散射电子沿相邻两路径 1 与 2 运动的路程差为

$$\Delta l = b(\sin \varphi - \sin \varphi_0) = n\lambda \tag{2.3.2}$$

已知电子束的入射角 $\varphi_0 = 15.0°$,电子的物质波波长 $\lambda = 1.53 \times 10^{-10}$ m,金属晶体表面

最外层各金属原子列之间的距离为 $b = \dfrac{a}{\sqrt{2}} = 2.77 \times 10^{-10}$ m。

当 $n = 0$ 时,式(2.3.2)的解为
$$\varphi = \varphi_0 = 15.0° \tag{2.3.3}$$

当 $n = 1$ 时,散射电子沿相邻两路径 1 与 2 运动的路程差为
$$\Delta l = 2.77 \times 10^{-10}(\sin\varphi - \sin 15°)\text{ m} = 1 \times 1.53 \times 10^{-10}\text{ m} \tag{2.3.4}$$

解得
$$\sin\varphi = 0.812 \Rightarrow \varphi = 54.3° \tag{2.3.5}$$

由于
$$\sin\varphi = \sin 15° + \frac{\Delta l}{b} \geq \frac{0.72 + 2 \times 1.53}{2.77} = 1.36 > 1 \tag{2.3.6}$$

因此当 $n \geq 2$ 时,式(2.3.2)无解。

B 部分

(B1) 因为考虑的是沿镜面反射方向弹性散射的电子,所以在散射前后其波长相同,即波矢相同: $\boldsymbol{K}' = \boldsymbol{K}$,故图 J2.3.2 中波矢所构成的三角形为等腰三角形,满足以下关系式:
$$\Delta\boldsymbol{K} = \boldsymbol{K}' - \boldsymbol{K} = 2K\cos\theta\,\hat{\boldsymbol{x}} \tag{2.3.7}$$

其中 $\hat{\boldsymbol{x}}$ 为金属晶体表面法线方向的单位矢量。

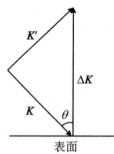

图 J2.3.2

取金属晶体表面的金属原子位移 $\boldsymbol{u}$ 的 x 分量,可得经金属晶体表面衍射的电子束的强度为
$$I = I_0 \exp\{-[\overline{u_x^2(t)} \cdot 4K^2\cos^2\theta]\} \tag{2.3.8}$$

因为金属晶体表面的金属原子沿法线方向的热振动可视为简谐运动,故可令
$$u_x(t) = A\cos\omega t \tag{2.3.9}$$

因此可得 $u_x(t)$ 的平方对时间的平均值为
$$\overline{u_x^2(t)} = \frac{1}{\tau}\int_0^\tau u_x^2(t)\,\mathrm{d}t = \frac{1}{\tau}\int_0^\tau A^2\cos^2\omega t\,\mathrm{d}t = \frac{A^2}{2}$$
$$\Rightarrow A^2 = 2\,\overline{u_x^2(t)} \tag{2.3.10}$$

故金属原子振动的总能量为
$$E = \frac{1}{2}CA^2 = \frac{1}{2}C \cdot 2\,\overline{u_x^2(t)} = C\,\overline{u_x^2(t)} = m'\omega^2\,\overline{u_x^2(t)} \tag{2.3.11}$$

因此可得
$$\overline{u_x^2(t)} = \frac{E}{m'\omega^2} \tag{2.3.12}$$

$$E = m'\omega^2\,\overline{u_x^2(t)} = k_\mathrm{B} T \tag{2.3.13}$$

其中 m' 为一个金属原子的质量,联立(2.3.12)和(2.3.13)两式,可得
$$\overline{u_x^2(t)} = \frac{k_\mathrm{B}T}{m'\omega^2} = \frac{k_\mathrm{B}T}{m'4\pi^2 f^2} \tag{2.3.14}$$

联立(2.3.14)和(2.3.8)两式,可得

$$I = I_0 \exp\left(-4K^2\cos^2\theta \frac{k_B T}{m' 4\pi^2 f^2}\right) \tag{2.3.15}$$

由于 $K = \frac{2\pi p}{h} = \frac{2\pi}{\lambda}$，因此式(2.3.15)可改写为

$$I = I_0 \exp\left(-\frac{4k_B \cos^2\theta}{m' f^2 \lambda^2} T\right) = I_0 \exp(-M'T) \tag{2.3.16}$$

其中

$$M' = \frac{4k_B \cos^2\theta}{m' f^2 \lambda^2} \tag{2.3.17}$$

式(2.3.16)可继续改写为

$$\ln \frac{I}{I_0} = -M'T \tag{2.3.18}$$

即 $\ln \frac{I}{I_0}$ 与 T 之间的函数关系曲线为一直线，斜率为 $M' = \frac{4k_B \cos^2\theta}{m' f^2 \lambda^2}$。

根据图 T2.3.2 所示的 $\ln \frac{I}{I_0}$ 与 T 之间的函数关系曲线，可得直线斜率为

$$M' = 2.3 \times 10^{-3} \text{ K}^{-1} \tag{2.3.19}$$

将已知数据代入式(2.3.17)，可得

$$f = 1.7 \times 10^{12} \text{ Hz} \tag{2.3.20}$$

(B2) 由式(2.3.14)和 $T = 300$ K，可得

$$\overline{u_x^2(t)} = 1.1 \times 10^{-22} \text{ m}^2 \tag{2.3.21}$$

故金属晶体表面的金属原子沿表面法线方向的振动位移的方均根值为

$$\sqrt{\overline{u_x^2(t)}} = 1.1 \times 10^{-11} \text{ m} \tag{2.3.22}$$

第 3 届亚洲物理奥林匹克竞赛理论试题与解析

理论试题

第 1 题 一维晶格振动

由 N 个质量为 m 的质点与 $N+1$ 根质量不计的劲度系数为 S 的相同弹簧依次相连形成直链，直链的两个端点分别与固定质点相连，如图 T3.1.1 所示，已知 $N \gg 1$。该直链可视为一维晶格振动模型，当直链处于振动状态时，直链的纵向振动可视为一系列简正模的线性叠加，而每个简正模均具有自己的简正频率。

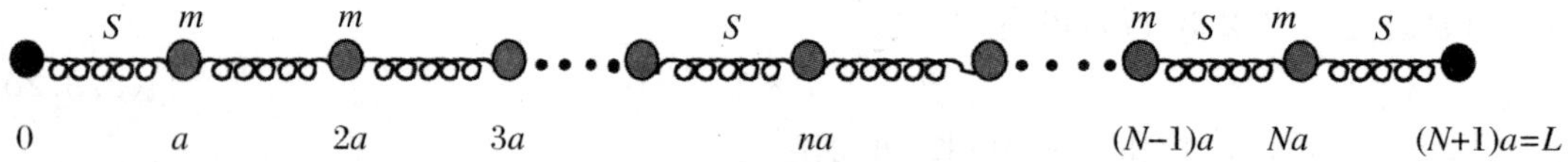

图 T3.1.1

（A1）求第 n 个质点的动力学方程。

为求（A1）小题中方程的解，我们尝试将试探解 $x_n(\omega) = A\sin(nka)\cos(\omega t + \alpha)$ 代入方程，其中 $x_n(\omega)$ 为第 n 个质点偏离平衡位置的位移，ω 为振动模式的简正角频率，k 为与 ω 对应的振动模式的波数，A, k, α 均为常数。

（A2）求 ω 与 k 之间的关系式、k 的允许值和 ω 的最大值。

直链的振动模式就是这些简正模的线性叠加。

普朗克假设：角频率为 ω 的光子能量为 $\hbar\omega$，其中约化普朗克常量 $\hbar = \dfrac{h}{2\pi}$，h 为普朗克常量。爱因斯坦由此进一步假定角频率为 ω 的晶体振动模式也应具有能量 $\hbar\omega$。需要注意的是：一个振动模式不是一个质点的简谐振动模式，而是整条链的简谐振动模式。这种振动模式类似于光子，称为声子。接下来利用普朗克和爱因斯坦的思想来讨论余下问题。假定晶体由数量特别多的质点-弹簧组成的直链构成。

对于确定的允许的 ω（或 k），其声子数量可能为 $0, 1, 2, 3, \cdots, p, \cdots$，因此对于具有角频率 ω 的特定简正模式，可计算其平均能量 $\overline{E(\omega)}$。假定 $P_p(\omega)$ 表示频率为 ω 的振动模式具有 p 个声子的概率，那么平均能量为

$$\overline{E(\omega)} = \frac{\sum\limits_{p=0}^{\infty} p\hbar\omega P_p(\omega)}{\sum\limits_{p=0}^{\infty} P_p(\omega)}$$

---

① 第 3 届亚洲物理奥林匹克竞赛于 2002 年 5 月 6 日至 5 月 14 日在新加坡举行，15 个国家和地区派出代表队参加。

其中声子数 p 是分立的。由于声子数很多,且对于很大的 p,P_p 将变得很小,因此我们可以将求和扩展到 $p=\infty$,其引起的误差可以忽略不计。概率 P_p 由玻尔兹曼公式

$$P_p(\omega) \propto \exp\left(-\frac{p\hbar\omega}{k_BT}\right)$$

给出,其中 k_B 为玻尔兹曼常量,T 为晶体的热力学温度(假定为常数),比例系数与 p 无关。

(A3) 求频率为 ω 的振动模式的平均能量。

接下来计算晶体的总能量 E_T。(A3)小题中得到了频率为 ω 的模式的平均能量。为求总能量 E_T,需将 $\overline{E(\omega)}$ 乘以频率在 $\omega \sim \omega + \Delta\omega$ 间的晶体的简正模式数量,然后在 $\omega=0$ 到 $\omega=\omega_{\max}$ 的整个范围内求和。为了计算总能量,取相邻的波数间隔 Δk。

(A4) 对于 $N\gg 1$ 和 $\Delta k\gg k$ 的情况,求波数间隔 Δk 中的模式数。

为了利用(A1)小题和(A2)小题的结果,用 $\dfrac{\mathrm{d}k}{\mathrm{d}\omega}\mathrm{d}\omega$ 近似代替 Δk,并用对 ω 的积分代替求和(这里用变量 ω 代替 k 较为方便)。

(A5) 请在此近似条件下计算出晶体振动的总的模式数,并导出 E_T 的表达式(不需要计算)。

定容摩尔热容 $C_V = \dfrac{\mathrm{d}E_T}{\mathrm{d}T}$ 在实验上是可测量的。

(A6) 在很高温度和很低温度下导出 C_V 与 T 之间的关系式,定性地画出 C_V 与 T 的关系图,并指出很高温度和很低温度下由公式预见的 C_V 与 T 关系的趋势。

参考公式:

$$\int_0^1 \frac{\mathrm{d}x}{\sqrt{1-x^2}} = \frac{\pi}{2}$$

第 2 题 导 轨 枪

如图 T3.2.1 所示,在 P 点有一位男青年,在 Q 点有一位女青年,他们深深地相爱着。P,Q 两点间由宽度 $w=1000$ m 的海峡隔开。男青年在课堂上学习了导轨枪理论后,立即决定建造一杆导轨枪,从而将自己发射到对岸的 Q 点。男青年建造了一个倾角可调的斜坡,在斜坡上平行放置两根间隔 $L=2.00$ m、长度 $D=35.0$ m 的金属导轨。男青年将内阻可忽略、电动势为 2424 V 的直流电源与两根金属导轨底部相连。另有导体棒可在金属导轨上自由滑动,滑动过程中导体棒始终与导轨保持垂直,男青年安全地挂在导体棒上。

技术高超的工程师为男青年设计了能产生 $B=10.0$ T 的磁场的系统,磁场方向与导轨平面垂直向下。已知男青年体重为 70 kg,导体棒质量为 10 kg,导体棒的电阻 $R=1.0$ Ω。工程完工后,导轨枪可正常工作。

某时刻,男青年接到女青年电话,女青年哭诉说她的父亲将把她许配给富翁,除非电话挂断后 11 s 内男青年能赶到她的身边。说完便挂了电话,男青年立即行动并将自己发射到 Q 点。

为简单起见,作如下假定:

① 接完电话后到发射前的所有准备时间(例如将倾角 θ 调整到合适的角度)可以忽略不计。也就是说,导体棒(男青年挂在导体棒下)在斜坡上开始运动(发射)的时刻定义为 $t=0$。

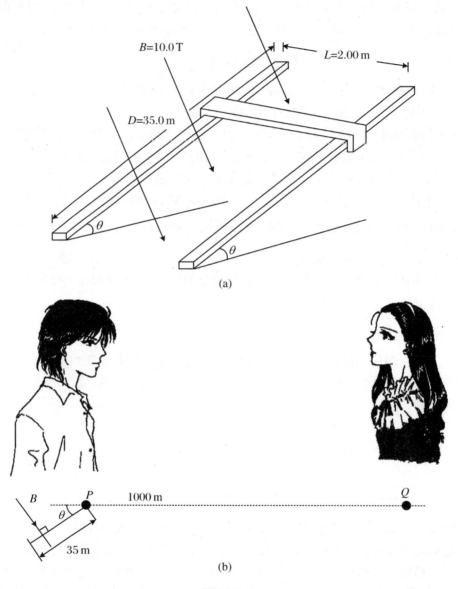

图 T3.2.1

② 男青年可在金属导轨的任意位置开始发射。
③ 斜坡的顶端 P 点和 Q 点在同一水平高度,两者相距 $w = 1000$ m。
④ 整个过程无任何安全问题,如男青年可以安全落地,无电击问题等。
⑤ 金属导轨的电阻、导体棒与导轨间的摩擦力以及空气阻力都可以忽略不计。
⑥ 重力加速度 $g = 10$ m/s²。

按照下列步骤,推断男青年能否按时完成女青年的要求。若可以,斜坡倾角应在什么范围内?若不可以,请说明原因。

(A1) 求导体棒(男青年)在导轨上运动时的加速度的表达式。

(A2) 求导体棒(男青年)在导轨上的运动时间 t_s 和男青年在空中的飞行时间 t_f 的表达式,用导轨倾角 θ 表示。

(A3) 画出总时间 $T = t_s + t_f$ 与倾角 θ 之间的函数关系曲线图。

(A4) 考虑到导轨枪的已知参数,求男青年设置倾角 θ 的允许范围。

参考公式:

(1) $\int e^{-\alpha x} dx = -\dfrac{1}{\alpha} e^{-\alpha x} + C$;

(2) 微分方程 $\dfrac{dx}{dt} = a + bx$ 的解可表示为 $x(t) = \dfrac{a}{b}(e^{bt} - 1) + x(0)e^{bt}$。

第3题 衬底制备

衬底制备是硅半导体芯片生产过程的一步,在现代技术中涉及20多个工艺工程,本题讨论的就是其中薄膜沉积过程前的衬底表面沾污层的形成问题。

在衬底制备过程中,要将各种材料的薄膜沉积在硅衬底表面上。在沉积之前,衬底表面必须非常清洁。真空中残留的氧气或其他气体会引起沾污层的形成。这一沾污层形成的速率由撞击到衬底表面的气体分子的速率决定。假定气体分子数密度为 n,单位衬底面积上气体分子撞击的数率(单位时间内撞击到单位面积上的分子数密度)为 $J = \dfrac{1}{4} n \bar{v}$,其中 $\bar{v}$ 为气体分子的平均速率。

假定气体分子的速率服从麦克斯韦-玻尔兹曼分布:

$$W(v) = 4\pi \left(\dfrac{M}{2\pi RT}\right)^{\frac{3}{2}} v^2 \exp\left(-\dfrac{M}{2RT} v^2\right)$$

其中 $W(v)$ 为速率在 $v \sim v + dv$ 范围内的分子比例,M 为气体的摩尔质量,T 为气体的热力学温度,R 为普适气体常量。

(A1) 证明气体的平均速率为 $\bar{v} = \int_0^\infty v W(v) dv = \sqrt{\dfrac{8RT}{\pi M}}$。

假定在较低气压 p 下气体的行为如同理想气体。

(A2) 证明气体分子在衬底表面单位面积上的撞击数率 $J = \dfrac{p}{\sqrt{2\pi mkT}}$,其中 m 为气体分子的质量,T 为气体的热力学温度。

如果真空内残余氧气的压强为 133 Pa,并且假定氧分子可近似看作半径为 3.6×10^{-10} m 的球体。

(A3) 估算 300 ℃时沉积厚度为单个氧气分子的薄层所需的时间。假定撞击到硅衬底表面的氧气分子都沉积在硅衬底表面,同时假定该层氧气分子一个挨着一个排列。

实际上,并不是所有撞击到硅衬底表面的氧气分子都能与硅发生反应而沉积在表面上,该过程可用激活能来理解。只有当反应前气体分子的能量大于激活能时,该分子才可以与硅发生反应而沉积在表面上。激活能的物理本质就是打破硅与硅之间的化学键所需的能量。

(A4) 假定反应的激活能为 1 eV,再一次估算 300 ℃时沉积单个氧气分子厚度的薄层所需的时间。假定(A1)小题中麦克斯韦-玻尔兹曼分布曲线下的面积为 1,如图 T3.3.1 所示。

(A5) 在光刻过程中,在清洁的硅衬底上覆盖了一层平整的透明聚合物(光刻胶),光刻胶的折射率 $\mu = 1.40$。为了测量光刻胶层的厚度,用波长 $\lambda = 589$ nm 的平行单色光照射衬

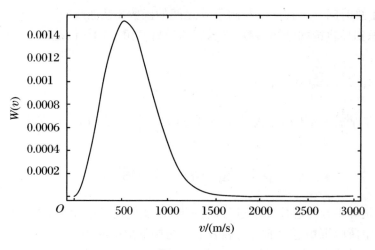

图 T3.3.1

底,假定光垂直照射到覆盖层上。若反射光干涉相消,求最小的光刻胶层厚度 d,用 μ,λ 表示并求出数值。这里将硅视为折射率大于 $\mu=1.40$ 的介质,并可忽略多次反射。

已知物理数据:氧气的摩尔质量为 32 g/mol,玻尔兹曼常量 $k=1.38\times10^{-23}$ J/K,阿伏伽德罗常数 $N_A=6.02\times10^{23}$/mol。

参考公式:
$$\int x^3 e^{-kx^2} dx = -\frac{1}{2}e^{-kx^2}\left(\frac{1}{k^2}+\frac{x^2}{k}\right)+C$$

解 析

第 1 题 一维晶格振动

(A1) 由于质点受到左右两根弹簧的作用力,因此第 n 个质点的动力学方程为
$$m\frac{d^2 x_n}{dt^2} = S(x_{n+1}-x_n)-S(x_n-x_{n-1}) \tag{3.1.1}$$

(A2) 令 $x_n = A\sin(nk\alpha)\cos(\omega t+\alpha)$,由于此式含有时间的谐振函数关系,因此可得
$$\frac{d^2 x_n}{dt^2} = -\omega^2 x_n \tag{3.1.2}$$

将式(3.1.2)代入式(3.1.1),可得
$$-mA\omega^2\sin(nk\alpha) = AS\{\sin[(n+1)k\alpha]-2\sin(nk\alpha)+\sin[(n-1)k\alpha]\}$$
$$= -4AS\sin(nk\alpha)\sin^2\left(\frac{1}{2}k\alpha\right) \tag{3.1.3}$$

因而有
$$\omega^2 = \frac{4S}{m}\sin^2\left(\frac{1}{2}k\alpha\right) \tag{3.1.4}$$

利用边界条件
$$\sin[(N+1)k\alpha] = \sin(kL) = 0 \tag{3.1.5}$$

满足式(3.1.5)的 k 值为

$$k = \frac{\pi}{L}, \frac{2\pi}{L}, \frac{3\pi}{L}, \cdots, \frac{N\pi}{L} \tag{3.1.6}$$

联立(3.1.4)和(3.1.6)两式,可得

$$\omega = \omega_0 \sin\left(\frac{1}{2}ka\right) \quad \left(k = \frac{\pi}{L}, \frac{2\pi}{L}, \frac{3\pi}{L}, \cdots, \frac{N\pi}{L}\right) \tag{3.1.7}$$

因此 ω 的最大值为

$$\omega_0 = 2\sqrt{\frac{S}{m}} \tag{3.1.8}$$

(A3) 方法一

频率为 ω 的声子的平均能量为

$$\overline{E(\omega)} = \frac{\sum_{p=0}^{\infty} p\hbar\omega P_p(\omega)}{\sum_{p=0}^{\infty} P_p(\omega)} = \frac{\sum_{p=0}^{\infty} p\hbar\omega \exp\left(-\frac{p\hbar\omega}{k_B T}\right)}{\sum_{p=0}^{\infty} \exp\left(-\frac{p\hbar\omega}{k_B T}\right)}$$

$$= k_B T^2 \frac{\partial}{\partial T} \ln \sum_{p=0}^{\infty} \exp\left(-\frac{p\hbar\omega}{k_B T}\right)$$

$$= k_B T^2 \frac{\partial}{\partial T} \ln \frac{1}{1 - \exp\left(-\frac{\hbar\omega}{k_B T}\right)}$$

$$= \frac{\hbar\omega}{\exp\left(\frac{\hbar\omega}{k_B T}\right) - 1} \tag{3.1.9}$$

方法二

频率为 ω 的声子的平均能量为

$$\overline{E(\omega)} = \frac{\sum_{p=0}^{\infty} p\hbar\omega P_p(\omega)}{\sum_{p=0}^{\infty} P_p(\omega)} = \frac{\sum_{p=0}^{\infty} p\hbar\omega \exp\left(-\frac{p\hbar\omega}{k_B T}\right)}{\sum_{p=0}^{\infty} \exp\left(-\frac{p\hbar\omega}{k_B T}\right)}$$

$$= k_B T^2 \frac{d}{dT} \ln \sum_{p=0}^{\infty} \exp\left(-\frac{p\hbar\omega}{k_B T}\right)$$

$$= k_B T^2 \frac{d}{dT} \ln \frac{1}{1 - \exp\left(-\frac{\hbar\omega}{k_B T}\right)}$$

$$= \frac{\hbar\omega \exp\left(-\frac{\hbar\omega}{k_B T}\right)}{1 - \exp\left(-\frac{\hbar\omega}{k_B T}\right)}$$

$$= \frac{\hbar\omega}{\exp\left(\frac{\hbar\omega}{k_B T}\right) - 1} \tag{3.1.10}$$

方法三

令 $x = \frac{\hbar\omega}{k_B T}$,则有

$$\sum_{p=0}^{\infty} \exp\left(-\frac{p\hbar\omega}{k_B T}\right) = \sum_{p=0}^{\infty} \exp(-px) = 1 + e^{-x} + e^{-2x} + e^{-3x} + \cdots = \frac{1}{1-e^{-x}} \quad (3.1.11)$$

$$\sum_{p=0}^{\infty} p\hbar\omega \exp\left(-\frac{p\hbar\omega}{k_B T}\right) = \hbar\omega(e^{-x} + 2e^{-2x} + 3e^{-3x} + \cdots)$$

$$\Rightarrow \quad e^{-x}\sum_{p=0}^{\infty} p\hbar\omega \exp\left(-\frac{p\hbar\omega}{k_B T}\right) = \hbar\omega(e^{-2x} + 2e^{-3x} + 3e^{-4x} + \cdots)$$

$$\Rightarrow \quad (1-e^{-x})\sum_{p=0}^{\infty} p\hbar\omega \exp\left(-\frac{p\hbar\omega}{k_B T}\right) = \hbar\omega(e^{-x} + e^{-2x} + e^{-3x} + \cdots) = \frac{\hbar\omega e^{-x}}{1-e^{-x}}$$

$$\Rightarrow \quad \sum_{p=0}^{\infty} p\hbar\omega \exp\left(-\frac{p\hbar\omega}{k_B T}\right) = \frac{\hbar\omega e^{-x}}{(1-e^{-x})^2} \quad (3.1.12)$$

频率为 ω 的声子的平均能量为

$$\overline{E(\omega)} = \frac{\sum_{p=0}^{\infty} p\hbar\omega P_p(\omega)}{\sum_{p=0}^{\infty} P_p(\omega)} = \frac{\hbar\omega e^{-x}}{1-e^{-x}} = \frac{\hbar\omega}{e^x - 1} = \frac{\hbar\omega}{\exp\left(\frac{\hbar\omega}{k_B T}\right) - 1} \quad (3.1.13)$$

(A4) 从式(3.1.6)可知相邻 k 值的间隔为 $\frac{\pi}{L}$。若 $\Delta k \gg \frac{\pi}{L}$，则在 Δk 区间内的简正模式的数量为

$$\frac{\Delta k}{\frac{\pi}{L}} = \frac{L}{\pi}\Delta k \quad (3.1.14)$$

(A5) 设晶体的简正模式的总数量为 N。$\Delta k \approx \left(\frac{dk}{d\omega}\right)d\omega$，因此在 Δk 区间内的简正模式的数量为

$$dn = \frac{L}{\pi}\Delta k = \frac{L}{\pi}\left(\frac{dk}{d\omega}\right)d\omega \quad (3.1.15)$$

利用(A2)小题的结果，可得

$$\frac{d\omega}{dk} = \frac{1}{2}\alpha\omega_0 \cos\left(\frac{1}{2}k\alpha\right) = \frac{1}{2}\alpha\sqrt{\omega_0^2 - \omega^2} \quad (3.1.16)$$

$$dn = \frac{L}{\pi}\left(\frac{2}{\alpha\sqrt{\omega_0^2 - \omega^2}}\right)d\omega = \frac{(N+1)\alpha}{\pi}\left(\frac{2}{\alpha\sqrt{\omega_0^2 - \omega^2}}\right)d\omega$$

$$= \frac{2(N+1)}{\pi}\frac{1}{\sqrt{\omega_0^2 - \omega^2}}d\omega \quad (3.1.17)$$

因此简正模式的总数量为

$$\int dn = \int_0^{\omega_0} \frac{2(N+1)}{\pi}\frac{d\omega}{\sqrt{\omega_0^2 - \omega^2}} = N+1 \approx N \quad (3.1.18)$$

利用式(3.1.13)和式(3.1.17)可得晶体的总能量为

$$E_T = \int_0^{\omega_0} \overline{E(\omega)} dn = \frac{2N}{\pi}\int_0^{\omega_0} \frac{\hbar\omega}{\left[\exp\left(\frac{\hbar\omega}{k_B T}\right) - 1\right]\sqrt{\omega_0^2 - \omega^2}} d\omega \quad (3.1.19)$$

(A6) 方法一

由于 $\dfrac{1}{\exp\left(\dfrac{\hbar\omega}{k_B T}\right)-1}$ 为随温度 T 升高而单调增大的函数，故 E_T 随温度的升高而变大。

当 $T \to 0$ 时，

$$\frac{1}{\exp\left(\dfrac{\hbar\omega}{k_B T}\right)-1} \approx \exp\left(-\frac{\hbar\omega}{k_B T}\right) \tag{3.1.20}$$

故

$$\begin{aligned} E_T &\approx \frac{2N}{\pi} \int_0^{\omega_0} \hbar\omega \exp\left(-\frac{\hbar\omega}{k_B T}\right) \frac{1}{\sqrt{\omega_0^2-\omega^2}} d\omega \\ &\approx \frac{2N}{\pi \hbar\omega_0}(k_B T)^2 \int_0^{\infty} \frac{x e^{-x}}{\sqrt{1-\left(\dfrac{k_B T}{\hbar\omega_0}x\right)^2}} dx \quad \left(x=\frac{\hbar\omega}{k_B T}\right) \\ &\approx \frac{2N}{\pi \hbar\omega_0}(k_B T)^2 \int_0^{\infty} x e^{-x} dx \end{aligned} \tag{3.1.21}$$

由式(3.1.21)可知

$$E_T \propto T^2 \tag{3.1.22}$$

因此晶体的定容摩尔热容为

$$C_V = \frac{dE_T}{dT} \propto T \tag{3.1.23}$$

当 $T \to \infty$ 时，$\exp\left(\dfrac{\hbar\omega}{k_B T}\right) \approx 1+\dfrac{\hbar\omega}{k_B T}$，因此

$$E_T \approx \frac{2N}{\pi} \int_0^{\omega_{\max}} \frac{\hbar\omega}{\dfrac{\hbar\omega}{k_B T}} \frac{1}{\sqrt{\omega_0^2-\omega^2}} d\omega = \frac{2N}{\pi} k_B T \frac{\pi}{2} = Nk_B T \tag{3.1.24}$$

因此晶体的定容摩尔热容为

$$C_V = \frac{dE_T}{dT} \approx Nk_B \tag{3.1.25}$$

可知 C_V 为常数，称为杜隆定律。

方法二

$$E_T = \frac{2N}{\pi} \sum_{\omega=0}^{\omega_0} \frac{\hbar\omega}{\exp\left(\dfrac{\hbar\omega}{k_B T}\right)-1} \frac{\Delta\omega}{\sqrt{\omega_0^2-\omega^2}} \tag{3.1.26}$$

当 $T \to 0$ 时，

$$\begin{aligned} E_T &\approx \frac{2N}{\pi} \sum_{\omega=0}^{\omega_0} \hbar\omega \exp\left(-\frac{\hbar\omega}{k_B T}\right) \frac{\Delta\omega}{\sqrt{\omega_0^2-\omega^2}} \\ &= \frac{2N}{\pi} \frac{(k_B T)^2}{\hbar\omega_0} \sum_x e^{-x} x \Delta x \end{aligned} \tag{3.1.27}$$

当 $T \to \infty$ 时，$\exp\left(\dfrac{\hbar\omega}{k_B T}\right)-1 \approx \dfrac{\hbar\omega}{k_B T}$，故

$$E_T \approx \frac{2N}{\pi} k_B T \sum_{\omega} \frac{\Delta\omega}{\sqrt{\omega_0^2-\omega^2}} \tag{3.1.28}$$

由于上式的 $\sum_{\omega} \dfrac{\Delta \omega}{\sqrt{\omega_0^2 - \omega^2}}$ 中不含温度 T，故 $E_T \propto T$，所以 C_V 为常数。

C_V 与 T 之间的关系曲线如图 J3.1.1 所示。

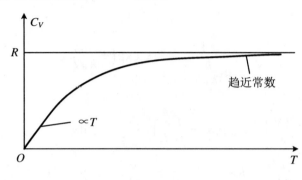

图 J3.1.1

第 2 题 导 轨 枪

（A1）设在没有反电动势时，直流电源所供应的电流为 I。设导体棒切割磁感线产生的电动势为 ε_b，产生的感应电流为 i，则

$$\varepsilon_b = BLv, \quad i = \dfrac{BLv}{R} \tag{3.2.1}$$

因此流经金属轨道的总电流为

$$I_N = I - i = I - \dfrac{BLv}{R} \tag{3.2.2}$$

磁场作用于金属棒的安培力为

$$F_c = BLI_N = BL\left(I - \dfrac{BLv}{R}\right) = BLI - \dfrac{B^2L^2v}{R} \tag{3.2.3}$$

方向平行于金属轨道且垂直金属棒向上。

考虑男青年挂在金属棒上随其滑动，因此作用在金属棒上的合力为

$$F_N = F_c - mg\sin\theta \tag{3.2.4}$$

由牛顿第二定律得

$$F_N = ma = m\dfrac{dv}{dt} \tag{3.2.5}$$

由(3.2.4)和(3.2.5)两式，可得男青年平行于轨道的加速度为

$$\dfrac{dv}{dt} = \left(\dfrac{BIL}{m} - g\sin\theta\right) - \dfrac{v}{\dfrac{mR}{B^2L^2}} = \alpha - \dfrac{v}{\tau} \tag{3.2.6}$$

其中 $\alpha = \dfrac{BIL}{m} - g\sin\theta, \tau = \dfrac{mR}{B^2L^2}$。

（A2）已知金属棒的初速度为零，由式(3.2.6)积分后可得金属棒在 t 时刻的速度为

$$v(t) = v_\infty \left(1 - e^{-\frac{t}{\tau}}\right) \tag{3.2.7}$$

其中 $v_\infty = \alpha\tau = \dfrac{IR}{BL}\left(1 - \dfrac{mg\sin\theta}{BLI}\right)$。

设男青年脱离轨道的速度为 v_s,在轨道上运动的时间为 t_s,则

$$v_s = v(t_s) = v_\infty(1 - e^{-\frac{t_s}{\tau}}) \quad (3.2.8)$$

由式(3.2.8)可以解得

$$t_s = -\tau \ln\left(1 - \frac{v_s}{v_\infty}\right) \quad (3.2.9)$$

设男青年飞越海峡所经历的时间为 t_f,男青年脱离轨道后,做斜抛运动,则

$$t_f = \frac{2v_s \sin\theta}{g} \quad (3.2.10)$$

在 t_f 时间内,他必须飞越的水平距离为 w,故

$$w = v_s \cos\theta\, t_f \quad (3.2.11)$$

联立(3.2.10)和(3.2.11)两式,可得

$$t_f = \frac{w}{v_s \cos\theta} = \frac{2v_s \sin\theta}{g} \quad (3.2.12)$$

由(3.2.11)和(3.2.12)两式可知 v_s 取决于金属棒的仰角 θ 和海峡的宽度 w,即

$$v_s = \sqrt{\frac{gw}{\sin 2\theta}} \quad (3.2.13)$$

将式(3.2.13)代入式(3.2.9),可得

$$t_s = -\tau \ln\left(1 - \frac{1}{v_\infty}\sqrt{\frac{gw}{\sin 2\theta}}\right) = -\tau \ln\left[1 - \frac{1}{\frac{IR}{BL}\left(1 - \frac{mg\sin\theta}{BLI}\right)}\sqrt{\frac{gw}{\sin 2\theta}}\right] \quad (3.2.14)$$

将式(3.2.13)代入式(3.2.12),可得

$$t_f = \frac{2\sin\theta}{g}\sqrt{\frac{gw}{\sin 2\theta}} = \sqrt{\frac{2w\tan\theta}{g}} \quad (3.2.15)$$

(A3) 男青年所经历的全部时间为

$$T = t_s + t_f = -\tau \ln\left(1 - \frac{1}{v_\infty}\sqrt{\frac{gw}{\sin 2\theta}}\right) + \sqrt{\frac{2w\tan\theta}{g}} \quad (3.2.16)$$

其中

$$\tau = \frac{mR}{B^2 L^2} = 0.20 \text{ s}, \quad v_\infty(\theta) = \frac{IR}{BL}\left(1 - \frac{mg\sin\theta}{BLI}\right) = 121 \cdot (1 - 0.0165\sin\theta) \text{ m/s} \quad (3.2.17)$$

因此

$$T = t_s + t_f = -0.20\ln\left(1 - \frac{100}{v_\infty\sqrt{\sin 2\theta}}\right) + 14.14\sqrt{\tan\theta} \quad (3.2.18)$$

由于要求 $1 - \frac{100}{v_\infty\sqrt{\sin 2\theta}} > 0$,又因 $v_\infty \approx 121$ m/s,因此 $\sin 2\theta > 0.68$,所以 $\theta > 0.37$ rad。故男青年运动的总时间与轨道倾角间的函数关系如图 J3.2.1 所示,从图中可以读出若要求 $T \leqslant 11$ s,则需 0.38 rad $\leqslant \theta \leqslant 0.505$ rad。

(A4) 考虑到导轨枪的相关参数,设置 θ 时必须考虑到轨道本身长度 D 的限制,即男青年在 t_s 时间内在轨道上运动的距离 D_s 必须要求小于或等于 D。

$$D_s = \int_0^{t_s} v(t)\mathrm{d}t = v_\infty \int_0^{t_s}(1 - e^{-\frac{t}{\tau}})\mathrm{d}t$$

$$= v_\infty(t + \tau e^{-\frac{t}{\tau}})\Big|_0^{t_s} = v_\infty[t_s - \tau(1 - e^{-\frac{t_s}{\tau}})]$$

$$= v_\infty t_s - v_s \tau = -\tau\left[v_\infty(\theta)\ln\left(1 - \frac{1}{v_\infty(\theta)}\sqrt{\frac{gw}{\sin 2\theta}}\right) + \sqrt{\frac{gw}{\sin 2\theta}}\right] \quad (3.2.19)$$

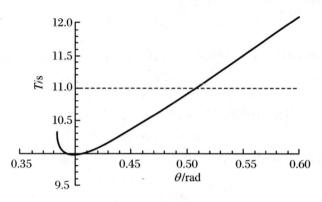

图 J3.2.1

D_s 与 θ 间的函数关系曲线如图 J3.2.2 所示。由于限制条件为 $D_s \leqslant D = 35\text{ m}$，因此合适的倾角为 $0.50\text{ rad} \leqslant \theta \leqslant 1.06\text{ rad}$。

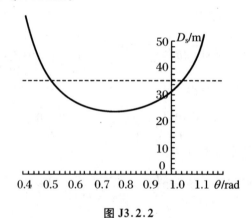

图 J3.2.2

为同时满足（A3）小题和（A4）小题的条件，合适的倾角为 $0.50\text{ rad} \leqslant \theta \leqslant 0.505\text{ rad}$。

第 3 题　衬底制备

（A1）气体分子的平均速率为

$$\bar{v} = \int_0^\infty vW(v)\mathrm{d}v = \int_0^\infty v4\pi\left(\frac{M}{2\pi RT}\right)^{\frac{3}{2}} v^2 \exp\left(-\frac{Mv^2}{2RT}\right)\mathrm{d}v$$

$$= 4\pi\left(\frac{M}{2\pi RT}\right)^{\frac{3}{2}} \int_0^\infty v^3 \exp\left(-\frac{Mv^2}{2RT}\right)\mathrm{d}v$$

$$= 4\pi\left(\frac{M}{2\pi RT}\right)^{\frac{3}{2}} \frac{4R^2T^2}{2M^2} = \sqrt{\frac{8RT}{\pi M}} \quad (3.3.1)$$

（A2）由理想气体状态方程 $pV = NkT$，可得气体的分子数密度为 $n = \dfrac{N}{V} = \dfrac{p}{kT}$，由此可

得气体分子在衬底表面单位面积上的撞击数率为

$$J = \frac{1}{4}n\bar{v} = \frac{1}{4}\frac{p}{kT}\sqrt{\frac{8RT}{\pi M}} = p\sqrt{\frac{8(N_A k)T}{16k^2 T^2 \pi(N_A m)}} = \frac{p}{\sqrt{2\pi mkT}} \qquad (3.3.2)$$

其中 $R = kN_A, m = \dfrac{M}{N_A}$。

(A3) 按照题意，氧气分子的沉积层是由一个接一个的分子紧密堆积而成的，如图 J3.3.1 所示。设氧气分子的半径为 $r = 3.6 \times 10^{-10}$ m，则在衬底上面积为 $(4r)^2 = 16r^2$ 的区域内沉积了四个氧分子。因此单层氧气分子的面密度为

$$n_1 = \frac{4}{16r^2} = 1.9 \times 10^{18} / \mathrm{m}^2 \qquad (3.3.3)$$

在温度为 300 ℃ 和压强为 133 Pa 的情况下，氧气分子撞击衬底表面的数率为

$$J = \frac{p}{\sqrt{2\pi mkT}} = 2.6 \times 10^{24} / (\mathrm{m}^2 \cdot \mathrm{s}) \qquad (3.3.4)$$

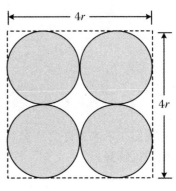

图 J3.3.1

因此在衬底上沉积一层氧气分子所需的时间为

$$t = \frac{n_1}{J} = 7.3 \times 10^{-7} \mathrm{~s} \qquad (3.3.5)$$

(A4) 若氧气分子的总能量恰好等于激活能，设该氧气分子的速率为 v_1，则

$$\frac{1}{2}mv_1^2 = 1 \mathrm{~eV} = 1.60 \times 10^{-19} \mathrm{~J} \quad\Rightarrow\quad v_1 = 2453 \mathrm{~m/s} \qquad (3.3.6)$$

在温度 $T = 573$ K 时，氧气分子的速率分布为

$$W(v) = 4\pi\left(\frac{M}{2\pi RT}\right)^{\frac{3}{2}} v^2 \exp\left(-\frac{M}{2RT}v^2\right)$$

$$= 1.39 \times 10^{-8} v^2 \exp(-3.36 \times 10^{-6} v^2) \qquad (3.3.7)$$

利用数值计算可得氧气分子速率大于 2453 m/s 的分子数占全部分子数的比值约为 3.48×10^{-8}。

考虑到激活能的因素，在 300 ℃ 时沉积一层氧气分子所需的时间为

$$t_1 = \frac{7.3 \times 10^{-7} \mathrm{~s}}{3.48 \times 10^{-8}} = 21 \mathrm{~s} \qquad (3.3.8)$$

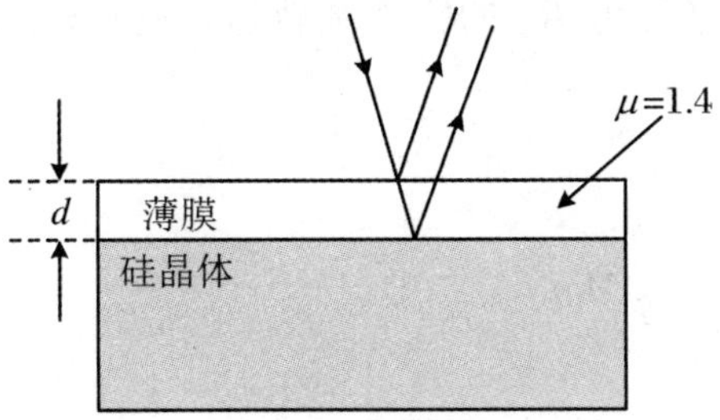

(A5) 如图 J3.3.2 所示，为了使得光束干涉相消，两光束所需的最小光程差为

$$\Delta = 2d = \frac{1}{2}\lambda' = \frac{1}{2}\frac{\lambda}{\mu} \qquad (3.3.9)$$

则所需薄膜的最小厚度为

$$d = \frac{\Delta}{2} = \frac{\lambda}{4\mu}$$

$$= \frac{589 \mathrm{~nm}}{4 \times 1.40} = 105 \mathrm{~nm} \qquad (3.3.10)$$

图 J3.3.2

第4届亚洲物理奥林匹克竞赛理论试题与解析

理论试题

第1题 卫星轨道的转换

我们在未来或许会从事卫星的发射工作。卫星的发射在物理学上只需应用简单的力学知识便可解释。

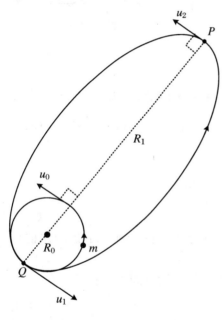

图 T4.1.1

质量为 m 的卫星在半径为 R_0 的圆轨道上绕地球中心转动,如图 T4.1.1 所示,地球的质量为 M。

(A1) 求卫星的运行速率 u_0,用 M,R_0 和万有引力常量 G 表示。

(A2) 当卫星在 Q 点时,在极短时间内将速度从 u_0 增至 u_1,从而卫星进入椭圆轨道,然后到达距离地球中心为 R_1 的 P 点。求卫星的速度 u_1,用 u_0,R_0,R_1 表示。若使卫星完全脱离地球的束缚,则 u_1 的最小值应为多大?用 u_0 表示。

(A3) 卫星沿椭圆轨道从 Q 点运动到 P 点时,求卫星在 P 点的速度 u_2,用 u_0,R_0,R_1 表示。

(A4) 现在,当卫星在 P 点时,我们要将椭圆轨道转换为半径为 R_1 的圆轨道,则卫星的速度在 P 点必须在极短时间内从 u_2 增至 u_3,求卫星的速度 u_3,用 u_2,R_0,R_1 表示。

(A5) 如果卫星在径向受到时间极短的微扰,使其偏离原来半径为 R_1 的完美圆轨道,请推导卫星的径向距离 r 偏离平均轨道半径 R_1 的振动周期 T。

提示:

卫星在轨道上的动力学方程:

$$m\left[\frac{d^2 r}{dt^2} - \left(\frac{d\theta}{dt}\right)^2 r\right] = -G\frac{Mm}{r^2}$$

卫星的角动量守恒方程:

---

① 第4届亚洲物理奥林匹克竞赛于2003年4月20日至4月29日在泰国曼谷举行,10个国家和地区派出代表队参加。

$$mr^2 \frac{\mathrm{d}\theta}{\mathrm{d}t} = 常数$$

（A6）在图 T4.1.2 中简要画出受扰动的轨道和原先未受扰动的轨道的形状。

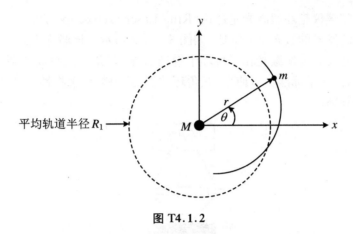

图 T4.1.2

第 2 题　光学陀螺仪

1913 年，乔治·沙克那（George Sagnac）利用环状共振仪试图寻找相对转动坐标系的以太漂移。沙克那并没有获得以太漂移的结果，然而环状共振仪却有了沙克那未曾想到的用途，如基于沙克那效应的光纤陀螺仪（FOG）。沙克那首先发现两束同频率的光绕着旋转的环状光纤反向行进，它们会有相位差（相移），利用相位差可测定环的角速度。

A 部分　光纤陀螺仪

如图 T4.2.1 所示，光束自 P 点进入半径为 R 的固连在沿顺时针方向以角速度 Ω 匀速转动的平台上的环形光纤。光束在 P 点分成两束，在环状光纤中反向行进，其中一束沿顺时针方向，另一束沿逆时针方向。光纤材料的折射率为 μ。环转动的线速度比光速小得多，满足 $R^2\Omega^2 \ll c^2$。

（A1）试求两光束在环状光纤中绕行一圈的时间差 $\Delta t = t^+ - t^-$，其中 t^+ 和 t^- 分别表示沿顺时针方向和逆时针方向行进的光束在环状光纤中绕行一圈（由 P 点回到 P 点）的时间，用圆环所包围的面积表示。

（A2）求沿顺时针方向和逆时针方向绕行的两光束在转动的光纤环内绕行一圈产生的最大光程差 ΔL。

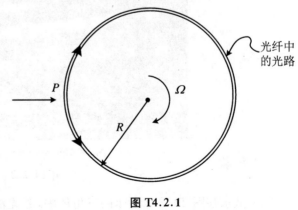

图 T4.2.1

（A3）对于半径 $R = 1.0$ m 的圆环形光纤，$\mu = 1.5$，求其随地球转动（地球自转）时的最大光程差 ΔL。

（A4）我们可利用增加光纤的匝数 N 的方式放大（A2）小题中的测量值，试求光绕行全

部匝数 N 的环状光纤后的相位差 $\Delta\theta$。

B 部分　环型激光陀螺仪

第二种光学陀螺仪是环型激光陀螺仪(Ring Laser Gyroscope, RLG)，其由周长为 L 的等边三角形环中的发光的激光空腔构成，如图 T4.2.2 所示。该激光光源产生两个放大且反向行进的同频率光波。为使激光在三角环中继续共振，三角环的总周长须等于波长 λ 的整数倍。环中另加有"光学标准具"，使得"三角环共振器"内频率选择性地消耗，借此可以消除或减弱不需要的频率。

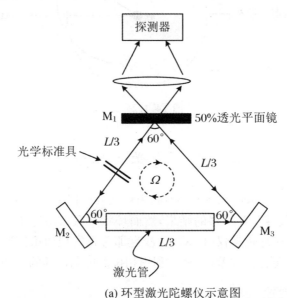

(a) 环型激光陀螺仪示意图

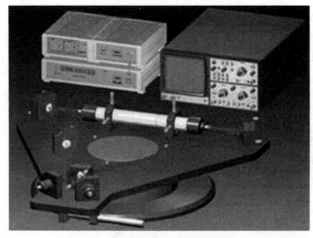

(b) 环型激光陀螺仪实体图

图 T4.2.2

(B1) 试求在图 T4.2.2 所示的三角环中，激光沿顺时针方向和逆时针方向绕行一圈的时间差，用角速度 Ω 和三角形所包围的面积 A 表示，并证明此结果和(A1)小题中的圆环的结果类似。

(B2) 当此三角环以角速度 Ω 旋转时，沿顺时针方向和逆时针方向测得的频率会有差异,试求顺时针方向和逆时针方向绕行的两光束间的频率差 Δf,用 L,Ω,λ 表示。

第3题　等离子体透镜

高强度粒子束的物理研究不仅对基础研究,而且对医学和工业上的应用有很大的作用。等离子体透镜安装在直线对撞机的终端,形成极强聚焦的装置。对等离子体透镜与磁透镜的聚焦能力进行比较:磁透镜的聚焦能力和磁场梯度成正比,磁四极聚焦透镜的实用上限为 10^2 T/m,而等离子体透镜在离子数密度为 $10^{17}/\text{cm}^3$ 时,聚焦能力相当于磁场梯度为 3×10^6 T/m(约为磁聚焦透镜实用上限的 10^4 倍)的磁透镜。

本题试图阐明为何高强度的相对论性粒子束在真空中能够自我聚焦而不会散开。

考虑长圆柱状的电子束,电子均匀分布,在实验室参考系中的数密度为 n,电子的平均速率为 v。

（A1）利用经典电磁学理论,求在电子束内距中心轴线为 r 处的电场强度。

（A2）利用经典电磁学理论,求在电子束内距中心轴线为 r 处的磁感应强度。

（A3）当电子束中的电子通过电子束内距中心轴线为 r 处时,求其所受的向外合力。

（A4）假设（A3）小题的结果适用于相对论性的速度,则当电子的速度趋近于光速 c $\left(=\dfrac{1}{\sqrt{\varepsilon_0\mu_0}}\right)$ 时,电子所受的力为多大？

（A5）等离子体为具有相同电荷密度的正离子和电子的游离气体,正离子和电子的粒子数密度相等。若半径为 R 的电子束进入密度均匀、离子数密度为 $n_0(<n)$ 的等离子体中,则当电子束进入等离子体足够长时间后,静止的等离子体的离子在电子束外距电子束中心轴线 r' 处所受的合力为多大？假设等离子体内的离子数密度和其圆柱对称性维持不变且均匀分布。

（A6）电子束进入等离子体足够长时间后,电子束内距离电子束中心轴线为 r 处的电子所受的合力为多大？假设电子的速率 $v\to c$,且等离子体内的离子数密度和其圆柱对称性维持不变。

解　析

第1题　卫星轨道的转换

（A1）质量为 m 的卫星在半径为 R_0 的圆轨道上绕地球中心运动时,万有引力提供向心力,得

$$m\frac{u_0^2}{R_0} = G\frac{Mm}{R_0^2} \tag{4.1.1}$$

因此卫星在半径为 R_0 的圆轨道上运动的速度为

$$u_0 = \sqrt{\frac{GM}{R_0}} \tag{4.1.2}$$

（A2）由角动量守恒定律可得

$$mu_1R_0 = mu_2R_1 \tag{4.1.3}$$

由能量守恒定律可得

$$\frac{1}{2}mu_2^2 - \frac{GMm}{R_1} = \frac{1}{2}mu_1^2 - \frac{GMm}{R_0} \tag{4.1.4}$$

联立式(4.1.2)~式(4.1.4)，可得卫星在 Q 点需要增至的速度为

$$u_1 = \sqrt{\frac{GM}{R_0}}\sqrt{\frac{2R_1}{R_1+R_0}} = u_0\sqrt{\frac{2R_1}{R_1+R_0}} \tag{4.1.5}$$

若使卫星完全脱离地球的束缚，则 u_1 的最小值为

$$u_{1\min} = \lim_{R_1 \to \infty} u_1 = \sqrt{2}u_0 \tag{4.1.6}$$

（A3）卫星沿椭圆轨道从 Q 点运动到 P 点时，根据角动量守恒定律，卫星在 P 点的速度为

$$u_2 = u_1\frac{R_0}{R_1} = u_0\frac{\sqrt{2}R_0}{\sqrt{R_1(R_1+R_0)}} \tag{4.1.7}$$

（A4）卫星在 P 点时，我们要将椭圆轨道转换为半径为 R_1 的圆轨道，卫星的速度在 P 点必须在极短时间内从 u_2 增至

$$u_3 = \sqrt{\frac{GM}{R_1}} = \sqrt{\frac{GM}{R_0}}\sqrt{\frac{R_0}{R_1}} = u_0\sqrt{\frac{R_0}{R_1}} = u_2\sqrt{\frac{R_1+R_0}{2R_0}} \tag{4.1.8}$$

（A5）联立题中提示的卫星在轨道上的动力学方程和角动量守恒方程，可得

$$\frac{d^2r}{dt^2} - \frac{C}{mr^3} = -\frac{GM}{r^2} \tag{4.1.9}$$

其中 C 为常数，就半径为 R_1 的圆轨道而言，$\frac{C}{m} = GMR_1$。式(4.1.9)可改写为

$$\frac{d^2r}{dt^2} - \frac{GMR_1}{r^3} = -\frac{GM}{r^2} \tag{4.1.10}$$

就卫星受微扰后的轨道而言，设 $r = R_1 + \eta$，其中 $\eta \ll R_1$，代入式(4.1.10)，可得

$$\frac{d^2\eta}{dt^2} - \frac{GMR_1}{R_1^3\left(1+\frac{\eta}{R_1}\right)^3} = -\frac{GM}{R_1^2\left(1+\frac{\eta}{R_1}\right)^2} \tag{4.1.11}$$

利用二项式展开，保留至 $\frac{\eta}{R_1}$ 的一次方项，可得

$$\frac{d^2\eta}{dt^2} - \frac{GM}{R_1^2}\left(1 - 3\frac{\eta}{R_1}\right) \approx -\frac{GM}{R_1^2}\left(1 - 2\frac{\eta}{R_1}\right) \Rightarrow \frac{d^2\eta}{dt^2} + \frac{GM}{R_1^3}\eta \approx 0 \tag{4.1.12}$$

式(4.1.12)为简谐运动的方程式，故卫星偏离平均轨道半径 R_1 的振动频率和周期分别为

$$f = \frac{1}{2\pi}\sqrt{\frac{GM}{R_1^3}}, \quad T = \frac{1}{f} = 2\pi\sqrt{\frac{R_1^3}{GM}} \tag{4.1.13}$$

（A6）受扰动的轨道和原先未受扰动的轨道的形状如图 J4.1.1 所示。

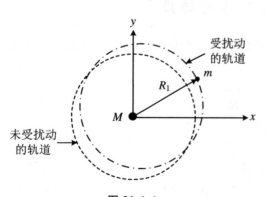

图 J4.1.1

第 2 题 光学陀螺仪

A 部分 光纤陀螺仪

（A1）光在静止介质中的传播速率为 $c' = \dfrac{c}{\mu}$，其中 c 为真空中的传播速率。当介质以速度 v 相对实验室参考系运动时，利用相对论速度公式，可得实验室参考系中的静止观察者所见光在运动介质中的传播速率为

$$u = \frac{u' + v}{1 + \dfrac{u'v}{c^2}} = \frac{c' + v}{1 + \dfrac{c'v}{c^2}} \tag{4.2.1}$$

当环形光纤绕其圆心以线速度 $v = \Omega R$ 沿顺时针方向转动时：若激光束沿顺时针方向绕行，根据式(4.2.1)可得实验室参考系中的观察者所见光在光纤中的传播速率为

$$u^+ = \frac{c' + R\Omega}{1 + \dfrac{c'R\Omega}{c^2}} \tag{4.2.2}$$

若激光束沿逆时针方向绕行，则实验室参考系中的观察者所见光在光纤中的传播速率为

$$u^- = \frac{c' - R\Omega}{1 - \dfrac{c'R\Omega}{c^2}} \tag{4.2.3}$$

如图 J4.2.1 所示，入射光束从 P 点（分光镜）进入环状光纤，分为两束，分别沿着顺时针方向和逆时针方向在光纤中绕行。

在实验室参考系中，由于 P 点随光纤转动，故沿逆时针方向绕行的激光将在 P_1 处再次遇到分光镜而透出，设所经历的时间为 t^-，其所经过的路径长度为 $2\pi R - \Delta s_1 = 2\pi R - R\Omega t^-$；沿顺时针方向绕行的激光将在 P_2 处再次遇到分光镜而透出，设所经历的时间为 t^+，其所经过的路径长度为 $2\pi R + \Delta s_1 = 2\pi R + R\Omega t^+$。

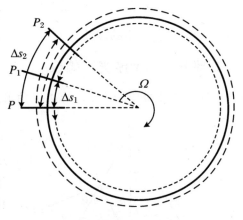

图 J4.2.1

由上述分析可得沿顺时针方向绕行的光束从进入环状光纤至离开环状光纤，绕行一圈所需的时间为

$$t^+ = \frac{2\pi R + \Delta s_2}{u^+} = \frac{2\pi R + R\Omega t^+}{u^+} = \frac{2\pi R}{u^+ - R\Omega} = \frac{2\pi R}{\dfrac{c' + R\Omega}{1 + \dfrac{c'R\Omega}{c^2}} - R\Omega}$$

$$= \frac{2\pi R \left(1 + \dfrac{c'R\Omega}{c^2}\right)}{c'\left[1 - \dfrac{(R\Omega)^2}{c^2}\right]} \approx \frac{2\pi R \left(1 + \dfrac{c'R\Omega}{c^2}\right)}{c'} \tag{4.2.4}$$

沿逆时针方向绕行的光束从进入环状光纤至离开环状光纤，绕行一圈所需的时间为

$$t^- = \frac{2\pi R - \Delta s_1}{u^-} = \frac{2\pi R - R\Omega t^-}{u^-} = \frac{2\pi R}{u^- + R\Omega} = \frac{2\pi R}{\dfrac{c' - R\Omega}{1 - \dfrac{c'R\Omega}{c^2}} + R\Omega}$$

$$= \frac{2\pi R\left(1 - \dfrac{c'R\Omega}{c^2}\right)}{c'\left[1 - \dfrac{(R\Omega)^2}{c^2}\right]} \approx \frac{2\pi R\left(1 - \dfrac{c'R\Omega}{c^2}\right)}{c'} \tag{4.2.5}$$

沿顺时针方向绕行和沿逆时针方向绕行的两光束在环状光纤中绕行一圈的时间差为

$$\Delta t = t^+ - t^- \approx \frac{2\pi R}{c'} \frac{2c'R\Omega}{c^2} = \frac{4\pi R^2 \Omega}{c^2} = \frac{4\Omega}{c^2} A \tag{4.2.6}$$

其中 $A = \pi R^2$ 为环状光纤所包围的面积。

（A2）沿顺时针方向绕行和沿逆时针方向绕行的两光束在环状光纤中绕行一圈的光程差为

$$\Delta L = c\Delta t = c\frac{4\pi R^2 \Omega}{c^2} = \frac{4\pi R^2 \Omega}{c} \tag{4.2.7}$$

注 光程差为光在真空中所前进的等效距离。

（A3）当环状光纤的圆心置于地球的南极或北极处时，可得随地球自转的最大光程差为

$$\Delta L = \frac{4\pi R^2 \Omega}{c} = 3.0 \times 10^{-12} \text{ m} \tag{4.2.8}$$

（A4）光绕行全部匝数 N 的环状光纤后的相位差为

$$\Delta \theta = \frac{2\pi (N\Delta L)}{\lambda} = \frac{8\pi^2 R^2 N\Omega}{c\lambda} \tag{4.2.9}$$

其中 λ 为光在真空中的波长。

B 部分 环型激光陀螺仪

（B1）如图 J4.2.2 所示，等边三角形环以恒定的角速度 Ω 沿顺时针方向绕中心 O 转动。在 AC 边上任取一点 P，考虑光在 P 点沿该边长方向行进的速度。P 点相对于 O 的速度大小为 $R\Omega$，其在 AC 方向的速度分量 $R\Omega\cos\theta = h\Omega$ 为常数，与 P 点所处的位置无关，因此在实验室参考系中，旋转速度的 AC 方向分量恒为 $h\Omega$。

当光束沿顺时针方向从 A 点向 C 点行进时，实验室参考系中的静止观察者所见的光速为

$$u = \frac{u' + v}{1 + \dfrac{u'v}{c^2}} = \frac{c + v}{1 + \dfrac{cv}{c^2}} = c \tag{4.2.10}$$

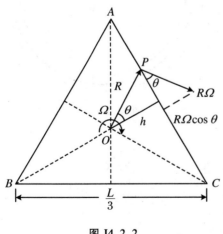

图 J4.2.2

这是由于光在等边三角形环上绕行时，所行经的介质为空气，其速率几乎等于真空中的光速，而光在真空中的传播速率 c 为常数，与观察者所在的参考系无关。

实验室参考系中的静止观察者所见沿顺时针方向绕行的光束从 A 点前进到 C 点所需的时间为

$$\tau^+ = \frac{\frac{L}{3} + h\Omega\tau^+}{c} \Rightarrow \tau^+ = \frac{\frac{L}{3}}{c - h\Omega} \qquad (4.2.11)$$

沿逆时针方向绕行的光束从 C 点前进到 A 点所需的时间为

$$\tau^- = \frac{\frac{L}{3} - h\Omega\tau^-}{c} \Rightarrow \tau^- = \frac{\frac{L}{3}}{c + h\Omega} \qquad (4.2.12)$$

沿顺时针方向和逆时针方向绕行的两光束绕等边三角形环一圈所需的时间分别为

$$t^+ = \frac{L}{c - h\Omega}, \quad t^- = \frac{L}{c + h\Omega} \qquad (4.2.13)$$

沿顺时针方向和逆时针方向绕行等边三角形环一圈的两光束的时间差为

$$\Delta t = t^+ - t^- = \frac{L}{c - h\Omega} - \frac{L}{c + h\Omega} = \frac{2Lh\Omega}{c^2 - (h\Omega)^2}$$

$$\approx \frac{2Lh\Omega}{c^2} = \frac{4A\Omega}{c^2} \qquad (4.2.14)$$

其中 $A = \frac{1}{2}Lh$ 为等边三角形环的面积。式(4.2.14)与式(4.2.6)中的环状光纤的时间差结果形式相同。

(B2) 光在等边三角形环中沿顺时针方向和沿逆时针方向绕行一圈的有效光程分别为

$$L^+ = ct^+ = \frac{cL}{c - h\Omega}, \quad L^- = ct^- = \frac{cL}{c + h\Omega} \qquad (4.2.15)$$

两者的光程差为

$$\Delta L = L^+ - L^- = \frac{cL}{c - h\Omega} - \frac{cL}{c + h\Omega}$$

$$= \frac{2cLh\Omega}{c^2 - (h\Omega)^2} \approx 2L\frac{h\Omega}{c} \qquad (4.2.16)$$

维持激光在等边三角形中共振的条件为:光绕行一圈的光程必须为波长 λ 的整数倍,即 $L^{\pm} = m\lambda^{\pm}$,或用频率可表示为

$$f^{\pm} = \frac{m}{L^{\pm}}c \quad (m = 1,2,3,\cdots) \qquad (4.2.17)$$

沿顺时针方向和逆时针方向绕行的两光束的频率差为

$$\Delta f = f^+ - f^- = \frac{m}{L^+}c - \frac{m}{L^-}c = mc\frac{L^- - L^+}{L^+ L^-} \approx -mc\frac{2L\frac{h\Omega}{c}}{L^2}$$

$$\Rightarrow \Delta f \approx \frac{mc}{L}\frac{2h\Omega}{c} = f\frac{2h\Omega}{c} = \frac{c}{\lambda}\frac{2h\Omega}{c} = \frac{2h\Omega}{\lambda} = \frac{1}{3\sqrt{3}}\frac{L\Omega}{\lambda} \qquad (4.2.18)$$

第3题 等离子体透镜

(A1) 在电子束内,选取半径为 r、长为 L、对称轴为中心轴线的高斯面,如图 J4.3.1 所示。由于电荷密度的圆柱对称性,在该圆柱侧表面上的电场强度大小均相等,电场强度方向均垂直向内指向中心轴线。由高斯定理可得

$$\oint_A \boldsymbol{E} \cdot \mathrm{d}\boldsymbol{A} = \frac{q}{\varepsilon_0} \Rightarrow E_r \cdot 2\pi rL = \frac{-ne(\pi r^2 L)}{\varepsilon_0} \Rightarrow E_r = -\frac{ner}{2\varepsilon_0}\boldsymbol{e}_r \qquad (4.3.1)$$

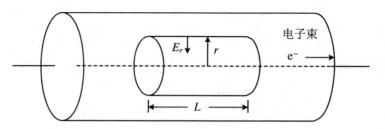

图 J4.3.1

（A2）在电子束内，选取半径为 r、关于中心轴线对称的圆形封闭路径，如图 J4.3.2 所示。穿过闭合路径的电流在圆周上产生的磁感应强度大小相等，其方向均为顺时针方向（沿电子束的前进方向观察）。由安培环路定理可得

$$\oint \boldsymbol{B} \cdot \mathrm{d}\boldsymbol{l} = \mu_0 I \Rightarrow B_\theta \cdot 2\pi r = \mu_0(-nev)(\pi r^2)$$

$$\Rightarrow \boldsymbol{B}_\theta = -\frac{\mu_0 nerv}{2}\boldsymbol{e}_\theta \tag{4.3.2}$$

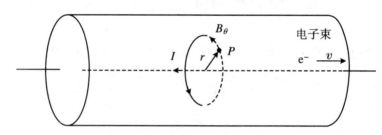

图 J4.3.2

（A3）电子所受的电磁力（包括电场力和洛伦兹力）为

$$\boldsymbol{F} = q\boldsymbol{E} + q\boldsymbol{v} \times \boldsymbol{B} \tag{4.3.3}$$

其中电子所受的电场力为

$$F_e = (-e)E_r = \frac{ne^2 r}{2\varepsilon_0} \tag{4.3.4}$$

电场力方向垂直中心轴线向外。电子所受的洛伦兹力为

$$F_m = evB_\theta = \frac{\mu_0 ne^2 rv^2}{2} \tag{4.3.5}$$

洛伦兹力方向垂直中心轴线向里。因此，电子所受的合力为

$$\boldsymbol{F} = \boldsymbol{F}_e + \boldsymbol{F}_m = \left(\frac{ne^2 r}{2\varepsilon_0} - \frac{\mu_0 ne^2 rv^2}{2}\right)\boldsymbol{e}_r = \frac{ne^2 r}{2\varepsilon_0}\left(1 - \frac{v^2}{c^2}\right)\boldsymbol{e}_r \tag{4.3.6}$$

其中 $c = \dfrac{1}{\sqrt{\varepsilon_0 \mu_0}}$ 为光在真空中的传播速度。

（A4）当电子的速度 v 趋近于光速 c 时，电子所受的合力 F 趋向于零，即电子所受的电场力和洛伦兹力彼此抵消。

（A5）如图 J4.3.3 所示，背景为等离子体，圆柱体表示入射的数密度为 n、半径为 R、平均速率为 v 的电子束。在电子束进入等离子体足够长时间后，靠近电子束的等离子体中的电子由于质量轻而被排斥出圆柱，圆柱内仅剩下数密度为 $n_0(<n)$ 的正离子。设 Q 为在电子束外静止的、与电子束中心轴线距离为 r' 的等离子体离子，应用高斯定理，可得该处的电

场强度为

$$E_{r'} \cdot 2\pi r' L = \frac{1}{\varepsilon_0}[(-ne)(\pi R^2 L) + (n_0 e)(\pi r'^2 L)]$$

$$\Rightarrow \quad E_{r'} = -\frac{neR^2}{2\varepsilon_0 r'} + \frac{n_0 e r'}{2\varepsilon_0} \tag{4.3.7}$$

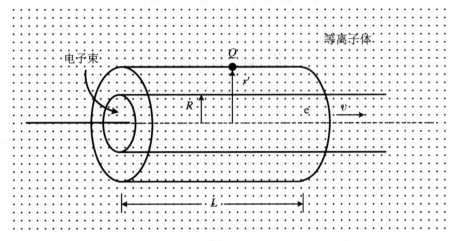

图 J4.3.3

由题意,等离子体中的正离子静止,不会受到洛伦兹力的作用,所以该处正离子所受的合力为

$$F = eE_{r'} = -\frac{ne^2 R^2}{2\varepsilon_0 r'} + \frac{n_0 e^2 r'}{2\varepsilon_0} \tag{4.3.8}$$

(A6) 在等离子体内的电子束中,与中心轴线的径向距离为 $r(<R)$ 的电子所受的合力为

$$\boldsymbol{F} = \frac{ne^2 r}{2\varepsilon_0}\left(1 - \frac{v^2}{c^2}\right)\boldsymbol{e}_r - \frac{n_0 e^2 r}{2\varepsilon_0}\boldsymbol{e}_r \tag{4.3.9}$$

当电子的速度 $v \to c$ 时,电子所受的合力为

$$\boldsymbol{F} \approx -\frac{n_0 e^2 r}{2\varepsilon_0}\boldsymbol{e}_r \tag{4.3.10}$$

方向垂直中心轴线向内。

第5届亚洲物理奥林匹克竞赛理论试题与解析

理论试题

第1题 失重状态下质量的测量

在太空中,环绕地球飞行的宇宙飞船处于失重状态,因而不能通过测量重力来确定宇航员的质量。一般宇宙飞船内配有身体质量测量装置,其由一端连着椅子、另一端连在飞船上的固定点的一根轻弹簧构成。弹簧的轴线通过宇宙飞船的质心,已知弹簧的劲度系数 $k = 605.6 \text{ N/m}$。

(A1) 当宇宙飞船固定在地面发射台上时,空椅子的简谐运动周期 $T_0 = 1.28195 \text{ s}$,求空椅子的质量 m_0 的值。

(A2) 当宇宙飞船环绕地球飞行时,宇航员被束缚在椅子上,再次测量得到椅子的振动周期 $T' = 2.33044 \text{ s}$,然后宇航员当即粗略地估算自己的质量,但他对估算结果感到疑惑。为了得到自己的真实质量,宇航员再次测量得到空椅子的简谐运动周期 $T_0' = 1.27395 \text{ s}$。求宇航员的真实质量 m_A 和宇宙飞船的质量 M 的值。宇航员没有坐在椅子上时,宇航员在宇宙飞船里是漂浮着的。

第2题 光 纤

光纤由半径为 a 的圆柱形纤芯和外包层构成。光纤外包层的折射率为 n_2。光纤纤芯的折射率是渐变的,渐变折射率满足 $n = n(x) = n_1\sqrt{1-\alpha^2 x^2}$,其中 x 是与光纤轴线的距离,α 为常数;$x = 0$ 即纤芯中心轴线处的折射率为 n_1;$x = a$ 即距中心轴线为 a 处(纤芯与外包层的分界处)的折射率为 $n_2(1 < n_2 < n_1)$。光纤置于折射率为 n_0 的空气中。

取 Oz 轴沿光纤的轴线方向,O 是光纤端面的中心,如图 T5.2.1 所示。已知数据 $n_0 = 1.000, n_1 = 1.500, n_2 = 1.460, a = 25 \text{ μm}$。

不考虑光的波动性,忽略光纤中光的

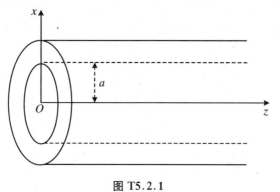

图 T5.2.1

色散,真空中的光速 $c = 2.998 \times 10^8$ m/s。

A 部分　单色光射入光纤和在光纤中的传播

一束单色光从 O 点以入射角 θ_i 射入光纤,入射面为 xOz 平面,如图 T5.2.2 所示。

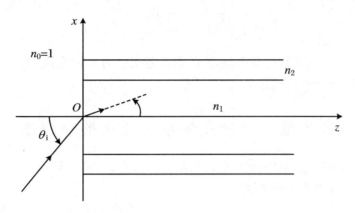

图 T5.2.2

(A1) 证明光线在光纤中传播轨迹上的各点满足 $n\cos\theta = C$(C 为常数),其中 n 为折射率,θ 为光线与 Oz 轴的夹角,并给出 C 的表达式,用 n_1 和 θ_i 表示。

(A2) 利用(A1)小题的结果和三角函数关系 $\cos\theta = \dfrac{1}{\sqrt{1+\tan^2\theta}}$,其中 $\tan\theta = \dfrac{\mathrm{d}x}{\mathrm{d}z} = x'$ 是光线轨迹在点 (z,x) 处切线的斜率,导出关于 x' 的方程,并用 n_1, n_2, α 表示 α。再将关于 x' 的方程两边对 z 求导,求出 $x'' = \dfrac{\mathrm{d}^2 x}{\mathrm{d}z^2}$。

(A3) 导出满足上述方程的 x 与 z 的函数关系 $x = f(z)$,即光线在光纤中传播的轨迹方程。

(A4) 画出以两个不同的入射角 θ_i 进入光纤的光线一个完整周期的轨迹。

(A5) 求光可在光纤纤芯中传播的最大入射角 θ_{im}。

(A6) 当 $\theta_i \neq 0$ 时,求光线与 Oz 轴交点的坐标 z 的表达式。

B 部分　光脉冲传递信号

在光纤内,光常以极短的光脉冲形式传递信号(脉冲宽度可以忽略)。

(B1) 在入射角 $\theta_i \neq 0$ 且 $\theta_i \leqslant \theta_{im}$ 时,求光由 O 点入射传播到与 Oz 轴的第一个交点的时间 τ。

第一个交点的坐标 z 与传播时间 τ 的比值称为光信号沿光纤的传播速度。假定该速度随 θ_i 是单调变化的。

(B2) 当入射角 $\theta_i = \theta_{im}$ 时,分别求光信号的传播速度 v_m 和光信号沿光纤轴线 Oz 的传播速度 v_0,并进行比较。

(B3) 以不同的入射角 θ_i ($0 \leqslant \theta_i \leqslant \theta_{im}$) 在 O 点入射载波光束,请导出在第一个交点的坐标 z 处最高重复频率 f 的表达式(即光脉冲不交叠)。计算 $z = 1000$ m 处两个相继信号脉冲可以分辨的最高重复频率 f。

参考公式:

(1) 在 xOz 平面内元弧的长度为 $ds = dz\sqrt{1 + \left(\dfrac{dx}{dz}\right)^2}$；

(2) $\displaystyle\int \dfrac{dx}{\sqrt{a^2 - b^2 x^2}} = \dfrac{1}{b}\arcsin\dfrac{bx}{a} + C$；

(3) $\displaystyle\int \dfrac{x^2 dx}{\sqrt{a^2 - b^2 x^2}} = -\dfrac{x\sqrt{a^2 - b^2 x^2}}{2b^2} + \dfrac{a^2 \arcsin\dfrac{bx}{a}}{2b^3} + C$；

(4) $\arcsin x$ 是正弦函数的反函数，它的取值是正弦为 x 的角度中正的最小值，即如果 $y = \arcsin x$，那么 $\sin y = x$。

第 3 题 两种气体系统的压缩和膨胀

气缸被可移动的隔板 MN 分为左右两部分，如图 T5.3.1 所示。气缸的左气室内有 1 mol 水蒸气，右气室内有 1 mol 氮气。

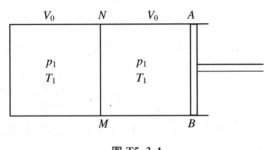

图 T5.3.1

开始时，两个气室内气体的温度和体积都相等，隔板 MN 是自身的热容量很小可忽略的良导热体。

在相同温度下，液态水的比热容与水蒸气的比热容相比可以忽略不计。

汽化热 L 定义为单位质量的物质在同一温度下由液态汽化所需要的热量。已知水在 373 K 时的汽化热 $L = 2250$ kJ/kg。

普适气体常量 $R = 8.31$ J/(mol·K) = 0.0820 L·atm/(mol·K)，其中 1 atm = 101.3 kPa。

在大气压强 $p_0 = 1$ atm 时，水的沸点为 $T_0 = 373$ K。

已知物理数据：氮气的绝热指数 $\gamma_1 = \dfrac{7}{5}$，水蒸气的绝热指数 $\gamma_2 = \dfrac{8}{6}$。当温度处于 353~393 K 区间内时，水的沸点 T 与压强 p 之间满足

$$p = p_0 \exp\left[-\dfrac{\mu L}{R}\left(\dfrac{1}{T} - \dfrac{1}{T_0}\right)\right]$$

其中 μ 是摩尔质量，p_0, L, T_0 与前面的定义相同。

A 部分

假定活塞和气缸的壁都是导热的，隔板 MN 可以无摩擦地滑动。两气室内的气体初始状态均为压强 $p_1 = 0.5$ atm，总体积 $V_1 = 2V_0$，温度 $T_1 = 373$ K。

现缓慢推动活塞 AB，系统经历准静态等温过程，压缩两气室的总体积至 $V_F = \dfrac{1}{4}V_0$。

(A1) 画出气缸内两种气体在保持温度 T_1 不变时气体压强 p 和总体积 V 的关系曲线图，并计算曲线上重要点的坐标。

(A2) 计算压缩气体过程中活塞对气体做的功。

(A3) 计算压缩气体过程中气体对外释放的热量。

B 部分

假定隔板 MN 和气缸壁之间有摩擦,且只有当隔板两侧压强差大于或等于 0.5 atm 时,隔板才可移动。A 部分中所有其他条件不变,并假设动摩擦因数和静摩擦因数相等。

(B1) 画出气缸内气体在保持温度 T_1 不变时右气室的压强 p 与气缸里两种气体总体积 V 之间的关系曲线图。

(B2) 计算压缩气体过程中活塞对气体做的功。

(B3) 当气体总体积达到 $V_F = \frac{1}{4} V_0$ 后,活塞 AB 缓慢地向右移动,使两种气体经历准静态等温过程总体积膨胀到 $2V_0$,继续画出(B1)小题中的过程所对应的曲线。

C 部分

假定气缸和活塞是绝热的,隔板 MN 固定不动且是导热的。气体的初始状态与 A 部分相同,活塞 AB 缓慢地向右移动,使得右气室的体积增加至左气室中的水蒸气开始凝结时。

(C1) 计算右气室的最终体积。

(C2) 计算该膨胀过程中气体对外做的功。

解　析

第 1 题　失重状态下质量的测量

(A1) 当宇宙飞船固定在地面发射台上时,系于弹簧上的质量为 m_0 的空椅子的简谐运动周期为

$$T_0 = 2\pi \sqrt{\frac{m_0}{k}} \tag{5.1.1}$$

因此,空椅子的质量为

$$m_0 = \frac{kT_0^2}{4\pi^2} = 25.21 \text{ kg} \tag{5.1.2}$$

(A2) 当宇宙飞船在太空中环绕地球运动时,弹簧的一端系有空椅子,另一端固定在质量为 M 的宇宙飞船上,该系统的简谐运动的周期为

$$T_0' = 2\pi \sqrt{\frac{m_0'}{k}} \tag{5.1.3}$$

其中 m_0' 为空椅子和宇宙飞船的约化质量:

$$m_0' = \frac{Mm_0}{M + m_0} \tag{5.1.4}$$

联立(5.1.1)和(5.1.3)两式,可得

$$\frac{m_0}{m_0'} = \left(\frac{T_0}{T_0'}\right)^2 \tag{5.1.5}$$

联立(5.1.4)和(5.1.5)两式,可得宇宙飞船的质量为

$$M = \frac{m_0}{\dfrac{m_0}{m_0'} - 1} = 2001 \text{ kg} \tag{5.1.6}$$

当宇宙飞船在太空中环绕地球运动时,若宇航员束缚在椅子上,弹簧的一端系有椅子和束缚着的宇航员,另一端固定在质量为 M 的宇宙飞船上,该系统的简谐运动的周期为

$$T' = 2\pi\sqrt{\frac{m'}{k}} = 2.33044 \text{ s} \tag{5.1.7}$$

其中 m' 为束缚在椅子上的宇航员和宇宙飞船的约化质量,m 为宇航员和空椅子的质量,则有

$$m' = \frac{Mm}{M+m} \tag{5.1.8}$$

由式(5.1.7)可得

$$m' = k\left(\frac{T'}{2\pi}\right)^2 = 83.31 \text{ kg} \tag{5.1.9}$$

联立(5.1.8)和(5.1.9)两式,可得

$$m = \frac{m'}{1 - \frac{m'}{M}} = 86.93 \text{ kg} \tag{5.1.10}$$

因此宇航员的真实质量为

$$m_A = m - m_0 = 61.72 \text{ kg} \tag{5.1.11}$$

第 2 题 光 纤

A 部分 单色光射入光纤和在光纤中的传播

(A1) 光从空气经由光纤界面上的 O 点射入光纤内部,根据斯涅耳定律有

$$n_0 \sin\theta_i = n_1 \sin\theta_1 \tag{5.2.1}$$

其中 θ_1 是光进入光纤内部的前进方向与 Oz 轴的夹角。

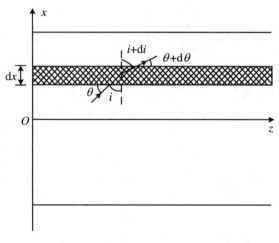

图 J5.2.1

由于光纤纤芯的折射率 n 随 x 变化,因此光的传播轨迹为曲线。如图 J5.2.1 所示,取 x 方向微元 dx 的光纤纤芯介质,i 为光线轨迹的切线方向与 x 正方向的夹角,θ 为光线轨迹的切线方向与 z 正方向的夹角,两者满足 $i + \theta = \frac{\pi}{2}$。由斯涅耳定律可得

$$n\sin i = (n + dn)\sin(i + di)$$
$$\Rightarrow n\cos\theta = (n + dn)\cos(\theta + d\theta) \tag{5.2.2}$$

因此光的传播轨迹上的任一点都满足

$$n\cos\theta = n_1\sqrt{1 - \alpha^2 x^2}\cos\theta$$
$$= n_1 \cos\theta_1 \tag{5.2.3}$$

利用式(5.2.1)和空气的折射率 $n_0 = 1$,可得

$$\cos\theta_1 = \sqrt{1-\sin^2\theta_1} = \sqrt{1-\frac{n_0^2\sin^2\theta_i}{n_1^2}} = \sqrt{1-\frac{\sin^2\theta_i}{n_1^2}} \quad (5.2.4)$$

将式(5.2.4)代入式(5.2.3),可得

$$n\cos\theta = n_1\cos\theta_1 = n_1\sqrt{1-\frac{\sin^2\theta_i}{n_1^2}} = \sqrt{n_1^2-\sin^2\theta_i} \quad (5.2.5)$$

故

$$C = n\cos\theta = \sqrt{n_1^2-\sin^2\theta_i} \quad (5.2.6)$$

因此得证。

(A2) 利用题中所给的三角函数关系

$$\cos\theta = \frac{1}{\sqrt{1+\tan^2\theta}} \quad (5.2.7)$$

式(5.2.5)可改写为

$$\frac{n_1\sqrt{1-\alpha^2 x^2}}{\sqrt{1+\tan^2\theta}} = C \quad (5.2.8)$$

将式(5.2.8)两边平方并将题中所给的 $x' = \dfrac{dx}{dz} = \tan\theta$ 代入,可得关于 x' 的方程为

$$1 + x'^2 = (1-\alpha^2 x^2)\frac{n_1^2}{C^2} \quad (5.2.9)$$

式(5.2.9)等号两侧再对 z 求导可得

$$x'' + \frac{\alpha^2 n_1^2}{C^2}x = 0 \quad (5.2.10)$$

根据题中纤芯的变折射率公式 $n = n_1\sqrt{1-\alpha^2 x^2}$,当 $x = 0$ 时,折射率 $n = n_1$;当 $x = a$ 时,折射率 $n = n_2 = n_1\sqrt{1-\alpha^2 a^2}$,可得

$$\alpha = \frac{\sqrt{n_1^2 - n_2^2}}{an_1} \quad (5.2.11)$$

联立(5.2.10)和(5.2.11)两式,可得关于 x'' 的方程为

$$x'' + \frac{n_1^2 - n_2^2}{a^2(n_1^2 - \sin^2\theta_i)}x = 0 \quad (5.2.12)$$

(A3) 式(5.2.12)与标准的简谐运动的动力学方程类似,其解为

$$x = A\sin(\omega z + \varphi) \quad (5.2.13)$$

其中 $\omega = \dfrac{1}{a}\sqrt{\dfrac{n_1^2-n_2^2}{n_1^2-\sin^2\theta_i}}$,$A,\varphi$ 由边界条件决定。

当 $z=0$ 时,$x=0$,得 $\varphi=0$;当 $z=0$ 时,$x' = \dfrac{dx}{dz}\bigg|_{x=0} = \tan\theta_1$,得 $A = \dfrac{\tan\theta_1}{\omega}$。

利用式(5.2.5),可得

$$\cos\theta_1 = \frac{\sqrt{n_1^2-\sin^2\theta_i}}{n_1} \quad (5.2.14)$$

因此 A 可改写为

$$A = \frac{a(n_1\sin\theta_1)}{\sqrt{n_1^2-n_2^2}} = \frac{a(n_0\sin\theta_i)}{\sqrt{n_1^2-n_2^2}} = \frac{a\sin\theta_i}{\sqrt{n_1^2-n_2^2}} \quad (5.2.15)$$

故而光在光纤内部的传播轨迹方程为

$$x = \frac{a\sin\theta_i}{\sqrt{n_1^2 - n_2^2}} \sin\left(\frac{z}{a}\sqrt{\frac{n_1^2 - n_2^2}{n_1^2 - \sin^2\theta_i}}\right) \tag{5.2.16}$$

(A4) 以两个不同的入射角 θ_i 进入光纤的光线一个完整周期的轨迹如图 J5.2.2 所示。

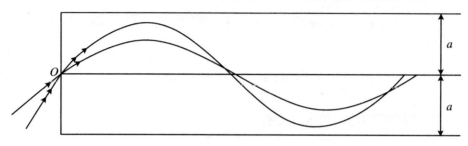

图 J5.2.2

(A5) 光在光纤纤芯内传播的条件为 $x_0 \leqslant a$，由式(5.2.15)，可得

$$\frac{a\sin\theta_i}{\sqrt{n_1^2 - n_2^2}} \leqslant a \Rightarrow \sin\theta_i \leqslant \sqrt{n_1^2 - n_2^2} \tag{5.2.17}$$

因此从空气入射到光纤界面的入射角存在上限 θ_{im}，即

$$\sin\theta_{im} = \sqrt{n_1^2 - n_2^2} = 0.3441 \Rightarrow \theta_{im} = \arcsin 0.3441 = 20.13° \tag{5.2.18}$$

(A6) 光在光纤纤芯内的传播轨迹与 Oz 轴的交点必须满足

$$\omega z = k\pi \tag{5.2.19}$$

其中 k 为正整数。当 $\theta_i \neq 0$ 时，由式(5.2.16)可得交点的 z 坐标为

$$z = \frac{k\pi}{\omega} = k\pi a \sqrt{\frac{n_1^2 - \sin^2\theta_i}{n_1^2 - n_2^2}} \tag{5.2.20}$$

B 部分　光脉冲传递信号

(B1) 由式(5.2.16)可知，光在光纤纤芯内的传播轨迹随不同的入射角而不同，因此光的传播速率会有差异。设光从 O 点传播到与 Oz 轴的第一个交点所需的时间为 τ。如图 J5.2.3 所示，光沿其传播轨迹前进微元 ds 所需的时间为

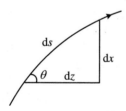

图 J5.2.3

$$dt = \frac{ds}{\frac{c}{n}} = \frac{n}{c}\sqrt{(dx)^2 + (dz)^2} = \frac{n}{c}\sqrt{1 + \left(\frac{dz}{dx}\right)^2}\, dx$$

$$= \frac{n}{c}\sqrt{1 + \left(\frac{1}{\tan\theta}\right)^2}\, dx = \frac{n}{c}\frac{dx}{\sin\theta} \tag{5.2.21}$$

利用式(5.2.6)并代入折射率 $n = n_1\sqrt{1 - \alpha^2 x^2}$，式(5.2.21)可改写为

$$dt = \frac{n_1^2(1 - \alpha^2 x^2)}{c\sqrt{\sin^2\theta_i - n_1^2\alpha^2 x^2}}\, dx \tag{5.2.22}$$

因此光从 O 点传播到与 Oz 轴的第一个交点所需的时间为

$$\tau = 2\int_0^{x_0} dt = 2\frac{n_1^2}{c}\int_0^{x_0}\frac{(1 - \alpha^2 x^2)\, dx}{\sqrt{\sin^2\theta_i - n_1^2\alpha^2 x^2}}$$

$$= \frac{\pi a n_1^2}{c\sqrt{n_1^2 - n_2^2}}\left(1 - \frac{\sin^2\theta_i}{2n_1^2}\right) \tag{5.2.23}$$

（B2）由题意，光信号沿光纤的传播速率定义为

$$v = \frac{z_1}{\tau} \tag{5.2.24}$$

其中 z_1 为光的传播轨迹与 Oz 轴第一个交点的 z 坐标，其值可由式(5.2.20)中取 $k=1$ 确定，即

$$z_1 = \frac{\pi}{\omega} = \pi a \sqrt{\frac{n_1^2 - \sin^2\theta_i}{n_1^2 - n_2^2}} \tag{5.2.25}$$

联立(5.2.23)和(5.2.25)两式，可得光在光纤内部的传播速率为

$$v = \frac{2c\sqrt{n_1^2 - \sin^2\theta_i}}{2n_1^2 - \sin^2\theta_i} \tag{5.2.26}$$

该式显示光在光纤内部的传播速率随入射角的不同而呈现单调性的变化。当 $\theta_i = \theta_{im}$ 时，光信号在光纤内的传播速率为

$$v_m = \frac{2c\sqrt{n_1^2 - \sin^2\theta_{im}}}{2n_1^2 - \sin^2\theta_{im}} = \frac{2c\sqrt{n_1^2 - (n_1^2 - n_2^2)}}{2n_1^2 - (n_1^2 - n_2^2)}$$

$$= \frac{2cn_2}{n_1^2 + n_2^2} = 1.998 \times 10^8 \text{ m/s} \tag{5.2.27}$$

由于在 Oz 轴处的折射率为 n_1，因此光沿着轴线 Oz 轴前进的传播速率为

$$v_0 = \frac{c}{n_1} = 1.999 \times 10^8 \text{ m/s} \tag{5.2.28}$$

比较(5.2.27)和(5.2.28)两式，可得

$$v_0 > v_m \tag{5.2.29}$$

（B3）若入射光纤的光信号以锥形光束的形式会聚在 O 点，然后以不同的入射角进入光纤，则在光纤纤芯中以不同的速率传播。入射角 $\theta_i = 0$ 和 $\theta_i = \theta_{im}$ 的两束光首次到达 Oz 轴上同一点的时间差为

$$\Delta t = \frac{z}{v_m} - \frac{z}{v_0} = z\frac{n_1^2 + n_2^2}{2cn_2} - z\frac{n_1}{c} = \frac{z}{c}\frac{(n_1 - n_2)^2}{2n_2} \tag{5.2.30}$$

这意味着脉冲很窄的光信号脉冲在进入光纤后首次回到 Oz 轴时，会形成宽度为 Δt 的脉冲。若两个连续射入光纤的光信号脉冲的相隔时间（延迟）大于 Δt，则这两个脉冲波信号可以分开（即可分辨）。故光信号脉冲传输频率的最大值为

$$f_m = \frac{1}{\Delta t} = \frac{2cn_2}{z(n_1 - n_2)^2} \tag{5.2.31}$$

若 $z = 1000$ m，则光信号脉冲传输频率的最大值为

$$f_m = 547.1 \text{ MHz} \tag{5.2.32}$$

第3题　两种气体系统的压缩和膨胀

A 部分

（A1）保持系统温度 $T_1 = 373$ K 恒定不变的情况下，气缸内所有气体在整个等温压缩过程中的气体压强 p 和总体积 V 的关系曲线图如图 J5.3.1 所示，其中

$$V_0 = \frac{RT_1}{p_1} = 0.0612 \text{ m}^3 = 61.2 \text{ L} \tag{5.3.1}$$

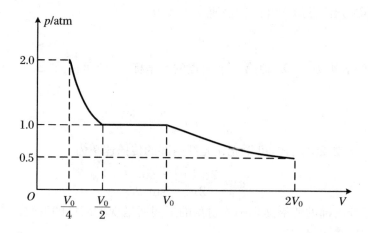

图 J5.3.1

(A2) 整个气体压缩过程可以分为三个阶段：

第一阶段：从气体状态 $1(p_1, 2V_0)$ 至气体状态 $2(2p_1, V_0)$，活塞对气体做的功为

$$A_{12} = -\int_{2V_0}^{V_0} p\,dV = 2RT_1 \int_{V_0}^{2V_0} \frac{dV}{V} = 2RT_1 \ln 2 = 4297\text{ J} \tag{5.3.2}$$

第二阶段：从气体状态 $2(2p_1, V_0)$ 至气体状态 $3\left(2p_1, \dfrac{V_0}{2}\right)$，活塞对气体做的功为

$$A_{23} = 2p_1\left(V_0 - \frac{V_0}{2}\right) = RT_1 = 3100\text{ J} \tag{5.3.3}$$

第三阶段：从气体状态 $3\left(2p_1, \dfrac{V_0}{2}\right)$ 至气体状态 $4\left(4p_1, \dfrac{V_0}{4}\right)$，活塞对气体做的功为

$$A_{34} = -\int_{V_0/2}^{V_0/4} p\,dV = RT_1 \int_{V_0/4}^{V_0/2} \frac{dV}{V} = RT_1 \ln 2 = 2149\text{ J} \tag{5.3.4}$$

则在整个等温压缩过程中，活塞对气体做的功为

$$A = A_{12} + A_{23} + A_{34} = 9545\text{ J} \approx 9.55\text{ kJ} \tag{5.3.5}$$

(A3) 在气体压缩的第二阶段$\left(\text{从气体状态 }2(2p_1,V_0)\text{ 至气体状态 }3\left(2p_1,\dfrac{V_0}{2}\right)\right)$，所有水蒸气都凝结成水。因此在整个压缩过程中所释放的热量 Q' 为活塞对气体所做的总功 A 和 1 mol 水蒸气在凝结过程中减少的内能 ΔU，即

$$Q' = \Delta U + A_{12} + A_{23} + A_{34} \tag{5.3.6}$$

其中 $\Delta U + A_{23}$ 即为 1 mol 水蒸气在凝结过程中释放的热量。因此在整个等温压缩过程中，气体对外释放的热量为

$$\begin{aligned}Q' &= \Delta U + A_{12} + A_{23} + A_{34} = \mu_{H_2O} L_{H_2O} + A_{12} + A_{34} \\ &= 46.946\text{ kJ} \approx 47\text{ kJ}\end{aligned} \tag{5.3.7}$$

B 部分

(B1) 气体在不同的压缩过程和膨胀过程中，各阶段的重要转折点的状态见表 J5.3.1。

表 J5.3.1

状态	左室 体积	左室 压强/atm	右室 体积	右室 压强/atm	总体积	作用于活塞的压强/atm
初始1	V_0	0.5	V_0	0.5	$2V_0$	0.5
2	V_0	0.5	$\frac{1}{2}V_0$	1.0	$\frac{3}{2}V_0$	1.0
3	$\frac{1}{2}V_0$	1.0	$\frac{1}{3}V_0$	1.5	$\frac{5}{6}V_0$	1.5
4	0	1.0	$\frac{1}{3}V_0$	1.5	$\frac{1}{3}V_0$	1.5
5	0	1.5	$\frac{1}{4}V_0$	2.0	$\frac{1}{4}V_0$	2.0
6	0	1.5	$\frac{1}{3}V_0$	1.5	$\frac{1}{3}V_0$	1.5
7	0	1.0	V_0	0.5	V_0	0.5
8	$\frac{1}{2}V_0$	1.0	V_0	0.5	$\frac{3}{2}V_0$	0.5
最后9	$(2-\sqrt{2})V_0$	$\frac{2+\sqrt{2}}{4}$	$\sqrt{2}V_0$	$\frac{\sqrt{2}}{4}$	$2V_0$	$\frac{\sqrt{2}}{4}$

气缸内气体在保持温度 T_1 不变时,右气室的压强 p 与气缸里两种气体总体积 V 之间的关系曲线图如图 J5.3.2 所示。

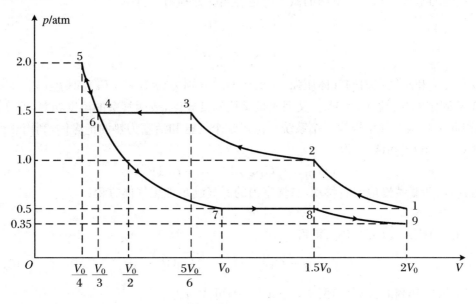

图 J5.3.2

(B2) 在整个压缩气体过程中,活塞对气体做的总功 A_p 为(A2)小题中的总功与摩擦力做的功之和。作用于隔板 MN 的摩擦力仅出现在表 J5.3.1 中的 2→3→4 过程中,左室水蒸气的体积由 V_0 减至 0,因此摩擦力做的功为 $(p_R - p_L)V_0$。由于右室(左室)的初始状态为

$p_1 = 0.5$ atm, $V_1 = V_0$,由理想气体方程可得

$$p_1 V_1 = RT_1 \tag{5.3.8}$$

故在整个压缩气体过程中,活塞对气体做的总功 A_p 为

$$A_p = A + (p_R - p_L)V_0 = 12.65 \text{ kJ} \tag{5.3.9}$$

(B3) 在最后 8→9 膨胀过程中,左气室的压强总是大于右气室的压强,两者的压强差为 0.5 atm。设在最后状态,右气室和左气室的气体压强和体积分别为 (p_1', V_1') 和 (p_2', V_2'),则有

$$p_2' - p_1' = 0.5 \text{ atm} \tag{5.3.10}$$

$$V_1' + V_2' = 2V_0 \tag{5.3.11}$$

$$p_1' V_1' = p_2' V_2' = RT_1 \tag{5.3.12}$$

联立(5.3.8)、(5.3.10)~(5.3.12)四式,可解得

$$p_1' = \frac{\sqrt{2}}{4} \text{ atm} \approx 0.35 \text{ atm}, \quad p_2' = \frac{2+\sqrt{2}}{4} \text{ atm} \approx 0.85 \text{ atm} \tag{5.3.13}$$

$$V_1' = \sqrt{2} V_0, \quad V_2' = (2-\sqrt{2})V_0 \tag{5.3.14}$$

C 部分

(C1) 由绝热指数 $\gamma = \dfrac{C_p}{C_V}$ 和迈耶公式 $C_p = C_V + R$ 可得定容热容为

$$C_V = \frac{R}{\gamma - 1} \tag{5.3.15}$$

故左气室内的水蒸气和右气室内的氮气的定容热容分别为

$$C_{V\text{H}_2\text{O}} = 3R \tag{5.3.16}$$

$$C_{V\text{N}_2} = \frac{5}{2}R \tag{5.3.17}$$

设右气室和左气室内的气体压强、体积和温度分别为 (p_1'', V_1'', T_1'') 和 (p_2'', V_2'', T_2'')。因隔板 MN 固定不动,故 $V_2'' = V_0$。又因隔板是热的良导体,故两气室的温度相等,即 $T_1'' = T_2'' = T''$,因此可将两个气室视为一个系统。由于整个气缸和活塞为热的绝缘体,利用热力学第一定律 $dU = dQ - pdV$ 可得

$$(C_{V\text{H}_2\text{O}} + C_{V\text{N}_2})dT'' = -p_1'' dV_1'' \tag{5.3.18}$$

由题意,活塞缓慢地向右移动,右气室内的氮气满足理想气体方程:

$$p_1'' V_1'' = RT'' \tag{5.3.19}$$

将式(5.3.19)代入式(5.3.18),可得

$$(C_{V\text{H}_2\text{O}} + C_{V\text{N}_2})dT'' + \frac{RT''}{V_1''}dV_1'' = 0 \tag{5.3.20}$$

利用(5.3.16)和(5.3.17)两式,式(5.3.20)可改写为

$$\frac{11}{2}\frac{dT''}{T''} + \frac{dV_1''}{V_1''} = 0 \Rightarrow T'' V_1''^{\frac{2}{11}} = \text{常数} \tag{5.3.21}$$

再考虑左气室中的水蒸气状态。当右气室中的活塞向右移动时,根据式(5.3.21)的结果,可知氮气的温度下降,因此左气室中水蒸气的温度也随之下降而将凝结,其对应的压强用题中所给公式可得:

$$p''_2 = p_0\exp\left[-\frac{\mu L}{R}\left(\frac{1}{T''}-\frac{1}{T_0}\right)\right] \tag{5.3.22}$$

其中 $p_0 = 1$ atm，$T_0 = 373$ K。左气室中的水蒸气也满足理想气体方程：

$$p''_2 V_0 = RT'' \tag{5.3.23}$$

将式(5.3.23)代入式(5.3.22)，可得

$$\frac{RT''}{V_0} = p_0\exp\left[-\frac{\mu L}{R}\left(\frac{1}{T''}-\frac{1}{T_0}\right)\right] \tag{5.3.24}$$

将式(5.3.1)代入式(5.3.24)，并利用数值求解可得

$$T'' = 353\ \text{K} \tag{5.3.25}$$

利用式(5.3.21)，可得当左气室内的水蒸气开始凝结时，右气室内的氮气体积满足

$$T'' V''^{\frac{2}{11}}_1 = T_0 V_0^{\frac{2}{11}} \tag{5.3.26}$$

因此右气室内的氮气体积为

$$V''_1 = V_0 \left(\frac{T_0}{T''}\right)^{\frac{11}{2}} = 0.0829\ \text{m}^3 = 82.9\ \text{L} \tag{5.3.27}$$

(C2) 在整个膨胀过程中，右气室内的气体对外界做的功为

$$A'' = \int_{V_0}^{V''_1} p''_1 \mathrm{d}V''_1 = -\int_{373\ \text{K}}^{353\ \text{K}} (C_{V\mathrm{H_2O}} + C_{V\mathrm{N_2}}) \mathrm{d}T'' = 910\ \text{J} \tag{5.3.28}$$

第6届亚洲物理奥林匹克竞赛理论试题与解析[①]

理论试题

第1题 气缸内连有弹簧的活塞与秋千问题

A部分 气缸内连有弹簧的活塞

将 $n=2$ mol氦气(理想气体)置于竖直放置的圆柱体气缸内,如图T6.1.1所示。水平放置的活塞可在气缸内无摩擦上下运动,无质量的弹簧上端与气缸上端相连,弹簧下端与活塞相连。活塞下方为氦气,活塞上方为真空,活塞向下运动时压缩氦气。刚开始时,活塞处于平衡状态,弹簧处于原长状态,氦气压强为 p_0,温度为 $T_0=300$ K,体积为 V_0。

已知物理数据:活塞质量为 $m=10$ kg,气缸截面积为 $A=500$ cm²。重力加速度 $g=9.8$ m/s²,弹簧的劲度系数 $k=\dfrac{mgA}{V_0}$,普适气体常量 $R=8.314$ J/(K·mol),氦气的绝热指数 $\gamma=\dfrac{5}{3}$。

(A1) 活塞在平衡位置附近做小幅振动时,求其振动的频率 f。

(A2) 从初始平衡状态开始将活塞向下推动,压缩气体至 $\dfrac{1}{2}V_0$,然后静止释放活塞,求此后运动过程中活塞的速度 $v=\sqrt{\dfrac{4gV_0}{5A}}$ 时氦气体积的所有可能数值。

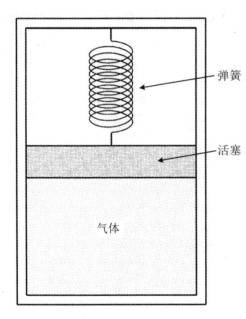

图 T6.1.1

忽略气体渗漏,气缸、弹簧、活塞等全部是绝热的。

B部分 秋千问题

小孩通过交替蹲下和站起的方式来增大秋千的摆动幅度。小孩的质心轨迹如图T6.1.2所示(示意图)。当小孩站立时,从秋千转轴到小孩质心的径向距离为 r_u;当小孩蹲下时,从

[①] 第6届亚洲物理奥林匹克竞赛于2005年4月24日至5月2日在印度尼西亚廖内举行,17个国家和地区派出代表队参加。

秋千转轴到小孩质心的径向距离为 r_d, $\dfrac{r_d}{r_u} = 2^{1/10} = 1.072$。

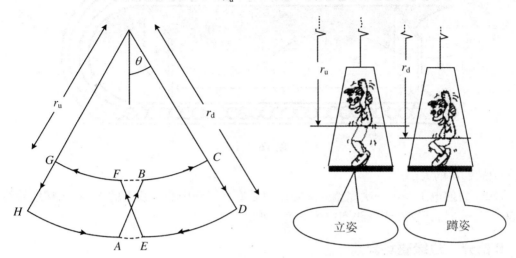

图 T6.1.2

为简单起见，我们假设：秋千的质量不计，秋千摆动的振幅足够小，小孩的质量总是集中在其质心上，相对于秋千摆动的周期而言，小孩在秋千上由蹲下到站立（A 至 B，E 至 F）的转换时间极短，小孩在秋千上由站立到蹲下（C 至 D，F 至 H）的转换时间也极短，都可以认为是瞬间完成的。

请问小孩要经过多少次摆动后（来回算一次摆动），才能使秋千摆动的角幅度增至原来的两倍？

第 2 题　磁　聚　焦

在实际应用中很多仪器都需要磁聚焦，例如示波器中的阴极射线管、电视机和电子显微镜等仪器都需要使用很细的带电粒子束。在这些仪器中，带电粒子束的聚焦和偏折与光学仪器中光束的聚焦和偏折类似。

带电粒子束的聚焦可通过电场和磁场实现，本题讨论磁场是如何聚焦带电粒子束的。

A 部分　螺线管磁聚焦

长直螺线管中心的电子枪原理如图 T6.2.1 所示（示意图）。从阴极端小孔发射的电子的横向（沿螺线管横截面半径方向）速度比轴向（沿螺线管中心轴线方向）速度小得多，电子沿螺旋线轨迹运动，每经历一个完整的螺旋运动后电子回到螺线管的中心轴线上。调节螺线管线圈中的电流以改变长直螺线管内部的磁感应强度 B，可以使得电子经历一次完整的螺旋运动后恰好回到中心轴线上的 F 点。不考虑电子的相对论效应。

已知物理数据：电子枪的阴极加速电压 $U = 10$ kV，阴极上的小孔与聚焦点 F 的距离 $L = 0.5$ m，电子质量 $m = 9.11 \times 10^{-31}$ kg，电子电荷 $e = 1.6 \times 10^{-19}$ C，真空中磁导率 $\mu = 4\pi \times 10^{-7}$ H/m。

（A1）为使电子经历一次完整的螺旋运动后恰好回到中心轴线上的 F 点，求螺线管内部

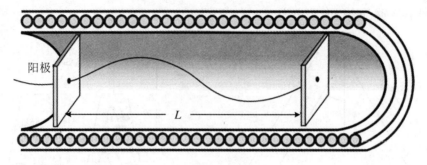

图 T6.2.1

磁感应强度 B 的大小。

(A2) 为使电子经历一次完整的螺旋运动后恰好回到中心轴线上的 F 点,当螺线管线圈为 500 匝/m 时,计算螺线管线圈中的电流大小。

B 部分　边缘磁场聚焦

如图 T6.2.2 所示,两磁体水平放置,磁极平面均是长为 l、宽为 w 的长方形。两磁极平面均平行于 xy 平面且两平面间距固定。磁体之间的磁场沿 z 轴正方向,磁感应强度大小为 B。

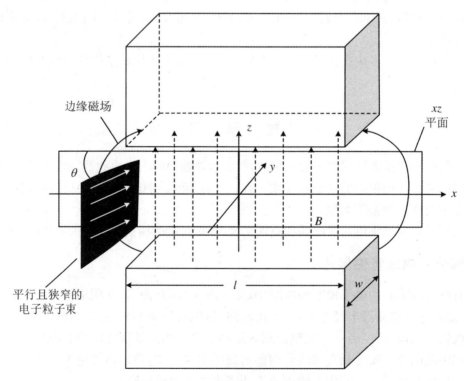

图 T6.2.2　系统总览(注意:θ 非常小)

考虑磁极平面边缘处的边缘磁场(该磁场显然与边缘效应有关),假定边缘磁场宽度仅为 b,当 $x>b$ 时,磁感应强度为零,如图 T6.2.3 所示。边缘磁场的两个分量分别为 $B_x i$ 和

$B_z \boldsymbol{k}$。为简单起见,假定 $B_x = \dfrac{B|z|}{b}$,其中 $z=0$ 是两磁极平面的中间平面。在两磁极平面中间区域左侧的边缘磁场,$B_x = +\dfrac{z}{b}B$;在两磁极平面中间区域右侧的边缘磁场,$B_x = -\dfrac{z}{b}B$。

现有平行的带电粒子流以很高的速度 v 进入到两磁体间靠近中间区域。带电粒子流从图 T6.2.4 所示的俯视图来看很窄,从图 T6.2.5 所示的正视图来看在 z 方向的尺度(即高度)与两磁极平面间距相当。粒子流速度 v 平行于水平面(即 xy 平面),但是与 xz 平面成一个很小的夹角 $-\theta$,如图 T6.2.4 所示。粒子流进入磁极平面间区域后沿与 xz 平面成 θ 角方向射出。

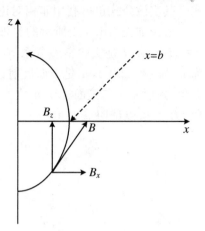

图 T6.2.3　边缘磁场

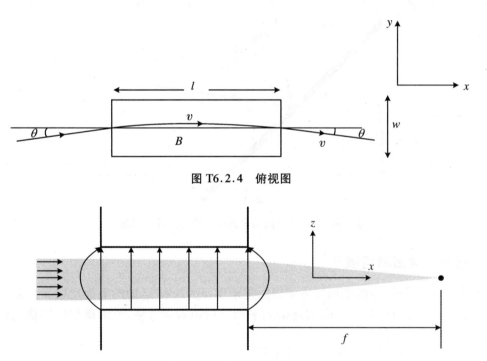

图 T6.2.4　俯视图

图 T6.2.5　正视图

粒子流在边缘磁场作用下会聚于一点,如图 T6.2.5 所示,定义图 T6.2.5 中的 f 为焦距。

请计算焦距 f 的近似值。假设 $b \ll l$ 且在两磁极平面间区域范围内粒子流偏离 z 轴的分量很小(可忽略),即两磁极平面之间的聚焦效应可以忽略。

第 3 题　光在高速运动平面镜上的反射

爱因斯坦利用洛伦兹变换导出了光波在以速度 $\boldsymbol{v}$ 高速运动的平面反射镜上的反射公

式。其实该公式也可利用非相对论的方法导出。

考虑如图 T6.3.1 所示的光波的反射过程,在实验室参考系 S 中,平面反射镜以速度 $\boldsymbol{v} = v\boldsymbol{i}$ 运动,$\boldsymbol{i}$ 是实验室参考系 S 中 x 方向的单位矢量,平面反射镜与其运动方向的夹角为 $\pi - \varphi (\varphi \leqslant 90°)$,$\boldsymbol{n}$ 是平面反射镜的法线方向的单位矢量。在实验室参考系 S 中,光的入射角(入射光 1 与镜面法线 $\boldsymbol{n}$ 之间的夹角)为 α,反射角(反射光 $1'$ 与镜面法线 $\boldsymbol{n}$ 之间的夹角)为 β,可以证明

$$\sin \alpha - \sin \beta = \frac{v}{c} \sin \varphi \sin(\alpha + \beta) \qquad (*)$$

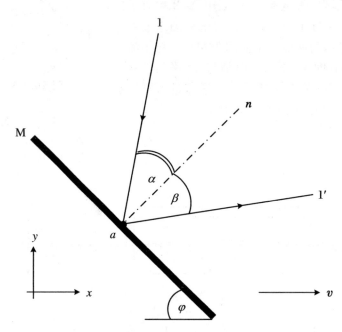

图 T6.3.1 高速运动平面反射镜的光反射问题

A 部分 爱因斯坦镜子

大约 100 年以前,爱因斯坦导出了以恒定速度 $\boldsymbol{v} = -v\boldsymbol{i}$ 运动的平面反射镜反射电磁波的反射定律。如图 T6.3.2 所示,以运动的平面反射镜为参考系,爱因斯坦应用洛伦兹变换导出了

$$\cos \beta = \frac{\left(1 + \dfrac{v^2}{c^2}\right)\cos \alpha - 2\dfrac{v}{c}}{1 - 2\dfrac{v}{c}\cos \alpha + \dfrac{v^2}{c^2}} \qquad (**)$$

(A1) 要求在不使用洛伦兹变换的条件下,由上述式 $(*)$ 导出式 $(**)$。

如果入射到图 T6.3.2 中高速运动的平面反射镜的光是频率为 f 的单色光。

(A2) 求单色光经高速运动的平面反射镜反射后的反射光的频率 f'。

(A3) 若图 T6.3.2 中 $\alpha = 30°$,$v = 0.6c$,求 $\dfrac{\Delta f}{f} = \dfrac{|f' - f|}{f}$ 的值。

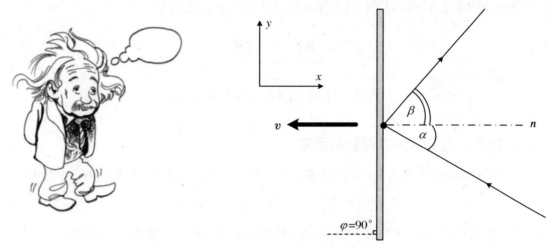

图 T6.3.2　以速度 v 向左运动的爱因斯坦镜

B 部分　高速运动平面镜的光反射公式

平面镜在 t_0 和 t 时刻的位置如图 T6.3.3 所示。平面镜相对于观察者以速度 v 向右运动。光线 1 在 t_0 时刻到达 a 点，其反射光线为 $1'$。光线 2 在 t_0 时刻仅到达 b 点，在 t 时刻到达 d 点，其反射光线为 $2'$。$\overline{ab}$ 是入射光波在 t_0 时刻的波前。$\overline{cd}$ 是反射光波在 t 时刻的波前。

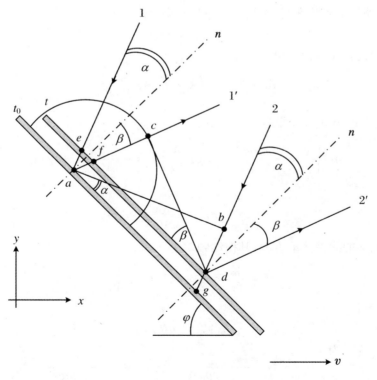

图 T6.3.3

参照图 T6.3.3 所示的光传播图像或利用其他方法导出式(*)。

解 析

第1题 气缸内连有弹簧的活塞与秋千问题

A部分 气缸内连有弹簧的活塞

(A1) 规定向下为正方向。当活塞偏离其平衡位置的位移为 x 时,其动力学方程为

$$m \frac{d^2 x}{dt^2} = -kx - pA + mg \tag{6.1.1}$$

其中 p 为气体的压强。由题意,气缸内的气体状态变化过程皆为绝热过程,因而有

$$pV^\gamma = p_0 V_0^\gamma \Rightarrow p = \frac{p_0 V_0^\gamma}{(V_0 - Ax)^\gamma} = \frac{p_0}{\left(1 - \frac{Ax}{V_0}\right)^\gamma} \tag{6.1.2}$$

若活塞做小幅振动,则 $Ax \ll V_0$,式(6.1.2)可近似为

$$p \approx p_0 \left(1 + \gamma \frac{Ax}{V_0}\right) \tag{6.1.3}$$

将式(6.1.3)代入式(6.1.1),可得

$$m \frac{d^2 x}{dt^2} \approx -kx - p_0 A\left(1 + \gamma \frac{Ax}{V_0}\right) + mg \tag{6.1.4}$$

由于活塞处于平衡状态时,弹簧处于原长状态,故

$$p_0 A = mg \tag{6.1.5}$$

将式(6.1.5)代入式(6.1.4),可得

$$m \frac{d^2 x}{dt^2} \approx -\left(k + p_0 A \gamma \frac{A}{V_0}\right) x \tag{6.1.6}$$

将 $k = \frac{mgA}{V_0}$ 代入式(6.1.6),可得

$$m \frac{d^2 x}{dt^2} \approx -\left(\frac{mgA}{V_0} + mg\gamma \frac{A}{V_0}\right) x = -\frac{mgA}{V_0}(1 + \gamma) x \tag{6.1.7}$$

化简可得

$$\frac{d^2 x}{dt^2} + (1 + \gamma) \frac{gA}{V_0} x \approx 0 \tag{6.1.8}$$

式(6.1.8)为标准的简谐运动方程,其振动频率为

$$f = \frac{\omega}{2\pi} = \frac{1}{2\pi} \sqrt{(1 + \gamma) \frac{gA}{V_0}} \tag{6.1.9}$$

利用理想气体方程

$$p_0 V_0 = nRT_0 \tag{6.1.10}$$

可将式(6.1.9)改写为

$$f = \frac{1}{2\pi} \sqrt{(1 + \gamma) \frac{gp_0 A}{nRT_0}} = \frac{1}{2\pi} \sqrt{(1 + \gamma) \frac{mg^2}{nRT_0}} \tag{6.1.11}$$

代入题中数据,可得活塞在平衡位置附近做小幅振动时的频率为

$$f = 0.114 \text{ Hz} \tag{6.1.12}$$

（A2）初始状态时活塞处于平衡状态,弹簧处于原长状态,因此有

$$p_0 A = mg \tag{6.1.13}$$

初始状态时气体的体积可表示为

$$V_0 = \frac{nRT_0}{p_0} = \frac{nRT_0 A}{mg} \tag{6.1.14}$$

由题意,活塞先在外力作用下将气缸内的气体压缩至 $\frac{1}{2} V_0$,然后自由释放,当气体的体积由 $\frac{1}{2} V_0$ 膨胀至 V 时,气体对外界做的功为

$$W = \int_{V_0/2}^{V} p \, dV = \int_{V_0/2}^{V} \frac{p_0 V_0^\gamma}{V^\gamma} dV = \frac{p_0 V_0^\gamma}{1-\gamma} \left[V^{1-\gamma} - \left(\frac{V_0}{2}\right)^{1-\gamma} \right] \tag{6.1.15}$$

当气体的体积由 $\frac{1}{2} V_0$ 膨胀至 V 时,活塞的重力势能的变化为

$$\Delta E_{\text{pg}} = mg \Delta h = mg \frac{V - \frac{V_0}{2}}{A} \tag{6.1.16}$$

弹簧的弹性势能的变化为

$$\Delta E_{\text{pk}} = \frac{1}{2} k x^2 - \frac{1}{2} k x_0^2$$

$$= \frac{1}{2} \frac{mgA}{V_0} \left(\frac{V_0 - V}{A} \right)^2 - \frac{1}{2} \frac{mgA}{V_0} \left[\frac{V_0 - \frac{V_0}{2}}{A} \right]^2$$

$$= \frac{1}{2} \frac{mgV_0}{A} \left(1 - \frac{V}{V_0} \right)^2 - \frac{1}{8} \frac{mgV_0}{A} \tag{6.1.17}$$

假设气体的体积为 V 时,活塞的速率 $v = \sqrt{\frac{4gV_0}{5A}}$,故活塞的动能为

$$E_k = \frac{1}{2} mv^2 = \frac{2mgV_0}{5A} \tag{6.1.18}$$

利用能量守恒定律,可得

$$W = \Delta E_{\text{pg}} + \Delta E_{\text{pk}} + E_k \tag{6.1.19}$$

将式(6.1.15)~式(6.1.18)和 $p_0 = \frac{mg}{A}$ 代入式(6.1.19),可得

$$\frac{mgV_0}{A(1-\gamma)} \left[\frac{V^{1-\gamma}}{V_0^{1-\gamma}} - \left(\frac{1}{2}\right)^{1-\gamma} \right] = mg \frac{V - \frac{V_0}{2}}{A} + \frac{mgV_0}{2A} \left(1 - \frac{V}{V_0}\right)^2 + \frac{11}{40} \frac{mgV_0}{A} \tag{6.1.20}$$

将 $\gamma = \frac{5}{3}$ 代入式(6.1.20),化简后可得

$$\frac{1}{2} \left(\frac{V}{V_0}\right)^2 + \frac{11}{40} + \frac{3}{2} \left[\left(\frac{V}{V_0}\right)^{-\frac{2}{3}} - \left(\frac{1}{2}\right)^{-\frac{2}{3}} \right] = 0 \tag{6.1.21}$$

利用计算器对式(6.1.21)进行数值求解,可得

$$\frac{V}{V_0} = 0.74 \quad \text{或} \quad \frac{V}{V_0} = 1.30 \tag{6.1.22}$$

因此氦气的体积为

$$V_1 = 0.74 V_0 = 0.74 \frac{nRT_0 A}{mg} = 1.9 \text{ m}^3, \quad V_2 = 1.30 V_0 = 1.30 \frac{nRT_0 A}{mg} = 3.3 \text{ m}^3$$
(6.1.23)

B 部分 秋千问题

设小孩的质量为 m，小孩的质心至秋千转轴的距离为 r，秋千相对于转轴的角速度为 $\frac{d\theta}{dt}$，小孩相对于秋千转轴的角动量为 $L = I\frac{d\theta}{dt} = mr^2\frac{d\theta}{dt}$。

当 $\theta = 0$，即秋千摆至最低点时，由于小孩在秋千上由蹲下到站立的转换时间极短，因此在由 A 至 B 和 E 至 F 的过程中，小孩相对于秋千转轴的合力矩为零，故小孩在从蹲下到站立的过程中角动量守恒。

当小孩由蹲下转换到站立时，即 A 至 B 和 E 到 F 的过程中，其质心与秋千转轴的距离由 r_d 转变为 r_u，所对应的角速度由 $\frac{d\theta_d}{dt}$ 转变为 $\frac{d\theta_u}{dt}$，由角动量守恒定律可得

$$mr_d^2 \frac{d\theta_d}{dt} = mr_u^2 \frac{d\theta_u}{dt} \Rightarrow \frac{d\theta_u}{dt} = \left(\frac{r_d}{r_u}\right)^2 \frac{d\theta_d}{dt}$$
(6.1.24)

亦即秋千在最低点时，小孩每一次由蹲下转换为站立时，秋千角速度的大小增至 $\left(\frac{r_d}{r_u}\right)^2$ 倍。

秋千从 B 运动至 C 的过程中，满足机械能守恒定律，即

$$mgr_u(1 - \cos\theta) = \frac{1}{2}mr_u^2\left(\frac{d\theta_u}{dt}\right)^2$$
(6.1.25)

当秋千运动至最高点 C 时，秋千和小孩的速度为零，小孩由站立转换为蹲下时，根据角动量守恒定律，其速度大小依然为零，但小孩质心与秋千转轴的距离由 r_u 变为 r_d，即质心的位置从 C 至 D，因此小孩的重力势能变小。当秋千从最高点 C 运动至 E 时，设秋千的角速度大小为 $\frac{d\theta_d'}{dt}$，利用机械能守恒定律，可得

$$mgr_d(1 - \cos\theta) = \frac{1}{2}mr_d^2\left(\frac{d\theta_d'}{dt}\right)^2$$
(6.1.26)

联立式(6.1.24)～式(6.1.26)，可得

$$\frac{d\theta_d'}{dt} = \left(\frac{r_d}{r_u}\right)^{\frac{3}{2}} \frac{d\theta_d}{dt}$$
(6.1.27)

即秋千在小孩的姿势转换下运动半圈（从最低点到一侧最高点再回到最低点），其角速度大小增至原来的 $\left(\frac{r_d}{r_u}\right)^{\frac{3}{2}}$ 倍。因此秋千在小孩的姿势转换下运动完整的一圈，其角速度大小增至原来的 $\left(\frac{r_d}{r_u}\right)^3$ 倍。

秋千摆动的最大幅度与其最低点的角速度的大小成正比，因此若秋千摆动 n 圈后，最大幅度增至初始状态时的两倍，则有

$$2 = \left(\frac{r_d}{r_u}\right)^{3n} = (2^{\frac{1}{10}})^{3n} = 2^{\frac{3n}{10}}$$
(6.1.28)

最终解得

$$n = \frac{10}{3} \approx 4 \tag{6.1.29}$$

即秋千摆动 4 圈后,最大幅度增至初始状态时的两倍。

第 2 题 磁 聚 焦

A 部分 螺线管磁聚焦

(A1) 进入磁场的电子受到洛伦兹力的作用,运动方向偏折,电子沿着螺旋线轨迹前进。设磁感应强度为 B,则洛伦兹力的大小为

$$m\frac{v_\perp^2}{R} = ev_\perp B \tag{6.2.1}$$

其中 $v_\perp$ 为电子的横向速度分量,R 为螺旋线轨迹的圆周半径。由于电子在横向做圆周运动,故

$$v_\perp = \omega R \tag{6.2.2}$$

将式(6.2.2)代入式(6.2.1),可得

$$m\omega = eB \Rightarrow m\frac{2\pi}{T} = eB \tag{6.2.3}$$

其中 T 为电子做横向圆周运动的周期。欲使电子束在中心轴线聚焦,则该圆周运动周期必须为 $\frac{L}{v_\parallel}$,即

$$T = \frac{L}{v_\parallel} \tag{6.2.4}$$

其中 $v_\parallel$ 为电子的纵向速度分量。由于电子的动能来源于其加速电压 U,因此

$$eU = \frac{1}{2}mv^2 = \frac{1}{2}m(v_\perp^2 + v_\parallel^2) \approx \frac{1}{2}mv_\parallel^2 \tag{6.2.5}$$

联立式(6.2.3)~式(6.2.5),可得

$$B = \frac{2\pi}{L}\sqrt{\frac{2mU}{e}} \tag{6.2.6}$$

代入数据,可得为使电子经历一次完整的螺旋运动后恰好回到中心轴线上的 F 点,螺线管内部磁感应强度 B 的大小为

$$B = 4.24 \times 10^{-3} \text{ T} \tag{6.2.7}$$

(A2) 螺线管内部的磁感应强度与所通电流之间的关系为

$$B = \mu_0 nI \Rightarrow I = \frac{B}{\mu_0 n} \tag{6.2.8}$$

其中 n 为单位长度螺线管线圈的匝数。代入数据,可得为使电子经历一次完整的螺旋运动后恰好回到中心轴线上的 F 点,当螺线管线圈为 500 匝/m 时,螺线管线圈中电流的大小为

$$I = 6.75 \text{ A} \tag{6.2.9}$$

B 部分 边缘磁场聚焦

电荷 q 在边缘磁场 $\boldsymbol{B}$ 中所受的洛伦兹力为

$$\boldsymbol{F} = q\boldsymbol{v} \times \boldsymbol{B} \tag{6.2.10}$$

电荷所受的洛伦兹力在 z 方向的分力为

$$F_z = q(v_x B_y - v_y B_x) \quad (6.2.11)$$

由题意,首先,当粒子束从左方进入两磁极平面间区域左侧的边缘磁场时,粒子在 xy 平面上的速度分量分别为 $v_x = v\cos\theta$ 和 $v_y = v\sin\theta$,边缘磁场的磁感应强度 $\boldsymbol{B} = B_x \boldsymbol{i} + B_z \boldsymbol{k} = B\dfrac{z}{b}\boldsymbol{i} + B_z \boldsymbol{k}$,代入式(6.2.11),可得

$$F_z = -qv_y B_x = -\frac{q(v\sin\theta)Bz}{b} \quad (6.2.12)$$

因此带电粒子在 z 方向所获得的动量为

$$\Delta p_z = \int F_z \mathrm{d}t = F_z \Delta t = -\frac{q(v\sin\theta)Bz}{b}\frac{b}{v\cos\theta} = -qBz\tan\theta \quad (6.2.13)$$

然后,带电粒子进入两磁极间区域的匀强磁场时,其运动轨迹为圆弧,故

$$m\frac{v^2}{R} = qvB \quad\Rightarrow\quad v = \frac{qBR}{m} \quad (6.2.14)$$

其中 R 为圆周运动的半径。从图 J6.2.1 所示的几何关系可得

$$l = 2R\sin\theta \quad\Rightarrow\quad R = \frac{l}{2\sin\theta} \quad (6.2.15)$$

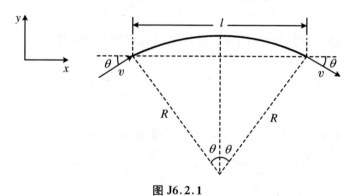

图 J6.2.1

将式(6.2.15)代入式(6.2.14),可得

$$v = \frac{qBl}{2m\sin\theta} \quad\Rightarrow\quad \sin\theta = \frac{qBl}{2mv} \quad (6.2.16)$$

当粒子束从两磁极平面间区域进入两磁极平面间区域右侧的边缘磁场时,粒子在 xy 平面上的速度分量分别为 $v_x = v\cos\theta$ 和 $v_y = -v\sin\theta$,边缘磁场的磁感应强度 $\boldsymbol{B} = B_x \boldsymbol{i} + B_z \boldsymbol{k} = -B\dfrac{z}{b}\boldsymbol{i} + B_z \boldsymbol{k}$,代入式(6.2.11),可得

$$F_z = -qv_y B_x = -q(-v\sin\theta)\left(-\frac{Bz}{b}\right) = -\frac{q(v\sin\theta)Bz}{b} \quad (6.2.17)$$

式(6.2.17)与式(6.2.12)相同,因此带电粒子穿越磁场前后,z 方向所获得的总动量为

$$(\Delta p_z)_\text{总} = 2\Delta p_z = -2qBz\tan\theta \quad (6.2.18)$$

由于 $\theta \ll 1$,故 $\tan\theta \approx \sin\theta$,将式(6.2.16)代入式(6.2.18),可得

$$(\Delta p_z)_\text{总} \approx -2qBz\left(\frac{qBl}{2mv}\right) = -\frac{q^2 B^2 zl}{mv} \quad (6.2.19)$$

带电粒子沿 xy 平面的运动的动量为

$$p = mv_{/\!/} \approx mv \tag{6.2.20}$$

考虑到图 T6.2.5 中的几何关系可得

$$\left|\frac{\Delta p_z}{p}\right| = \frac{|z|}{f} \Rightarrow \frac{q^2 B^2 |z| l}{m^2 v^2} = \frac{|z|}{f} \tag{6.2.21}$$

最终可得粒子束聚焦的焦距为

$$f = \frac{m^2 v^2}{q^2 B^2 l} \tag{6.2.22}$$

第 3 题　光在高速运动平面镜上的反射

A 部分　爱因斯坦镜

（A1）在题中所给的式（＊）中，取 $\varphi = \dfrac{\pi}{2}$，并取 v 为 $-v$，可得

$$\sin \alpha - \sin \beta = -\frac{v}{c}\sin(\alpha + \beta) \tag{6.3.1}$$

利用和角公式

$$\sin(\alpha + \beta) = \sin \alpha \cos \beta + \cos \alpha \sin \beta \tag{6.3.2}$$

式（6.3.1）可改写为

$$\left(1 + \frac{v}{c}\cos \beta\right)\sin \alpha = \left(1 - \frac{v}{c}\cos \alpha\right)\sin \beta \tag{6.3.3}$$

式（6.3.3）两边平方化简后可得关于 $\cos \beta$ 的一元二次方程：

$$\left(1 - 2\frac{v}{c}\cos \alpha + \frac{v^2}{c^2}\right)\cos^2 \beta + 2\frac{v}{c}(1 - \cos^2 \alpha)\cos \beta + 2\frac{v}{c}\cos \alpha - \left(1 + \frac{v^2}{c^2}\right)\cos^2 \alpha = 0 \tag{6.3.4}$$

解得两个根分别为

$$\cos \beta = \frac{2\dfrac{v}{c}\cos^2 \alpha - \left(1 + \dfrac{v^2}{c^2}\right)\cos \alpha}{1 - 2\dfrac{v}{c}\cos \alpha + \dfrac{v^2}{c^2}} \quad \text{或} \quad \frac{-2\dfrac{v}{c} + \left(1 + \dfrac{v^2}{c^2}\right)\cos \alpha}{1 - 2\dfrac{v}{c}\cos \alpha + \dfrac{v^2}{c^2}} \tag{6.3.5}$$

考虑到若平面反射镜处于静止状态，即 $v = 0$，则 $\cos \alpha = \cos \beta$，因此上述两根中只有后一个才是合适的解，故得

$$\cos \beta = \frac{\left(1 + \dfrac{v^2}{c^2}\right)\cos \alpha - 2\dfrac{v}{c}}{1 - 2\dfrac{v}{c}\cos \alpha + \dfrac{v^2}{c^2}} \tag{6.3.6}$$

得证。

（A2）光在镜面上的反射现象可视为一束光子和镜面之间碰撞的结果。入射光子的频率为 f，反射光子的频率为 f'，因此入射光子和反射光子的动量分别为

$$p = \frac{hf}{c}, \quad p' = \frac{hf'}{c} \tag{6.3.7}$$

在平行于镜面的方向上，由于光子不受力，因此在碰撞过程中，光子在平行于镜面的方向上的动量是守恒的，得

$$p\sin\alpha = p'\sin\beta \Rightarrow f\sin\alpha = f'\sin\beta \tag{6.3.8}$$

联立(6.3.6)和(6.3.8)两式,可得频率为 f 的单色光经高速运动的平面反射镜反射后的反射光的频率 f' 为

$$f' = f\frac{\left(1+\dfrac{v^2}{c^2}\right) - 2\dfrac{v}{c}\cos\alpha}{1-\dfrac{v^2}{c^2}} \tag{6.3.9}$$

(A3) 将 $\alpha = 30°$、$v = 0.6c$ 代入式(6.3.9),可得

$$f' = 0.50f \tag{6.3.10}$$

因此

$$\frac{\Delta f}{f} = 50\% \tag{6.3.11}$$

B 部分　高速运动平面镜的光反射公式

如图 T6.3.3 所示,因 $\overline{ab}$ 和 $\overline{cd}$ 分别是光波在 t_0 和 t 时刻的波前,故

$$\overline{ac} = \overline{bd} = c(t-t_0) \tag{6.3.12}$$

根据图 T6.3.3 中的几何关系,可得

$$\overline{ed} = \overline{ag}, \quad \sin\alpha = \frac{\overline{bd}+\overline{dg}}{\overline{ag}}, \quad \sin\beta = \frac{\overline{ac}-\overline{af}}{\overline{ag}-\overline{ef}} \tag{6.3.13}$$

如图 J6.3.1 所示,可得

$$\overline{dg} = \overline{ae} = \frac{\overline{ao}}{\cos\alpha} = \frac{v(t-t_0)\sin\varphi}{\cos\alpha}, \quad \overline{af} = \frac{\overline{ao}}{\cos\beta} = \frac{v(t-t_0)\sin\varphi}{\cos\beta} \tag{6.3.14}$$

在图 J6.3.1 的 △aeo 和 △afo 中,可得

$$\overline{eo} = \overline{ao}\tan\alpha, \quad \overline{of} = \overline{ao}\tan\beta \tag{6.3.15}$$

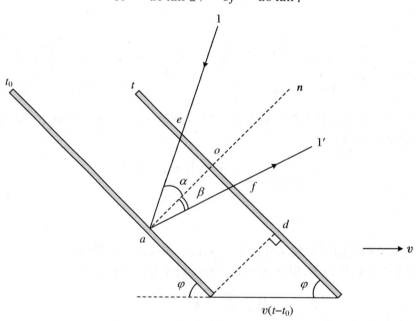

图 J6.3.1

由于 $\overline{ef} = \overline{eo} + \overline{of}$,故

$$\overline{ef} = \overline{ao}(\tan\alpha + \tan\beta) = v(t - t_0)\sin\varphi(\tan\alpha + \tan\beta) \qquad (6.3.16)$$

将(6.3.12)、(6.3.14)和(6.3.16)三式代入式(6.3.13),可得

$$\sin\alpha = \frac{c + v\dfrac{\sin\varphi}{\cos\alpha}}{\dfrac{\overline{ag}}{t - t_0}} \qquad (6.3.17)$$

$$\sin\beta = \frac{c - v\dfrac{\sin\varphi}{\cos\beta}}{\dfrac{\overline{ag}}{t - t_0} - v\sin\varphi(\tan\alpha + \tan\beta)} \qquad (6.3.18)$$

联立(6.3.17)和(6.3.18)两式,可得

$$v\sin\varphi(\tan\alpha + \tan\beta) = c\left(\frac{1}{\sin\alpha} - \frac{1}{\sin\beta}\right) + v\sin\varphi\left(\frac{1}{\sin\alpha\cos\alpha} + \frac{1}{\sin\beta\cos\beta}\right) \qquad (6.3.19)$$

化简可得

$$\frac{v}{c}\sin\varphi\left(\frac{\cos\alpha}{\sin\alpha} + \frac{\cos\beta}{\sin\beta}\right) = \frac{\sin\alpha - \sin\beta}{\sin\alpha\sin\beta} \qquad (6.3.20)$$

最终得到

$$\sin\alpha - \sin\beta = \frac{v}{c}\sin\varphi\sin(\alpha + \beta) \qquad (6.3.21)$$

第 7 届亚洲物理奥林匹克竞赛理论试题与解析

理论试题

第 1 题 原子的激光冷却

本题讨论激光辐射下的原子冷却机理。对激光辐射下的原子冷却机理的研究大大促进了对冷原子量子气体性质的理解,因而相关研究人员获得 1997 年和 2001 年两次诺贝尔物理学奖。

考虑简化的两能级原子模型,其基态能量为 E_g,激发态能量为 E_e,两能级差 $E_e - E_g = \hbar\omega_0$。所用的激光的角频率为 ω,其与 ω_0 的偏差为 $\delta = \omega - \omega_0 \ll \omega_0$。假设所有原子的速度 $v \ll c$,c 是真空中的光速。由于自发辐射引起的激发态 E_e 具有自然频宽 $\gamma(\gamma \ll \omega_0)$,单位时间内处于激发态的原子返回基态的概率即为 γ。当原子返回基态时,会辐射角频率接近 ω_0 的光子,但方向是任意的,如图 T7.1.1 所示。

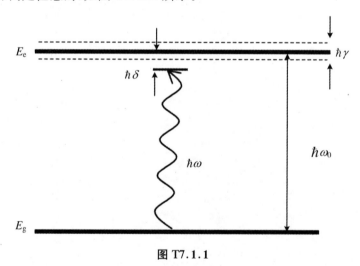

图 T7.1.1

根据量子力学理论,当原子受到低强度的激光辐射时,单位时间内原子从基态跃迁至激发态的概率 γ_p 依赖于在原子坐标系中所见的激光角频率 ω_a,即 $\gamma_p = s_0 \dfrac{\dfrac{\gamma}{2}}{1 + \dfrac{4(\omega_a - \omega_0)^2}{\gamma^2}} \ll \gamma$,其中 $s_0(\ll 1)$ 是与原子性质和激光强度有关的参数。

本题讨论钠原子气的性质，忽略原子间的相互作用力，激光的强度足够小，以至处于激发态的原子数总是远小于基态原子数。忽略重力，实际上在实验中用附加磁场来抵消重力的作用。在计算中，要求考虑 $\frac{v}{c}$ 和 $\frac{\delta}{\omega_0}$ 表示的小量。

已知物理数据：约化普朗克常量 $\hbar = \frac{h}{2\pi} = 1.05 \times 10^{-34}$ J·s，玻尔兹曼常量 $k_B = 1.38 \times 10^{-23}$ J/K，钠原子的质量 $m = 3.81 \times 10^{-26}$ kg，能级的跃迁角频率 $\omega_0 = 2\pi \times 5.08 \times 10^{14}$ rad/s，激发态的角频宽 $\gamma = 2\pi \times 9.80 \times 10^6$ rad/s，钠原子的数密度 $n = 10^{14}/\text{cm}^3$。

（A1）假设原子以速度 v_x 沿 x 轴正方向运动，角频率为 ω 的激光沿 x 轴负方向传播，求在原子参考系中激光的角频率 ω_a 的表达式。

（A2）假定原子以速度 v_x 沿 x 轴正方向运动，两束相同的激光分别从 x 轴正负方向同时照射该原子。激光的角频率是 ω，强度参数为 s_0。

① 求作用在原子上的平均作用力 $F(v_x)$ 的表达式。

② 当 v_x 足够小 $\left(\frac{v}{c} \ll \frac{\delta}{\omega_0}\right)$ 时，该作用力可写为 $F(v_x) = -\beta v_x$，求 β 的表达式。若要使原子速度的大小减小，则 $\delta = \omega - \omega_0$ 应取正还是负？假设原子的动量远大于光子的动量。

接下来，我们假设原子的速度足够小，从而可利用作用于原子的平均作用力与原子的速度成线性关系的结论。

（A3）如果我们用六束激光分别沿着 x 轴、y 轴、z 轴的正负方向照射原子，对于 $\beta > 0$，会有耗散力作用在原子上，使得原子的平均能量减小，这意味着气体的平均动能将减少，因而气体的温度会降低。当温度低于 T_Q 时，由于量子效应，原子不能再视为实物粒子。请根据原子数密度，估算温度 T_Q 的数值。

接下来，我们假定实际温度远大于 T_Q，采用如（A3）小题所述的分别沿 x 轴、y 轴、z 轴正负方向的六束激光照射原子。

在（A2）小题中已计算了作用在原子上的平均作用力。然而，由于光子的量子性，在每个光子的吸收和发射过程中，原子的动量都会由于反冲而随机地改变一个不连续的值且方向是任意的。

（A4）求吸收或发射一个光子引起的原子动量改变量的平方 $(\Delta p)^2$ 的值。

因为反冲效应，即使经过足够长时间后，气体的平均温度也并不会变为绝对零度，而是达到一个有限小值。原子动量的改变过程可用动量空间中平均步长为 $\sqrt{(\Delta p)^2}$ 的随机行走过程和耗散力所致的冷却过程来描述，系统最终的稳态温度由这两个过程的共同作用来决定。

（A5）证明最终稳态温度 T_d 可表示为 $T_d = \dfrac{\hbar \gamma \left(x + \dfrac{1}{x}\right)}{4k_B}$，请确定 x 的表达式。假设 $T_d \gg \dfrac{(\Delta p)^2}{2k_B m}$。

提示：如果矢量 $\boldsymbol{P}_1, \boldsymbol{P}_2, \cdots, \boldsymbol{P}_n$ 是统计上相互不相关的，那么它们的平均值满足

$$\overline{(\boldsymbol{P}_1 + \boldsymbol{P}_2 + \cdots + \boldsymbol{P}_n)^2} = \overline{\boldsymbol{P}_1^2} + \overline{\boldsymbol{P}_2^2} + \cdots + \overline{\boldsymbol{P}_n^2}$$

（A6）试求稳态温度所能达到的最小值。该最小值在 $\dfrac{\delta}{\gamma}$ 取何值时出现？

第2题 相图和滑动摩擦力作用下的弹簧振子

力学中的相空间是由系统内所有粒子的坐标和动量构成的虚拟空间,相空间里的点称为相点,每个相点确定了系统的一个状态。

当力学系统发生演化时,相点的轨迹称为相轨迹,通常在相轨迹上标注箭头反映演化的方向,力学系统的所有可能的相轨迹的集合称为相图。通过分析相图就可定性地给出力学系统的很多重要性质,而无需求解系统的动力学方程。在许多问题中,相空间的应用是最合适的方法。

本题利用相空间分析单自由度力学系统,即用一个坐标就可描述的系统。单自由度力学系统的相空间是二维平面,相轨迹是该平面上的一条曲线,它反映了力学系统的动量和坐标间的关系。如沿 x 轴正方向做匀速直线运动的自由粒子的相轨迹如图 T7.2.1 所示。

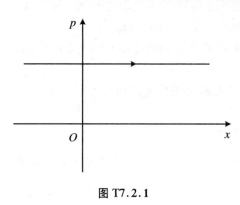

图 T7.2.1

A 部分 相图

(A1) 画出在两个相互平行,分别位于 $x = -\dfrac{L}{2}, x = +\dfrac{L}{2}$ 的反射墙壁之间运动的质点的相轨迹。

(A2) 研究谐振子的相轨迹,即质量为 m 的质点受到胡克力 $F = -kx$ 作用,请写出谐振子的相轨迹的方程和相应的参数并画出谐振子的相轨迹。

(A3) 考虑长为 L、质量不计的刚性棒,刚性棒的一端固定,另一端有质量为 m 的质点。重力加速度为 g,忽略空气阻力。采用刚性棒与铅垂线之间的夹角 α 作为描述系统的坐标,相平面是由 $\left(\alpha, \dfrac{d\alpha}{dt}\right)$ 描绘的平面。

① 请画出该摆(刚性棒 L 和质点 m)的相图。

② 设 K 为该系统不同性质的相轨迹种类的数目,求 K 的值。

③ 对于每种不同性质的相轨迹,至少画出一条典型的相轨迹,并给出描述每种不同性质的相轨迹的参数的取值范围。

B 部分 滑动摩擦作用下的弹簧振子

通常有两种类型的运动阻力:第一类是黏滞阻力 $F = -\gamma v$,如固体在气体或液体中的运动;第二类是与速度无关的摩擦力 $F = \mu N$,摩擦力(滑动摩擦力)的方向和相互接触物体间的相对速度方向相反,如固体在另一固体表面的运动。

考虑水平面上劲度系数为 k 的弹簧,一端固定,另一端与质量为 m 的物体相连。假定物体沿 x 轴做直线运动,弹簧处于原长时,物体的位置定义为 $x = 0$。$t = 0$ 时刻,物体位于 $x = A_0 (A_0 > 0)$ 的位置,物体的速度为零。物体和水平面间的摩擦因数为 μ,动摩擦因数和静摩擦因数相同。

(B1) 求在滑动摩擦力作用下的物体的动力学方程。

(B2) 画出物体的相轨迹并确定物体的平衡位置。

(B3) 请问是否弹簧处于原长状态时物体完全停止运动？如果不是，求物体能够完全静止的区域。

(B4) ① 求物体在 x 正方向振动的最大偏离量 A 在往复运动一次后的减少量。

② 求相邻两次到达最大正向偏离量的时间间隔。

③ 给出 x 正方向第 n 次最大偏离量 $A(t_n)$ 的表达式，其中 t_n 是第 n 次到达正向最大偏离处的时刻。

(B5) 画出物体的位置坐标与时间的关系曲线图，并估计物体总的振动周期数 N。

参考公式：半轴分别为 a，b，中心位于原点的椭圆方程为 $\dfrac{x^2}{a^2}+\dfrac{y^2}{b^2}=1$。

第 3 题 四个独立问题

A 部分 马里亚纳海沟

马里亚纳海沟位于西太平洋，深度为 $H=10290$ m，海洋表面的盐水密度 $\rho_0=1.025\times 10^3$ kg/m³，海水的体变模量 $K=2.1\times 10^9$ Pa，重力加速度 $g=9.81$ m/s²。忽略温度和重力加速度随深度的变化，忽略大气压强。

已知流体具有非常小的压缩系数，压缩系数 $\alpha=-\dfrac{1}{V}\left(\dfrac{\partial V}{\partial p}\right)_T$，体变模量是压缩系数的倒数：$K=\dfrac{1}{\alpha}$。

求马里亚纳海沟底部压强 $p(H)$ 的值。

B 部分 气体状态

质量可忽略的可移动活塞把气缸分为两部分，一部分装有质量 $m_1=3.00$ g、温度为 $T_{10}=300$ K 的氢气，另一部分装有质量 $m_2=16.00$ g、温度为 $T_{20}=400$ K 的氧气。气缸是绝热的，活塞是导热的，最终系统达到平衡状态，所有过程都是准静态的。

已知物理数据：氢气的摩尔质量 $\mu_1=2.00$ g/mol，氧气的摩尔质量 $\mu_2=32.00$ g/mol，普适气体常量 $R=8.31$ J/(K·mol)。

(B1) 求系统的最终温度 T 的值。

(B2) 求系统的最终压强 p_f 和初始压强 p_i 的比值。

(B3) 求从氧气传递给氢气的热量 Q 的值。

C 部分 平行导体板

面积均为 S 的两块相同理想导体板 α，β 平行正对近距离固定放置，α，β 两板分别带有电荷 $-Q$，$+q$（$Q>q>0$）。另有质量为 m、形状与导体板 β 完全相同、带电量为 $+Q$ 的理想导体板 γ 与导体板 β 平行正对相距 d 放置。导体板 γ 从静止开始释放，释放后能自由运动，如图 T7.3.1 所示。导体板 β，γ 之间的碰撞是弹性碰撞，在碰撞过程，导体板 β，γ 间的电量的重新分布可认为是瞬间完成的。忽略边缘效应和重力。

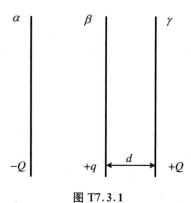

图 T7.3.1

(C1) 在导体板 γ,β 碰撞之前,求导体板 α,β 在导体板 γ 处产生的总电场强度 E_1。

(C2) 在导体板 γ,β 碰撞之后,求导体板 β,γ 的带电量 Q_β,Q_γ。

(C3) 在导体板 γ,β 碰撞之后,求导体板 γ 与导体板 β 间的距离仍为 d 时导体板 γ 的速度。

D 部分　两个透镜

两个光焦度(光焦度是透镜焦距的倒数)分别为 D_1,D_2 的薄透镜同轴相距 $L = 25 \text{ cm}$ 放置。该系统能使位于主光轴上接近于 D_1 的物成正立的实像,放大倍数 $\Gamma' = 1$。如果两个透镜的位置交换,系统仍然成正立的实像,但放大倍数变为 $\Gamma'' = 4$。

(D1) 求两透镜的类型。

(D2) 求两透镜的光焦度差 $\Delta D = D_1 - D_2$。

解　析

第 1 题　原子的激光冷却

(A1) 原子以速度 v_x 沿 x 轴正方向运动,角频率为 ω 的激光沿 x 轴负方向传播,根据相对论多普勒效应公式,在原子参考系中激光的角频率为

$$\omega_a = \omega \sqrt{\frac{1+\frac{v_x}{c}}{1-\frac{v_x}{c}}} = \omega \frac{1+\frac{v_x}{c}}{\sqrt{1-\left(\frac{v_x}{c}\right)^2}} \approx \omega\left(1+\frac{v_x}{c}\right) \tag{7.1.1}$$

(A2) 当原子以速度 v_x 沿 x 轴正方向运动时:若吸收一个沿 x 轴负方向运动的光子,则产生的动量变化为 $(\Delta p)_+ = -\frac{\hbar\omega}{c}$;若吸收一个沿 x 轴正方向运动的光子,则产生的动量变化为 $(\Delta p)_- = +\frac{\hbar\omega}{c}$。在原子参考系中看到,由于相对论多普勒效应,沿 x 轴负方向运动的光子的角频率升高至 $\omega_+ = \omega\left(1+\frac{v_x}{c}\right)$,沿 x 轴正方向运动的光子的角频率降低至 $\omega_- = \omega\left(1-\frac{v_x}{c}\right)$。由于多普勒效应导致的频率偏移,原子吸收光子跃迁至激发态的概率因入射光子的运动方向的不同而有差异。设原子在单位时间内吸收沿 x 轴负方向运动的光子或沿 x 轴正方向运动的光子的概率分别为 $(\gamma_p)_+,(\gamma_p)_-$,则根据题中所给公式有

$$(\gamma_p)_+ = s_0 \frac{\frac{\gamma}{2}}{1+\frac{4(\omega_+-\omega_0)^2}{\gamma^2}} = s_0 \frac{\frac{\gamma}{2}}{1+\frac{4\left(\delta+\frac{\omega v_x}{c}\right)^2}{\gamma^2}} \tag{7.1.2}$$

$$(\gamma_p)_- = s_0 \frac{\frac{\gamma}{2}}{1 + \frac{4(\omega_- - \omega_0)^2}{\gamma^2}} = s_0 \frac{\frac{\gamma}{2}}{1 + \frac{4\left(\delta - \frac{\omega v_x}{c}\right)^2}{\gamma^2}} \tag{7.1.3}$$

其中 $\delta = \omega - \omega_0$。在吸收光子的过程中，原子所受的合力为

$$F = F_+ + F_- = (\Delta p_+)(\gamma_p)_+ + (\Delta p_-)(\gamma_p)_-$$

$$= -\frac{\hbar\omega}{c}\left[s_0 \frac{\frac{\gamma}{2}}{1 + \frac{4\left(\delta + \frac{\omega v_x}{c}\right)^2}{\gamma^2}}\right] + \frac{\hbar\omega}{c}\left[s_0 \frac{\frac{\gamma}{2}}{1 + \frac{4\left(\delta - \frac{\omega v_x}{c}\right)^2}{\gamma^2}}\right]$$

$$= -\frac{\hbar\omega}{c}\frac{s_0\gamma}{2}\left[\frac{1}{1 + \frac{4\left(\delta + \frac{\omega v_x}{c}\right)^2}{\gamma^2}} - \frac{1}{1 + \frac{4\left(\delta - \frac{\omega v_x}{c}\right)^2}{\gamma^2}}\right] \tag{7.1.4}$$

因 $\delta \gg \frac{\omega v_x}{c}$，故式(7.1.4)可近似化为

$$F = -\frac{\hbar\omega}{c}\frac{s_0\gamma}{2}\left[\frac{1}{1 + \frac{4\left(\delta + \frac{\omega v_x}{c}\right)^2}{\gamma^2}} - \frac{1}{1 + \frac{4\left(\delta - \frac{\omega v_x}{c}\right)^2}{\gamma^2}}\right]$$

$$= -\frac{\hbar\omega}{c}\frac{s_0\gamma}{2}\frac{-16\delta\frac{\omega v_x}{c\gamma^2}}{\left(1 + \frac{4\delta^2}{\gamma^2}\right)^2 - \left(8\delta\frac{\omega v_x}{c\gamma^2}\right)^2}$$

$$\approx \frac{8\hbar\omega_0^2\delta s_0}{\gamma c^2\left(1 + \frac{4\delta^2}{\gamma^2}\right)^2} v_x \tag{7.1.5}$$

注意在上式中激光的频率 ω 已近似为 ω_0，比较 $F = -\beta v_x$，可得

$$\beta = -\frac{8\hbar\omega_0^2\delta s_0}{\gamma c^2\left(1 + \frac{4\delta^2}{\gamma^2}\right)^2} \tag{7.1.6}$$

为了使原子的速度大小变小，要求 $\beta > 0$，从式(7.1.6)可知必须 $\delta < 0$，即 $\omega - \omega_0 < 0$ 或 $\omega < \omega_0$。

(A3) 原子在绝对温度 T 时的平均动能为

$$\frac{p^2}{2m} = \frac{3}{2}k_B T \tag{7.1.7}$$

由于德布罗意物质波的波长为

$$\lambda = \frac{h}{p} \tag{7.1.8}$$

联立(7.1.7)和(7.1.8)两式，可得

$$\lambda = \frac{h}{\sqrt{3mk_B T}} \tag{7.1.9}$$

作用于原子的耗散力使得原子的平均动能减少，因此其对应的温度降低，导致原子的物质波

的波长变大。当温度降至 T_Q 时，物质波的波长为两相邻原子之间的距离，由于量子效应，原子不能再被视为实物粒子。已知原子的数密度为 n，故相邻两原子的间距为 $n^{-\frac{1}{3}}$，因此

$$\frac{h}{\sqrt{3mk_B T_Q}} = n^{-\frac{1}{3}} \tag{7.1.10}$$

解得

$$T_Q = \frac{h^2 n^{\frac{2}{3}}}{3mk_B} \approx 10^{-5} \text{ K} \tag{7.1.11}$$

(A4) 原子吸收或发射一个光子后，其动量变化量的平方值为

$$(\Delta p)^2 = \left(\frac{\hbar\omega}{c}\right)^2 \approx \left(\frac{\hbar\omega_0}{c}\right)^2 = 1.2 \times 10^{-54} \text{ kg}^2 \cdot \text{m}^2/\text{s}^2 \tag{7.1.12}$$

(A5) 原子吸收入射的激光光子，由于多普勒效应造成的阻尼效果，原子的速度减慢，因此原子的温度随之降低，由(A2)小题的结果知道耗散力为 $\boldsymbol{F} = -\beta\boldsymbol{v}$，其中 $\boldsymbol{v}$ 为该原子的平均速度，故原子能量随时间的变化率或原子的冷却速率为

$$\left(\frac{dE}{dt}\right)_{冷却} = -\boldsymbol{F} \cdot \boldsymbol{v} = -\beta v^2 = -\frac{3\beta k_B}{m}T \tag{7.1.13}$$

其中 T 为原子气体的平均温度，且满足

$$\frac{1}{2}mv^2 = \frac{3}{2}k_B T \tag{7.1.14}$$

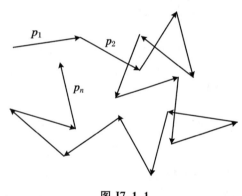

图 J7.1.1

另一方面，原子吸收激光光子后跃迁至激发态，再经自发辐射回到基态并辐射光子。原子在每一次吸收和发射光子的过程中，都会产生反射而使动量发生变化，该动量变化量的平方值 $(\Delta p)^2$ 即(A4)小题的结论，但其方向是任意的。因此就反弹效应而言，原子动量的演变相当于在动量空间的无规行走，每一次行走的步长为 $\sqrt{(\Delta p)^2}$，如图 J7.1.1 所示。

设原子在此动量空间的位移依次为 $\boldsymbol{p}_1, \boldsymbol{p}_2, \cdots, \boldsymbol{p}_n$，则由于这些位移皆为随机量，彼此没有任何关系，因此有

$$\overline{(\boldsymbol{p}_1 + \boldsymbol{p}_2 + \cdots + \boldsymbol{p}_n)^2} = \overline{\boldsymbol{p}_1^2} + \overline{\boldsymbol{p}_2^2} + \cdots + \overline{\boldsymbol{p}_n^2} \tag{7.1.15}$$

设 $\boldsymbol{p}_t$ 为原子在时间 t 内经过 N 次吸收和辐射光子的过程所获得的平均动量，根据式(7.1.15)，有

$$\boldsymbol{p}_t^2 = 2N(\Delta p)^2 \tag{7.1.16}$$

式中的系数 2 是由于原子在每一次吸收和辐射光子的过程中发生两次动量变化，相当于两次在动量空间中的无规行走，其中一次来自于吸收光子，另一次来自于发射光子。由题意，当原子受到低强度的激光照射时，单位时间内原子跃迁至激发态的概率为 γ_p，且共有六束激光照射原子，故 $N = 6\gamma_p t \gg 1$，代入式(7.1.16)得

$$\boldsymbol{p}_t^2 = 12\gamma_p t \left(\frac{\hbar\omega_0}{c}\right)^2 \tag{7.1.17}$$

由式(7.1.17)可知原子的自发辐射使原子的动量增加，从而原子的能量增加，产生温度升高的效果。原子能量随时间的变化率或原子的升温速率为

$$\left(\frac{\mathrm{d}E}{\mathrm{d}t}\right)_{加热} = \frac{\mathrm{d}}{\mathrm{d}t}\left(\frac{\boldsymbol{p}_t^2}{2m}\right) = \frac{6\gamma_p}{m}\left(\frac{\hbar\omega_0}{c}\right)^2 \tag{7.1.18}$$

原子气体的温度决定于上述两种效应,即(7.1.13)和(7.1.18)两式。设原子气体在稳定状态时的温度为 T_d,则

$$\left(\frac{\mathrm{d}E}{\mathrm{d}t}\right)_{冷却} + \left(\frac{\mathrm{d}E}{\mathrm{d}t}\right)_{加热} = 0$$

$$\Rightarrow \quad -\frac{3\beta k_B}{m}T_d + \frac{6\gamma_p}{m}\left(\frac{\hbar\omega_0}{c}\right)^2 = 0$$

$$\Rightarrow \quad T_d = \frac{2\gamma_p}{k_B\beta}\left(\frac{\hbar\omega_0}{c}\right)^2 \tag{7.1.19}$$

将 γ_p 和 β 的具体表达式代入式(7.1.19),可得

$$T_d = \frac{2}{k_B}\left(\frac{\hbar\omega_0}{c}\right)^2 \frac{\dfrac{\gamma}{2}}{1 + \dfrac{4\delta^2}{\gamma^2}} s_0 \frac{\gamma c^2\left[1 + 4\left(\dfrac{\delta}{\gamma}\right)^2\right]^2}{8\hbar\omega_0^2 \mid \delta \mid s_0}$$

$$= \frac{\hbar\gamma}{4k_B}\left(\frac{2\mid\delta\mid}{\gamma} + \frac{\gamma}{2\mid\delta\mid}\right) \tag{7.1.20}$$

因此可得

$$x = \frac{2\mid\delta\mid}{\gamma} \tag{7.1.21}$$

(A6) 将式(7.1.20)改写为

$$T_d = \frac{\hbar\gamma}{4k_B}\left[\left(\sqrt{\frac{2\mid\delta\mid}{\gamma}} - \sqrt{\frac{\gamma}{2\mid\delta\mid}}\right)^2 + 2\right] \tag{7.1.22}$$

根据极值公式,当 $\mid\delta\mid = \dfrac{1}{2}\gamma$ 时,T_d 取得最小值,即稳态温度所能达到的最小值为

$$T_{d\min} = \frac{\hbar\gamma}{2k_B} = 2.34 \times 10^{-4} \text{ K} \tag{7.1.23}$$

第 2 题 相图和滑动摩擦力作用下的弹簧振子

A 部分 相图

(A1) 令 x 轴垂直于两墙,取两墙的中点为 x 轴的坐标原点,两反射墙壁的坐标分别为 $+\dfrac{L}{2}$,$-\dfrac{L}{2}$。因质点在两墙壁之间的运动不受外力的作用,故质点的动量守恒。由题意,质点和墙壁间的碰撞为完全弹性碰撞,故质点在碰撞前后的动量大小保持不变,但方向相反,因此该质点的相轨迹如图 J7.2.1 所示。图 J7.2.1 中向右的箭头表示质点沿 x 轴正方向运动,向左的箭头表示质点沿

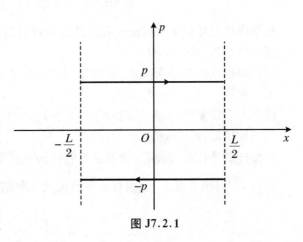

图 J7.2.1

x 轴负方向运动。总体而言,演化方向为顺时针方向。

(A2) 设一维谐振子的动量为 p,位置坐标为 x,总动量为 E,则三者之间满足

$$E = E_k + E_p = \frac{p^2}{2m} + \frac{1}{2}kx^2 \tag{7.2.1}$$

整理后有

$$\frac{p^2}{2mE} + \frac{x^2}{\frac{2E}{k}} = 1 \tag{7.2.2}$$

这是简谐振子在相平面 (x,p) 上的相轨迹方程,其形状为中心位于原点,半轴长分别为 $\sqrt{2mE}$ 和 $\sqrt{\frac{2E}{k}}$ 的椭圆。

一维谐振子的相轨迹如图 J7.2.2 所示,演化方向为顺时针方向。

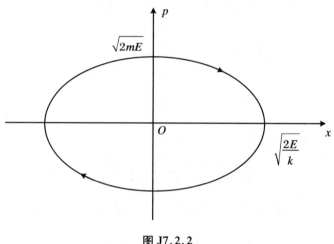

图 J7.2.2

(A3) 选取质心摆动轨迹的最低点(细杆竖直悬挂时的下端)作为重力势能零点,则该质点在夹角为 α 时的重力势能为 $mgL(1-\cos\alpha)$,动能为 $\frac{1}{2}m(L\omega)^2$,其中角速度 $\omega = \frac{d\alpha}{dt}$。设质点的总能量为 E,则根据能量守恒定律有

$$\frac{1}{2}mL^2\omega^2 + mgL(1-\cos\alpha) = E \tag{7.2.3}$$

根据质点总能量 E 的大小,质点的运动可分为以下三种不同情形,即 $K=3$。

第一种情形:$E<2mgL$。

质点以最低点为平衡位置,做往复运动。若 $E\ll mgL$,则此往复运动为简谐运动。

第二种情形:$E=2mgL$。

质点不会往复运动,而是趋向于停止在最高的平衡点,即悬挂点正上方距离为 L 处。

第三种情形:$E>mgL$。

以细杆的悬挂点为圆心,质点带着轻杆做完整的圆周运动。

在 $\left(\alpha, \frac{d\alpha}{dt}\right)$ 相平面上,分别对应质点运动三种情形的相轨迹如图 J7.2.3 所示。

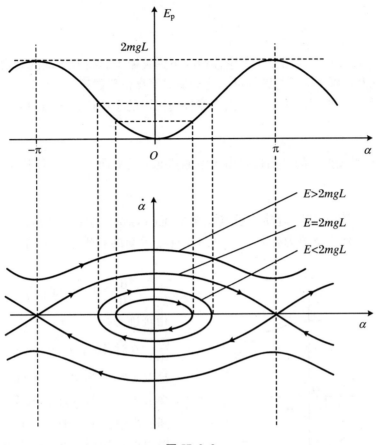

图 J7.2.3

B 部分　滑动摩擦作用下的弹簧振子

(B1) 由于滑动摩擦力的大小与物体的运动速率无关，但其方向与物体的相对运动方向相反，因此物体的动力学方程依赖于物体的速度方向。设 x 轴沿物体的运动方向，由题意，弹簧处于原长状态时物体的位置定义为 $x=0$。在无摩擦力的情况下，原点为平衡点，物体的动力学方程为：

当 $x>0$ 时，

$$\frac{\mathrm{d}^2 x}{\mathrm{d} t^2} + \omega_0^2 x = -\frac{f}{m} \tag{7.2.4}$$

当 $x<0$ 时，

$$\frac{\mathrm{d}^2 x}{\mathrm{d} t^2} + \omega_0^2 x = +\frac{f}{m} \tag{7.2.5}$$

其中 $f=\mu mg$ 为滑动摩擦力，$\omega_0 = \sqrt{\dfrac{k}{m}}$ 为该弹簧振子在无摩擦情况下的振动角频率。

(B2) 定义新变量 $x_1 = x + \dfrac{f}{m\omega_0^2}$，$x_2 = x - \dfrac{f}{m\omega_0^2}$，则 (7.2.4) 和 (7.2.5) 两式可改写为：

当 $x>0$ 时，

$$\frac{\mathrm{d}^2 x_1}{\mathrm{d} t^2} + \omega_0^2 x_1 = 0 \tag{7.2.6}$$

当 $x<0$ 时,

$$\frac{d^2 x_2}{dt^2} + \omega_0^2 x_2 = 0 \tag{7.2.7}$$

(7.2.6)和(7.2.7)两式相当于无摩擦情况下弹簧振子的简谐运动的动力学方程。换而言之,滑动摩擦力对弹簧振子的影响可简化为造成平衡位置的迁移:

当 $x>0$ 时,弹簧振子的平衡位置由无摩擦情况下的平衡点 $x=0$ 迁移至 $x_1=0$ 或 $x_-=-\frac{f}{m\omega_0^2}=-\frac{\mu g}{\omega_0^2}$。

当 $x<0$ 时,弹簧振子的平衡位置由无摩擦情况下的平衡点 $x=0$ 迁移至 $x_2=0$ 或 $x_+=\frac{f}{m\omega_0^2}=\frac{\mu g}{\omega_0^2}$。

由(A2)小题可知做简谐运动的质点在相平面 (x,p) 上的相轨迹是以平衡位置为中心的椭圆,因此在有滑动摩擦力作用的情况下,质点运动的相轨迹是以下两种椭圆曲线的组合。

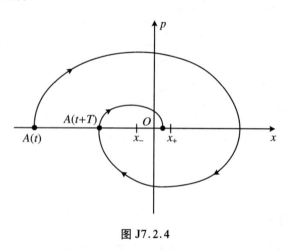

图 J7.2.4

当 $\frac{dx}{dt}>0$ 时,即在 $p>0$ 的半平面上,相轨迹是以 $x=x_-$ 为中心的半椭圆。当 $\frac{dx}{dt}<0$ 时,即在 $p<0$ 的半平面上,相轨迹是以 $x=x_+$ 为中心的半椭圆。两个半椭圆交会于 $p=0$,因此构成连续的曲线,但椭圆的半轴长正比于 $\sqrt{E}$,而总能量因滑动摩擦力的作用而减小,故半轴长随时间的变化而减小。质点的相轨迹如图 J7.2.4 所示。

(B3) 从图 J7.2.4 的相轨迹图可以看出质点不一定会完全停止在 $x=0$ 处。由题设知静摩擦因数和动摩擦因数相等,当质点进入 x_+ 和 x_- 两点之间的区域时,都可能完全静止,故称为停滞区,其长度为

$$x_+ - x_- = \frac{2f}{m\omega_0^2} = \frac{2\mu g}{\omega_0^2} \tag{7.2.8}$$

(B4) 图 J7.2.4 中 $A(t)$ 和 $A(t+T)$ 分别为质点轨迹在 x 轴负半轴上的两个端点坐标,两者出现的时间间隔为一个周期。上半相平面上的椭圆半轴长(沿 x 轴方向)为 $x_- - A(t)$,下半相平面上的椭圆半轴长(沿 x 轴方向)为 $x_+ - A(t+T)$,由图中的几何关系可得

$$A(t+T) - A(t) = 2[x_- - A(t)] - 2[x_+ - A(t+T)] = 2(x_- - x_-) \tag{7.2.9}$$

质点在 x 轴正方向连续经历两次最大位移的时间间隔定义为一个周期,在 x 轴正方向上最大位移的减少量为

$$\Delta A = |A(t+T) - A(t)| = 2(x_+ - x_-) = \frac{4\mu g}{\omega_0^2} = \frac{4\mu g}{2\pi\omega_0} T \tag{7.2.10}$$

相邻两次到达最大正向偏移量的时间间隔为

$$T = 2\pi\sqrt{\frac{m}{k}} \tag{7.2.11}$$

在 x 轴正方向上最大位移 $A(t_n)$ 与时间 t_n 之间的关系为

$$A(t_n) = A_0 - \frac{4\mu g}{2\pi\omega_0}nT = A_0 - \frac{2\mu g}{\pi\omega_0}t_n \tag{7.2.12}$$

即质点的振幅随时间的变化而线性地减小。

(B5) 物体往返运动的总次数为

$$N = \frac{A_0}{2(x_+ - x_-)} = A_0 \frac{\omega_0^2}{4\mu g} \tag{7.2.13}$$

其中 N 取决于初始振幅。

物体的位置坐标与时间之间的关系曲线如图 J7.2.5 所示,物体的振动角频率为无摩擦情况下的振动角频率 $\omega_0 = \sqrt{\dfrac{k}{m}}$,连续两次最大位移之间的时间间隔为一个周期,即 $T = \dfrac{2\pi}{\omega_0}$。物体将继续振动,直至其轨迹的端点($v = 0$)落入停滞区内($x_- \leqslant x \leqslant x_+$)为止。换而言之,当物体离原点的最大位移小于停滞区长度的一半时,物体将停止运动。在实际情况中,物体可完全停止在停滞区内的任一位置,图中的 P 点即为物体的停止位置。

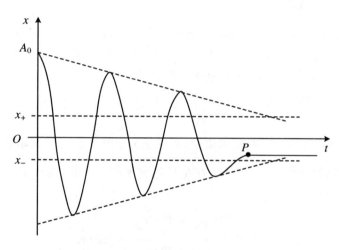

图 J7.2.5

第 3 题 四个独立问题

A 部分 马里亚纳海沟

按照体变模量的定义,可得压强与密度两者变化量之间的关系为

$$\Delta p = -K\frac{\Delta V}{V} = K\frac{\Delta \rho}{\rho} = K\frac{\Delta \rho}{\rho_0 + \Delta\rho} \approx K\frac{\Delta \rho}{\rho_0} \tag{7.3.1}$$

其中 ρ_0 为海洋表面的海水密度。

设在海面下方深度为 x 处的海水密度为 $\rho(x)$,利用式(7.3.1),可得

$$\rho(x) = \rho_0 + \Delta\rho(x) = \rho_0\left(1 + \frac{\Delta\rho(x)}{\rho_0}\right) = \rho_0\left(1 + \frac{\Delta p}{K}\right) \tag{7.3.2}$$

若大气压强可忽略,则 $\Delta p(x) = p(x) - p_0 \approx p(x)$,海水的静液压强的变化量为

$$dp(x) = \rho(x)g dx \tag{7.3.3}$$

将式(7.3.2)代入式(7.3.3),可得

$$\frac{dp(x)}{dx} = \rho_0 g\left[1 + \frac{p(x)}{K}\right] \Rightarrow dp(x) = \rho_0 g\left[1 + \frac{p(x)}{K}\right]dx \qquad (7.3.4)$$

将式(7.3.4)两边积分可得

$$\int_0^p \frac{dp(x)}{1 + \frac{p(x)}{K}} = \int_0^x \rho_0 g\, dx \Rightarrow p(x) = K\left[\exp\left(\frac{\rho_0 g}{K}x\right) - 1\right] \qquad (7.3.5)$$

代入已知数据,可得 $\frac{\rho_0 g}{K}H = 0.0523$。因为 $x < H$,所以 $\frac{\rho_0 g}{K}x \ll 1$,式(7.3.5)可近似为

$$p(x) = K\left[1 + \frac{g\rho_0}{K}x + \frac{1}{2}\left(\frac{g\rho_0}{K}x\right)^2 + \cdots - 1\right] \approx g\rho_0 x + \frac{1}{2K}(g\rho_0 x)^2 \qquad (7.3.6)$$

代入数据可得马里亚纳海沟底部的压强为

$$p(H) = 1.06 \times 10^8 \text{ Pa} \qquad (7.3.7)$$

B 部分　气体状态

(B1) 由题意,气缸是绝热的,且活塞质量不计,故容器内的气体系统(氢气和氧气)在准静态过程中与外界的热交换为零,对外界做的总功也为零,因此该气体系统的总内能是守恒的。设气缸内氢气和氧气的温度分别为 T_1, T_2,则

$$\frac{m_1}{\mu_1}C_V T_1 + \frac{m_2}{\mu_2}C_V T_2 = \frac{m_1}{\mu_1}C_V T_{10} + \frac{m_2}{\mu_2}C_V T_{20} \qquad (7.3.8)$$

其中 μ_1, μ_2 分别为氢气和氧气的摩尔质量,双原子分子气体的定容摩尔热容 $C_V = \frac{5}{2}R$。由题意,活塞具有微弱的导热性,当气体系统最后达到平衡状态时,两气室内的温度相等,故系统最后的平衡温度为

$$T = \frac{\frac{m_1}{\mu_1}T_{10} + \frac{m_2}{\mu_2}T_{20}}{\frac{m_1}{\mu_1} + \frac{m_2}{\mu_2}} = 325 \text{ K} \qquad (7.3.9)$$

(B2) 由式(7.3.9)的平衡温度可知,氧气温度下降,热量由氧气经活塞传至氢气而使其温度升高,结果使得氧气气室的体积缩小,氢气气室的体积增大,活塞往氧气气室的方向移动。由于活塞是无质量的,故在气体变化的准静态过程中,两气室的压强相等,均设为 p。对理想气体状态方程

$$pV = \frac{m}{\mu}RT \qquad (7.3.10)$$

进行全微分可得

$$p\Delta V_1 + V_1 \Delta p = \frac{m_1}{\mu_1}R\Delta T_1, \quad p\Delta V_2 + V_2 \Delta p = \frac{m_2}{\mu_2}R\Delta T_2 \qquad (7.3.11)$$

其中 V_1 和 V_2 分别为氢气和氧气的体积。由于气体的总体积 $V = V_1 + V_2$ 保持恒定,故 $\Delta V_1 + \Delta V_2 = 0$。利用式(7.3.11)和式(7.3.8)微分后的结果,可得

$$(V_1 + V_2)\Delta p = R\left(\frac{m_1}{\mu_1}\Delta T_1 + \frac{m_2}{\mu_2}\Delta T_2\right) = 0 \Rightarrow \Delta p = 0 \qquad (7.3.12)$$

即在气体变化的准静态过程中,气体的压强保持不变,故系统的最后压强 p_f 和初始压强 p_i

的比值为 1。

(B3) 氧气的内能变化量为

$$\Delta U = \frac{m_2}{\mu_2}\left[\frac{5}{2}R(T - T_{20})\right] = -779 \text{ J} \tag{7.3.13}$$

在气体的准静态变化过程中,氧气的体积缩小而做负功,利用(7.3.11)和(7.3.12)两式可得

$$W = \int_{V_{20}}^{V_2} p\,dV = p\Delta V_2 = \frac{m_2}{\mu_2}R\Delta T_2 = -312 \text{ J} \tag{7.3.14}$$

由热力学第一定律,可得氧气传给氢气的总热量为

$$Q = \Delta U + W = -1091 \text{ J} \tag{7.3.15}$$

其中负号表示热量自氧气传给氢气,因此氧气传给氢气的总热量为 1091 J。

C 部分　平行导体板

(C1) 均匀带电无限大平板在其周围产生的电场强度为

$$E = \frac{\sigma}{2\varepsilon_0} \tag{7.3.16}$$

方向垂直于平板表面。因此在 β 板和 γ 板碰撞前,α 板和 β 板在 γ 板处的电场强度分别为

$$E_\alpha = \frac{\sigma_\alpha}{2\varepsilon_0} = \frac{-Q}{2\varepsilon_0 S}, \quad E_\beta = \frac{\sigma_\beta}{2\varepsilon_0} = \frac{q}{2\varepsilon_0 S} \tag{7.3.17}$$

因此作用在 γ 板处的电场强度 E_1 大小为

$$E_1 = E_\alpha + E_\beta = -\frac{Q - q}{2\varepsilon_0 S} \tag{7.3.18}$$

方向向左。

(C2) 当 β 板和 γ 板两板完成碰撞即将分离时,两板电荷已重新分布。此时,两板内部的电场强度为零,两板原有电荷分布在 β 板的左表面和 γ 板的右表面上,设 β 板的左表面的电量为 Q_β,γ 板的右表面的电量为 Q_γ,则根据电量守恒定律有

$$Q_\beta + Q_\gamma = Q + q \tag{7.3.19}$$

由静电平衡条件有

$$\frac{-Q}{2\varepsilon_0 S} + \frac{Q_\beta}{2\varepsilon_0 S} - \frac{Q_\gamma}{2\varepsilon_0 S} = 0 \tag{7.3.20}$$

联立(7.3.19)和(7.3.20)两式可得

$$Q_\beta = Q + \frac{q}{2}, \quad Q_\gamma = \frac{q}{2} \tag{7.3.21}$$

在 β 板和 γ 板两板分离后,式(7.3.21)中的电量依然各自保留在两平板上。

(C3) β 板和 γ 板碰撞之前,利用式(7.3.18),可得作用于 γ 板的电场力为

$$F_1 = QE_1 = -\frac{(Q - q)Q}{2\varepsilon_0 S} \tag{7.3.22}$$

方向向左。该电场力吸引 γ 板向左运动,直至 γ 板与 β 板相撞为止,在此过程中该电场力对 γ 板做的功为

$$W_1 = \boldsymbol{F}_1 \cdot \boldsymbol{d}_1 = \frac{(Q - q)Qd}{2\varepsilon_0 S} \tag{7.3.23}$$

根据动能定理，该功转变为 γ 板的动能，故当 γ 板开始碰撞 β 板时 γ 板的动能为

$$\frac{1}{2}mv_1^2 = W_1 = \frac{(Q-q)Qd}{2\varepsilon_0 S} \tag{7.3.24}$$

由题意，β 板与 γ 板之间的碰撞为弹性碰撞，故当两板完成碰撞刚要分离时，γ 板的动能依然为式(7.3.24)。在两板分离后，由于板上的电荷重新分布，因此作用于 γ 板的电场强度 E_2 大小为

$$E_2 = \frac{-Q}{2\varepsilon_0 S} + \frac{Q + \frac{q}{2}}{2\varepsilon_0 S} = \frac{q}{4\varepsilon_0 S} \tag{7.3.25}$$

方向向右。该电场作用于 γ 板的电场力为

$$F_2 = \frac{q}{2}E_2 = \frac{q^2}{8\varepsilon_0 S} \tag{7.3.26}$$

方向向右。此电场力对 γ 板做正功，当 γ 板和 β 板之间恢复距离 d 时，电场力做功为

$$W_2 = F_2 \cdot d_2 = \frac{q^2 d}{8\varepsilon_0 S} \tag{7.3.27}$$

利用(7.3.24)和(7.3.27)两式可得此时 γ 板的动能为

$$\frac{1}{2}mv_2^2 = \frac{1}{2}mv_1^2 + W_2 = \frac{(Q-q)Qd}{2\varepsilon_0 S} + \frac{q^2 d}{8\varepsilon_0 S} = \frac{d}{2\varepsilon_0 S}\left(Q - \frac{q}{2}\right)^2 \tag{7.3.28}$$

因此可得导体板 γ 与导体板 β 间的距离仍为 d 时，导体板 γ 的速度为

$$v_2 = \left(Q - \frac{q}{2}\right)\sqrt{\frac{d}{m\varepsilon_0 S}} \tag{7.3.29}$$

D 部分　两个透镜

(D1) 两透镜的组合有三种情形：

第一种情形：两者都是凹透镜，则所成的像为正立的虚像，与题意不符。

第二种情形：两者一为凸透镜，一为凹透镜，无论如何左右放置，所成的像可能为倒立实像、正立虚像或倒立虚像，皆与题意不符。

第三种情形：两者都是凸透镜，则所成像可能为正立实像，与题意相符。

综上所述，透镜组合如图 J7.3.1 所示。

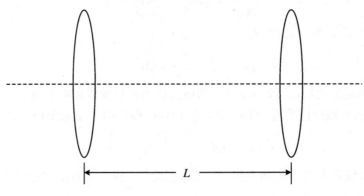

图 J7.3.1

(D2) 利用薄透镜成像公式

$$\frac{1}{l} + \frac{1}{l'} = \frac{1}{f} \tag{7.3.30}$$

可得放大倍数

$$m = \frac{l'}{l} = \frac{f}{l-f} \tag{7.3.31}$$

设左透镜和右透镜的焦距分别为 f_1 和 f_2,物体相对于左透镜的物距和像距分别为 l_1 和 l_1',物体相对于右透镜的物距和像距分别为 l_2 和 l_2',则有

$$\frac{1}{l_1} + \frac{1}{l_1'} = \frac{1}{f_1} \tag{7.3.32}$$

$$\frac{1}{l_2} + \frac{1}{l_2'} = \frac{1}{f_2} \tag{7.3.33}$$

其中 $l_2 = L - l_1'$,联立(7.3.32)和(7.3.33)两式可得

$$l_2 = L - \frac{l_1 f_1}{l_1 - f_1} = \frac{l_1(L - f_1) - L f_1}{l_1 - f_1} \tag{7.3.34}$$

两透镜的放大倍数分别为

$$m_1 = \frac{f_1}{l_1 - f_1} \tag{7.3.35}$$

$$m_2 = \frac{f_2}{l_2 - f_2} = \frac{f_2}{\dfrac{l_1(L - f_1) - L f_1}{l_1 - f_1} - f_2}$$

$$= \frac{f_2(l_1 - f_1)}{l_1(L - f_1 - f_2) - L f_1 + f_1 f_2} \tag{7.3.36}$$

该组合透镜的总放大倍数为

$$\Gamma' = m_1 m_2 = \frac{f_1 f_2}{l_1(L - f_1 - f_2) - L f_1 + f_1 f_2} \tag{7.3.37}$$

其倒数为

$$\frac{1}{\Gamma'} = \frac{l_1(L - f_1 - f_2)}{f_1 f_2} - \frac{L}{f_2} + 1 \tag{7.3.38}$$

若将左透镜和右透镜位置对调,则新组合透镜的总放大倍数仅需将式(7.3.38)中的 f_1 和 f_2 对调,即

$$\Gamma'' = m_1 m_2 = \frac{f_2 f_1}{l_1(L - f_2 - f_1) - L f_2 + f_2 f_1} \tag{7.3.39}$$

其倒数为

$$\frac{1}{\Gamma''} = \frac{l_1(L - f_1 - f_2)}{f_1 f_2} - \frac{L}{f_1} + 1 \tag{7.3.40}$$

因此可得

$$\frac{1}{\Gamma'} - \frac{1}{\Gamma''} = L\left(\frac{1}{f_1} - \frac{1}{f_2}\right) = L(D_1 - D_2) \tag{7.3.41}$$

将 $\Gamma' = 1$, $\Gamma'' = 4$ 代入式(7.3.41),可得两透镜的光焦度差为

$$D_1 - D_2 = 3/\mathrm{m} \tag{7.3.42}$$

第8届亚洲物理奥林匹克竞赛理论试题与解析①

理论试题

第1题 充液球的往返滚动

本题讨论内部充满液体的球在球形碗底部的往返运动。球在碗底将不断改变其运动方向和转动方向;由于球内液体具有黏滞性,球的运动十分复杂且难以处理。本题提出一种简单模型,将对这一问题的解决有所帮助。

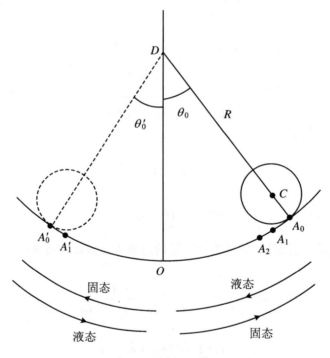

图 T8.1.1

半径为 r、质量为 m 的刚性薄球壳内部充满质量为 M 的具有奇特性质的物质 W。通常情况下 W 呈液态,可视为理想流体(无任何黏滞性);当受到某种特定的外加作用(如电场)时,W 就立即转化为同体积同形状的固态(特定的外加作用对球不产生附加的力或力矩);外加作用消失后,又立即转变为液态。该内部充满液体的薄球壳(以下简称"球")在半径为 $R(R>r)$ 的球形碗底做往返纯滚动。设球始终在过碗的球心 D 的竖直平面内运动,即球

---

① 第8届亚洲物理奥林匹克竞赛于 2007 年 4 月 21 日至 4 月 29 日在中国上海举行,共有 22 个国家和地区派出代表队参加。

形碗的球心和充满液体的薄球壳的球心均在如图 T8.1.1 所示的纸面上。

以下分三种情况讨论球的运动。

第一种情况：W 呈固态，与薄球壳内部紧密相连，形成一体。

（A1）求该球对过球心 C 的转轴的转动惯量 I 和球在球形碗底做小幅往返纯滚动的周期 T_1。

第二种情况：W 呈液态，液体球与薄球壳间无摩擦力作用。

（A2）求球在球形碗底做小幅往返纯滚动的周期 T_2。

第三种情况：W 在固态与液态间周期性变化。初始时刻（$t=0$），充液球的球心 C 和碗的球心 D 的连线与过 D 的铅垂线的夹角为 θ_0（$\theta_0 \ll 1$），球与碗壁相切于 A_0，如图 T8.1.1 所示。充液球（包括呈液态的 W）从静止开始自由释放。球从位置 A_0 运动到平衡位置 O 的过程中，W 呈液态。球通过平衡位置 O 的瞬间，W 突然转变为与薄球壳内壁固连的固态，直至球到达左侧最高位置 A_0'。球到达左侧最高位置 A_0' 瞬间，W 突然转变为液态。球向右经过平衡位置 O 的瞬间，W 突然转变为与薄球壳内壁固连的固态。当球再次到达右侧最高位置 A_1 时，W 又变为液态。以后球内的物质 W 的变化周期性发生，即球在最高点瞬间 W 由固态转变为液态，球在平衡位置 O 瞬间 W 由液态转变为固态。球周期性向左滚动和向右滚动，但是运动的最高位置逐渐降低。设在整个滚动过程中，球与碗底间始终保持纯滚动状态。

（A3）求球往返滚动的周期 T_3 和第 n 次回到右侧最高位置 A_n（图 T8.1.1 只画到 A_2）时球心的角振幅（CD 连线与铅垂线的夹角）θ_n。

第 2 题　奇异介质的光学性质和电场中的电介质球

A 部分　奇异介质的光学性质

介质的光学性质是由其相对介电常数 ε_r 和相对磁导率 μ_r 决定的。正常介质（如水、玻璃等）的相对介电常数 ε_r 和相对磁导率 μ_r 均大于零，这些介质对光而言通常是透明的，当光由空气入射到常规介质的表面时会产生折射现象。

1964 年，苏联物理学家 V. G. Veselago 证明：若介质的相对介电常数 ε_r 和相对磁导率 μ_r 均小于零，那么该介质具有许多与众不同甚至不可思议的光学性质。进入 21 世纪，经过科学家们的不懈努力，这种奇异的光学介质（简称"奇异介质"）终于在实验室中被研制出来。现在对这种奇异介质的研究是前沿科学课题。本部分希望初步讨论奇异介质的基本光学性质。

已知在相对介电常数 ε_r 和相对磁导率 μ_r 均小于零的奇异介质中，当光波向前传播距离 Δ 后，光波的相位会减少 $\sqrt{\varepsilon_r \mu_r} k \Delta$；在相对介电常数 ε_r 和相对磁导率 μ_r 均大于零的正常介质中，当光波向前传播距离 Δ 后，光波的相位增加 $\sqrt{\varepsilon_r \mu_r} k \Delta$；其中 k 为光在真空中传播时的波矢。

假定空气的相对介电常数 ε_r 和相对磁导率 μ_r 均为 1。

（A1）① 根据奇异介质的性质，证明光从空气入射到奇异介质（相对介电常数 $\varepsilon_r < 0$，相对磁导率 $\mu_r < 0$）时，图 T8.2.1 所示的折射光线的传播方向是合理的，并导出折射角 θ_r（折

射光线与法线的夹角)与入射角 θ_i 之间的关系式。

② 证明光从奇异介质(相对介电常数 $\varepsilon_r < 0$,相对磁导率 $\mu_r < 0$)入射到空气时,图 T8.2.2 所示的折射光线的传播方向是合理的,并导出折射角 θ_r(折射光线与法线的夹角)与入射角 θ_i 之间的关系式。

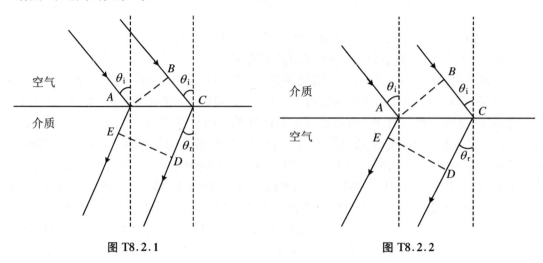

图 T8.2.1   图 T8.2.2

(A2) 如图 T8.2.3 所示,空气中放置厚度为 d 的奇异介质平板(相对介电常数 $\varepsilon_r = -1$,相对磁导率 $\mu_r = -1$)。在平板左侧 $\frac{3}{4}d$ 处放置点光源,请准确画出此光源发出的三条光线 1,2,3 经过奇异介质的光路图。

注意:在题设条件下,光线在介质表面不会发生反射。

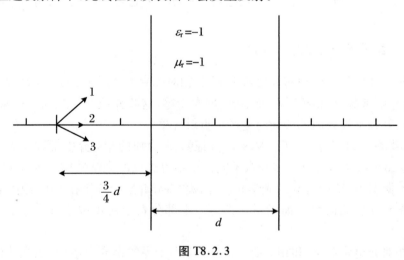

图 T8.2.3

如图 T8.2.4 所示(忽视阴影部分),平行板谐振腔由相距为 d 的理想反射平板 1(反射率 100%)与另一块高反射率平板 2 平行放置组成。设平行光波从位于平板 1 处的光源发出,光波在腔中多次反射,由于平板 2 不是理想反射板,光波每次到达平板 2 时都会有部分透射出去,如图 T8.2.4 中的光线 1,2,3 所示。如果这些透射出去的光波的相位相同,那么它们就会干涉相长,产生谐振。假设光波在两块平板上反射时,反射光波的相位会比入射光波的相位增加 π。

现在，我们在谐振腔内部平行于两板放置一块厚度为 $0.4d$ 的奇异介质板（图 T8.2.4 中的阴影部分），奇异介质板的相对介电常数为 $\varepsilon_r = -0.5$，相对磁导率为 $\mu_r = -0.5$，谐振腔的其他部分充满空气。

（A3）若只考虑光波的传播方向垂直于平行板方向的情况，试求此谐振腔中所有满足干涉相长的谐振条件的光波波长。

注意：在本小题题设条件下，光波在经过奇异介质板表面时没有发生反射。

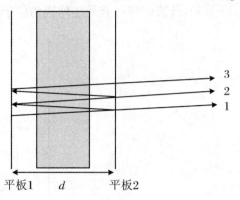

图 T8.2.4

如图 T8.2.5 所示，空气中放置半径为 R 的无限长奇异介质圆柱（相对介电常数 $\varepsilon_r = -1$，相对磁导率 $\mu_r = -1$）。圆柱的横截面在 xy 平面上，圆柱中心位于 y 轴上。x 轴上有位于坐标 x 的激光光源，沿 y 轴正方向发射细光束。

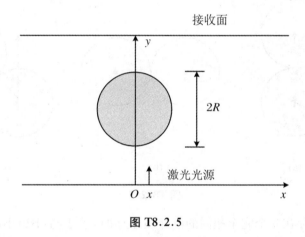

图 T8.2.5

（A4）当激光光源的坐标 x 满足什么条件时，位于圆柱另一侧的无限大接收面不能接收到由激光光源发出的光信号？

B 部分　外电场中的电介质球

大量电介质颗粒浸没在低黏滞性的液体中形成悬浮液。整个悬浮液置于外电场中，电介质颗粒被外电场极化，诱导出电偶极矩。在极短时间内，这些具有电偶极矩的电介质颗粒通过相互作用团聚在一起，整个悬浮液的黏滞系数瞬间明显增大（近似视为固态），这种相变现象称为"电流变"，整个悬浮液称为"电流变液"。这种"电流变"效应可用于制造汽车刹车等制动装置，其特点是响应速度比机械制动快几个数量级。本部分希望用简化的物理图像来逐步理解"电流变"现象的机理。

溶液中存在多个半径为 a 的相同电介质小球，假设每个小球的电偶极矩 p 仅由外电场 E_0 诱导且 $p \parallel E_0$，而与其他小球的存在和位置无关。

（B1）① 当两个小球接触，球心连线与外电场方向夹角为 θ 时，如图 T8.2.6 所示，求两个小球的电偶极子的相互作用能表达式，用 p, a, θ 表示。

提示：计算时将电介质小球视为位于球心的电偶极子。

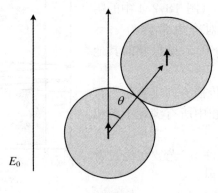

图 T8.2.6

② 计算图 T8.2.7 中三种构型的电偶极子间的相互作用能，用 p,a 表示，并指出哪一种构型是最稳定的。

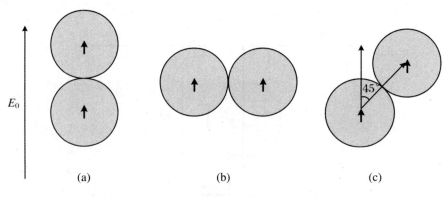

图 T8.2.7

（B2）当溶液中存在 3 个完全相同的电介质小球时，基于与（B1）小题完全相同的假设，分别计算图 T8.2.8 中三种构型的电偶极子间的相互作用能，用 p,a 表示，并指出哪一种构型最稳定，哪一种构型最不稳定。

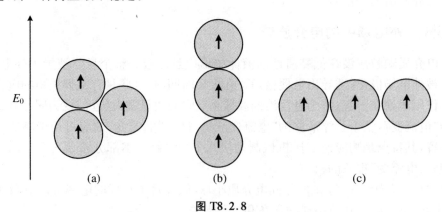

图 T8.2.8

第3题 自由电子气对热容的贡献和逆康普顿效应

A 部分 自由电子气中每个电子对定容热容量贡献的平均值

经典理论认为,金属中的自由电子气可视为理想气体。处于热平衡状态的电子气的平均能量与温度有关,从而表现出一定的热容量。平均每个自由电子对定容热容量的贡献 c_V 为 $c_V = \dfrac{\mathrm{d}\bar{E}}{\mathrm{d}T}$,其中 $\bar{E}$ 是自由电子的平均能量,c_V 是与温度无关的常数。

(A1) 请根据经典理论计算 $\bar{E}$ 和 c_V。

然而实验表明,金属中自由电子气的定容热容量与温度有关,在室温下的测量值比经典理论结果小两个数量级。这是由于金属中电子的运动状态不服从经典统计规律而服从量子统计规律。根据量子理论,体积为 V 的金属材料在能量 E 附近 $\mathrm{d}E$ 范围内的电子状态数 $\mathrm{d}S$ 与 $\sqrt{E}$ 成正比,即 $\mathrm{d}S = CV\sqrt{E}\,\mathrm{d}E$,其中 C 为由自由电子总数决定的归一化系数。

电子占据能量为 E 的状态的概率为

$$f(E) = \dfrac{1}{1 + \exp\left(\dfrac{E - E_\mathrm{F}}{k_\mathrm{B}T}\right)}$$

其中玻尔兹曼常量 $k_\mathrm{B} = 1.381 \times 10^{-23}$ J/K,T 为绝对温度,E_F 为费米能级,一般金属在室温下的费米能级 E_F 为几 eV(1 eV = 1.602×10^{-19} J),$f(E)$ 称为费米分布函数,其函数图像如图 T8.3.1 所示。

(A2) 请根据费米分布函数 $f(E)$ 导出室温下 c_V 的表达式。

(A3) 请就量子理论结果与经典理论结果的差异给出合理解释。

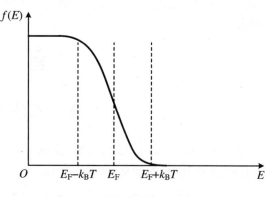

图 T8.3.1

提示:计算中可忽略费米能级随温度的变化,即可设 $E_\mathrm{F} = E_\mathrm{F}^0$,$E_\mathrm{F}^0$ 是 0 K 时的费米能级,同时将费米分布函数简化为在 $(E_\mathrm{F} - k_\mathrm{B}T, E_\mathrm{F} + k_\mathrm{B}T)$ 范围内的线性下降函数,而在其余能量范围内则为 0 或 1,即

$$f(E) = \begin{cases} 1, & E \leqslant E_\mathrm{F} - k_\mathrm{B}T \\ \text{线性下降函数}, & E_\mathrm{F} - k_\mathrm{B}T < E < E_\mathrm{F} + k_\mathrm{B}T \\ 0, & E \geqslant E_\mathrm{F} + k_\mathrm{B}T \end{cases}$$

室温下 $k_\mathrm{B}T \ll E_\mathrm{F}$,因此可对结果作适当的近似处理。在求电子总数时,可取温度为 0 K。

B 部分 逆康普顿效应

光子与相对论性高能电子相撞,光子将从高能电子获得能量,使得散射光子能量增大,频率变高,该现象称为逆康普顿散射。逆康普顿散射在天体物理学中有着重要意义,它是宇宙中产生 X 射线和 γ 射线的重要机制。

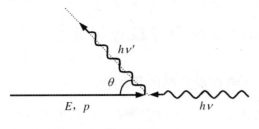

图 T8.3.2

如图 T8.3.2 所示,总能量为 E 的相对论性高能电子(动能大于静能)与频率为 ν 的低能光子(能量小于电子静能)相向运动而发生碰撞,碰撞后光子沿与原入射方向成 θ 角的方向散射。

已知物理学常数:电子静能 $E_0 = 0.511$ MeV,普朗克常量 $h = 6.63 \times 10^{-34}$ J·s, $hc = 1.24 \times 10^3$ eV·nm(c 为真空中的光速)。

(B1) 求散射光子的能量,用 E, ν, θ 和电子静能 E_0 表示。当 θ 为何值时,散射光子的能量最大?求此最大能量。

(B2) 设入射电子的能量 $E = \gamma E_0 (\gamma \gg 1)$,且入射光子的能量比 $\dfrac{E_0}{\gamma}$ 小得多,求散射光子的最大能量的近似表达式。

若 $\gamma = 200$,入射光子是波长 $\lambda = 500$ nm 的可见光光子,求散射光子的最大能量和相应波长。

(B3) 总能量为 E 的相对论性高能电子与光子相向运动而碰撞,问当入射光子的能量为多大时,散射光子能从入射电子获得最大能量?求出此时散射光子的能量。

(B4) 总能量为 E 的相对论性高能电子的运动方向与光子的运动方向垂直,两者发生碰撞,则当入射光子的能量为多大时,散射光子能从入射电子获得最大能量?求出此时散射光子的能量。

第 1 题 充液球的往返滚动

(A1) 设球对过球心 C 的转轴(简称"C 轴")的转动惯量 I 为薄球壳对 C 轴的转动惯量 I_1 与球壳内固态 W 的转动惯量 I_2 之和。

薄球壳的质量面密度 $\sigma = \dfrac{m}{4\pi r^2}$,取与 C 轴的夹角为 $\alpha \sim \alpha + d\alpha$ 的环带,如图 J8.1.1 所示。

该环带对 C 轴的转动惯量为

$$dI_1 = 2\pi r \sin\alpha (rd\alpha)\sigma(r\sin\alpha)^2 \quad (8.1.1)$$

积分可得薄球壳对 C 轴的转动惯量为

$$I_1 = \int_0^\pi 2\pi r \sin\alpha (rd\alpha)\sigma(r\sin\alpha)^2$$
$$= \dfrac{2}{3}mr^2 \quad (8.1.2)$$

由于固态 W 的体密度 $\rho = \dfrac{M}{\dfrac{4}{3}\pi r^3}$,以环带为边界的圆盘对 C 轴的转动惯量为

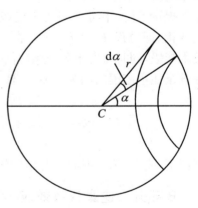

图 J8.1.1

$$dI_2 = \frac{1}{2}\rho\pi(r\sin\alpha)^2(rd\alpha)\sin\alpha(r\sin\alpha)^2 \tag{8.1.3}$$

积分可得固态 W 对 C 轴的转动惯量为

$$I_2 = \int_0^\pi \frac{1}{2}\rho\pi(r\sin\alpha)^2(rd\alpha)\sin\alpha(r\sin\alpha)^2 = \frac{2}{5}Mr^2 \tag{8.1.4}$$

因此该球对 C 轴的转动惯量为

$$I = I_1 + I_2 = \frac{2}{3}mr^2 + \frac{2}{5}Mr^2 \tag{8.1.5}$$

由质心运动定理，球在任一角位置 $\theta(\theta\ll 1)$ 处，如图 J8.1.2 所示，则有

$$(m+M)(R-r)\frac{d^2\theta}{dt^2} = -(m+M)g\theta + f \tag{8.1.6}$$

其中 f 为碗底对球的摩擦力。

由球对 C 轴的转动定律，有

$$fr = -I\frac{d^2\varphi}{dt^2}$$
$$= -\left(\frac{2}{3}mr^2 + \frac{2}{5}Mr^2\right)\frac{d^2\varphi}{dt^2} \tag{8.1.7}$$

其中 φ 为半径 CE 从平衡位置所转过的角度。

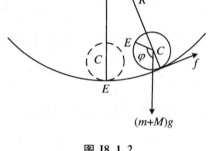

图 J8.1.2

由球在碗底的纯滚动条件有

$$(R-r)\frac{d^2\theta}{dt^2} = r\frac{d^2\varphi}{dt^2} \tag{8.1.8}$$

联立式(8.1.6)~式(8.1.8)，可得

$$\frac{d^2\theta}{dt^2} + \frac{(m+M)g}{\left(\frac{5}{3}m + \frac{7}{5}M\right)(R-r)}\theta = 0 \tag{8.1.9}$$

这是标准的简谐运动方程，因此球在球形碗底做小幅往返纯滚动的角频率和周期分别为

$$\omega_1 = \sqrt{\frac{m+M}{\frac{5m}{3} + \frac{7M}{5}}\frac{g}{R-r}} \tag{8.1.10}$$

$$T_1 = 2\pi\sqrt{\frac{R-r}{g}}\sqrt{\frac{\frac{5m}{3} + \frac{7M}{5}}{m+M}} \tag{8.1.11}$$

(A2) 此时球内液态 W 不参与转动，只参与平动，故(8.1.6)和(8.1.8)两式依然成立，但式(8.1.7)改变为

$$fr = -I_1\frac{d^2\varphi}{dt^2} = -\frac{2}{3}mr^2\frac{d^2\varphi}{dt^2} \tag{8.1.12}$$

联立(8.1.6)、(8.1.8)和(8.1.12)三式，可得

$$\frac{d^2\theta}{dt^2} + \frac{(m+M)g}{\left(\frac{5m}{3} + M\right)(R-r)}\theta = 0 \tag{8.1.13}$$

这是标准的简谐运动方程，因此球在球形碗底做小幅往返纯滚动的角频率和周期分别为

$$\omega_2 = \sqrt{\frac{m+M}{\frac{5}{3}m+M}}\sqrt{\frac{g}{R-r}} \tag{8.1.14}$$

$$T_2 = 2\pi\sqrt{\frac{R-r}{g}}\sqrt{\frac{\frac{5}{3}m+M}{m+M}} \tag{8.1.15}$$

(A3) 球从位置 A_0 到平衡位置 O 用时 $\frac{T_2}{4}$，从平衡位置 O 到位置 A'_0 用时 $\frac{T_1}{4}$，从位置 A'_0 到平衡位置 O 用时 $\frac{T_2}{4}$，从平衡位置 O 到位置 A_1 用时 $\frac{T_1}{4}$。球在往返滚动中，尽管角幅度在逐渐减小，但周期不变，故有

$$T_3 = \frac{1}{2}(T_1+T_2) = \pi\sqrt{\frac{R-r}{g}}\left[\sqrt{\frac{\frac{5}{3}m+\frac{7}{5}M}{m+M}}+\sqrt{\frac{\frac{5}{3}m+M}{m+M}}\right] \tag{8.1.16}$$

当球从初始位置 A_0 滚到平衡位置 O 时，球心速度为

$$v_C = \omega_2(R-r)\theta_0 = \sqrt{\frac{m+M}{\frac{5m}{3}+M}}\sqrt{g(R-r)}\theta_0 \tag{8.1.17}$$

此时薄球壳绕 C 轴的转动角速度为

$$\Omega = \frac{v_C}{r} = \frac{\theta_0}{r}\sqrt{\frac{m+M}{\frac{5m}{3}+M}}\sqrt{g(R-r)} \tag{8.1.18}$$

在 W 呈液态未变为固态时，球对 O 点的角动量为

$$L_1 = (m+M)v_C r + I_1\Omega \tag{8.1.19}$$

W 突然变为固态，并与薄球壳固连，球绕 C 轴的角速度变为 Ω'，球对 O 点的角动量为

$$L_s = [I+(m+M)r^2]\Omega' \tag{8.1.20}$$

由于外力（重力和摩擦力）均过 O 点，球对 O 点的角动量守恒，有

$$L_1 = L_s \tag{8.1.21}$$

由此可得此时球的角速度为

$$\Omega' = \frac{(m+M)v_C r + I_1\Omega}{I+(m+M)r^2} = \frac{v_C}{r}\frac{\frac{5}{3}m+M}{\frac{5}{3}m+\frac{7}{5}M} \tag{8.1.22}$$

此时球心速度为

$$v'_C = \Omega' r = v_C \frac{\frac{5}{3}m+M}{\frac{5}{3}m+\frac{7}{5}M} \tag{8.1.23}$$

当球滚到左方最高点 A'_0 时，设其角振幅为 θ'_0，则有

$$v'_C = \omega_1(R-r)\theta'_0 \tag{8.1.24}$$

$$v_C = \omega_2(R-r)\theta_0 \tag{8.1.25}$$

联立式(8.1.23)～式(8.1.25)，可得

$$\theta_0' = \theta_0 \sqrt{\dfrac{\dfrac{5}{3}m + M}{\dfrac{5}{3}m + \dfrac{7}{5}M}} \tag{8.1.26}$$

球从位置 A_0' 向右滚到右方最高位置 A_1 的过程相仿,故有

$$\dfrac{\theta_1}{\theta_0'} = \dfrac{\theta_0'}{\theta_0} \tag{8.1.27}$$

于是

$$\theta_1 = \dfrac{\theta_0'^2}{\theta_0} = \dfrac{\dfrac{5}{3}m + M}{\dfrac{5}{3}m + \dfrac{7}{5}M}\theta_0 \tag{8.1.28}$$

以后的过程与之相仿,所以球第 n 次回到右侧最高位置 A_n 时球心的角振幅 θ_n 为

$$\theta_n = \left[\dfrac{\dfrac{5}{3}m + M}{\dfrac{5}{3}m + \dfrac{7}{5}M}\right]^n \theta_0 \tag{8.1.29}$$

第 2 题 奇异介质的光学性质和电场中的电介质球

A 部分 奇异介质的光学性质

(A1) ① 光从空气射入奇异介质后的折射光线传播路径如图 J8.2.1 所示。

证明过程如下:

假设 ED 为折射光线的等相位面,根据惠更斯原理,光从 A 到 E 的相位差应与光从 B 经 C 到 D 的相位差相等,即

$$\delta_{AE} = \delta_{BC} + \delta_{CD} \tag{8.2.1}$$

根据题中所给已知条件:在奇异介质中,当光波向前传播距离 Δ 后,光波的相位会减少 $\sqrt{\varepsilon_r \mu_r}k\Delta$;在空气中,当光波向前传播距离 Δ 后,光波的相位增加 $\sqrt{\varepsilon_0 \mu_0}k\Delta = k\Delta$。因此在图 J8.2.1 中,式(8.2.1)可写为

$$-\sqrt{\varepsilon_r \mu_r}k d_{AE} = k d_{BC} - \sqrt{\varepsilon_r \mu_r}k d_{CD} \tag{8.2.2}$$

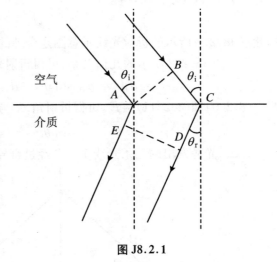

图 J8.2.1

化简可得

$$-\sqrt{\varepsilon_r \mu_r}(d_{AE} - d_{CD}) = d_{BC} \tag{8.2.3}$$

因为 $d_{BC} > 0$,$\sqrt{\varepsilon_r \mu_r} > 0$,所以有

$$d_{AE} < d_{CD} \tag{8.2.4}$$

因此图 J8.2.1 所示的折射光线示意图是合理的。

根据图 J8.2.1 所示的几何关系,可得折射角 θ_r 和入射角 θ_i 满足

$$d_{BC} = d_{AC}\sin\theta_i, \quad d_{CD} - d_{AE} = d_{AC}\sin\theta_r \tag{8.2.5}$$

联立(8.2.3)和(8.2.5)两式,可得折射角 θ_r 与入射角 θ_i 之间的关系式为

$$\sqrt{\varepsilon_r\mu_r}\sin\theta_r = \sin\theta_i \tag{8.2.6}$$

② 光从奇异介质射入空气后的折射光线传播路径如图 J8.2.2 所示。

证明过程如下:

假设 ED 为折射光线的等相位面,根据惠更斯原理,光从 A 到 E 的相位差应与光从 B 经 C 到 D 的相位差相等,即

$$\delta_{AE} = \delta_{BC} + \delta_{CD} \tag{8.2.7}$$

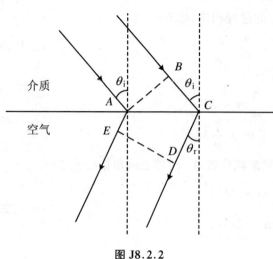

图 J8.2.2

根据题中所给已知条件:在奇异介质中,当光波向前传播距离 Δ 后,光波的相位会减少 $\sqrt{\varepsilon_r\mu_r}k\Delta$;在空气中,当光波向前传播距离 Δ 后,光波的相位增加 $\sqrt{\varepsilon_0\mu_0}k\Delta = k\Delta$。因此在图 J8.2.2 中,式(8.2.7)可写为

$$kd_{AE} = -\sqrt{\varepsilon_r\mu_r}kd_{BC} + kd_{CD} \tag{8.2.8}$$

化简可得

$$d_{AE} - d_{CD} = -\sqrt{\varepsilon_r\mu_r}d_{BC} \tag{8.2.9}$$

因为 $d_{BC} > 0$, $\sqrt{\varepsilon_r\mu_r} > 0$,所以有

$$d_{AE} < d_{CD} \tag{8.2.10}$$

因此图 J8.2.2 所示的折射光线示意图是合理的。

根据图 J8.2.2 所示的几何关系,可得折射角 θ_r 和入射角 θ_i 满足

$$d_{BC} = d_{AC}\sin\theta_i, \quad d_{CD} - d_{AE} = d_{AC}\sin\theta_r \tag{8.2.11}$$

联立(8.2.9)和(8.2.11)两式,可得折射角 θ_r 与入射角 θ_i 之间的关系式为

$$\sin\theta_r = \sqrt{\varepsilon_r\mu_r}\sin\theta_i \tag{8.2.12}$$

(A2) 光源发出的三条光线 1,2,3 经过奇异介质的光路如图 J8.2.3 所示。

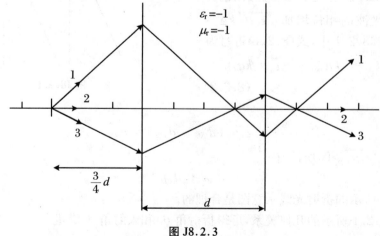

图 J8.2.3

作图说明:光在两个界面处均发生负折射现象,由题意 $\varepsilon_r = -1, \mu_r = -1$,由(8.2.6)和(8.2.12)两式可知折射角和入射角大小相等。又根据提示,在两个界面上不会发生反射现象,因此入射光在奇异介质内会聚为一点,与光源形成镜面对称。从介质平板透射出来的光线在右边界面的外侧会聚为一点,与奇异介质内的像点形成镜面对称。

(A3) 相邻两次从右板透射出来的光波的相位差为

$$\delta = 2k(d - 0.4d) - 2 \times 0.5k \times 0.4d + 2\pi = 0.8 \frac{2\pi}{\lambda} d + 2\pi \quad (8.2.13)$$

其中第一项是光波在空气中传播时积累的相位差,第二项是在奇异介质中传播时积累的相位差,第三项是光波两次在板上反射时积累的相位差。

根据谐振条件

$$\delta = 2m\pi \quad (8.2.14)$$

谐振时光波波长满足

$$0.8 \frac{2\pi}{\lambda} d + 2\pi = m \times 2\pi \quad (8.2.15)$$

可以解得此谐振腔中所有满足干涉相长的谐振条件的光波波长为

$$\lambda = \frac{4}{5} \frac{d}{m - 1} \quad (m = 2, 3, 4, \cdots) \quad (8.2.16)$$

(A4) 根据题中已知条件,当 $x > 0$ 时,光路图如图 J8.2.4 所示。

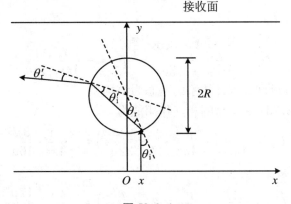

图 J8.2.4

因奇异介质 $\varepsilon_r = -1, \mu_r = -1$,故由(8.2.6)和(8.2.12)两式可得 $\theta_i = \theta_r = \theta_i' = \theta_r'$。因此最后的出射光和入射光方向之间偏折了 $4\theta_i$ 的角度。已知入射光的方向是 y 轴正方向,要使接收面接收不到光信号,需要满足条件

$$\frac{\pi}{2} \leqslant 4\theta_i \leqslant \frac{3\pi}{2} \Rightarrow \frac{\pi}{8} \leqslant \theta_i \leqslant \frac{3\pi}{8} \quad (8.2.17)$$

由图中的几何关系有

$$\sin \theta_i = \frac{x}{R} \quad (8.2.18)$$

由于 θ 在第一象限内,$\sin \theta$ 与 θ 具有相同的单调性,可将式(8.2.17)化为

$$\sin \frac{\pi}{8} \leqslant \frac{x}{R} \leqslant \sin \frac{3\pi}{8} \quad (8.2.19)$$

进一步考虑 x 轴正负半轴的对称性,我们可以得到,当满足条件

$$R\sin\frac{\pi}{8} \leqslant |x| \leqslant R\sin\frac{3\pi}{8} \tag{8.2.20}$$

时,由 x 轴上的光源发射的光不能到达接收平面。

B 部分　外电场中的电介质球

(B1) 在极坐标系中,处于原点的平行于 z 轴极化的偶极子在空间的电场的 z 分量为

$$E_z(\theta,\varphi) = -\frac{p}{4\pi\varepsilon_0}\frac{1-3\cos^2\theta}{r^3} \tag{8.2.21}$$

因处于外电场 E 中的沿 z 轴极化的偶极子的能量为

$$U = -\boldsymbol{p}\cdot\boldsymbol{E} = -pE_z \tag{8.2.22}$$

故可得两个相距 r 的偶极子的相互作用能为

$$U = \frac{p^2}{4\pi\varepsilon_0}\frac{1-3\cos^2\theta}{r^3} \tag{8.2.23}$$

根据式(8.2.23),a 构型的相互作用能为

$$U_a = \frac{1}{4\pi\varepsilon_0}\frac{1-3}{(2a)^3}p^2 = -\frac{1}{4\pi\varepsilon_0}\frac{p^2}{4a^3} \tag{8.2.24}$$

b 构型的相互作用能为

$$U_b = \frac{1}{4\pi\varepsilon_0}\frac{1-0}{(2a)^3}p^2 = \frac{1}{4\pi\varepsilon_0}\frac{p^2}{8a^3} \tag{8.2.25}$$

c 构型的相互作用能为

$$U_c = \frac{1}{4\pi\varepsilon_0}\frac{1-3\cos^2\frac{\pi}{4}}{(2a)^3}p^2 = -\frac{1}{4\pi\varepsilon_0}\frac{p^2}{16a^3} \tag{8.2.26}$$

比较可得,a 构型的能量最低,因此体系的基态为该构型。

(B2) 根据式(8.2.23),a 构型的相互作用能为

$$U_a = \frac{1}{4\pi\varepsilon_0}\left(-\frac{p^2}{4a^3} + 2\times\frac{p^2}{32a^3}\right) = -\frac{1}{4\pi\varepsilon_0}\frac{3p^2}{16a^3} \tag{8.2.27}$$

b 构型的相互作用能为

$$U_b = \frac{1}{4\pi\varepsilon_0}\left(-\frac{p^2}{4a^3}\times 2 - \frac{p^2}{32a^3}\right) = -\frac{1}{4\pi\varepsilon_0}\frac{17p^2}{32a^3} \tag{8.2.28}$$

c 构型的相互作用能为

$$U_c = \frac{1}{4\pi\varepsilon_0}\left(\frac{p^2}{8a^3}\times 2 + \frac{p^2}{64a^3}\right) = \frac{1}{4\pi\varepsilon_0}\frac{17p^2}{64a^3} \tag{8.2.29}$$

所以构型 b 的能量最低,因此最稳定;构型 c 的能量最高,因此最不稳定。

第 3 题　自由电子气对热容的贡献和逆康普顿效应

A 部分　自由电子气中每个电子对定容热容量贡献的平均值

(A1) 自由电子具有三个自由度,根据能量均分定理,在温度为 T 时的平均动能为

$$\bar{E} = \frac{3}{2}k_BT \tag{8.3.1}$$

因此平均每个自由电子对定容热容量的贡献为

$$c_V = \frac{\partial \bar{E}}{\partial T} = \frac{3}{2}k_B \quad (8.3.2)$$

(A2) 设自由电子气的总能量为 U，则

$$U = \int_0^S E f(E) \mathrm{d}S \quad (8.3.3)$$

其中 S 为电子状态总数，E 为电子能量。

由题意，根据量子理论，体积为 V 的金属材料在能量 E 附近 $\mathrm{d}E$ 范围内的电子状态数 $\mathrm{d}S$ 与 $\sqrt{E}$ 成正比，即

$$\mathrm{d}S = CV\sqrt{E}\,\mathrm{d}E \quad (8.3.4)$$

将式(8.3.4)代入式(8.3.3)，可得

$$U = CV \int_0^\infty E^{\frac{3}{2}} f(E) \mathrm{d}E \quad (8.3.5)$$

根据题中提示，简化的电子占据能量为 E 的状态的概率为

$$f(E) = \begin{cases} 1, & E \leqslant E_F - k_B T \\ -\dfrac{E - (E_F + k_B T)}{2k_B T}, & E_F - k_B T < E < E_F + k_B T \\ 0, & E \geqslant E_F + k_B T \end{cases} \quad (8.3.6)$$

将式(8.3.6)代入式(8.3.5)可得

$$U = CV \int_0^{E_F - k_B T} E^{\frac{3}{2}} \mathrm{d}E + CV \int_{E_F - k_B T}^{E_F + k_B T} E^{\frac{3}{2}} \left[-\frac{E - (E_F + k_B T)}{2k_B T}\right]\mathrm{d}E$$

$$= CV \frac{2}{5} E_F^{\frac{5}{2}} \left(1 - \frac{k_B T}{E_F}\right)^{\frac{5}{2}} + CV \frac{E_F + k_B T}{5 k_B T} E_F^{\frac{5}{2}} \left[\left(1 + \frac{k_B T}{E_F}\right)^{\frac{5}{2}} - \left(1 - \frac{k_B T}{E_F}\right)^{\frac{5}{2}}\right]$$

$$- CV \frac{1}{7 k_B T} E_F^{\frac{7}{2}} \left[\left(1 + \frac{k_B T}{E_F}\right)^{\frac{7}{2}} - \left(1 - \frac{k_B T}{E_F}\right)^{\frac{7}{2}}\right] \quad (8.3.7)$$

考虑到通常 $k_B T \ll E_F$，式(8.3.7)保留到二阶小量，因此可化为

$$U \approx CV E_F^{\frac{5}{2}} \left[\frac{2}{5} + \frac{3}{4}\left(\frac{k_B T}{E_F}\right)^2\right] \quad (8.3.8)$$

其中 CV 可由自由电子总数决定，而自由电子总数可由 0 K 时的值求得。在 0 K 时，$f(E)$ 成阶梯形：当 $E<E_F$ 时为 1，当 $E>E_F$ 时为 0，于是自由电子总数为

$$N = CV \int_0^{(E_F^0)^2} E^{\frac{1}{2}} \mathrm{d}E = \frac{2}{3} CV (E_F^0)^{\frac{3}{2}} \quad (8.3.9)$$

因此常量 $CV = \frac{3}{2} N (E_F^0)^{-\frac{3}{2}}$，其中 E_F^0 为 0 K 时的电子费米能级，故式(8.3.8)可改写为

$$U = \frac{3}{2} N (E_F^0)^{-\frac{3}{2}} E_F^{\frac{5}{2}} \left[\frac{2}{5} + \frac{3}{4}\left(\frac{k_B T}{E_F}\right)^2\right] \quad (8.3.10)$$

根据题意，$E_F \approx E_F^0$ 且 $U = N\bar{E}$，因此自由电子的电子能量为

$$\bar{E} \approx \frac{3}{2} E_F \left[\frac{2}{5} + \frac{3}{4}\left(\frac{k_B T}{E_F}\right)^2\right] \quad (8.3.11)$$

自由电子对定容热容量的贡献为

$$c_V = \frac{\partial \bar{E}}{\partial T} = \frac{9}{4} k_B \frac{k_B T}{E_F} \ll \frac{3}{2} k_B \quad (8.3.12)$$

(A3) 由于室温下 $k_B T \approx 0.026$ eV，而室温下金属的费米能级 E_F 多为 eV 数量级，可见

量子结果比经典结果小两个数量级,与实验结果相符。究其原因为能量低于 E_F 时较多的原子在温度变化时能量基本不变,仅有少数处于 E_F 附近的电子对定容热容量有贡献,从而导致平均比热容下降。

B部分　逆康普顿效应

(B1) 入射电子的动量为 p,出射电子的动量为 p',能量为 E',出射光子的能量为 $h\nu'$,如图 J8.3.1 所示。根据能量守恒定律有

$$h\nu + E = h\nu' + E' \tag{8.3.13}$$

如图 J8.3.2 所示,根据动量守恒定律有

$$\boldsymbol{p} + \boldsymbol{p}_\nu = \boldsymbol{p}' + \boldsymbol{p}_{\nu'}$$
$$\Rightarrow (p'c)^2 = (h\nu')^2 + (pc - h\nu)^2 + 2h\nu'(pc - h\nu)\cos\theta \tag{8.3.14}$$

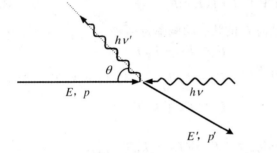

图 J8.3.1　　　　　　　　　图 J8.3.2

根据能量-动量关系有

$$E^2 = (pc)^2 + E_0^2 \tag{8.3.15}$$
$$E'^2 = (p'c)^2 + E_0^2 \tag{8.3.16}$$

联立式(8.3.13)～式(8.3.16),可解得散射光子的能量为

$$h\nu' = \frac{E + pc}{E + h\nu + (pc - h\nu)\cos\theta} h\nu$$
$$= \frac{E + \sqrt{E^2 - E_0^2}}{E + h\nu + (\sqrt{E^2 - E_0^2} - h\nu)\cos\theta} h\nu \tag{8.3.17}$$

由上式不难看出,若 $\sqrt{E^2 - E_0^2} > h\nu$(此式对动能大于静能的电子与能量小于电子静能的光子显然成立),当 $\theta = \pi$ 时, $h\nu'$ 取得最大值:

$$(h\nu')_{\max} = \frac{E + \sqrt{E^2 - E_0^2}}{E + 2h\nu - \sqrt{E^2 - E_0^2}} h\nu \tag{8.3.18}$$

(B2) 将 $E = \gamma E_0$ 代入式(8.3.17),可得

$$(h\nu')_{\max} = \frac{\gamma E_0 + \sqrt{\gamma^2 - 1} E_0}{\gamma E_0 - \sqrt{\gamma^2 - 1} E_0 + 2h\nu} h\nu = \frac{\gamma + \sqrt{\gamma^2 - 1}}{\gamma - \sqrt{\gamma^2 - 1} + \frac{2h\nu}{E_0}} h\nu \tag{8.3.19}$$

由于 $\gamma \gg 1$, $\sqrt{\gamma^2 - 1} \approx \gamma\left(1 - \frac{1}{2\gamma^2}\right) = \gamma - \frac{1}{2\gamma}$ 且 $\frac{h\nu}{E_0} \ll \frac{1}{\gamma}$,于是

$$(h\nu')_{\max} \approx \frac{\gamma + \gamma - \frac{1}{2\gamma}}{\gamma - \gamma + \frac{1}{2\gamma} + \frac{2h\nu}{E_0}} h\nu \approx 4\gamma^2 h\nu \tag{8.3.20}$$

当 $\gamma = 200$，入射光子波长 $\lambda = 500$ nm 时，入射光子能量为

$$h\nu = \frac{hc}{\lambda} = 2.48 \text{ eV} \tag{8.3.21}$$

$$\frac{h\nu}{E_0} = 4.85 \times 10^{-6} \ll \frac{1}{\gamma} = 5.0 \times 10^{-3} \tag{8.3.22}$$

满足式(8.3.20)的条件，将(8.3.21)和(8.3.22)两式代入式(8.3.20)，可得光子的最大能量为

$$(h\nu')_{\max} \approx 4.0 \times 10^5 \text{ eV} = 0.40 \text{ MeV} \tag{8.3.23}$$

相应的出射光子的波长为

$$\lambda' = \frac{hc}{h\nu'} = 3.1 \times 10^{-3} \text{ nm} \tag{8.3.24}$$

(B3) 为使出射光子能从入射电子获得最大能量，碰撞后电子应变为静止，如图 J8.3.3 所示，此时应有

$$h\nu + E = h\nu' + E_0 \tag{8.3.25}$$

$$p - \frac{h\nu}{c} = \frac{h\nu'}{c} \Rightarrow pc - h\nu = h\nu' \tag{8.3.26}$$

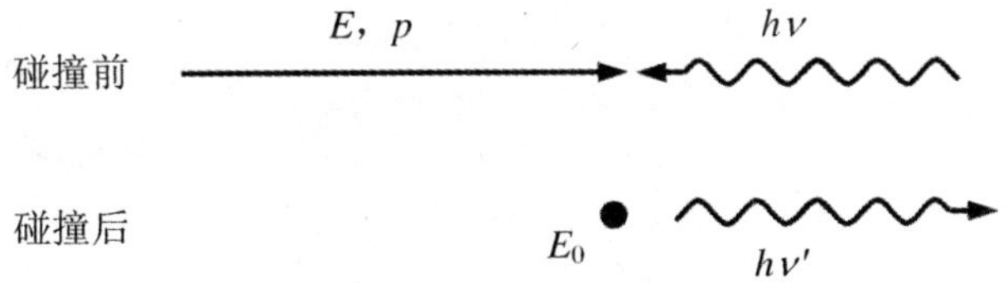

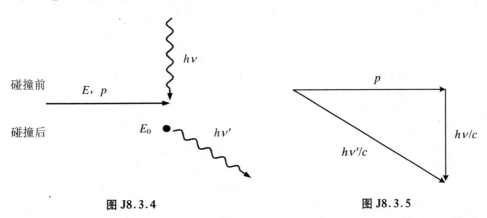

图 J8.3.3

联立(8.3.25)和(8.3.26)两式并注意到能量-动量关系

$$(pc)^2 = E^2 - E_0^2 \tag{8.3.27}$$

可得入射光子的能量为

$$h\nu = \frac{1}{2}(E_0 - E + pc) = \frac{1}{2}(E_0 - E + \sqrt{E^2 - E_0^2}) \tag{8.3.28}$$

(B4) 若能量为 E 的相对论高能电子和入射电子的方向相互垂直，且发生碰撞，如同 (B3)小题，为使出射光子能从入射光子获得最大能量，碰撞后的情况如图 J8.3.4 和图 J8.3.5所示，电子碰撞后静止。

图 J8.3.4　　　　　　　　　　图 J8.3.5

此时应有能量守恒式

$$h\nu + E = h\nu' + E_0 \tag{8.3.29}$$

和动量守恒式

$$p^2 + \left(\frac{h\nu}{c}\right)^2 = \left(\frac{h\nu'}{c}\right)^2 \Rightarrow (pc)^2 + (h\nu)^2 = (h\nu')^2 \tag{8.3.30}$$

根据能量-动量关系有

$$(pc)^2 = E^2 - E_0^2 \tag{8.3.31}$$

联立式(8.3.29)~式(8.3.31)可得

$$E^2 + E_0^2 + (h\nu)^2 + 2Eh\nu - 2EE_0 - 2E_0 h\nu = E^2 - E_0^2 + (h\nu)^2$$
$$\Rightarrow 2(E - E_0)h\nu = 2E_0(E - E_0) \tag{8.3.32}$$

因此可得入射光子的能量为

$$h\nu = E_0 \tag{8.3.33}$$

将式(8.3.33)代入式(8.3.29),可得出射光子的能量为

$$h\nu' = h\nu + E - E_0 = E \tag{8.3.34}$$

第9届亚洲物理奥林匹克竞赛理论试题与解析

理论试题

第1题 茶道与气泡物理学

茶道是亚洲传统技艺之一。泡茶过程中的重要步骤之一就是将水壶中的水加热至沸腾状态,此时水中会有气泡。气泡不但在日常生活中十分常见,而且在物理学、化学、医学和工程技术中有着重要的作用。然而,气泡的行为却常常令人惊奇和出乎意料,甚至在很多情况下依然无法理解。

室温下纯水中溶解的空气达到饱和状态。随着温度升高,纯水中所溶解的空气压强 p_{ab} 增大,一旦超过纯水所能溶解的气体压强,溶解在水中的空气释放出来,在水壶底部和侧壁会形成空气泡(简称"ab"),如图 T9.1.1 所示。

图 T9.1.1 水壶中的空气泡

纯水具有足够大的可浸润性,可将空气泡视为半径为 R_{ab} 的球缺,未被浸润的底部半径为 r_{ab}($r_{ab} \ll R_{ab}$),如图 T9.1.2 所示。继续加热,温度升高,空气泡继续膨胀,当空气泡膨胀到一定程度时便会脱离壶底,紧接着上浮到水面而破裂,如图 T9.1.3 所示。

当壶底水温升至临界值 $T_w^0 \approx T_{crit}^0 = 100\ ℃$ 时,形成了水蒸气泡(简称"vb"),此时,水的饱和蒸气压大于外部大气压强,产生的水蒸气量增加了 10 倍,水蒸气泡膨胀而脱离壶底。水蒸气泡可认为只含有水蒸气。如果壶中的水充分加热,上升的水蒸气泡继续膨胀,到达水

---

① 第9届亚洲物理奥林匹克竞赛于 2008 年 4 月 20 日至 4 月 28 日在蒙古乌兰巴托举行,共有 18 个国家和地区派出代表队参加。

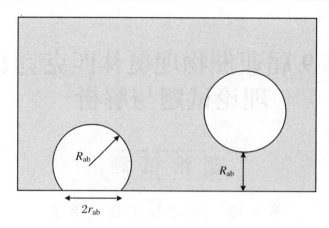

图 T9.1.2 空气泡

图 T9.1.3 空气泡从水壶底部脱离

面后破裂;如果壶内上层的水未被充分加热,壶内竖直方向存在很大的水温梯度,上升的蒸气泡到达温度相对较低的上层水中萎缩消失,如图 T9.1.4 所示,这将引起所谓"诱导除气",即强烈的振荡以及大量溶解在水中的空气以微空气泡(简称"mab")的形式放出,从而激发超声振动。

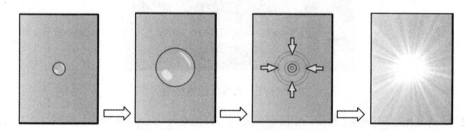

图 T9.1.4 蒸气泡在水中萎缩消失的过程

综上所述,在水壶烧水的过程中,气泡演化主要有三个阶段:

第一阶段:空气泡在壶底和侧壁上产生并膨胀,然后转变为水蒸气泡。

第二阶段:水蒸气泡脱离壶底并上升,然后在水中或水面消失。

第三阶段:微空气泡在水中生成,然后上升到水面。

这一理论模型与实验结果非常符合,特别是在乌拉尔州立大学完成的对沸水进行噪声分析的实验中,用宽频高灵敏传声器探测到水壶主要有三个噪声来源:

① 空气泡在水沸腾之前脱离壶底的过程中产生频率 $\nu_1 \approx 100$ Hz 的噪声振动。
② 水蒸气泡在水中萎缩消失的过程中产生频率 $\nu_2 \approx 1000$ Hz 的噪声振动。
③ 微空气泡在水面下产生频率 $\nu_3 \approx 35 \sim 60$ kHz 的噪声振动。

提示：

① 已知小气泡直线上升，其周围的水流为层流，即水缓慢地分层流动，如图 T9.1.5(a) 所示。半径为 R_b 的球体在黏性系数为 η_w 的水中以速度 v_{lam} 缓慢运动的耗散阻力为 $F_A = 6\pi \eta_w R_b v_{lam}$，称为斯托克斯公式。

与图 T9.1.5(a) 相反的是，大气泡上升至水面时，会扰动周围的水，在其后出现空洞，形成湍流，如图 T9.1.5(b) 所示，此时，上升的大气泡的部分动能通过耗散力做功而损失。

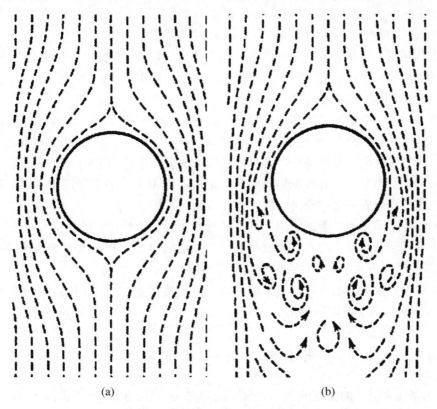

图 T9.1.5　气泡水中上升时的(a)层流和(b)湍流

② 当液体表面为凸起（凹陷）时，液面边缘的分子间的相互作用形成表面张力，因此产生的附加压强为 $\Delta p = \dfrac{2\sigma}{R}$，其中 σ 为表面张力系数，R 为液体表面的曲率半径。

③ 在处理特征时间 t 的短暂过程时，可将特征时间 t 的倒数视为对应的特征频率，即 $\nu = \dfrac{1}{t}$，由此可计算噪声频率。

已知物理数据：大气压强 $p_0 = 1.016 \times 10^5$ Pa，液态水密度 $\rho_w = 1 \times 10^3$ kg/m³，水蒸气密度 $\rho_{水蒸气} = \begin{cases} 0.017 \text{ kg/m}^3 \ (T = 293 \text{ K}) \\ 0.596 \text{ kg/m}^3 \ (T = 373 \text{ K}) \end{cases}$，水的饱和蒸气压 $p_{水蒸气} = \begin{cases} 0.023 \times 10^5 \text{ Pa} \ (T = 293 \text{ K}) \\ 1.016 \times 10^5 \text{ Pa} \ (T = 373 \text{ K}) \end{cases}$，重力加速度 $g = 9.81$ m/s²，空气摩尔质量 $\mu_{空气} = 0.029$ kg/mol，普适气体常量 $R = 8.31$ J/(mol·K)，水的表面张力系数 $\sigma = 0.0725$ N/m，水的黏性系数 $\eta_w = 0.3 \times 10^{-3}$ Pa·s，

壶内水面到壶底的高度 $H = 10$ cm。

考虑在标准大气压下圆柱形平底玻璃水壶内的烧水过程,壶底均匀加热且在壶中垂直方向存在水温梯度,气泡产生并发生变化,如图 T9.1.1 所示。

(A1) 利用 $2\pi\sigma r_{ab} \gg p_{外}\pi r_{ab}^2$,求空气泡位于水中高度 $h(h < H)$ 处继续膨胀的压强条件的表达式,用 $p_{ab}, p_0, R_{ab}, \rho_w, g, \sigma, h, H$ 表示,其中 $p_{外}$ 为空气泡外的压强。

(A2) 利用 $r_{ab} \ll R_{ab}$,求空气泡脱离壶底的条件的表达式,用 $r_{ab}, R_{ab}, \rho_w, \sigma$ 表示。

(A3) 考虑壶底半径为 R_b 的空气泡,持续加热,气泡中的蒸气达到饱和状态且空气泡半径持续增大,求给定温度 T 下,空气泡内的空气质量与饱和水蒸气的质量之比 $\xi = \dfrac{m_{空气}}{m_{水蒸气}}$ 的表达式,用 $\mu_{空气}, T, p_0, p_{水蒸气}, R_b, \rho_w, \rho_{水蒸气}, \sigma, H$ 表示。并分别计算在室温 $T = 20\ ^\circ\text{C}$($R_b = 0.5$ mm)和沸点 $T = 100\ ^\circ\text{C}$($R_b = 1$ mm)时 ξ 的值。

(A4) 利用噪声分析实验数据和牛顿运动定律,估算空气泡脱离壶底并上升 R_{ab} 后的半径的值,如图 T9.1.2 所示。假设由空气泡上升造成的周围的水流入空气泡的质量约为与空气泡同体积的水球质量的一半。

(A5) 当空气泡和壶底之间的连接"颈"非常细时,如图 T9.1.3 所示,求空气泡恰好离开壶底时其与壶底接触的底面半径的表达式,用 R_{ab}, ρ_w, σ 表示。并利用(A4)小题中所求的半径的值,求空气泡恰好离开壶底时其与壶底接触的底面半径的值。

(A6) 利用噪声分析实验数据估算水蒸气泡的萎缩消失前的半径的值,如图 T9.1.4 所示,假设在此过程造成萎缩的径向压强约为 3 kPa。

(A7) 利用水蒸气泡的上述结果计算在诱导除气过程中所产生的微空气泡的半径的值。

(A8) 利用斯托克斯定理求在层流状态下空气泡的典型上升速度的表达式,用 R_{ab}, ρ_w, η_w 表示,并估算当 $H = 10$ cm 时所需上升时间的值。

(A9) 估算在湍流状态下水蒸气泡的平均上升速度的表达式,用 R_{ab}, ρ_w, η_w 表示,并估算 $H = 10$ cm 时所需上升时间的值。

第 2 题 离子晶体模型

某些化学元素原子的电离能很小,因此很容易失去外层电子,形成正离子;反之,某些化学元素原子却很容易获得电子,形成负离子;正、负离子可以结合形成稳定的离子结构。许多固体是由原子排列成的极其规则的周期性晶体结构。相同的基本结构单元(晶胞)在空间上重复,形成理想晶体。离子晶体的结合能主要来自离子的静电势能。

两个距离为 R 的静止点电荷 q_1, q_2 之间的电相互作用可用库仑势 $V_C(R) = k\dfrac{q_1 q_2}{R}$ 描述,其中静电力常量 $k = \dfrac{1}{4\pi\varepsilon_0} \approx 9 \times 10^9$ N·m²/C²,库仑力的方向沿两点电荷之间的连线,如果库仑力为负值,则表示两者之间为吸引力。

在如图 T9.2.1 所示的氯化钠(NaCl)晶体中,正、负离子分别带电 $+e, -e$。对于无穷大离子晶体中任一离子的能量,无穷大晶体中所有正负离子对该选定离子的静电势能的贡献可用吸引势 $V_{att}(r) = \alpha V_C(r)$ 表示,其中 r 为选定离子和与之距离最近的离子之间的距离,$\alpha = 1.74756$ 称为马德隆常数。

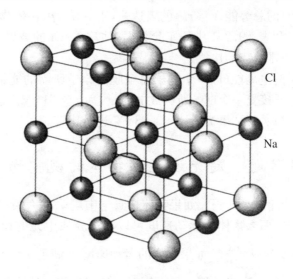

图 T9.2.1 氯化钠的面心立方(FCC)晶格

离子晶体中除了前述由库仑力造成的吸引势外,还存在着由泡利不相容原理造成的排斥势。排斥势的作用范围非常短,可用两种不同模型来描述排斥势。

模型一:在合理近似条件下,排斥势可表示为指数函数: $V_{rep1}(r) = \lambda \exp\left(-\dfrac{r}{\rho}\right)$ ($\lambda>0, \rho>0$),其中 λ 为表征排斥作用强度的参数,ρ 为表征排斥作用范围的参数。该公式用于描述晶体中任一离子与整个晶体中其他离子之间的总排斥作用。

模型二:在适当近似条件下,排斥势可表示为负幂函数: $V_{rep2}(r) = \dfrac{b}{r^n}$ ($b>0$),其中 b 为表征排斥作用强度的参数,n 是大于 2 的整数,称为玻恩指数。该公式用于描述晶体中任一离子与整个晶体中其他离子之间的总排斥作用。

标准状况下离子晶体的晶格常数 r_0、离解能 E_{dis}(即把晶体分解成无穷远处独立离子所需的能量)的实验数据如表 T9.2.1 所示。

表 T9.2.1 离子晶体的实验数据表

离子晶体	晶格常数 r_0/nm	离解能 E_{dis}/(kJ/mol)
氯化钠(NaCl)	0.282	+764.4
氟化锂(LiF)	0.214	+1014.0
溴化铷(RbBr)	0.345	+638.8

(A1) 对于立方晶格中心处的离子,如图 T9.2.1 所示,假设该离子只与晶格中距离小于或等于 $\sqrt{3}r_0$(即 $r \leqslant \sqrt{3}r_0$)的离子间存在静电相互作用,求其库仑势 $V_{C0}(r)$ 和与该假设对应的马德隆常数 α_0。

(A2) 利用模型一,求任一离子的总势能 $V_1(r)$ 的表达式,确定其平衡位置 $r = r_0$ 所满足的方程和位于平衡位置时的总势能 $V_1(r_0)$ 的表达式,用 α, r_0, ρ 等物理量表示。

(A3) 利用模型一和表 T9.2.1 中的实验数据,估算表征排斥作用范围的参数 ρ 的值。

(A4) 利用模型二,求任一离子的总势能 $V_2(r)$ 的表达式,确定其平衡位置 $r = r_0$ 的表达式和位于平衡位置时的总势能 $V_2(r_0)$ 的表达式，用 α, r_0, ρ, n 等物理量表示。

(A5) 利用模型二和表 T9.2.1 中的实验数据，估算 NaCl 的玻恩指数 n 的值和平衡状态时总势能中库仑势与排斥势的比值。

(A6) 已知钠原子的电离能（即一个电子完全脱离原子所需的能量）为 $+5.14\,\text{eV}$，氯原子的电子亲和能（即原子接受一个电子所释放的能量）为 $-3.61\,\text{eV}$。请估算 NaCl 晶体中每个原子的总结合能，并与实验结果 $E_{\exp} \approx -3.28\,\text{eV}$ 进行比较。

第 3 题　超光速运动物体的视觉形象

物体的运动速度能超过光速吗？如果物体在真空中运动，答案是否定的；但如果考虑的是光在介质中的相速度，那么物体的运动速度可以超过介质中光的相速度。介质折射率为 n，光在介质中的相速度为 $u = \dfrac{c}{n}$。如果物体的运动速度 v 满足 $u < v < c$，称物体是超光速运动的。超光速的带电粒子产生的切连科夫辐射就是超光速现象的典例。

本题我们考虑超光速运动物体以恒定的速度 v 在折射率为 n 的无色散介质中的运动。

为简单起见，引入 $\gamma = \dfrac{1}{\sqrt{1-(v/c)^2}}$ 和 $\theta = \arccos\dfrac{u}{v}$。

A 部分　发光的超光速粒子

发光粒子以速度 $v(v>u)$ 沿 x 轴匀速运动，如图 T9.3.1 所示，观察者 M 位于距 x 轴 d 处，x 轴上距观测者 M 最近的点 O 规定为坐标原点，发光粒子经过 $x=0$ 位置的时刻规定为 $t=0$。

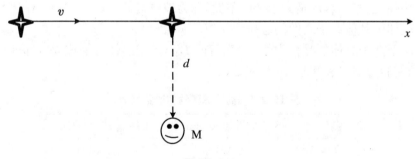

图 T9.3.1

(A1) 如果观察者在 t 时刻接收到发光粒子在 t' 时刻发出的光，请用 d, t', u, v 表示 t。

(A2) 观察者第一次观察到的发光粒子位于 x_0' 处，时刻为 t_0，求表观位置 x_0' 和时刻 t_0 的表达式，用 d, v, θ 表示。

(A3) 求观察者在 t 时刻所见发光粒子的表观位置 $x'(t)$ 的表达式，用 v, θ, t, t_0 表示。

(A4) 求观察者在 t 时刻所见发光粒子的表观速度 $v'(t)$ 的表达式，用 v, θ, t, t_0 表示。

(A5) 求观察者第一次观察到发光粒子位于表观位置 x_0' 时的表观速度 v' 的表达式。

(A6) 求发光粒子在距原点 O 无限远处时，观察者所见发光粒子的表观速度 v'_∞ 的表达式，用 v, u 表示。

(A7) 画出观察者所见发光粒子的表观速度 v' 随时刻 t 的关系曲线图，并明确标出表观速度的渐近值。

（A8）请问发光粒子的表观速度能否超过真空中的光速，即 $v'>c$？

B 部分 发光的线状物体

考虑沿 x 轴方向匀速运动的发光的线状物体，已知在相对于该物体静止的参考系中线状物体的长度为 L。

情形一：平行运动。

假设发光的线状物体沿 x 轴以速度 v 做匀速运动，如图 T9.3.2 所示。

（B1）求观察者从第一次观察到线状物体前端到第一次观察到线状物体后端的时间间隔的表达式，用 d,L,θ,γ 表示。

（B2）求观察者第一次观察到全部线状物体时线状物体表观长度的表达式，用 d,L,θ,γ 表示。

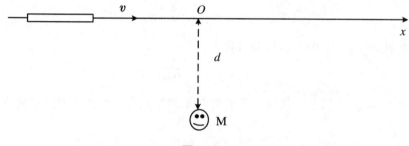

图 T9.3.2

情形二：垂直运动。

假设发光的线状物体垂直 x 轴方向对称放置，并以速度 v 沿 x 轴方向做匀速运动，如图 T9.3.3 所示，观察者 M 处于 x 轴的原点处（$d=0$）。

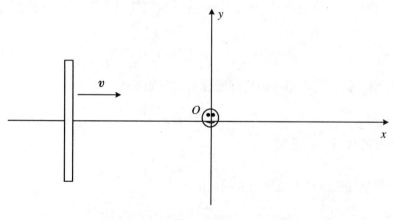

图 T9.3.3

（B3）证明观察者在 t 时刻所见线状物体的表观形状为椭圆或椭圆的一部分。

（B4）求 t 时刻椭圆的对称中心位置 x_c 的表达式，用 v,θ,t 表示。

（B5）求 t 时刻椭圆的半长轴 a 和半短轴 b 的表达式，用 v,θ,t 表示。

解 析

第1题 茶道与气泡物理学

（A1）空气泡位于水中高度 $h(h<H)$ 处继续膨胀的压强条件为空气泡内部压强大于空气泡外部压强：

$$p_内 \geqslant p_外 \Rightarrow p_{ab} \geqslant p_0 + p_w(H-h)g + \frac{2\pi R_{ab}\sigma}{\pi R_{ab}^2} \tag{9.1.1}$$

即

$$p_{ab} \geqslant p_0 + p_w(H-h)g + \frac{2\sigma}{R_{ab}} \tag{9.1.2}$$

（A2）空气泡受到向上的浮力为

$$F_A = (\rho_w - \rho_{ab})\frac{4}{3}\pi R_{ab}^3 g \tag{9.1.3}$$

由于空气密度 $\rho_{ab} \ll \rho_w$，因此式(9.1.3)可化为

$$F_A \approx \rho_w \frac{4}{3}\pi R_{ab}^3 g \tag{9.1.4}$$

考虑到 $r_{ab} \ll R_{ab}$，作用于空气泡向下的表面张力是阻碍空气泡上升的主要作用力，即

$$F_{壶底} = \sigma \cdot 2\pi r_{ab} \tag{9.1.5}$$

若 $F_A \leqslant F_{壶底}$，则空气泡留在壶底，因此使空气泡脱离壶底的条件为

$$F_A > F_{壶底} \tag{9.1.6}$$

即

$$\rho_w \frac{4}{3}\pi R_{ab}^3 g > \sigma \cdot 2\pi r_{ab} \tag{9.1.7}$$

（A3）对于稳定的空气泡，空气泡内部的气体（含空气和水蒸气）压强恰好等于空气泡外部的压强，即

$$p_{水蒸气} + p_{空气} = p_0 + \rho_w Hg + \frac{2\sigma}{R_b} \tag{9.1.8}$$

利用理想气体方程，可得空气泡内部所含的空气质量为

$$m_{空气} = \frac{\mu_{空气}p_{空气}V}{RT} \tag{9.1.9}$$

空气泡内部所含的水蒸气质量为

$$m_{水蒸气} = \rho_{水蒸气}V \tag{9.1.10}$$

空气泡内部所含空气质量和水蒸气质量的比值为

$$\xi = \frac{m_{空气}}{m_{水蒸气}} = \frac{\mu_{空气}p_{空气}}{RT\rho_{水蒸气}} = \frac{\mu_{空气}}{RT\rho_{水蒸气}}\left(p_0 + \rho_w Hg + \frac{2\sigma}{R_b} - p_{水蒸气}\right) \tag{9.1.11}$$

当温度 $T = 20\ ℃ = 293\ K$ 时，$R_b = 0.5\ mm$，此时空气泡内部所含的空气质量和水蒸气质量的比值为

$$\xi \approx 69.2 \tag{9.1.12}$$

该空气泡内的气体绝大部分是空气，水蒸气几乎可以忽略。

当温度 $T = 100\ ℃ = 373\ K$ 时，$R_b = 1\ mm$，此时空气泡内部所含的空气质量和水蒸气质

量的比值为
$$\xi \approx 0.017 \quad (9.1.13)$$
该空气泡内的气体绝大部分是饱和水蒸气,空气几乎可以忽略。

(A4) 考虑脱离壶底的空气泡上升 R_{ab} 距离时,由题意,因空气泡上升造成的周围的水流入的附加质量约为与空气泡同体积的水球质量的一半,即
$$M_{invol} \approx \frac{1}{2} \rho_w V_{ab} \quad (9.1.14)$$

空气泡脱离壶底时的加速度为
$$a_{det} = \frac{F_A}{M_{invol}} = \frac{\rho_w V_{ab} g}{\frac{1}{2} \rho_w V_{ab}} = 2g \quad (9.1.15)$$

该空气泡脱离壶底时的特征时间为
$$t_1 = \sqrt{\frac{2R_{ab}}{a_{det}}} = \sqrt{\frac{R_{ab}}{g}} \quad (9.1.16)$$

该特征时间可定义为空气泡在脱离壶底过程中对周围液体的持续冲击时间。按照题中提示,液体因此发生的振动的特征频率为
$$\nu_1 = \frac{1}{t_1} = \sqrt{\frac{g}{R_{ab}}} \quad (9.1.17)$$

将实验数据 $\nu_1 = 100$ Hz 代入,可得脱离壶底并上升 R_{ab} 距离时空气泡的半径为
$$R_{ab} \approx 1.0 \times 10^{-3} \text{ m} = 1 \text{ mm} \quad (9.1.18)$$

(A5) 当空气泡于壶底将要上升之前,且连接"颈"非常细时,其所受向上的浮力和向下的表面张力大致相等,即
$$\rho_w V_{ab} g \approx \sigma \cdot 2\pi r_{ab} \quad (9.1.19)$$
因此可得空气泡恰好离开壶底时其与壶底接触的底面半径为
$$r_{ab} \approx \frac{2\rho_w R_{ab}^3 g}{3\sigma} \quad (9.1.20)$$

若空气泡的半径 $R_{ab} = 1$ mm,则该空气泡恰好离开壶底时其与壶底接触的底面半径为
$$r_{ab} \approx 9 \times 10^{-5} \text{ m} \quad (9.1.21)$$

(A6) 如图 T9.1.4 所示,考虑水蒸气泡在时间 t_2 内的萎缩消失过程。先估算因水蒸气泡坍缩引起的超声振动频率。设包裹在萎缩消失气泡周围的水以加速度 a 冲向水蒸气泡的中心,根据牛顿运动定律可得
$$F_{collap} \approx \left(\rho_w \frac{4}{3} \pi R_{cb}^3\right) a \quad (9.1.22)$$

水波以加速度 a 汇聚在萎缩消失气泡的中心,故
$$a = \frac{2R_{cb}}{t_2^2} = 2R_{cb} \nu_2^2 \quad (9.1.23)$$

其中 ν_2 为特征振动频率,而作用于水蒸气泡表面的径向压强为
$$\Delta p = \frac{F_{collap}}{4\pi R_{cb}^2} = \frac{2}{3} R_{cb}^2 \rho_w \nu_2^2 \quad (9.1.24)$$

因此可得水蒸气泡萎缩消失时的半径为
$$R_{cb} = \frac{1}{\nu_2} \sqrt{\frac{3\Delta p}{2\rho_w}} \quad (9.1.25)$$

将题中所给数据 $\nu_2 \approx 1\,\text{kHz}, \Delta p = 3\,\text{kPa}$ 代入上式,可得水蒸气泡萎缩消失时的半径为
$$R_{cb} \approx 2 \sim 3\,\text{mm} \tag{9.1.26}$$

注 图 J9.1.1 为 2002 年类似实验所得结果:水蒸气泡的半径约为 3.5 mm,萎缩消失所经历的时间约为 1 ms,即噪声频率约为 1 kHz,与本题的估算结果相近。

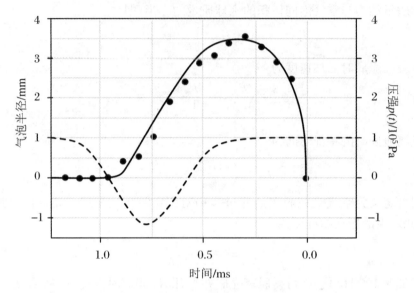

图 J9.1.1 水蒸气泡的萎缩消失过程(引自 Brenner M P,Hilgenfeldt S,Lohse D. Rev. Mod. Phys.,2002,74:425)

(A7) 微空气泡的物理演化过程与(A6)小题中水蒸气泡相似,故可引用(A6)小题的结论式(9.1.25),比较可得
$$\frac{\nu_3}{\nu_2} = \frac{R_{cb}}{R_{mab}} \tag{9.1.27}$$

即微空气泡的半径为
$$R_{mab} = R_{cb} \frac{1\,\text{kHz}}{35 \sim 60\,\text{kHz}} \approx \frac{2\,\text{mm}}{35 \sim 60} = 0.03 \sim 0.06\,\text{mm} \tag{9.1.28}$$

(A8) 空气泡在上升的过程中同时受到浮力和阻力的作用。层流时,可利用斯托克斯公式计算阻力:
$$v_{lam} = \frac{F_A}{6\pi \eta_w R_b} = \frac{\rho_w \frac{4}{3}\pi R_b^3 g}{6\pi \eta_w R_b} = \frac{2\rho_w R_b^2 g}{9\eta_w} \tag{9.1.29}$$

若取空气泡的半径 $R_b = 1.0\,\text{mm}$,则
$$v_{lam} = \frac{2\rho_w R_b^2 g}{9\eta_w} = 2.3\,\text{m/s} \tag{9.1.30}$$

该空气泡上升 $H = 10\,\text{cm}$ 高度所需的时间为
$$t = \frac{H}{v_{lam}} = \frac{0.10}{2.3}\,\text{s} = 0.043\,\text{s} \tag{9.1.31}$$

该上升时间实在是太短了,与实验事实明显不符,显然是错误的,原因在于适用于层流的斯托克斯定律不适用于空气泡在水中的上升过程。

注 半径为 0.69 mm 的空气泡自水槽底部在水中上升的直线轨迹如图 J9.1.2 所示。

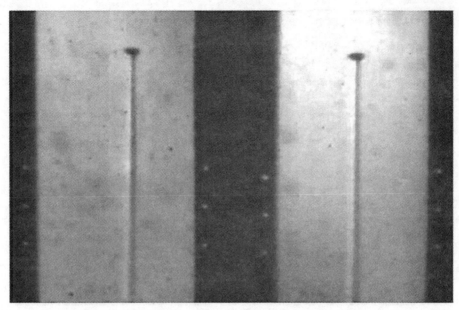

图 J9.1.2 左图为从 xz 平面观察，右图为从 yz 平面观察（引自 Benjamin(1987)，Antoine de Vries (2001)）

（A9）湍流时，空气泡的上升轨迹不再是直线，而可能是锯齿状或者螺旋状的。空气泡在上升的过程中所受浮力为

$$F_A = \rho_w \frac{4}{3} \pi R_b^3 g \tag{9.1.32}$$

空气泡上升距离 h 的过程中所排开的水的质量为

$$M_{turb} = \rho_w h \cdot \pi R_b^2 \tag{9.1.33}$$

空气泡上升过程中对排开的水做的功转换为这一部分水的动能，即

$$W_{dissip} = \frac{1}{2} M_{turb} v_{turb}^2 \tag{9.1.34}$$

因此空气泡在上升过程中所受的阻力可估算为

$$F_{dissip} = \frac{W_{dissip}}{h} = \frac{M_{turb} v_{turb}^2}{2h} \tag{9.1.35}$$

当空气泡所受的浮力恰好与阻力相等时，空气泡的速度保持稳定不变，即

$$F_{dissip} = F_A \tag{9.1.36}$$

联立式(9.1.32)～式(9.1.36)，可得湍流时空气泡的平均上升速度为

$$v_{turb} \approx \sqrt{\frac{8gR_b}{3}} \tag{9.1.37}$$

若取空气泡的半径 $R_b = 1.0$ mm，则

$$v_{turb} = 0.16 \text{ m/s} \tag{9.1.38}$$

该空气泡上升 $H = 10$ cm 高度所需的时间为

$$t = \frac{H}{v_{lam}} = \frac{0.10}{0.16} \text{ s} = 0.63 \text{ s} \tag{9.1.39}$$

这是比较合理的结果。因此气泡的上升过程应采用湍流情况处理。

注 在水中以螺线形轨迹上升的气泡($R = 1.1$ mm)的轨迹如图 J9.1.3 所示。

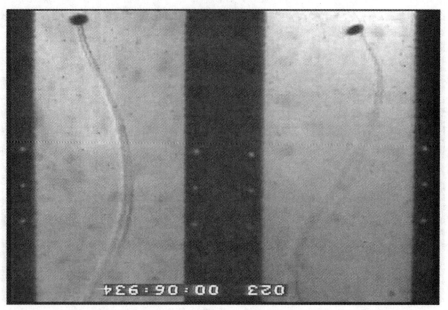

图 J9.1.3 左图为从 xz 平面观察,右图为从 yz 平面观察(引自 Benjamin(1987), Antoine de Vries(2001))

第 2 题 离子晶体模型

(A1) 对于立方晶格中心处的 Na^+,与之最近的是 6 个 Cl^-,距离为 r,相互吸引,中心处的 Na^+ 与邻近 6 个 Cl^- 之间的库仑势为

$$V_{C01}(r) = -6k\frac{e^2}{r} \tag{9.2.1}$$

对于立方晶格中心处的 Na^+,与之次近的是 12 个 Na^+,距离为 $\sqrt{2}r$,相互排斥,中心处的 Na^+ 与 12 个 Na^+ 之间的库仑势为

$$V_{C02}(r) = +12k\frac{e^2}{\sqrt{2}r} \tag{9.2.2}$$

对于立方晶格中心处的 Na^+,与之第三近的是 8 个 Cl^-,距离为 $\sqrt{3}r$,相互吸引,中心处的 Na^+ 与 8 个 Cl^- 之间的库仑势为

$$V_{C03}(r) = -8k\frac{e^2}{\sqrt{3}r} \tag{9.2.3}$$

上述三类离子是与立方晶格中心处的 Na^+ 的距离小于或等于 $\sqrt{3}r_0$ 的所有离子。因此联立式(9.2.1)~式(9.2.3)可得立方晶格中心处的 Na^+ 的总势能为

$$\begin{aligned}V_{C0}(r) &= V_{C01}(r) + V_{C02}(r) + V_{C03}(r)\\ &= \left(-6k\frac{e^2}{r}\right) + \left(+12k\frac{e^2}{\sqrt{2}r}\right) + \left(-8k\frac{e^2}{\sqrt{3}r}\right)\\ &= -\left(6 - \frac{12}{\sqrt{2}} + \frac{8}{\sqrt{3}}\right)k\frac{e^2}{r}\end{aligned} \tag{9.2.4}$$

与之对应的马德隆常数为

$$\alpha_0 = 6 - \frac{12}{\sqrt{2}} + \frac{8}{\sqrt{3}} \approx 2.134 \tag{9.2.5}$$

（A2）每个离子的总势能包括库仑吸引势和泡利排斥势，其中泡利排斥势利用模型一，得到总势能为

$$V_1(r) = V_{\text{att}} + V_{\text{rep1}} = -\alpha k \frac{e^2}{r} + \lambda \exp\left(-\frac{r}{\rho}\right) \tag{9.2.6}$$

设离子平衡时的位置为 $r = r_0$，平衡时粒子的受力为零，即

$$F(r_0) = \left.\frac{\mathrm{d}V_1}{\mathrm{d}r}\right|_{r=r_0} = \alpha k \frac{e^2}{r_0^2} - \frac{\lambda}{\rho}\exp\left(-\frac{r_0}{\rho}\right) = 0 \tag{9.2.7}$$

得粒子的平衡位置所满足的方程为

$$r_0 = -\rho \ln \frac{\rho \alpha k e^2}{\lambda r_0^2} \quad\Leftrightarrow\quad \mathrm{e}^{-\frac{r_0}{\rho}} = \frac{\rho \alpha k e^2}{\lambda r_0^2} \tag{9.2.8}$$

因此离子处于平衡位置时的总势能为

$$V_1(r_0) = -\alpha k \frac{e^2}{r_0}\left(1 - \frac{\rho}{r_0}\right) \tag{9.2.9}$$

（A3）由表 T9.2.1，1 mol NaCl 的离解能为 +764.4 kJ，因此 1 个 NaCl 分子的结合能为

$$E_{\text{离子对}} = \frac{E_{\text{dis}}}{N_{\text{A}}} = \frac{-764 \times 10^3 \text{ J}}{6.022 \times 10^{23}} = -1.269 \times 10^{-18} \text{ J} = -7.93 \text{ eV} \tag{9.2.10}$$

这些能量就是无穷远处的正、负离子形成 NaCl 分子时释放的能量，其数值等于离子间的总势能，即

$$E_{\text{离子对}} = -\alpha k \frac{e^2}{r_0}\left(1 - \frac{\rho}{r_0}\right) \tag{9.2.11}$$

解得

$$\rho = \left(1 + \frac{r_0 E_{\text{离子对}}}{k\alpha e^2}\right) r_0 \tag{9.2.12}$$

代入数据，得到排斥相互作用的距离参数为

$$\rho = 0.112 r_0 = 0.0316 \text{ nm} \tag{9.2.13}$$

该结果与实验数据符合得较好，见表 J9.2.1。

表 J9.2.1　离子晶体的结构参数

离子晶体	晶格常数 r_0/nm	排斥相互作用范围参数 ρ/nm
氯化钠（NaCl）	0.282	0.032
氟化锂（LiF）	0.214	0.029
溴化铷（RbBr）	0.345	0.034

（A4）每个离子的总势能包括库仑吸引势和泡利排斥势，其中泡利排斥势利用模型二，得到总势能为

$$V_2(r) = V_{\text{att}} + V_{\text{rep2}} = -\alpha k \frac{e^2}{r} + \frac{b}{r^n} \tag{9.2.14}$$

设离子平衡时的位置为 $r = r_0$，平衡时粒子的受力为零，即

$$F(r_0) = \left.\frac{\mathrm{d}V_2}{\mathrm{d}r}\right|_{r=r_0} = \alpha k \frac{e^2}{r_0^2} - n\frac{b}{r_0^{n+1}} = 0 \tag{9.2.15}$$

解得粒子的平衡位置为

$$r_0 = \left(\frac{bn}{\alpha k e^2}\right)^{\frac{1}{n-1}} \tag{9.2.16}$$

因此离子处于平衡位置时的总势能为

$$V_2(r_0) = -\alpha k \frac{e^2}{r_0} + \frac{b}{r_0^n} = -\alpha k \frac{e^2}{\left(\frac{bn}{\alpha k e^2}\right)^{\frac{1}{n-1}}} + \frac{b}{\left(\frac{bn}{\alpha k e^2}\right)^{\frac{n}{n-1}}}$$

$$= -\alpha k \frac{e^2}{r_0}\left(1 - \frac{1}{n}\right) \tag{9.2.17}$$

(A5) 由于式(9.2.9)和式(9.2.17)是根据不同模型得到的平衡位置时的总势能,可认为两者大致相等,得到 NaCl 的玻恩指数为

$$n = \frac{r_0}{\rho} \approx \frac{1}{0.112} \approx 9 \tag{9.2.18}$$

由此得到平衡状态时总势能中库仑势与排斥势的比值为 $1:\frac{1}{9}=9:1$,该结果与实验数据符合的很好,见表 J9.2.2。

表 J9.2.2　离子晶体的结构参数二

离子	玻恩指数 n
Na^+, F^-	7
K^+, Cu^+, Cl^-	9
Au^+, I^-	12

(A6) 由于钠原子的电离能为 $+5.14\,eV$,氯原子的电子亲和能为 $-3.16\,eV$,因此钠原子和氯原子结合为 NaCl 时,依靠电子转移的能量为

$$E_{电子转移} \approx \frac{+5.14 - 3.61}{2}\,eV = +0.77\,eV \tag{9.2.19}$$

因此 NaCl 晶体中每个原子的总结合能为

$$E_{结合} = \frac{E_{离子对}}{2} + E_{电子转移} = \frac{-7.93}{2}\,eV + 0.77\,eV = -3.19\,eV \tag{9.2.20}$$

该结果与实验中测得的结合能 $-3.28\,eV$ 基本相符。

第 3 题　超光速运动物体的视觉形象

A 部分　发光的超光速粒子

(A1) 如图 J9.3.1 所示,粒子以速度 v 沿 x 轴正方向匀速运动,光在介质中的传播速度为 u。若观察者在 t 时刻接收到粒子在 t' 时刻(位于 A 点)所发出的光,此时粒子已运动至 B 点,在此过程中光信号所传播的距离为 $u(t-t')$。

由图 J9.3.1 中的几何关系可得

$$u(t-t') = \sqrt{d^2 + x'^2} = \sqrt{d^2 + (vt')^2} \tag{9.3.1}$$

因此可得 t 与 t' 间的关系为

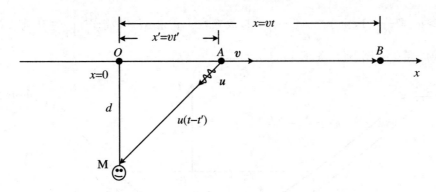

图 J9.3.1

$$t = t' + \frac{\sqrt{d^2+(vt')^2}}{u} = \frac{x'}{v} + \frac{\sqrt{d^2+x'^2}}{u} \tag{9.3.2}$$

（A2）$t = t_0$ 时刻，观察者第一次观察到粒子的表观位置为 x'_0，即当 $t = t_0$ 时，式 (9.3.2) 具有极小值，故

$$\left.\frac{dt}{dx'}\right|_{x'_0} = \frac{1}{v} + \frac{x'_0}{u\sqrt{d^2+x'^2_0}} = 0 \Rightarrow x'^2_0\left(\frac{v^2}{u^2}-1\right) = d^2 \tag{9.3.3}$$

将题中参数 $\tan\theta = \sqrt{\frac{v^2}{u^2}-1}$ 代入式 (9.3.3) 可得

$$x'_0 = \pm \frac{d}{\tan\theta} \tag{9.3.4}$$

由于题中要求观察者第一次观察到粒子时粒子的表观位置，故式 (9.3.4) 应取负值，即

$$x'_0 = -\frac{d}{\tan\theta} = -d\cot\theta \tag{9.3.5}$$

与该粒子的表观位置对应，粒子发出光信号的时刻为

$$t'_0 = \frac{x'_0}{v} = -\frac{d}{v}\cot\theta \tag{9.3.6}$$

将式 (9.3.5) 和式 (9.3.6) 两式代入式 (9.3.2)，可得观察者第一次观察到该粒子的时刻为

$$t_0 = t(t'_0) = t'_0 + \frac{\sqrt{d^2+(vt'_0)^2}}{u}$$

$$= -\frac{d}{v}\cot\theta + \frac{\sqrt{d^2+(-d\cot\theta)^2}}{u}$$

$$= -\frac{d}{v}\cot\theta + \frac{d}{u}\csc\theta$$

$$= \frac{d}{v}\left(-\cot\theta + \frac{v}{u}\csc\theta\right) \tag{9.3.7}$$

由于 $\cos\theta = \frac{u}{v}$，式 (9.3.7) 可改写为

$$t_0 = t(t'_0) = \frac{d}{v}\left(-\frac{\cos\theta}{\sin\theta} + \frac{1}{\cos\theta}\frac{1}{\sin\theta}\right) = \frac{d}{v}\frac{\sin\theta}{\cos\theta} = \frac{d}{v}\tan\theta \tag{9.3.8}$$

注 式 (9.3.3) 可改写为

$$\frac{dt}{dx'} = \frac{1}{u}\left(\frac{u}{v} + \frac{x'_0}{\sqrt{d^2+x'^2_0}}\right)$$

若 $v > u$，即 $\frac{u}{v} < 1$，由于 $\frac{x_0'}{\sqrt{d^2 + x_0'^2}} < 1$，故存在一负值 x_0'，使得 $\left.\frac{dt}{dx'}\right|_{x_0'} = 0$，即 $t(x')$ 曲线是凹向上的，存在一极小值，如图 J9.3.2 所示。

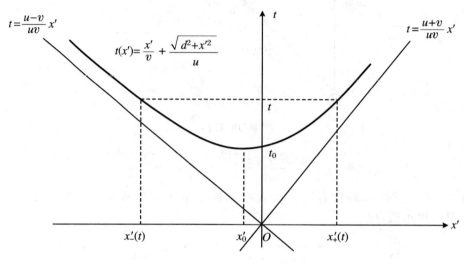

图 J9.3.2

当 $t < t_0$ 时，观察者观察不到任何光点；

当 $t = t_0$ 时，观察者第一次观察到光点，t_0 即为 $t(x')$ 曲线的极小值；

当 $t > t_0$ 时，观察者会同时看到出现在不同位置的两个光点，一个位于 $x_+'(t)$，另一个位于 $x_-'(t)$，彼此背离分开。

若 $v < u$，即 $\frac{u}{v} > 1$，由于 $\frac{x_0'}{\sqrt{d^2 + x_0'^2}} > 1$，故 $\left.\frac{dt}{dx'}\right|_{x_0'} > 0$，即 $t(x')$ 曲线是单调递增的。

(A3) 欲求观察者在时刻 t 所观察到的发光粒子表观位置 $x'(t)$，可将式(9.3.2)改写为

$$vt = x' + \frac{v}{u}\sqrt{d^2 + x'^2} = x' + \frac{1}{\cos\theta}\sqrt{d^2 + x'^2}$$

$$\Rightarrow x'^2 + (2vt\cot^2\theta)x' - \cot^2\theta\left(v^2t^2 - \frac{d^2}{\cos^2\theta}\right) = 0 \quad (9.3.9)$$

将式(9.3.8)代入式(9.3.9)，可得

$$x'^2 + (2vt\cot^2\theta)x' - \cot^2\theta\left(v^2t^2 - \frac{v^2 t_0^2}{\sin^2\theta}\right) = 0$$

$$\Rightarrow x' = -vt\cot^2\theta \pm \sqrt{(vt\cot^2\theta)^2 + \cot^2\theta\left(v^2t^2 - \frac{v^2 t_0^2}{\sin^2\theta}\right)}$$

$$= v\cot^2\theta\left[-t \pm \sqrt{t^2 + \frac{1}{v^2\cot^2\theta}\left(v^2t^2 - \frac{v^2 t_0^2}{\sin^2\theta}\right)}\right]$$

$$= v\cot^2\theta\left(-t \pm \sqrt{t^2 + t^2\tan^2\theta - \frac{t_0^2}{\cos^2\theta}}\right)$$

$$= v\cot^2\theta\left(-t \pm \frac{\sqrt{t^2 - t_0^2}}{\cos\theta}\right) \quad (9.3.10)$$

在任意时刻 $t(t > t_0)$，观察者所见粒子的表观位置 x' 有两个解，即观察者可看到两个光点：

$$\begin{cases} x'_+ = v\cot^2\theta\left(-t + \dfrac{\sqrt{t^2 - t_0^2}}{\cos\theta}\right) \\ x'_- = v\cot^2\theta\left(-t - \dfrac{\sqrt{t^2 - t_0^2}}{\cos\theta}\right) \end{cases} \quad (9.3.11)$$

(A4) 将式(9.3.11)对时刻 t 求导,可得观察者在时刻 t 观察到的发光粒子的表观速度 $v'(t)$ 为

$$\begin{cases} v'_+(t) = \dfrac{\mathrm{d}x'_+(t)}{\mathrm{d}t} = v\cot^2\theta\left(-1 + \dfrac{1}{\cos\theta}\dfrac{t}{\sqrt{t^2 - t_0^2}}\right) \\ v'_-(t) = \dfrac{\mathrm{d}x'_-(t)}{\mathrm{d}t} = v\cot^2\theta\left(-1 - \dfrac{1}{\cos\theta}\dfrac{t}{\sqrt{t^2 - t_0^2}}\right) \end{cases} \quad (9.3.12)$$

(A5) 当观察者第一次观察到发光粒子位于表观位置为 x'_0 处时,即 $t = t_0$ 时刻,利用式(9.3.12),并参考图 J9.3.2,可得观察者观察到的粒子的表观速度 v' 分别为

$$\begin{cases} \text{沿 } x \text{ 轴正方向观察}: v'_+ = +\infty, \quad \text{速度沿 } x \text{ 轴正方向} \\ \text{沿 } x \text{ 轴负方向观察}: v'_- = -\infty, \quad \text{速度沿 } x \text{ 轴负方向} \end{cases} \quad (9.3.13)$$

(A6) 当粒子出现在无限远处时,即 $t = +\infty$ 时刻,由式(9.3.11)可知,观察者可观察到两个光点,分别位于 $x'_+ = +\infty$ 和 $x'_- = -\infty$。利用式(9.3.12),可得观察者观察到的光点的表观速度 v' 分别为

$$\begin{cases} v'_{\infty+} = v\cot^2\theta\left(-1 + \dfrac{1}{\cos\theta}\right) = \dfrac{v\cos\theta}{1 + \cos\theta} = \dfrac{u}{1 + \cos\theta} = \dfrac{vu}{v + u}, \quad \text{沿 } x \text{ 轴正方向} \\ v'_{\infty-} = v\cot^2\theta\left(-1 - \dfrac{1}{\cos\theta}\right) = \dfrac{-v\cos\theta}{1 - \cos\theta} = \dfrac{-u}{1 - \cos\theta} = \dfrac{-vu}{v - u}, \quad \text{沿 } x \text{ 轴负方向} \end{cases}$$

$$(9.3.14)$$

(A7) 观察者观察到的发光粒子的表观速度 v' 随时间 t 的关系曲线图如图 J9.3.3 所示,表观速度的渐近值分别为 $\dfrac{u}{1 + \cos\theta}$ 和 $\dfrac{-u}{1 - \cos\theta}$。

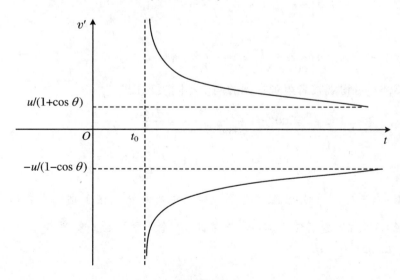

图 J9.3.3

(A8) 利用图 J9.3.3 所示的 $v'(t)$ 函数曲线可知,表观速度可以超过真空中的光速,也

就是 $v' > c$。

B 部分 发光的线状物体

(B1) 根据狭义相对论,静止长度为 L 的线状物体以匀速 v 沿 x 轴方向运动时,静止观察者观察到的该物体表观长度缩短为 $L/\gamma = L\sqrt{1-v^2/c^2}$。利用(A2)小题的结论,可知任何以匀速 v 沿 x 轴方向运动的光点必须到达表观位置 $x_0' = -d\cot\theta$,观察者之后才可能观察到该光点,第一次观察到该光点的时刻为 $t = t_0 = \dfrac{d}{v}\tan\theta$;若 $t < t_0$,则看不到光点。

设观察者第一次观察到线状物体前端的时刻为 $t = t_0$,则观察者第一次观察到线状物体后端的时刻为

$$t_f = t_0 + \frac{L/\gamma}{v} = t_0 + \frac{L}{\gamma v} \tag{9.3.15}$$

因此从观察者第一次观察到线状物体前端到第一次观察到线状物体后端的时间间隔为

$$\Delta t = t_f - t_0 = \frac{L}{\gamma v} \tag{9.3.16}$$

(B2) 当 $t = t_f$ 时,观察者只能观察到线状物体一个后端点,但可观察到两个前端点,如图 J9.3.2 所示,因此观察者可观察到两个不同的表观长度,利用(9.3.11)和(9.3.15)两式,可得

$$\begin{aligned}
L' &= |x_\pm' - x'(t_0)| \\
&= \left| v\cot^2\theta\left(-t_f \pm \frac{\sqrt{t_f^2 - t_0^2}}{\cos\theta}\right) - v\cot^2\theta\left(-t_0 \pm \frac{\sqrt{t_0^2 - t_0^2}}{\cos\theta}\right) \right| \\
&= v\cot^2\theta(t_f - t_0)\left|\frac{1}{\cos\theta}\sqrt{\frac{t_f + t_0}{t_f - t_0}} \mp 1\right| \\
&= \frac{L}{\gamma}\cot^2\theta\left|\frac{1}{\cos\theta}\sqrt{\frac{\left(t_0 + \dfrac{L}{\gamma v}\right) + t_0}{\left(t_0 + \dfrac{L}{\gamma v}\right) - t_0}} \mp 1\right| \\
&= \frac{L}{\gamma}\cot^2\theta\left|\frac{1}{\cos\theta}\sqrt{1 + 2t_0\frac{\gamma v}{L}} \mp 1\right|
\end{aligned} \tag{9.3.17}$$

再利用式(9.3.8),可得观察者可观察到的两个不同表观长度为

$$\begin{aligned}
L' &= \frac{L}{\gamma}\cot^2\theta\left|\frac{1}{\cos\theta}\sqrt{1 + 2\frac{d\tan\theta}{v}\frac{\gamma v}{L}} \mp 1\right| \\
&= \frac{L}{\gamma}\cot^2\theta\left|\frac{1}{\cos\theta}\sqrt{1 + \frac{2\gamma d\tan\theta}{L}} \mp 1\right|
\end{aligned} \tag{9.3.18}$$

注 当 $t > t_f = t_0 + \dfrac{L}{\gamma v}$ 时,观察者观察线状物体可观察到两个前端点和两个后端点,前者分别位于 A, A',后者分别位于 B, B',如图 J9.3.4 所示。因此观察者见到两个不同的表观长度:$\overline{BA} = L_-$,$\overline{A'B'} = L_+$。

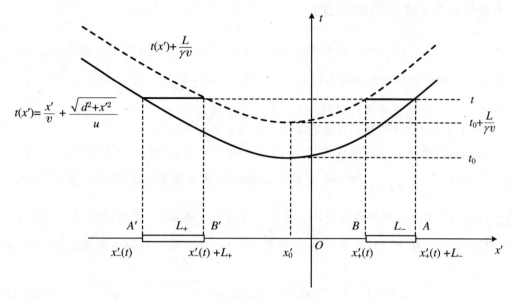

图 J9.3.4

(B3) 设线状物体上任一点的纵坐标为 y,位于原点 O 的观察者观察到该点的时刻为 t',表观位置为 x'。这里与(A1)小题描述的情况相同,因此可利用(A1)小题的结论,仅需将式(9.3.1)中的 d 改为 y,即

$$t = \frac{x'}{v} + \frac{\sqrt{y^2 + x'^2}}{u} \tag{9.3.19}$$

其中 $x' = vt$。利用 $\cos\theta = \frac{u}{v}$,式(9.3.19)可改写为

$$vt = x' + \frac{1}{\cos\theta}\sqrt{y^2 + x'^2} \Rightarrow (x' - vt)^2 = \frac{y^2 + x'^2}{\cos^2\theta}$$

$$\Rightarrow \left(1 - \frac{1}{\cos^2\theta}\right)x'^2 - 2vtx' + v^2t^2 = \frac{y^2}{\cos^2\theta}$$

$$\Rightarrow (-\tan^2\theta)\left(x' + \frac{vt}{\tan^2\theta}\right)^2 + v^2t^2\left(1 + \frac{1}{\tan^2\theta}\right) = \frac{y^2}{\cos^2\theta}$$

$$\Rightarrow \frac{(x' + vt\cot^2\theta)^2}{\left(\frac{vt\cot\theta}{\sin\theta}\right)^2} + \frac{y^2}{(vt\cot\theta)^2} = 1 \tag{9.3.20}$$

设 $x'_c = -vt\cot^2\theta$,$a = \frac{vt\cot\theta}{\sin\theta}$,$b = vt\cot\theta$,$y' = y$,则式(9.3.20)可改写为

$$\frac{(x' - x'_c)^2}{a^2} + \frac{y'^2}{b^2} = 1 \tag{9.3.21}$$

此为标准的椭圆方程,但其中心位置 x'_c、半长轴 a 和半短轴 b 随时刻 t 变化。

(B4) 在时刻 t,椭圆的对称中心的位置为

$$x'_c = -vt\cot^2\theta \tag{9.3.22}$$

(B5) 在时刻 t,椭圆的半长轴的长度为

$$a(t) = \frac{vt\cos\theta}{\sin^2\theta} \tag{9.3.23}$$

在时刻 t，椭圆的半短轴的长度为

$$b(t) = vt\cot\theta \tag{9.3.24}$$

注 位于原点的观察者所观察到的线状物体形状如图 J9.3.5 所示。由式(9.3.8)可知观察者第一次观察到线状物体端点的时刻为 $t_0|_{y=\frac{L}{2}} = \dfrac{L}{2v\cot\theta}$。

若 $t < t_0$，则观察者尚未观察到线状物体的上下端点；

若 $t = t_0$，则观察者观察到线状物体的上下端点各一个；

若 $t > t_0$，则观察者观察到线状物体的上下端点各两个，且彼此背离分开。

因此，当 $0 < t \leqslant \dfrac{L}{2v\cot\theta}$ 时，观察者观察到的线状物体形状是完整的椭圆形；当 $t > \dfrac{L}{2v\cot\theta}$ 时，观察者观察到的线状物体形状是对称的部分椭圆弧，且随时间延长而彼此背离分开。椭圆的半短轴 $b(t)$（偏离 x 轴的最大距离）和中心到原点的表观距离 $|x'_c(t)|$ 的比值为

$$\frac{b(t)}{|x'_c(t)|} = \frac{vt\cot\theta}{vt\cot^2\theta} = \tan\theta = \sqrt{\frac{v^2}{u^2} - 1} = 常数 \tag{9.3.25}$$

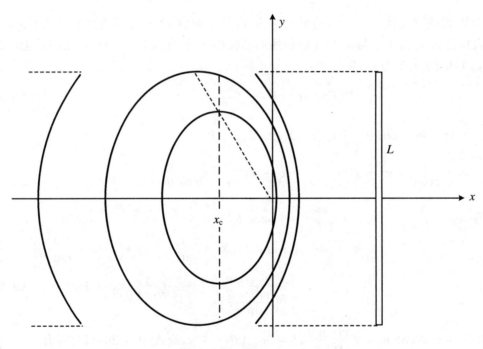

图 J9.3.5

第 10 届亚洲物理奥林匹克竞赛理论试题与解析

理 论 试 题

第 1 题 滚动圆柱体

质量为 M、内半径为 R、内表面粗糙的空心薄圆筒可绕其沿水平方向的固定中心轴 Oz 转动，规定垂直纸面向外为 z 轴的正方向。质量为 m、半径为 r 的实心小圆柱体可绕其自身的中心轴在空心薄圆筒内表面做纯滚动（(A7)小题除外），实心小圆柱体的中心轴与空心薄圆筒的中心轴 Oz 平行。

初始时刻 $t=0$，实心小圆柱体静止于空心薄圆筒的最低处，空心薄圆筒由静止开始转动。经过时间 t 后，实心小圆柱体的质心到达角位置 θ，同时空心薄圆筒绕 Oz 轴转过角度 φ，如图 T10.1.1 所示。

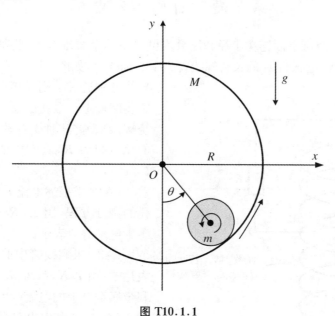

图 T10.1.1

(A1) 求实心小圆柱体绕其自身中心轴相对固定竖直线（如 y 轴负方向）所转过的角度 ψ 的表达式，用 θ,φ,R,r 表示。

(A2) 求实心小圆柱体绕其自身中心轴转动的角加速度 $\dfrac{\mathrm{d}^2\psi}{\mathrm{d}t^2}$ 的表达式，用 R,r 和 θ,φ 对

---

① 第 10 届亚洲物理奥林匹克竞赛于 2009 年 4 月 24 日至 5 月 2 日在泰国曼谷举行，共有 15 个国家和地区派出代表队参加。

时间 t 的某阶导数表示。

(A3) 写出描述实心小圆柱体质心的角加速度 $\frac{d^2\theta}{dt^2}$ 的方程,用实心小圆柱体相对其自身中心轴的转动惯量 $I_{CM} = \frac{1}{2}mr^2$ 和 $m, g, R, r, \theta, \frac{d^2\varphi}{dt^2}$ 表示。

(A4) 若空心薄圆筒绕其中心轴以恒定角速度转动,求实心小圆柱体做小幅振动的周期和振动处于平衡位置时的角位置 θ_{eq},其中周期要求用 R, r, g 表示。

(A5) 空心薄圆筒以恒定角加速度 α 转动时,求实心小圆柱体的平衡角位置 θ_{eq},用 R, g, α 表示。

(A6) 假设空心薄圆筒可绕其中心轴 Oz(中心轴无摩擦)自由转动,若实心小圆柱体在空心薄圆筒的内表面以纯滚动的方式做小幅振动,求实心小圆柱体的振动周期。

(A7) 若开始时空心薄圆筒以恒定角速度 Ω 转动,实心小圆柱体在(A4)小题所确定的平衡位置处绕其自身中心轴转动(滚动),此时实心小圆柱体质心的角位置保持不变,然后空心薄圆筒突然停止转动。假定实心小圆柱体与空心薄圆筒内表面间有足够大的摩擦系数,使得实心小圆柱体在空心薄圆筒停止转动之后能在极短时间内在空心薄圆筒内表面做纯滚动。要使实心小圆柱体能滚到空心薄圆筒内表面的最高处,求空心薄圆筒转动的最小角速度 Ω_{min}。

第 2 题 自励磁发电机

半径为 a 的金属圆盘固连在半径和质量均可忽略的金属细杆上,将细杆(包括圆盘)置于长为 l、匝数为 N、电感为 L 的长直螺线管的中心轴线上,如图 T10.2.1 所示,螺线管两端导线分别通过电刷连接在金属圆盘边缘和金属细杆上。金属圆盘以恒定的角速度 ω 绕螺线管中心轴线转动。已知整个电路的总电阻为 R,真空中的磁导率为 μ_0,且 $l \gg a$。

(A1) 求描述电流 $i = i(t)$ 随时间 t 变化的微分方程,用 L, R 和 P, Q 两点间的感生电动势 $\mathcal{E}$ 表示。

(A2) 求螺线管中的磁感应强度 B 的表达式,用 i, N, l, μ_0 表示,忽略金属圆盘和金属细杆上的电流产生的磁场。

(A3) 求感生电动势 $\mathcal{E}$ 的表达式,用 $\mu_0, N, a, l, i, \omega$ 表示。

(A4) 求(A1)小题中关于电流 $i = i(t)$ 的微分方程的解,即电流 $i = i(t)$ 的表达式,已知电流的初始条件为 $i(0)$。

(A5) 求能使电流不断增大的角速度最小值 ω_{min} 的表达式,用 R, μ_0, N, a, l

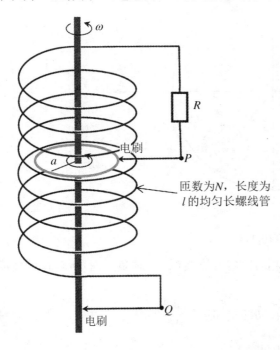

图 T10.2.1

表示。

（A6）要使金属圆盘的角速度 ω 保持恒定，需在金属细杆上施加外力矩 τ，求此外力矩 τ 随时间 t 变化的关系式。

第 3 题 莱顿弗罗斯特现象

科学家莱顿弗罗斯特在 1756 年发现，液体不会浸润炽热的固体表面，而仅在固体表面上形成蒸气层，称为莱顿弗罗斯特现象。如图 T10.3.1 所示，半球形液滴置于炽热平板表面，半球形液滴与平板表面间会有一蒸气薄层，使得液滴与平板隔开。本题的目标是估计该半球形液滴的寿命。

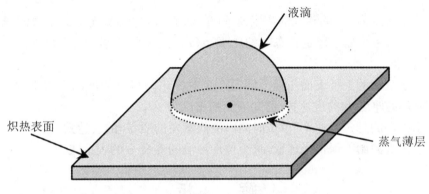

图 T10.3.1

假定液滴下方的蒸气薄层满足层流条件，将蒸气视为热导率为 κ、黏性系数为 η 的牛顿流体。如图 T10.3.2 所示，蒸气薄层中位于高度 z 处的蒸气的径向速度为 v。蒸气层中的压强 p 越靠近中心 O 越大，这使得蒸气由内向外流动，以致液滴可以克服重力而呈悬浮状态。蒸气层的厚度 b 由热力学平衡和力学平衡条件确定。已知液滴的单位质量的汽化热为 l。

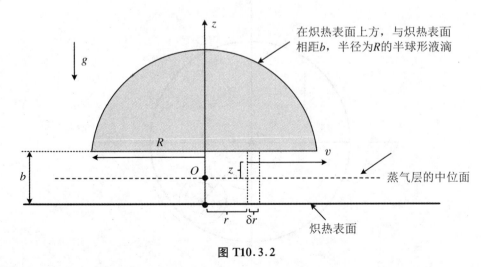

图 T10.3.2

已知牛顿流体满足 $\dfrac{F}{A} = \eta \dfrac{\mathrm{d}v}{\mathrm{d}z}$，其中 v 是流速，$\dfrac{\mathrm{d}v}{\mathrm{d}z}$ 称为切变速率，$\dfrac{F}{A}$ 称为切应变，z 轴方

向垂直于流速方向，F 沿着面积 A 的切线方向。可视为牛顿流体的蒸气薄层中的蒸气流近似满足 $\dfrac{\mathrm{d}v}{\mathrm{d}z} = \dfrac{z}{\eta}\dfrac{\mathrm{d}p}{\mathrm{d}r}$。

（A1）证明 $v(z) = \dfrac{z^2}{2\eta}\dfrac{\mathrm{d}p}{\mathrm{d}r} + C$，其中 C 为积分常数。

（A2）参考图 T10.3.2，利用边界条件当 $z = \pm\dfrac{b}{2}$ 时，$v = 0$，求积分常数 C 的表达式，用 η，$\dfrac{\mathrm{d}p}{\mathrm{d}r}$，$b$ 表示。

（A3）计算液滴下侧平板上侧通过半径 r，高度 b 的圆柱体侧面的蒸气的体积流量 Q 的表达式。

（A4）假定密度为 ρ_V 的蒸气的产生速率（单位时间产生的蒸气质量）由炽热表面流向液滴的热流决定，求系统处于稳定状态时的压强 $p(r)$，用大气压强 p_a、炽热表面与液滴间的温差 ΔT 等表示。

（A5）由于液滴的上下表面压强不同而产生的作用力可以使液滴克服重力处于悬浮状态，求蒸气薄层的厚度 b 的表达式，已知液滴的密度为 ρ_0。

（A6）求液滴的总蒸发速率（单位时间内液滴蒸发的质量）的表达式。

（A7）假定液滴始终保持半球形，求半球形液滴的寿命 τ 的表达式。

第 1 题　滚动圆柱体

（A1）如图 J10.1.1 所示，当空心薄圆筒绕水平中心轴 Oz 沿逆时针方向转动时，紧贴在空心薄圆筒内壁上的实心小圆柱体同样沿着逆时针方向做纯滚动。

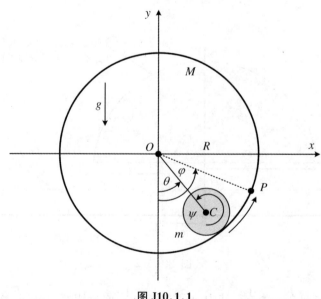

图 J10.1.1

初始时刻 $t=0$ 时，空心薄圆筒内表面上标记的 P 点恰好位于 O 点的正下方。在 t 时刻，直线 OP 随着空心薄圆筒相对 y 轴负方向转过角度 φ，同时实心小圆柱体的质心 C 转到角位置 θ 处，即直线 OC 沿逆时针方向转过角度 θ，又因实心小圆柱体在空心薄圆筒内表面做纯滚动，故实心小圆柱体相对空心薄圆筒的内表面转过角度 $\frac{(\varphi-\theta)R}{r}$。因此相对于固定参考线 y 轴负方向，实心小圆柱体绕其自身中心轴转过的角度为

$$\psi = \theta + \frac{(\varphi-\theta)R}{r} = \frac{R}{r}\varphi - \frac{R-r}{r}\theta \tag{10.1.1}$$

（A2）式（10.1.1）两边对时间 t 求二阶导数，得到实心小圆柱体绕其自身中心轴转动的角加速度为

$$\frac{d^2\psi}{dt^2} = \frac{R}{r}\frac{d^2\varphi}{dt^2} - \frac{R-r}{r}\frac{d^2\theta}{dt^2} \tag{10.1.2}$$

（A3）实心小圆柱体 m 的受力如图 J10.1.2 所示，相对于 xOy 坐标系所在的惯性参考系，实心小圆柱体质心运动方程为

$$f - mg\sin\theta = m(R-r)\frac{d^2\theta}{dt^2} \tag{10.1.3}$$

$$N - mg\cos\theta = m\left(\frac{d\theta}{dt}\right)^2(R-r) \tag{10.1.4}$$

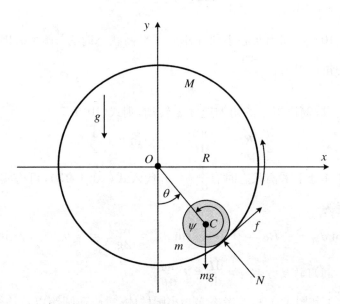

图 J10.1.2

实心小圆柱体绕其自身中心轴的转动方程为

$$I_{CM}\frac{d^2\psi}{dt^2} = rf \tag{10.1.5}$$

其中 $I_{CM} = \frac{1}{2}mr^2$。将式（10.1.2）代入式（10.1.5），可得

$$I_{CM}\left(\frac{R}{r}\frac{d^2\varphi}{dt^2} - \frac{R-r}{r}\frac{d^2\theta}{dt^2}\right) = rf \tag{10.1.6}$$

利用式（10.1.3），式（10.1.6）可化为

$$I_{CM}\left(\frac{R}{r}\frac{d^2\varphi}{dt^2} - \frac{R-r}{r}\frac{d^2\theta}{dt^2}\right) = r\left[m(R-r)\frac{d^2\theta}{dt^2} + mg\sin\theta\right] \quad (10.1.7)$$

因此可得描述实心小圆柱体质心的角加速度的方程为

$$\left(m + \frac{I_{CM}}{r^2}\right)(R-r)\frac{d^2\theta}{dt^2} = -mg\sin\theta + \frac{I_{CM}}{r^2}R\frac{d^2\varphi}{dt^2}$$

$$\Leftrightarrow \quad 3(R-r)\frac{d^2\theta}{dt^2} = -2g\sin\theta + R\frac{d^2\varphi}{dt^2} \quad (10.1.8)$$

（A4）空心薄圆筒以固定不变的角速度转动,且实心小圆柱体做小幅振动时有 $\frac{d^2\varphi}{dt^2}=0$, $\sin\theta \approx \theta$,因此式(10.1.8)可近似为

$$\left(m + \frac{I_{CM}}{r^2}\right)(R-r)\frac{d^2\theta}{dt^2} = -mg\theta \quad (10.1.9)$$

将 $I_{CM} = \frac{1}{2}mr^2$ 代入式(10.1.9),可得

$$\frac{d^2\theta}{dt^2} + \frac{2g}{3(R-r)}\theta \approx 0 \quad (10.1.10)$$

上式为标准的简谐运动方程,故实心小圆柱体做小幅振动的周期为

$$T = 2\pi\sqrt{\frac{3(R-r)}{2g}} \quad (10.1.11)$$

利用式(10.1.10),可知当实心小圆柱体处于平衡状态时有 $\frac{d^2\theta}{dt^2}=0$,因此实心小圆柱体处于平衡状态时的角位置为

$$\theta_{eq} = 0 \quad (10.1.12)$$

（A5）若空心薄圆筒以恒定的角加速度 α 转动,则式(10.1.7)可化为

$$\frac{3}{2}(R-r)\frac{d^2\theta}{dt^2} = -g\sin\theta + \frac{1}{2}R\alpha \quad (10.1.13)$$

当实心小圆柱体处于平衡状态时有 $\frac{d^2\theta}{dt^2}=0$,代入式(10.1.13),可得实心小圆柱体处于平衡状态的角位置为

$$-g\sin\theta_{eq} + \frac{1}{2}R\alpha = 0 \Rightarrow \sin\theta_{eq} = \frac{R\alpha}{2g} \Rightarrow \theta_{eq} = \arcsin\frac{R\alpha}{2g} \quad (10.1.14)$$

（A6）方法一:利用转动方程 $\tau = \frac{d\mathbf{L}}{dt} = I\frac{d\boldsymbol{\omega}}{dt}$

参考图 J10.1.1 和图 J10.1.2,考虑实心小圆柱体、空心薄圆筒以及整个系统(实心小圆柱体 + 空心薄圆筒)的角动量和所受的力矩,规定垂直纸面向外(逆时针转动)为正。

实心小圆柱体相对其自身的质心参考系仅受到摩擦力矩(方向为正)的作用,故其转动方程为

$$\frac{1}{2}mr^2\frac{d^2\psi}{dt^2} = +rf \quad (10.1.15)$$

空心薄圆筒相对其自身的质心参考系仅受到摩擦力矩(方向为负)的作用,故其转动方程为

$$MR^2\frac{d^2\varphi}{dt^2} = -Rf \quad (10.1.16)$$

系统(实心小圆柱体+空心薄圆筒)相对 *xOy* 坐标系所在的惯性参考系仅受到实心小圆柱体的重力力矩(方向为负)作用。该系统的总角动量为空心薄圆筒的角动量和实心小圆柱体的角动量的矢量和,故系统的转动方程为

$$\frac{\mathrm{d}}{\mathrm{d}t}(L_{空心薄圆筒} + L_{实心小圆柱体质心} + L_{实心小圆柱体自转}) = \tau$$

$$\Rightarrow \quad \frac{\mathrm{d}}{\mathrm{d}t}\left(MR^2 \frac{\mathrm{d}\varphi}{\mathrm{d}t} + m(R-r)^2 \frac{\mathrm{d}\theta}{\mathrm{d}t} + \frac{1}{2}mr^2 \frac{\mathrm{d}\psi}{\mathrm{d}t}\right)$$
$$= -mg(R-r)\sin\theta \tag{10.1.17}$$

联立(10.1.15)和(10.1.16)两式,消去 f 后代入式(10.1.2),可得

$$\frac{\mathrm{d}^2\varphi}{\mathrm{d}t^2} = -\frac{mr}{2MR}\frac{\mathrm{d}^2\psi}{\mathrm{d}t^2} = -\frac{mr}{2MR}\left(\frac{R}{r}\frac{\mathrm{d}^2\varphi}{\mathrm{d}t^2} - \frac{R-r}{r}\frac{\mathrm{d}^2\theta}{\mathrm{d}t^2}\right) \tag{10.1.18}$$

因此有

$$\frac{\mathrm{d}^2\varphi}{\mathrm{d}t^2} = \frac{m(R-r)}{(2M+m)R}\frac{\mathrm{d}^2\theta}{\mathrm{d}t^2} \tag{10.1.19}$$

将式(10.1.2)代入式(10.1.17),可得

$$MR^2 \frac{\mathrm{d}^2\varphi}{\mathrm{d}t^2} + m(R-r)^2 \frac{\mathrm{d}^2\theta}{\mathrm{d}t^2} + \frac{1}{2}mr^2\left(\frac{R}{r}\frac{\mathrm{d}^2\varphi}{\mathrm{d}t^2} - \frac{R-r}{r}\frac{\mathrm{d}^2\theta}{\mathrm{d}t^2}\right) = -mg(R-r)\sin\theta$$

$$\Rightarrow \left(MR + \frac{1}{2}mr\right)R\frac{\mathrm{d}^2\varphi}{\mathrm{d}t^2} + m(R-r)\left(R-\frac{3}{2}r\right)\frac{\mathrm{d}^2\theta}{\mathrm{d}t^2} = -mg(R-r)\sin\theta \tag{10.1.20}$$

将式(10.1.19)代入式(10.1.20),可得

$$\left(MR + \frac{1}{2}mr\right)R\frac{m(R-r)}{(2M+m)R}\frac{\mathrm{d}^2\theta}{\mathrm{d}t^2} + m(R-r)\left(R-\frac{3}{2}r\right)\frac{\mathrm{d}^2\theta}{\mathrm{d}t^2} = -mg(R-r)\sin\theta$$

$$\Rightarrow \frac{\mathrm{d}^2\theta}{\mathrm{d}t^2} = -\frac{g}{R-r}\frac{2M+m}{3M+m}\sin\theta \tag{10.1.21}$$

由于实心小圆柱体在空心薄圆筒的内表面以纯滚动的方式做小幅振动,利用 $\sin\theta \approx \theta$,式(10.1.21)可化为

$$\frac{\mathrm{d}^2\theta}{\mathrm{d}t^2} + \frac{g}{R-r}\frac{2M+m}{3M+m}\theta \approx 0 \tag{10.1.22}$$

上式为标准的简谐运动方程,其振动周期为

$$T = 2\pi\sqrt{\frac{R-r}{g}\frac{3M+m}{2M+m}} \tag{10.1.23}$$

方法二:利用牛顿运动定律

联立(10.1.16)和(10.1.19)两式,可得

$$f = -MR\frac{\mathrm{d}^2\varphi}{\mathrm{d}t^2} = -\frac{mM(R-r)}{2M+m}\frac{\mathrm{d}^2\theta}{\mathrm{d}t^2} \tag{10.1.24}$$

将式(10.1.24)代入式(10.1.3),可得

$$m(R-r)\frac{\mathrm{d}^2\theta}{\mathrm{d}t^2} = -\frac{mM(R-r)}{2M+m}\frac{\mathrm{d}^2\theta}{\mathrm{d}t^2} - mg\sin\theta$$

$$\Rightarrow \frac{\mathrm{d}^2\theta}{\mathrm{d}t^2} = -\frac{g}{R-r}\frac{2M+m}{3M+m}\sin\theta \tag{10.1.25}$$

由于实心小圆柱体在空心薄圆筒的内表面以纯滚动的方式做小幅振动,利用 $\sin\theta \approx \theta$,式(10.1.25)可化为

$$\frac{d^2\theta}{dt^2} + \frac{g}{R-r}\frac{2M+m}{3M+m}\theta \approx 0 \qquad (10.1.26)$$

上式与式(10.1.22)完全相同。

方法三：利用机械能守恒定律

整个系统(实心小圆柱体 + 空心薄圆筒)的总动能为

$$E_k = E_{k空心薄圆筒转动} + E_{k实心小圆柱体平动} + E_{k实心小圆柱体转动}$$

$$= \frac{1}{2}MR^2\left(\frac{d\varphi}{dt}\right)^2 + \frac{1}{2}m(R-r)^2\left(\frac{d\theta}{dt}\right)^2 + \frac{1}{2}\left(\frac{1}{2}mr^2\right)\left(\frac{d\psi}{dt}\right)^2 \qquad (10.1.27)$$

规定通过 x 轴的水平面为重力势能零面，则该系统的总重力势能为

$$E_p = -mg(R-r)\cos\theta \qquad (10.1.28)$$

因此整个系统的总机械能为

$$E = \frac{1}{2}MR^2\left(\frac{d\varphi}{dt}\right)^2 + \frac{1}{2}m(R-r)^2\left(\frac{d\theta}{dt}\right)^2 + \frac{1}{2}\left(\frac{1}{2}mr^2\right)\left(\frac{d\psi}{dt}\right)^2 - mg(R-r)\cos\theta \qquad (10.1.29)$$

利用整个系统的机械能守恒，可得

$$\frac{dE}{dt} = 0 \Rightarrow MR^2\frac{d\varphi}{dt}\frac{d^2\varphi}{dt^2} + m(R-r)^2\frac{d\theta}{dt}\frac{d^2\theta}{dt^2} + \frac{1}{2}mr^2\frac{d\psi}{dt}\frac{d^2\psi}{dt^2}$$

$$+ mg(R-r)\sin\theta\frac{d\theta}{dt} = 0 \qquad (10.1.30)$$

将式(10.1.19)代入式(10.1.2)，可得

$$\frac{d^2\psi}{dt^2} = -\frac{2MR}{mr}\frac{d^2\varphi}{dt^2} = -\frac{2M(R-r)}{(2M+m)r}\frac{d^2\theta}{dt^2} \qquad (10.1.31)$$

将(10.1.19)和(10.1.31)两式对时间 t 积分后，可得

$$\frac{d\varphi}{dt} = \left(\frac{d\varphi}{dt}\right)_0 + \frac{m(R-r)}{(2M+m)R}\left[\frac{d\theta}{dt} - \left(\frac{d\theta}{dt}\right)_0\right] \qquad (10.1.32)$$

$$\frac{d\psi}{dt} = \left(\frac{d\psi}{dt}\right)_0 - \frac{2M(R-r)}{(2M+m)r}\left[\frac{d\theta}{dt} - \left(\frac{d\theta}{dt}\right)_0\right] \qquad (10.1.33)$$

上两式中的 $\left(\frac{d\varphi}{dt}\right)_0, \left(\frac{d\theta}{dt}\right)_0, \left(\frac{d\psi}{dt}\right)_0$ 分别表示各物理量在 $t=0$ 时刻的值。将(10.1.19)、(10.1.31)~(10.1.33)四式代入式(10.1.30)，可得

$$MR^2\left\{\left(\frac{d\varphi}{dt}\right)_0 + \frac{m(R-r)}{(2M+m)R}\left[\frac{d\theta}{dt} - \left(\frac{d\theta}{dt}\right)_0\right]\right\}\frac{m(R-r)}{(2M+m)R}\frac{d^2\theta}{dt^2}$$

$$+ \frac{1}{2}mr^2\left\{\left(\frac{d\psi}{dt}\right)_0 - \frac{2M(R-r)}{(2M+m)r}\left[\frac{d\theta}{dt} - \left(\frac{d\theta}{dt}\right)_0\right]\right\}\left[-\frac{2M(R-r)}{(2M+m)r}\frac{d^2\theta}{dt^2}\right]$$

$$+ m(R-r)^2\frac{d\theta}{dt}\frac{d^2\theta}{dt^2} + mg(R-r)\sin\theta\frac{d\theta}{dt} = 0 \qquad (10.1.34)$$

将上式整理后，可得

$$\left[\frac{mMR(R-r)}{2M+m}\left(\frac{d\varphi}{dt}\right)_0 - \frac{mMr(R-r)}{2M+m}\left(\frac{d\psi}{dt}\right)_0\right]\frac{d^2\theta}{dt^2}$$

$$+ \frac{Mm}{2M+m}(R-r)^2\left[\frac{d\theta}{dt} - \left(\frac{d\theta}{dt}\right)_0\right]\frac{d^2\theta}{dt^2}$$

$$+ m(R-r)^2\frac{d\theta}{dt}\frac{d^2\theta}{dt^2} + mg(R-r)\sin\theta\frac{d\theta}{dt} = 0 \qquad (10.1.35)$$

将式(10.1.1)两边对时间 t 求导,可得

$$\frac{\mathrm{d}\psi}{\mathrm{d}t} = \frac{R}{r}\frac{\mathrm{d}\varphi}{\mathrm{d}t} - \frac{R-r}{r}\frac{\mathrm{d}\theta}{\mathrm{d}t} \tag{10.1.36}$$

将式(10.1.36)代入式(10.1.35),整理后可得

$$\frac{\mathrm{d}^2\theta}{\mathrm{d}t^2} = -\frac{g}{R-r}\frac{2M+m}{3M+m}\sin\theta \tag{10.1.37}$$

由于实心小圆柱体在空心薄圆筒的内表面以纯滚动的方式做小幅振动,利用 $\sin\theta \approx \theta$,式(10.1.37)可化为

$$\frac{\mathrm{d}^2\theta}{\mathrm{d}t^2} + \frac{g}{R-r}\frac{2M+m}{3M+m}\theta \approx 0 \tag{10.1.38}$$

所得结果与式(10.1.22)完全相同。

注 虽然整个系统(实心小圆柱体+空心薄圆筒)的运动涉及三个角度 θ,φ,ψ,看起来似乎有三个自由度,但是由于实心小圆柱体和空心薄圆筒之间存在摩擦力,使得实心小圆柱体在空心薄圆筒内表面上做纯滚动,因此有式(10.1.1)和式(10.1.18)两个约束方程,故该系统的运动仅有一个自由度,即实心小圆柱体只有一种振动模式。又从上述三种方法可知,实心小圆柱体的振动周期与其本身以及空心薄圆筒的初始角速度 $\left(\frac{\mathrm{d}\varphi}{\mathrm{d}t}\right)_0,\left(\frac{\mathrm{d}\psi}{\mathrm{d}t}\right)_0$ 无关,即无论实心小圆柱体和空心薄圆筒的初始角速度是多少,实心小圆柱体的振动周期都固定不变。

(A7) 当空心薄圆筒以恒定角速度 Ω 转动时,有 $\frac{\mathrm{d}^2\varphi}{\mathrm{d}t^2}=0$,因此式(10.1.7)可化为

$$\left(m + \frac{I_{\mathrm{CM}}}{r^2}\right)(R-r)\frac{\mathrm{d}^2\theta}{\mathrm{d}t^2} = -mg\sin\theta \tag{10.1.39}$$

将 $I_{\mathrm{CM}} = \frac{1}{2}mr^2$ 代入式(10.1.39),可得

$$\frac{3}{2}(R-r)\frac{\mathrm{d}^2\theta}{\mathrm{d}t^2} = -g\sin\theta \tag{10.1.40}$$

由式(10.1.40)可知当 $\theta=0$ 时,$\frac{\mathrm{d}^2\theta}{\mathrm{d}t^2}=0$,即实心小圆柱体处于平衡位置,也即实心小圆柱体若不振动将停在角位置 $\theta=0$ 处,此时式(10.1.1)可化为

$$\psi = \frac{R}{r}\varphi \tag{10.1.41}$$

将式(10.1.41)两边对时间 t 求导,可得

$$\frac{\mathrm{d}\psi}{\mathrm{d}t} = \frac{R}{r}\frac{\mathrm{d}\varphi}{\mathrm{d}t} = \frac{R}{r}\Omega \tag{10.1.42}$$

上式表明在空心薄圆筒停止转动前瞬间,实心小圆柱体以恒定角速度 $\frac{R}{r}\Omega$ 转动。在空心薄圆筒停止转动后的极短时间内,实心小圆柱体由于摩擦力冲量而加速。由题意,实心小圆柱体与空心薄圆筒之间的摩擦系数很大,能够在空心薄圆筒停止转动后极短时间内使实心小圆柱体由滑动变为纯滚动。为简单起见,将空心薄圆筒的底部附近视为平面,实心小圆柱体受到摩擦力的作用而向左滑动,如图 J10.1.3 所示。

实心小圆柱体的质心运动方程为

$$m\frac{\mathrm{d}v}{\mathrm{d}t} = +f_{\mathrm{m}} \tag{10.1.43}$$

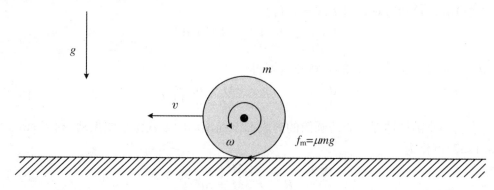

图 J10.1.3

以实心小圆柱体的质心为转轴,实心小圆柱体的转动方程为

$$\frac{1}{2}mr^2\frac{d\omega}{dt} = -rf_m \tag{10.1.44}$$

联立(10.1.43)和(10.1.44)两式,消去 f_m,可得

$$\frac{dv}{dt} = -\frac{1}{2}r\frac{d\omega}{dt} \tag{10.1.45}$$

实心小圆柱体开始滑动的初始条件为 $v(0)=0$,$\omega(0)=\frac{R}{r}\Omega$,假设实心小圆柱体到达纯滚动的时刻为 τ,纯滚动时有 $v(\tau)=r\omega(\tau)$,将式(10.1.45)积分后,可得

$$v(\tau) - v(0) = -\frac{1}{2}r[\omega(\tau) - \omega(0)] \Rightarrow \begin{cases} v(\tau) = \frac{1}{3}R\Omega \\ \omega(\tau) = \frac{1}{3}\frac{R}{r}\Omega \end{cases} \tag{10.1.46}$$

当实心小圆柱体向上滚到空心薄圆柱内壁的最高点时,设其速度和角速度分别为 v',ω',规定通过 x 轴的水平面为重力势能零面。由于实心小圆柱体在空心薄圆柱内表面纯滚动过程中摩擦力不做功,因此实心小圆柱体的机械能守恒,即

$$\frac{1}{2}mv'^2 + \frac{1}{2}I_{CM}\omega'^2 + mg(R-r) = \frac{1}{2}mv^2 + \frac{1}{2}I_{CM}\omega^2 - mg(R-r) \tag{10.1.47}$$

将式(10.1.46)代入式(10.1.47),并应用纯滚动条件 $v'=r\omega'$,可得

$$v'^2 = \frac{1}{9}R^2\Omega^2 - \frac{8}{3}g(R-r) \tag{10.1.48}$$

实心小圆柱体在空心薄圆筒的最高点时,其质心做圆周运动的法向动力学方程为

$$N + mg = m\frac{v'^2}{R-r} \tag{10.1.49}$$

其中 N 为空心薄圆筒作用于实心小圆柱体的正压力。将式(10.1.48)代入式(10.1.49),化简后可得

$$N = \frac{mR^2\Omega^2}{9(R-r)} - \frac{11}{3}mg \tag{10.1.50}$$

而实心小圆柱体能够向上滚到空心薄圆筒内壁最高点的条件为 $N \geq 0$,即空心薄圆筒的转动角速度需满足

$$\Omega \geq \sqrt{33g\frac{R-r}{R^2}} \Rightarrow \Omega_{min} = \sqrt{33g\frac{R-r}{R^2}} \tag{10.1.51}$$

第 2 题 自励磁发电机

(A1) 整个回路中包括电阻 R、电感 L（线圈）和感应电动势 $\mathcal{E}$，根据基尔霍夫定律有

$$L\frac{\mathrm{d}i}{\mathrm{d}t} + Ri = \mathcal{E} \tag{10.2.1}$$

(A2) 由于 $l \gg a$，因此可将长直螺线管中的磁场视为无穷长螺线管中的磁场，因而有

$$B = \frac{\mu_0 Ni}{l} \tag{10.2.2}$$

(A3) P,Q 两点间的感应电动势是由圆盘切割磁感线产生的，如图 J10.2.1 所示。

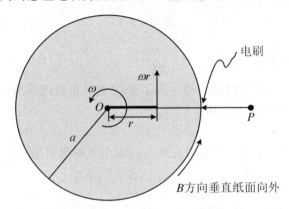

图 J10.2.1 圆盘切割磁感线俯视图

因此圆盘切割磁感线产生的感生电动势为

$$\mathcal{E} = \int_0^a B\omega r\,\mathrm{d}r = \frac{1}{2}B\omega a^2 = \frac{\mu_0 Ni\omega a^2}{2l} \tag{10.2.3}$$

(A4) 将式(10.2.3)代入式(10.2.1)，可得

$$L\frac{\mathrm{d}i}{\mathrm{d}t} + Ri = \frac{\mu_0 Ni\omega a^2}{2l} \Rightarrow \frac{\mathrm{d}i}{\mathrm{d}t} = \frac{1}{L}\left(\frac{\mu_0 N\omega a^2}{2l} - R\right)i \tag{10.2.4}$$

考虑到初始条件为 $i = i(0)$，解得电流随时间的变化关系为

$$i(t) = i(0)\exp(\gamma t) \tag{10.2.5}$$

其中 $\gamma = \frac{1}{L}\left(\frac{\mu_0 N\omega a^2}{2l} - R\right)$。

(A5) 要求电流随时间不断增大，则要求 $\gamma > 0$，即

$$\frac{1}{L}\left(\frac{\mu_0 N\omega a^2}{2l} - R\right) > 0 \tag{10.2.6}$$

最终解得能使电流不断增大的角速度的最小值为

$$\omega_{\min} = \frac{2lR}{\mu_0 Na^2} \tag{10.2.7}$$

(A6) **方法一：力矩法**

如图 J10.2.2 所示，沿半径方向的电流元 $i\,\mathrm{d}r$ 在磁场中产生的安培力矩微元为

$$\mathrm{d}\tau = r \cdot Bi\,\mathrm{d}r \tag{10.2.8}$$

将式(10.2.8)积分可得圆盘中沿半径方向的电流产生的安培力矩为

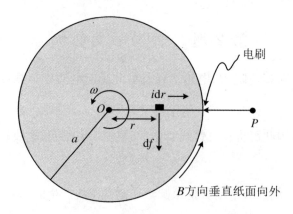

图 J10.2.2

$$\tau = \int_0^a Bir\,dr = \frac{1}{2}Bia^2 = \frac{\mu_0 Na^2}{2l}i^2 = \frac{\mu_0 Na^2}{2l}[i(0)]^2\exp(2\gamma t) \quad (10.2.9)$$

此安培力矩产生的效果是使得圆盘减速。为了使圆盘的角速度保持稳定的值，需要外界施加一个与安培力矩大小相同、方向相反的外力矩。

方法二：能量法

外力矩做功提供的能量用于使电阻发热与线圈中磁场能增加，即

$$\tau\omega = i^2 R + \frac{d}{dt}\left(\frac{1}{2}Li^2\right) \quad (10.2.10)$$

将式(10.2.5)代入式(10.2.10)，可得

$$\tau = \frac{\mu_0 Na^2}{2l}i^2 = \frac{\mu_0 Na^2}{2l}[i(0)]^2\exp(2\gamma t) \quad (10.2.11)$$

第3题 莱顿弗罗斯特现象

（A1）由题意

$$\frac{dv}{dz} = \frac{1}{\eta}\frac{dp}{dr}z \quad (10.3.1)$$

式(10.3.1)两边对 z 积分，可得

$$v(z) = \frac{1}{2\eta}\frac{dp}{dr}z^2 + C \quad (10.3.2)$$

其中 C 为积分常数。

（A2）将题中边界条件 $v\left(z=\pm\dfrac{b}{2}\right)=0$ 代入式(10.3.2)，可得

$$\frac{1}{2\eta}\frac{dp}{dr}\left(\pm\frac{b}{2}\right)^2 + C = 0 \quad (10.3.3)$$

从而得到积分常数为

$$C = -\frac{b^2}{8\eta}\frac{dp}{dr} \quad (10.3.4)$$

需要注意的是：C 并不是常数，而是取决于 $\dfrac{dp}{dr}$。将式(10.3.4)代入式(10.3.2)，可得

$$v(z) = \frac{1}{2\eta} \frac{\mathrm{d}p}{\mathrm{d}r} \left(z^2 - \frac{b^2}{4} \right) \tag{10.3.5}$$

(A3) 设通过半径为 r、高度为 b 的圆柱体侧面（侧面积为 $2\pi rb$）的蒸气的体积流量为 Q，则有

$$\begin{aligned} Q &= \int_{-b/2}^{+b/2} \mathrm{d}Q = \int_{-b/2}^{+b/2} v(z) \cdot 2\pi r \mathrm{d}z \\ &= \frac{\pi r}{\eta} \frac{\mathrm{d}p}{\mathrm{d}r} \int_{-b/2}^{+b/2} \left(z^2 - \frac{b^2}{4} \right) \mathrm{d}z = -\frac{\pi r b^3}{6\eta} \frac{\mathrm{d}p}{\mathrm{d}r} \end{aligned} \tag{10.3.6}$$

(A4) 热流从炽热平板流向底面积为 πr^2 的半球形液滴，假设从炽热平板流向液滴的热量使得液滴蒸发，则有

$$\rho_\mathrm{v} Q l = \frac{\kappa \Delta T}{b} \pi r^2 \tag{10.3.7}$$

将式(10.3.6)代入式(10.3.7)，可得

$$\rho_\mathrm{v} \left(-\frac{\pi r b^3}{6\eta} \frac{\mathrm{d}p}{\mathrm{d}r} \right) l = \frac{\kappa \Delta T}{b} \pi r^2 \quad \Rightarrow \quad \frac{\mathrm{d}p}{\mathrm{d}r} = -\frac{6\eta \kappa \Delta T}{\rho_\mathrm{v} l b^4} r \tag{10.3.8}$$

式(10.3.8)两边对 r 积分，可得

$$p(r) = -\frac{3\eta\kappa\Delta T}{\rho_\mathrm{v} l b^4} r^2 + B \tag{10.3.9}$$

其中 B 为待定积分常数。利用边界条件半径 R 处的蒸气压强为大气压强 p_a，可得

$$p_\mathrm{a} = -\frac{3\eta\kappa\Delta T}{\rho_\mathrm{v} l b^4} R^2 + B \quad \Rightarrow \quad B = p_\mathrm{a} + \frac{3\eta\kappa\Delta T}{\rho_\mathrm{v} l b^4} R^2 \tag{10.3.10}$$

将式(10.3.10)代入式(10.3.9)，可得

$$p(r) = p_\mathrm{a} + \frac{3\eta\kappa\Delta T}{\rho_\mathrm{v} l b^4} (R^2 - r^2) \tag{10.3.11}$$

(A5) 由于液滴的上下表面压强不同而产生的向上作用力为

$$\begin{aligned} f &= \int_0^R [p(r) - p_\mathrm{a}] \cdot 2\pi r \mathrm{d}r \\ &= \int_0^R \frac{3\eta\kappa\Delta T}{\rho_\mathrm{v} l b^4} (R^2 - r^2) \cdot 2\pi r \mathrm{d}r = \frac{3\pi\eta\kappa\Delta T R^4}{2\rho_\mathrm{v} l b^4} \end{aligned} \tag{10.3.12}$$

因液滴的上下表面压强不同而产生的向上作用力与液滴的重力达到平衡，故

$$\frac{3\pi\eta\kappa\Delta T R^4}{2\rho_\mathrm{v} l b^4} = \rho_0 g \frac{2}{3}\pi R^3 \tag{10.3.13}$$

最终得到蒸气薄层的厚度为

$$b = \left(\frac{9\eta\kappa R \Delta T}{4\rho_0 \rho_\mathrm{v} g l} \right)^{\frac{1}{4}} \tag{10.3.14}$$

(A6) 将式(10.3.14)代入式(10.3.11)，可得

$$p(r) = p_\mathrm{a} + \frac{4\rho_0 g}{3R} (R^2 - r^2) \tag{10.3.15}$$

两边对 r 求导得到

$$\frac{\mathrm{d}p(r)}{\mathrm{d}r} = -\frac{8\rho_0 g}{3R} r \tag{10.3.16}$$

利用式(10.3.6)，令 $r = R$，得到单位时间内液滴蒸发的质量为

$$\rho_v Q = -\rho_v \frac{\pi R b^3}{6\eta} \frac{dp}{dR} \tag{10.3.17}$$

把 $r = R$ 代入式(10.3.16)，并代入式(10.3.17)可得

$$\rho_v Q = \rho_v \frac{\pi R b^3}{6\eta} \frac{8\rho_0 g}{3R} R = \frac{4\pi \rho_v \rho_0 g R}{9\eta} \left(\frac{9\eta \kappa R \Delta T}{4\rho_0 \rho_v g l}\right)^{\frac{3}{4}}$$

$$= \left[\frac{4\pi^4 \kappa^3 \rho_v \rho_0 g (\Delta T)^3}{9\eta l^3}\right]^{\frac{1}{4}} R^{\frac{7}{4}} = \beta R^{\frac{7}{4}} \tag{10.3.18}$$

其中 $\beta = \left[\dfrac{4\pi^4 \kappa^3 \rho_v \rho_0 g (\Delta T)^3}{9\eta l^3}\right]^{\frac{1}{4}}$。

（A7）当液滴全部以蒸气的形式蒸发时，液滴的寿命终结。根据质量守恒有

$$\frac{d}{dt}\left(\frac{2}{3}\pi R^3 \rho_0\right) = -Q\rho_v = -\beta R^{\frac{7}{4}} \tag{10.3.19}$$

整理可得

$$R^{\frac{1}{4}} dR = -\frac{\beta}{2\pi \rho_0} dt \tag{10.3.20}$$

对上式两边积分可得

$$\int_R^0 R^{\frac{1}{4}} dR = -\frac{\beta}{2\pi \rho_0} \int_0^\tau dt \tag{10.3.21}$$

最终得到半球形液滴的寿命为

$$\tau = \frac{8\pi \rho_0}{5\beta} R^{\frac{5}{4}} = \frac{8}{5}\left[\frac{9\eta \rho_0^3 l^3}{4\kappa^3 \rho_v g (\Delta T)^3}\right]^{\frac{1}{4}} R^{\frac{5}{4}} \tag{10.3.22}$$

第11届亚洲物理奥林匹克竞赛理论试题与解析

理论试题

第1题 三个独立问题

A部分 非弹性散射与复合粒子

若粒子没有可激发的内部自由度（如没有相对质心的转动和振动自由度），则称为基本粒子；否则称为复合粒子。要确定粒子是否为复合粒子，通常采用散射实验来检验，即将此未知粒子作为标靶，让一个基本粒子入射到标靶上发生散射：若未知粒子是复合粒子，则散射实验会出现某些特征现象，如散射截面的"定标"现象，即散射截面与散射粒子动量无关。

由一个入射的基本粒子和一个标靶粒子组成散射系统，在散射过程中，系统总平动动能的损失为 $Q = E_{ki} - E_{kf}$，其中 E_{ki} 和 E_{kf} 分别为组成散射系统的两粒子在散射前和散射后的总平动动能。

本部分只考虑经典力学情形，忽略重力。

如图 T11.1.1 所示，质量为 m 的基本粒子以动量 $\boldsymbol{p}_1 = p_1 \hat{x}$ 沿 x 轴正方向入射质量为 M 的静止标靶粒子，散射后，基本粒子的动量变为 $\boldsymbol{p}_2 = p_{2x}\hat{x} + p_{2y}\hat{y}$，其中 $\hat{x}, \hat{y}$ 分别为 x, y 方向的单位矢量。

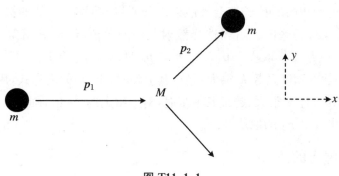

图 T11.1.1

（A1）求系统总平动动能的损失 Q 的表达式，用 $m, M, p_1, p_2, p_{2x}, p_{2y}$ 表示。

（A2）① 若标靶是基本粒子，求动量 p_1 与 p_{2x}, p_{2y} 之间的关系式。对于给定的 p_1，在 p_{2x}-p_{2y} 坐标系中画出符合此关系的曲线，要求在图中标出此曲线与 p_{2x} 轴交点的坐标 p_{2x} 的

---

① 第11届亚洲物理奥林匹克竞赛于2010年4月23日至5月1日在中国台北举行，共有16个国家和地区派出代表队参加。

值以及对应 $Q<0, Q=0, Q>0$ 的 p_2 值的区域。

② 若标靶是处于基态的复合粒子,则题①所绘的图中哪些 Q 区域包含了所允许的 p_2 值?

现考虑由两个质量均为 $\frac{1}{2}M$ 的基本粒子组成的质量为 M 的复合粒子标靶,两基本粒子可视为由质量可忽略的劲度系数为 k 并且不会侧弯的弹簧连接而成,如图 T11.1.2 所示。开始时,标靶静止,其质心位于坐标原点 O,弹簧处于原长 d_0 且与 x 轴夹角为 θ。为简单起见,假设散射过程只能激发标靶粒子绕质心的振动和转动自由度。

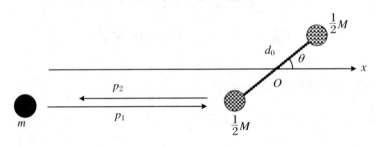

图 T11.1.2

质量为 m、动量为 p_1 的基本粒子沿 x 轴正方向入射标靶,散射后,基本粒子依然沿 x 方向运动,动量变为 p_2。注意:若基本粒子反弹且向 x 轴负方向运动,则 p_2 为负值。入射粒子只有击中标靶的两个基本粒子之一且 $p_1 \neq p_2$ 时才能发生散射。假设所有粒子散射前后均在同一平面运动。

(A3) 若散射后弹簧的最大长度为 d_m,定义 $x = \dfrac{\Delta d}{d_0} = \dfrac{d_m - d_0}{d_0}$,求 Q 的表达式,用 x, θ, d_0, m, k, M, p_1, p_2 表示。

令 $\alpha = \sin^2\theta$。当标靶的位置可变时,散射截面 σ 指垂直于入射方向的平面上的有效标靶面积,即凡入射此面积内的粒子都会被散射。若要得到同样 p_2 值的散射结果,则要求 α 的值必须位于 $(\alpha_{\min}, \alpha_{\max})$ 区间。适当选择散射截面的单位,使得 σ 就等于 $\alpha_{\max} - \alpha_{\min}$ 的数值。注意 $\alpha_{\min}, \alpha_{\max}$ 以及 σ 都取决于 p_2。当 $p_2 \leqslant p_c$ 时,σ 与 p_2 有关。

(A4) ① 当弹簧的劲度系数 k 很大、趋近其上限时,求 p_c 的表达式,用 m, M, p_1 表示。

② 假设 $M = 3m$,且 k 很大、趋近其上限时,对于给定 p_1 值,画出 σ 与 p_2 之间的关系曲线,并在图中标出 σ 和 p_2 的取值范围。

B 部分 细绳上的波

考虑在两固定端点 A, B 间张紧的弹性细绳,如图 T11.1.3 所示,已知细绳的线密度为 μ,横波在细绳上的传播速率为 c,线段 $\overline{AB} = L$。细绳拉向一侧且保持三角形,细绳中心处的最大侧移量为 $h (h \ll L)$。当 $t = 0$ 时,侧拉的细绳从静止开始释放。忽略重力。

(B1) 求细绳振动的周期 T 的表达式,画出当 $t = \dfrac{T}{8}$ 时的细绳形状,并在图中标明用于确定细绳形状的长度和角度。

(B2) 求细绳振动的总机械能 E 的表达式,用 μ, c, h, L 表示。

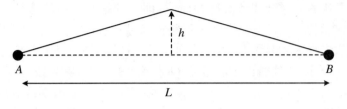

图 T11.1.3

C 部分 膨胀的宇宙

宇宙各处通过光子传递信息。当我们从光子中获取信息时,必须考虑宇宙正在膨胀这一事实的影响。因此,通常用与时间有关的尺度因子 $a(t)$ 表示长度或距离的膨胀效果,于是相对各自局域参考系静止(即只考虑由于宇宙膨胀引起的星体的运动,忽略其他一切运动)的两颗恒星之间的距离 $L(t)$ 正比于 $a(t)$,即

$$L(t) = ka(t)$$

其中 k 为常数,$a(t)$ 描述了宇宙的膨胀效应。将上式两边对时间求导,可得

$$\frac{dL(t)}{dt} = k\frac{da(t)}{dt} = k\frac{da(t)/dt}{a(t)}a(t) = k\frac{da(t)/dt}{a(t)}\frac{L(t)}{k} = \frac{da(t)/dt}{a(t)}L(t)$$

最终得到

$$v(t) = H(t)L(t)$$

该式称为哈勃定律,$H(t) = \dfrac{da(t)/dt}{a(t)}$ 称为 t 时刻的哈勃常数。在目前时刻 t_0,哈勃常数为 $H(t_0) = 72 \text{ km}/(\text{s}\cdot\text{Mpc})$,$1 \text{ Mpc} = 3.0857\times10^{19} \text{ km} = 3.2616\times10^6 \text{ l.y.}$。

假设宇宙无穷大,而且以 $a(t)\propto\exp(bt)$ 的方式持续膨胀,其中 b 为常数。在此宇宙模型中,哈勃常数是与时间无关的常数 $H(t_0)$。光子在宇宙中行进时波长 λ 也因宇宙的膨胀而等比例变长,即 $\lambda(t)\propto a(t)$。

假设氢原子特征谱线之一的莱曼-α线是由相对局域参考系静止的恒星 S 在 t_e 时刻发出的,发出时的波长为 $\lambda(t_e) = 121.5 \text{ nm}$,当莱曼-α线在 t_0 时刻到达相对局域参考系静止的地球时,地球上的观察者测得到达地球的莱曼-α线波长为 145.8 nm,忽略地球的自转和公转。

(C1) 莱曼-α线的光子向我们行进时,宇宙一直在膨胀中,使得恒星 S 持续远离我们。已知真空中的光速 c 一直维持不变,求 t_e 时刻恒星 S 与地球之间的距离 $L(t_e)$ 的值,以 Mpc 为单位。

(C2) 求目前时刻 t_0 恒星 S 远离地球的速率 $v(t_0)$ 的值,以真空中的光速 c 为单位。

参考公式:

$$\int_a^b e^{\beta x}dx = \frac{1}{\beta}(e^{\beta b} - e^{\beta a})$$

第 2 题 电阻性强电磁铁

电阻性强电磁铁是由铜或铝等金属材料线圈制成的电磁铁。现在的电阻性强电磁铁可产生磁感应强度达 30 T 的稳定磁场。电阻性强电磁铁的线圈通常由许多打有冷却孔的薄

圆环铜片和同样形状的薄绝缘片依次堆叠而成(即…薄铜片—薄绝缘片—薄铜片—薄绝缘片…的构型)。当线圈通电后,电流沿螺旋形路径通过金属片,并在电磁铁中心产生强磁场。

本题希望评估多匝圆柱形线圈(本质为多匝通电螺线管)能否作为产生强磁场的磁体。

如图 T11.2.1 所示,螺线管的中心位于 O 点,螺线管的线圈匝数为 N,通过绕制线圈的金属导线横截面的电流 I 均匀分布,螺线管的平均直径 $D = 6$ cm,螺线管的长度 $l = 12$ cm,铜导线的横截面是宽 $a = 2.0$ mm、长 $b = 5.0$ mm 的矩形。以螺线管的中心轴线为 x 轴,中心轴线的中点为坐标原点 O 建立坐标系。由于线圈缠绕得非常紧密,因此每匝线圈平面可视为垂直于 x 轴,且总匝数 $N = l/a$。

已知绕制线圈的金属导线的电阻率 $\rho_e = 1.72 \times 10^{-8}$ Ω·m,绕制线圈的金属导线的定压比热 $c_p = 3.85 \times 10^2$ J/(kg·K),绕制线圈的金属导线的密度 $\rho_m = 8.98 \times 10^3$ kg/m³,且假设前述三个物理量并不随温度变化。已知真空中的磁导率 $\mu_0 = 4\pi \times 10^{-7}$ T·m/A。

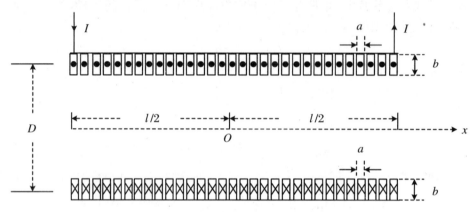

图 T11.2.1

评估此螺线管能否产生强磁场时,不能忽略两个限制因素:一是线圈的机械强度,即绕制线圈的金属材料能否承受线圈中的大电流产生的强大安培力的作用;二是线圈的散热本领,即线圈中的大电流产生的大量焦耳热是否会对构成线圈的金属材料造成影响,也就是要求线圈的温度不能上升过快。

本题利用简化模型来讨论这两个限制因素。

参考公式:
$$\int_0^L \frac{dx}{\sqrt{(D^2+x^2)^3}} = \frac{L}{D^2\sqrt{(D^2+L^2)}}$$

A 部分　线圈中心轴线的磁场

假设 $b \ll D$,因此每匝金属线圈可视为宽度为 a 的金属薄片,设电流的方向如图 T11.2.1 的"×""·"所示。

(A1) 若线圈中通以恒定电流 I,求线圈中心轴线上的磁场分布 $B(x)$ 与 x 之间的关系式。

(A2) 若 $x = 0$ 处的磁感应强度 $B(0) = 10.0$ T,求通过线圈的恒定电流 I_0 的表达式和值。

B 部分　线圈电流的上限

在本部分中,假设螺线管的长度为无限长($l\to\infty$),且 $b\ll D$。如图 T11.2.2 所示,考虑螺线管中位于 $x=0$ 处的那匝线圈,由于通过该匝线圈的电流在磁场中产生安培力,因此长为 Δs 的金属导线受到使此匝线圈扩张的向外的法向力 ΔF_n。

(B1) 当通过该匝线圈的电流为 I 时,设扩张后线圈的平均直径为常数 D'($D'>D$),分别求单位长度的导线受到的向外的法向力 $\Delta F_n/\Delta s$ 的表达式和沿金属线圈切线方向的切向力 F_t 的表达式。

忽略扩张过程中线圈的加速度,当金属导线的张应变(伸长长度与原长度的比值)达 60%,且张应力(单位截面积所承受的切向力,此处的截面积为金属导线未受外力时的原截面积)达 $\sigma_b=455$ MPa 时,线圈断裂。

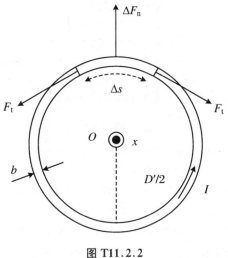

图 T11.2.2

(B2) 求线圈即将断裂时电流 I_b 的表达式和值;求线圈即将断裂时中心 O 点处的磁感应强度 B_b 的表达式和值。

C 部分　线圈温度上升的速率

当金属线圈中的电流 $I=10.0$ kA、金属线圈的温度 $T=293$ K 时:

(C1) 求此时线圈中产生热能的功率密度(单位体积的热功率)的表达式和值。

(C2) 假设金属线圈中的电流产生的热能全部用于线圈温度的升高,求此时线圈的温度随时间变化率 $\dfrac{dT}{dt}$ 的表达式和值。

D 部分　脉冲场磁铁

若强磁铁所需的大电流仅持续极短时间,则由大量焦耳热引起的线圈温度的上升可大幅减少,由此思路制成了脉冲场磁铁。

如图 T11.2.3 所示,电容为 C 的电容器(事先已用电压 V_0 充满电)用于产生通过螺线管的电流 I。电路中装有开关 K。整个回路的电感 L 和电阻 R 全部来源于螺线管,螺线管的构造和尺寸如图 T11.2.1 所示。假设 R,L,C 皆与温度无关,且该螺线管产生的磁场分布与无限长($l\to\infty$)螺线管所产生的磁场分布相同。

(D1) 求螺线管的电感 L 和电阻 R 的表达式和值。

当 $t=0$ 时,开关 K 拨至"1"处,充满电的电容器与螺线管接通。已知在 $t\geqslant 0$ 时,电容器正极板上的电荷 $Q(t)$ 和电路中的电流 $I(t)$ 随时间变化关系分别为

$$Q(t)=\frac{CV_0}{\sin\theta_0}\exp(-\alpha t)\sin(\omega t+\theta_0)$$

$$I(t)=\frac{dQ(t)}{dt}=\frac{-\alpha}{\cos\theta_0}\frac{CV_0}{\sin\theta_0}\exp(-\alpha t)\sin\omega t$$

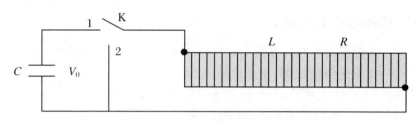

图 T11.2.3　图中黑圆点为螺线管的导线连接点

其中 α, ω 为正常数，且令 $\tan\theta_0 = \dfrac{\omega}{\alpha}, 0 < \omega t < \dfrac{\pi}{2}$。

(D2) ① 求 α 和 ω 的表达式，用 R, L, C 表示。

② 当 $C = 10.0 \text{ mF}$ 时，计算 α 和 ω 的值。

(D3) ① 令 I_m 为 $|I(t)|$ 在 $t > 0$ 时的最大值，求 I_m 的表示式。

② 若 $C = 10.0 \text{ mF}$，要使 I_m 不超过(B2)小题中的 I_b，求 V_0 最大值 V_{0b} 的值。

当电流绝对值 $|I(t)|$ 达到 I_m 的瞬间，开关 K 由位置 1 拨至位置 2。设 ΔE 为从 $t = 0$ 至 ∞ 期间在线圈中产生的总热量，ΔT 是线圈温度的上升量，假设 V_0 为(D3)小题中所得的最大值 V_{0b}，且所有损失的电磁场能全部转变为线圈中的热量。

(D4) 求 ΔE 与 ΔT 的表达式和值。注意 ΔT 的结果必须和 R, L 为不随温度变化的常数的假设相符合。

第 3 题　液体中的电子泡与气泡

已知物理学常数：电子质量 $m = 9.11 \times 10^{-31}$ kg，普朗克常量 $h = 2\pi\hbar = 2\pi \times 1.055 \times 10^{-34}$ J·s，斯特藩-玻尔兹曼常量 $\sigma_{SB} = 5.67 \times 10^{-8}$ W/(m²·K⁴)。

A 部分　液氦中的电子泡

当在液氦中置入电子时，电子会排斥液氦的原子并形成电子泡，而电子泡内就是电子本身。本部分希望讨论电子泡的大小和稳定性。

一个电子的位置矢量 $q = (x, y, z)$ 和动量矢量 $p = (p_x, p_y, p_z)$ 必须满足海森伯不确定原理 $\Delta q_\alpha \Delta p_\alpha \geqslant \dfrac{\hbar}{2} (\alpha = x, y, z)$，其中 $\hbar$ 是约化普朗克常量：$\hbar = \dfrac{h}{2\pi}$，后面用 Δf 表示物理量 f 的不确定度。

假设电子泡各向同性，且与液氦间的分界面是界限分明的球面。液氦保持在绝对零度附近的恒定温度，液氦的表面张力 $\sigma = 3.75 \times 10^{-4}$ N/m。忽略液氦和电子泡之间的静电力。

液氦中的电子泡在平衡状态时的半径为 R，电子质量为 m。电子可在电子泡内自由运动，其动能（非相对论动能）为 E_k，并对泡-液界面的内壁产生压强 p_e。液氦对泡-液界面的外壁施加的压强为 p_{He}。

(A1) ① 求 p_{He}, p_e 和 σ 之间的关系式。

② 求 E_k 和 p_e 之间的关系式。

(A2) 当电子位于半径为 R 的电子泡中时，电子动能 E_k 具有满足海森伯不确定原理的最小值 E_0。求 E_0 的表达式，用 R 和物理学常数表示。

(A3) 当 $E_k = E_0$ 且 $p_{He} = 0$ 时,求电子泡处于平衡状态时的半径 R_e 的表达式和值。

(A4) 当 p_{He} 为确定值(不一定为零)时,若电子泡处于稳定的平衡状态时的半径为 R,求 p_{He} 的取值范围,用 σ, R 表示。注意 p_{He} 可为负值。

(A5) 当 $p_{He} < p_{th}$ 时,电子泡就无法保持平衡状态。求 p_{th} 的表示式。

B 部分 液体中的气泡

本部分考虑如同常温下的水一样的普通液体。

当液体中的气泡受到来回振荡的压强驱动时,可能会发生令人惊奇的反应。例如,"单泡声致发光现象":当气泡扩张至很大后,紧接着会快速坍缩至很小,并在接近坍缩极限的瞬间发光。在该现象中,气泡经历的循环过程主要包含三个阶段:扩张、坍缩和多重后续振荡。本部分主要讨论该现象中的气泡坍缩过程。

在整个过程中,假设气泡呈球状,且球心相对液体静止。如图 T11.3.1 所示,气泡内气体的压强、温度和密度都是均匀分布的。该液体具有各向同性、没有黏滞性、不可压缩,其总体积远大于气泡。忽略液体的重力和表面张力,因此泡-液界面两侧的压强总是相等的。假定整个液体是悬浮在空中的大球形,气泡和大液球的球心重合。

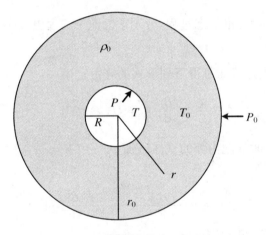

图 T11.3.1

- 泡-液界面的径向运动

当气泡半径 $R = R(t)$ 随时间 t 变化时,泡-液界面移动的径向速度为 $\dfrac{dR}{dt}$。根据不可压缩液体的连续性方程,可得距离气泡中心 r 处的液体的径向速度 $\dfrac{dr}{dt}$ 与气泡体积 V 随时间变化率 $\dfrac{dV}{dt}$ 之间满足以下关系:

$$\frac{dV}{dt} = 4\pi R^2 \frac{dR}{dt} = 4\pi r^2 \frac{dr}{dt} \qquad ①$$

由此可得质量密度为 ρ_0 的液体的总动能为

$$E_k = \frac{1}{2}\int_R^{r_0} \rho_0 4\pi r^2 \left(\frac{dr}{dt}\right)^2 dr = 2\pi \rho_0 R^4 \left(\frac{dR}{dt}\right)^2 \left(\frac{1}{R} - \frac{1}{r_0}\right) \qquad ②$$

其中 r_0 为液体外表面的半径。

(B1) 假设作用在液体外表面 $r = r_0$ 处的压强 p_0 为定值,设气泡半径为 R 时气泡内的

气体压强为 $p = p(R)$。

① 当气泡半径由 R 变为 $R + dR$ 时,求气泡对液体做的功 dW,用 p_0 和 p 表示。

② 该功 dW 必须等于液体总动能的变化。在 $r_0 \to \infty$ 的极限情况下,可得如下微分形式的伯努利方程式:

$$\frac{1}{2}\rho_0 d\left[R^m\left(\frac{dR}{dt}\right)^2\right] = (p - p_0)R^n dR \qquad ③$$

求幂指数 m 和 n 的值。

- 气泡的坍缩

接下来考虑气泡的坍缩过程。已知液体的质量密度为 $\rho_0 = 10^3 \, \text{kg/m}^3$,液体温度 $T_0 = 300 \, \text{K}$,液体球外部的压强 $p_0 = 1.01 \times 10^5 \, \text{Pa}$。假设 ρ_0,T_0,p_0 保持不变,气泡坍缩过程是绝热过程且无质量流经泡-液界面。气泡内的气体是绝热指数 $\gamma = 5/3$ 的理想气体。在温度 $T_0 = 300 \, \text{K}$ 和压强 $p_0 = 1.01 \times 10^5 \, \text{Pa}$ 时,气泡在平衡状态时的半径为 $R_0 = 5.00 \, \mu\text{m}$。

假设气泡的坍缩过程从 $t = 0$ 时刻开始,此时 $R_{t=0} = R_i = 7R_0$,$\left.\frac{dR}{dt}\right|_{t=0} = 0$,且气体温度 $T_i = T_0 = 300 \, \text{K}$。注意:由于气泡经历前一阶段的膨胀过程,因此 $R_i \gg R_0$,这是声致发光现象发生的必要条件。

(B2) 气泡的坍缩过程为准静态过程,分别求气泡中的理想气体的压强 p 和温度 T 随气泡半径 R 变化的关系式。

(B3) 设 $\beta = \frac{R}{R_i}$,由前述式③可得下列形式的守恒定律:

$$\frac{1}{2}\rho_0\left(\frac{d\beta}{dt}\right)^2 + U(\beta) = 0 \qquad ④$$

设气泡半径 $R = R_i$ 时气泡内部的气体压强 $p_i = p(R_i)$,令 $Q = \frac{p_i}{(\gamma - 1)p_0}$,则 $U(\beta)$ 可表示为

$$U(\beta) = \mu \frac{[Q(1 - \beta^2) - \beta^2(1 - \beta^3)]}{\beta^5} \qquad ⑤$$

求系数 μ 的表达式,用 R_i 和 p_0 表示。

(B4) 设 R_m 为气泡在坍缩过程中的最小半径,定义 $\beta_m = \frac{R_m}{R_i}$。若 $Q \ll 1$,则可得 $\beta_m \approx C_m \sqrt{Q}$。

① 求常数 C_m 的值。

② 若 $R_i = 7R_0$,求 R_m 的值。

③ 当 $\beta = \beta_m$ 时,求气泡内的气体温度 T_m 的值。

(B5) 假设 $R_i = 7R_0$。当无量纲的径向速率 $u = \left|\frac{d\beta}{dt}\right|$ 到达极大值时,$\beta = \beta_u$。当 β 值接近 β_u 时,气泡内的气体温度会快速上升。

① 求 β_u 的表达式,并估算其数值。

② 设 $\bar{u}$ 为 u 在 $\beta = \bar{\beta} = \frac{1}{2}(\beta_m + \beta_u)$ 时的值,求 $\bar{u}$ 的值。

③ 当 β 由 β_u 缩小至 β_m 时,求所经历的时间 Δt_m 的表达式,并估算其数值。

- 坍缩气泡的发光(声致发光)

假设气泡为具有发射率 a 的黑体,即其等效的斯特藩-玻尔兹曼常量为 $\sigma_{\text{eff}} = a\sigma_{\text{SB}}$。若坍缩过程可近似为绝热过程,则发射率 a 必须够小,才能使得气泡在 $\beta = \bar{\beta}$ 时的辐射功率小于受力驱动的液体供给气泡的功率 $\dfrac{dE}{dt}$ 的 20%。

(B6) ① 求液体供给气泡的功率 $\dfrac{dE}{dt}$ 的表达式,用 β 等物理量表示。

② 求 a 取值的上限的表达式,并估算其量值。

解 析

第 1 题 三个独立问题

A 部分 非弹性散射与复合粒子

(A1) 设散射后,标靶粒子的动量为 $\boldsymbol{p}$。由动量守恒定律可得

$$\boldsymbol{p}_1 = \boldsymbol{p} + \boldsymbol{p}_2 \tag{11.1.1}$$

该散射系统在散射前后的总平动动能分别为

$$\begin{aligned} E_{\text{ki}} &= \frac{p_1^2}{2m} \\ E_{\text{kf}} &= \frac{p_2^2}{2m} + \frac{p^2}{2M} = \frac{p_2^2}{2m} + \frac{(\boldsymbol{p}_1 - \boldsymbol{p}_2)^2}{2M} = \frac{p_2^2}{2m} + \frac{p_1^2 - 2p_1 p_{2x} + p_2^2}{2M} \end{aligned} \tag{11.1.2}$$

散射系统的总平动动能的损失为

$$\begin{aligned} Q &= E_{\text{ki}} - E_{\text{kf}} = \frac{p_1^2}{2m} - \frac{p_2^2}{2m} - \frac{p_1^2 - 2p_1 p_{2x} + p_2^2}{2M} \\ &= \frac{1}{2Mm}\left[(M-m)p_1^2 - (M+m)p_2^2 + 2m p_1 p_{2x}\right] \\ &= \frac{M+m}{2Mm}\left[\frac{M-m}{M+m}p_1^2 - (p_{2x}^2 + p_{2y}^2) + \frac{2m}{M+m}p_1 p_{2x}\right] \\ &= \frac{M+m}{2Mm}\left[\left(\frac{M}{M+m}\right)^2 p_1^2 - \left(p_{2x} - \frac{m}{M+m}p_1\right)^2 - p_{2y}^2\right] \end{aligned} \tag{11.1.3}$$

(A2) 若入射粒子和标靶粒子都是基本粒子,则它们的机械能在散射前后保持不变。根据能量守恒定律,必然有

$$E_{\text{ki}} = E_{\text{kf}} \Rightarrow Q = 0 \tag{11.1.4}$$

联立 (11.1.3) 和 (11.1.4) 两式,可得

$$\left(\frac{M}{M+m}\right)^2 p_1^2 = \left(p_{2x} - \frac{m}{M+m}p_1\right)^2 + p_{2y}^2 \tag{11.1.5}$$

式 (11.1.5) 表示在 p_{2x}-p_{2y} 平面上圆心位于 $\left(\dfrac{mp_1}{M+m}, 0\right)$,半径为 $\dfrac{Mp_1}{M+m}$ 的圆,当 $m<M$ 时,如图 J11.1.1 所示。该圆与 p_{2x} 轴的交点分别为 $\left(\dfrac{m-M}{m+M}p_1, 0\right)$ 和 $(p_1, 0)$。

若标靶为复合粒子,且散射前处于基态,则由能量守恒定律可得

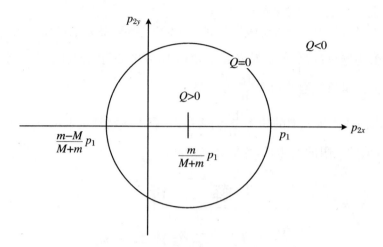

图 J11.1.1

$Q>0$ 对应圆周内；$Q=0$ 对应圆周上；$Q<0$ 对应圆周外。

$$E_{ki} = E_{kf} + \Delta E_{int} \tag{11.1.6}$$

其中 $\Delta E_{int} \geqslant 0$ 为标靶粒子因散射而发生的能量变化，其实质为激发态的能量。该系统的总平动动能的损失为 $Q = E_{ki} - E_{kf} = \Delta E_{int} \geqslant 0$。图 J11.1.1 中位于圆周上的各点 $Q=0$，表示弹性散射；位于圆周内的各点 $Q>0$，表示非弹性散射且标靶粒子在散射后处于激发态，即系统平动动能的减少转化为复合粒子的激发态的能量。因此对散射前处于基态的复合标靶有 $Q \geqslant 0$，即位于圆周和圆周内部的区域包含了所允许的 p_2。

（A3）设标靶绕过标靶的质心且垂直于散射后粒子运动平面的转轴的角动量为 L。根据角动量守恒定律，有

$$L = \pm \left(\frac{1}{2} d_0 \sin \theta\right)(p_1 - p_2) \tag{11.1.7}$$

规定入射粒子碰撞图 T11.1.2 中标靶的左侧粒子为正，碰撞标靶的右侧粒子为负。

散射后标靶可能产生振动和转动。当标靶的弹簧伸长至最大值 $d_m = (1+x)d_0$ 时，标靶绕通过其质心且垂直于弹簧的转轴的转动惯量为 $I_m = \frac{1}{4} M d_m^2 = \frac{1}{4} M d_0^2 (1+x)^2$。由能量守恒定律可得

$$Q = \frac{1}{2} k (d_m - d_0)^2 + \frac{L^2}{2 I_m} \tag{11.1.8}$$

其中 $\frac{L^2}{2 I_m}$ 表示标靶粒子在其弹簧伸长量达到最大值时的转动动能，利用式(11.1.7)，可得

$$\frac{L^2}{2 I_m} = \left(\frac{d_0}{d_m}\right)^2 \frac{(p_1 - p_2)^2}{2M} \sin^2 \theta = \left(\frac{1}{1+x}\right)^2 \frac{(p_1 - p_2)^2}{2M} \sin^2 \theta \tag{11.1.9}$$

将式(11.1.9)代入式(11.1.8)，可得

$$Q = \frac{1}{2} k d_0^2 x^2 + \left(\frac{1}{1+x}\right)^2 \frac{(p_1 - p_2)^2}{2M} \sin^2 \theta \tag{11.1.10}$$

注 由于入射基本粒子在散射前和散射后都沿着 x 轴方向运动，即 $p_{2y} = 0$，故 $p_{2x} = p_2$，由式(11.1.3)可得

$$Q = E_{ki} - E_{kf} = \frac{M+m}{2Mm} \left[\left(\frac{M}{M+m}\right)^2 p_1^2 - \left(p_2 - \frac{m}{M+m} p_1\right)^2\right]$$

$$= \frac{p_1 - p_2}{2Mm} \big[(M-m)p_1 + (M+m)p_2\big] \tag{11.1.11}$$

只有当 $p_1 \neq p_2$ 且 $Q \geqslant 0$ 时，才会发生散射，故由式(11.1.11)可得

$$-\frac{M-m}{M+m}p_1 \leqslant p_2 \leqslant p_1 \tag{11.1.12}$$

当且仅当 $Q = 0$ 时，等号才能成立。

(A4) 散射截面 σ 可由 $\alpha = \sin^2\theta$ 的数值范围得出。对于给定的 p_1, p_2，由式(11.1.11)可知 Q 为常数。利用式(11.1.10)求出

$$\alpha = \sin^2\theta = \frac{2M}{(p_1 - p_2)^2}(1+x)^2\left(Q - \frac{1}{2}kd_0^2 x^2\right) \geqslant 0 \tag{11.1.13}$$

若 k 很大，趋近其上限，则只有 x 很小时，式(11.1.13)才能成立。因此 $(1+x)^2$ 内的 x 可以忽略，故有

$$\alpha = \sin^2\theta \approx \frac{2M}{(p_1 - p_2)^2}\left(Q - \frac{1}{2}kd_0^2 x^2\right) = \beta\left(1 - \frac{kd_0^2 x^2}{2Q}\right) \tag{11.1.14}$$

其中 $\beta = \dfrac{2MQ}{(p_1 - p_2)^2}$ 为正值。利用式(11.1.11)，可得

$$\beta = \frac{1}{m(p_1 - p_2)}\big[(M-m)p_1 + (M+m)p_2\big] \tag{11.1.15}$$

由式(11.1.14)可知对于 $Q \geqslant 0$, $\alpha_{\min} = 0$, 对应的 x 值为

$$x = \sqrt{\frac{2Q}{kd_0^2}} \tag{11.1.16}$$

而 α 的最大值为

$$\alpha_{\max} = \begin{cases} \beta, & \text{若 } \beta \leqslant 1 \text{ 且 } x = 0 \\ 1, & \text{若 } \beta > 1 \text{ 且 } 1 - \dfrac{kd_0^2 x^2}{2Q} = \dfrac{1}{\beta} \end{cases} \tag{11.1.17}$$

注意到式(11.1.15)，可得

$$\beta \begin{cases} \leqslant 1, & \text{若 } p_2 \leqslant -\dfrac{M-2m}{M+2m}p_1 \\ > 1, & \text{若 } p_2 > -\dfrac{M-2m}{M+2m}p_1 \end{cases} \tag{11.1.18}$$

因为 $\alpha_{\min} = 0$，所以散射截面 $\sigma = \alpha_{\max} - \alpha_{\min} = \alpha_{\max}$。从式(11.1.17)可得，当 $\beta \geqslant 1$ 时，$\sigma = 1$，与 p_2 无关，因此 p_2 的阈值 p_c（此时开始发生散射截面的定标现象）为

$$p_c = -\frac{M-2m}{M+2m}p_1 \tag{11.1.19}$$

若 $p_2 < p_c$，则由式(11.1.17)可知

$$\sigma = \beta = \frac{(M-m)p_1 + (M+m)p_2}{m(p_1 - p_2)} = \frac{M(p_1 + p_2)}{m(p_1 - p_2)} - 1 \tag{11.1.20}$$

从式(11.1.12)可知，当 $p_2 \leqslant p_c$ 时，$\sigma \geqslant 0$。

若 $M = 3m$，则散射截面 σ 与 p_2 关系的曲线如图 J11.1.2 所示，从图中可以明显看出散射截面的定标现象。

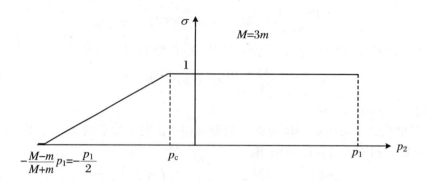

图 J11.1.2

B 部分 细绳上的波

(B1) 方法一

初始振动向两个固定端的传播可认为由两个波动叠加而成,一个为向右传播的波动 $y_R(x-ct)$,另一个为向左传播的波动 $y_L(x+ct)$。两个波动都将在固定端反射。当 $t=0$ 时,两者位移之和必须等于起始的细绳位移,即

$$y_R(x) + y_L(x) = f(x) \quad (0 \leqslant x \leqslant L) \tag{11.1.21}$$

设 $y'(x) = \dfrac{\mathrm{d}y}{\mathrm{d}x}$,若 x 保持不变,则

$$\begin{aligned}\frac{\mathrm{d}y_R(x-ct)}{\mathrm{d}t} &= \frac{\mathrm{d}y_R(x-ct)}{\mathrm{d}(x-ct)} \frac{\mathrm{d}(x-ct)}{\mathrm{d}t} = -c y'_R(x-ct) \\ \frac{\mathrm{d}y_L(x+ct)}{\mathrm{d}t} &= \frac{\mathrm{d}y_L(x+ct)}{\mathrm{d}(x+ct)} \frac{\mathrm{d}(x+ct)}{\mathrm{d}t} = c y'_L(x+ct)\end{aligned} \tag{11.1.22}$$

当 $t=0$ 时,细绳处于静止状态,故两个波动在任一位置 x 处的速度之和必须为零,即

$$y'_R(x) - y'_L(x) = 0 \quad (0 \leqslant x \leqslant L) \tag{11.1.23}$$

将式(11.1.23)两边对 x 积分,并利用初始条件式(11.1.21),可得

$$\begin{aligned} y_R(x) &= \frac{1}{2}[f(x) + y_0] \quad (0 \leqslant x \leqslant L) \\ y_L(x) &= \frac{1}{2}[f(x) - y_0] \quad (0 \leqslant x \leqslant L) \end{aligned} \tag{11.1.24}$$

其中 y_0 为常数。

由于两个波动必须各自在左端点和右端点反射才能返回原先的起始位置和状态,在此过程中通过的距离为 $2L$,因此其周期为

$$T = \frac{2L}{c} \tag{11.1.25}$$

注 因基波的波长为 $\lambda = 2L$,故其周期为 $T = \dfrac{1}{f} = \dfrac{\lambda}{c} = \dfrac{2L}{c}$。

当 $t = \dfrac{T}{8}$ 时,每一波动已前进了 $\dfrac{\lambda}{8}$ 的距离,即 $\dfrac{L}{4}$,如图 J11.1.3 所示,图中实线表示左行波,虚线表示右行波。

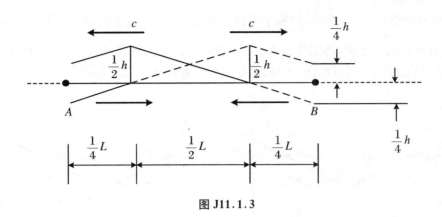

图 J11.1.3

图 J11.1.3 中的左行波和右行波叠加后的合成波形如图 J11.1.4 所示。

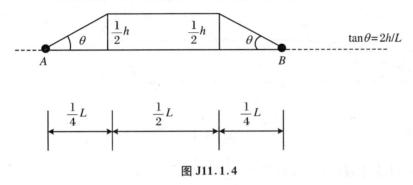

图 J11.1.4

方法二

由于细绳形状的演化具有周期性,因此用于模拟的细绳波动在空间上也有周期性。又因细绳是自静止开始释放的,故可认为细绳的初始形状是由两个反向行进的锯齿波叠加而成的,如图 J11.1.5 所示。

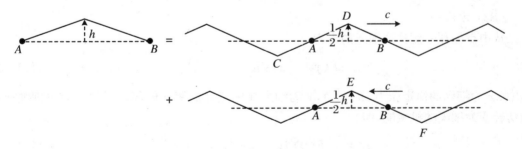

图 J11.1.5

图 J11.1.5 中的 A 点和 B 点是固定端,假设两列反向行进的锯齿波都能够穿透这两个固定点,则在某一时刻,A,B 两点间左行波和右行波的叠加波形即为该时刻的细绳形状。显然绳波周期即为两个锯齿波前进 $2L$ 所需要的时间:

$$T = \frac{2L}{c} \tag{11.1.26}$$

在任一时刻 t,绳波的形状为如图 J11.1.6 所示的实线波形。在图 J11.1.6 中,可看出在 D_1,D_2 两点之间,两个锯齿波(分别以短虚线和长虚线表示)的斜率是相反的,因此两列波的合成位移为常数,高度为 $\frac{h}{2}$,即等于锯齿波在 D_1, D_2 两点处的高度。在 A, D_1 两点之间或者在 B, D_2 两点之间,两锯齿波有相同的斜率,但反向行进,因此两列波的合成位移复制了起始的绳波形状。因而在任一时刻的细绳形状如图 J11.1.7 所示。

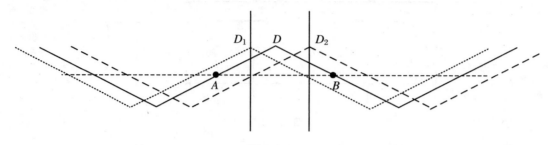

图 J11.1.6

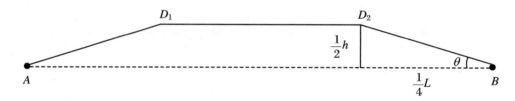

图 J11.1.7

在图 J11.1.7 中,$\overline{D_1D_2} = 2ct$,当 $t = \frac{T}{8}$ 时,有

$$\overline{D_1D_2} = 2c\frac{T}{8} = \frac{cT}{4} = \frac{L}{2} \tag{11.1.27}$$

即

$$\tan\theta = \frac{2h}{L} \tag{11.1.28}$$

(B2) 方法一

从中点处往一侧拉动细绳的力为

$$F(y) = 2\tau\sin\theta = 2\tau\frac{2y}{L} \tag{11.1.29}$$

其中 2τ 为细绳的恒定张力($h \ll L$),y 为细绳在中点处的侧向位移。因此外力对细绳所做的功转变为细绳的机械能,即

$$E = \int_0^h F(y)\mathrm{d}y = 2\tau\frac{h^2}{L} = 2\mu c^2\frac{h^2}{L} \tag{11.1.30}$$

其中 $c = \sqrt{\frac{\tau}{\mu}}$ 为绳波的传播速率。

方法二

因为波在细绳上的传播速率为 $c = \sqrt{\frac{\tau}{\mu}}$,所以 $\tau = \mu c^2$。当 $t = 0$ 时,细绳的总机械能全部为势能,即

$$E = U = \frac{1}{2}\tau\int_0^L \left(\frac{\partial y}{\partial x}\right)^2 \mathrm{d}x = \frac{1}{2}\mu c^2\left(\frac{2h}{L}\right)^2 L = 2\mu c^2\frac{h^2}{L} \tag{11.1.31}$$

其中 $y(x,t)$ 为 t 时刻,细绳在 x 处的位移。

方法三

如图 J11.1.5 所示,当 $t = \dfrac{T}{4}$ 时,$\overline{CD}$ 和 $\overline{EF}$ 段的绳波完全进入 $\overline{AB}$ 区域。此时细绳的形状成为直线,因此细绳的总机械能全部为动能。由于细绳上的每一点的速度都是 $2c\tan\alpha = 2c\dfrac{h}{L}$,方向向下,因此细绳的总机械能即为此时细绳的总动能:

$$E = \frac{1}{2}\mu L (2c\tan\alpha)^2 = 2\mu c^2 \frac{h^2}{L} \tag{11.1.32}$$

C 部分　膨胀的宇宙

(C1) 因光子在时刻 t_e 产生,在时刻 t_0 被地球上的观察者接收到,故

$$\frac{a(t_0)}{a(t_e)} = \frac{\lambda(t_0)}{\lambda(t_e)} = \frac{145.8}{121.5} \approx 1.200 \tag{11.1.33}$$

由题意,宇宙以 $a(t) \propto \exp(bt)$ 的方式膨胀,故哈勃常数为

$$H(t) = \frac{\mathrm{d}a(t)/\mathrm{d}t}{a(t)} = \frac{b\exp(bt)}{\exp(bt)} = b \tag{11.1.34}$$

因此可知哈勃常数在此宇宙模型中是与时间无关的常数,即 $H(t) = H(t_0) = H$。

设在过去的某一时刻 t,光子在极短的时间间隔 $\mathrm{d}t$ 内通过的距离为 $c\mathrm{d}t$,由题意 $L(t) = ka(t)$,可得

$$c\mathrm{d}t \propto a(t) \tag{11.1.35}$$

若换算为在 t_e 时刻附近 $\mathrm{d}t_e$ 时间内通过的距离,则有

$$\mathrm{d}L(t_e) \propto a(t_e) \tag{11.1.36}$$

联立(11.1.35)和(11.1.36)两式,可得

$$\mathrm{d}L(t_e) = \frac{a(t_e)}{a(t)}c\mathrm{d}t \Rightarrow \int_0^{L(t_e)} \mathrm{d}L(t_e) = \int_{t_e}^{t_0} \frac{a(t_e)}{a(t)}c\mathrm{d}t \tag{11.1.37}$$

将 $a(t) \propto \exp(bt)$ 代入式(11.1.37),积分后可得

$$L(t_e) = \int_{t_e}^{t_0} \frac{a(t_e)}{a(t)}c\mathrm{d}t = c\int_{t_e}^{t_0} \exp[H(t_e - t)]\mathrm{d}t$$

$$= \frac{c}{H}\left[1 - \frac{\exp(Ht_e)}{\exp(Ht_0)}\right] \tag{11.1.38}$$

由式(11.1.33)可得

$$\frac{\exp(Ht_e)}{\exp(Ht_0)} = \frac{a(t_e)}{a(t_0)} = \frac{1}{1.200} \tag{11.1.39}$$

将式(11.1.39)代入式(11.1.38),可得光子在 t_e 时刻产生时恒星与地球之间的距离为

$$L(t_e) = \frac{c}{H}\left(1 - \frac{1}{1.200}\right) = \frac{3 \times 10^5 \text{ km/s}}{72 \text{ km/(s} \cdot \text{Mpc)}}\left(1 - \frac{1}{1.200}\right) = 690 \text{ Mpc} \tag{11.1.40}$$

(C2) 由于宇宙在膨胀,相比式(11.1.40)中得到的两者的距离 $L(t_e)$,目前时刻 t_0 两者的距离 $L(t_0)$ 更长。利用 $L(t) = ka(t)$ 与(11.1.38)和(11.1.39)两式,可得

$$L(t_0) = \frac{a(t_0)}{a(t_e)}L(t_e) = \frac{a(t_0)}{a(t_e)}\frac{c}{H}\left[1 - \frac{a(t_e)}{a(t_0)}\right] \tag{11.1.41}$$

利用哈勃定律 $v(t) = H(t)L(t)$,可得目前时刻 t_0 恒星远离地球的速度 $v(t_0)$ 为

$$v(t_0) = HL(t_0) = H\frac{a(t_0)}{a(t_e)}\frac{c}{H}\left[1 - \frac{a(t_e)}{a(t_0)}\right]$$

$$= \left[\frac{a(t_0)}{a(t_e)} - 1\right]c = 0.200c \qquad (11.1.42)$$

第 2 题　电阻性强电磁铁

A 部分　线圈中心轴线的磁场

（A1）如图 J11.2.1 所示，$(s, s+ds)$ 区间内的载流线圈在中心轴线上 x 处产生的磁场为

$$d\boldsymbol{B} = \frac{\mu_0}{4\pi}\frac{I\pi D}{\left(\frac{D}{2}\right)^2 + (s-x)^2}\frac{\frac{D}{2}}{\sqrt{\left(\frac{D}{2}\right)^2 + (s-x)^2}}\frac{ds}{a}\hat{\boldsymbol{x}} \qquad (11.2.1)$$

将上式对螺线管的全部线圈积分，可得

$$\boldsymbol{B} = \frac{\mu_0 I}{2a}\left(\frac{D}{2}\right)^2\int_{-\frac{l}{2}}^{\frac{l}{2}}\frac{ds}{\left[\left(\frac{D}{2}\right)^2 + (s-x)^2\right]^{\frac{3}{2}}}\hat{\boldsymbol{x}}$$

$$= \frac{\mu_0 I}{2a}\left(\frac{D}{2}\right)^2\int_{-\frac{l}{2}-x}^{\frac{l}{2}-x}\frac{ds}{\left[\left(\frac{D}{2}\right)^2 + s^2\right]^{\frac{3}{2}}}\hat{\boldsymbol{x}}$$

$$= \frac{\mu_0 I}{2a}\left[\frac{\frac{l}{2}-x}{\sqrt{\left(\frac{D}{2}\right)^2 + \left(\frac{l}{2}-x\right)^2}} + \frac{\frac{l}{2}+x}{\sqrt{\left(\frac{D}{2}\right)^2 + \left(\frac{l}{2}+x\right)^2}}\right]\hat{\boldsymbol{x}} \qquad (11.2.2)$$

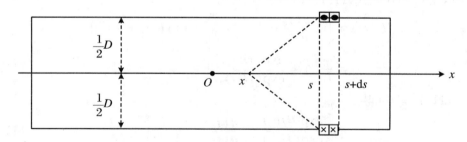

图 J11.2.1

（A2）将 $x = 0$ 代入式 (11.2.2)，可得在 O 点 ($x=0$) 处的磁感应强度为

$$B(0) = \frac{\mu_0 I}{a}\frac{1}{\sqrt{1 + \left(\frac{D}{l}\right)^2}} \qquad (11.2.3)$$

若 $B(0) = 10$ T，由式 (11.2.3)，可得所需的电流为

$$I(0) = B(0)\frac{a}{\mu_0}\sqrt{1 + \left(\frac{D}{l}\right)^2} = 1.8 \times 10^4 \text{ A} \qquad (11.2.4)$$

B 部分　线圈电流上限

（B1）就无线长载流螺线管（$l\to\infty$，$b\ll D$）而言，金属线圈的圆周所在处的磁感应强度为金属线圈内部和外部的磁感应强度的平均值。金属线圈外部的磁感应强度为零，而金属线圈内部为匀强磁场，与 O 点的磁感应强度相同，利用式(11.2.3)，令 $l\to\infty$，可得

$$\boldsymbol{B} = \bar{B}\hat{\boldsymbol{x}} = \frac{1}{2}\left(0 + \frac{\mu_0 I}{a}\right)\hat{\boldsymbol{x}} = \frac{\mu_0 I}{2a}\hat{\boldsymbol{x}} \tag{11.2.5}$$

作用于长度为 Δs 的线圈的向外的法向力为

$$\Delta F_n = I\bar{B}\Delta s = I\frac{\mu_0 I}{2a}\Delta s \tag{11.2.6}$$

因此单位长度的向外的法向力为

$$\frac{\Delta F_n}{\Delta s} = \frac{\mu_0 I^2}{2a} \tag{11.2.7}$$

如图 J11.2.2 所示，作用于长度为 Δs 的线圈两端的切向力的合力为

$$-2F_t\sin\frac{\Delta\theta}{2} \approx -F_t\Delta\theta = -F_t\frac{2\Delta s}{D'} \tag{11.2.8}$$

此合力必须与向外的法向力 ΔF_n 平衡，故而

$$\Delta F_n = F_t\frac{2\Delta s}{D'} \tag{11.2.9}$$

因此得到沿金属线圈的切线方向的切向力为

$$F_t = \frac{D'}{2}\frac{\Delta F_n}{\Delta s} = \frac{\mu_0 I^2}{4a}D' \tag{11.2.10}$$

（B2）当线圈即将断裂时，利用式(11.2.9)，可得金属导线的张应力为

$$\sigma_b = \frac{F_t}{ab} = \frac{\mu_0}{4a^2 b}I_b^2 D'$$

$$= 4.55\times 10^8\text{ Pa} \tag{11.2.11}$$

金属导线的张应变为

$$\frac{2\pi(D'-D)b}{2\pi Db} = \frac{D'-D}{D}$$

$$= 60\% \tag{11.2.12}$$

从而得到扩张后的金属线圈直径为

$$D' = 1.60D \tag{11.2.13}$$

联立(11.2.11)和(11.2.12)两式，可得金属线圈即将断裂时的电流为

$$I_b = 2a\sqrt{\frac{b\sigma_b}{\mu_0 D'}}$$

$$= 1.7\times 10^4\text{ A} \tag{11.2.14}$$

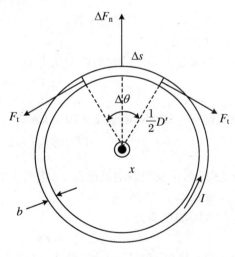

图 J11.2.2

将式(11.2.14)代入式(11.2.3)，令 $l\to\infty$，可得此时在 O 点处的磁感应强度为

$$B_b = \frac{\mu_0 I_b}{a} = 2\sqrt{\frac{\mu_0 b\sigma_b}{D'}} \approx 11\text{ T} \tag{11.2.15}$$

C部分　线圈温度上升的速率

(C1) 方法一

当线圈电流 $I = 10.0$ kA 时,电流密度为

$$j = \frac{I}{ab} = 1.0 \times 10^9 \text{ A/m}^2 \tag{11.2.16}$$

因此线圈中产生热能的功率密度为

$$\rho_e j^2 = \rho_e \left(\frac{I}{ab}\right)^2 = 1.720 \times 10^{10} \text{ W/m}^3 \tag{11.2.17}$$

方法二

长度为 l 的载流线圈的体积 τ 和电阻 R 分别为

$$\tau = \pi l \left[\left(\frac{D+b}{2}\right)^2 - \left(\frac{D-b}{2}\right)^2\right] = \pi b D l = N\pi abD \tag{11.2.18}$$

$$R = \rho_e \frac{N\pi D}{ab} = \rho_e \frac{l\pi D}{a^2 b} = 1.9 \times 10^{-2} \text{ } \Omega \tag{11.2.19}$$

线圈的焦耳热功率 P 为

$$P = I^2 R = 1.9 \times 10^6 \text{ W} \tag{11.2.20}$$

可得功率密度为

$$\frac{P}{\tau} = \frac{P}{N\pi abD} = \frac{P}{labD} = 1.7 \times 10^{10} \text{ W/m}^3 \tag{11.2.21}$$

注 利用式(11.2.18)～式(11.2.20),可得功率密度的表达式为

$$\frac{P}{\tau} = \frac{I^2 R}{\tau} = \frac{I^2}{\pi bDl} \rho_e \frac{l\pi D}{a^2 b} = \rho_e \left(\frac{I}{ab}\right)^2 = \rho_e j^2 \tag{11.2.22}$$

上式与式(11.2.17)完全相同。

(C2) 方法一

金属线圈温度随时间的变化率为

$$\frac{dT}{dt} = \frac{\rho_e j^2}{\rho_m c_p} = \frac{\rho_e}{\rho_m c_p}\left(\frac{I}{ab}\right)^2 \tag{11.2.23}$$

当温度 $T = 293$ K,电流 $I = 10.0$ kA 时,线圈温度随时间的变化率的值为

$$\frac{dT}{dt} = \frac{\rho_e j^2}{\rho_m c_p} = \frac{\rho_e}{\rho_m c_p}\left(\frac{I}{ab}\right)^2 = 4975 \text{ K/s} \tag{11.2.24}$$

这意味着,金属线圈的温度在 1 s 内要上升将近 5000 K,这是金属材料无法承受的。

方法二

线圈的热容为

$$Mc_p = \rho_m(l\pi bD)c_p = 3.9101 \times 10^2 \text{ J/K} \approx 3.9 \times 10^2 \text{ J/K} \tag{11.2.25}$$

利用(11.2.20)和(11.2.25)两式,可得线圈温度随时间的变化率为

$$\frac{dT}{dt} = \frac{I^2 R}{Mc_p} = 4975 \text{ K/s} \tag{11.2.26}$$

D部分　脉冲场磁铁

(D1) 取 $l \to \infty$,则通过每一匝线圈的磁通量 Φ_B 为

$$\Phi_B = \left[\lim_{l \to \infty} B(0)\right]\pi\left(\frac{D}{2}\right)^2 = \frac{\mu_0 I}{a}\pi\left(\frac{D}{2}\right)^2 \tag{11.2.27}$$

该金属线圈的电感 L 为

$$L = \frac{N\Phi_B}{I} = \frac{N\mu_0}{a}\pi\left(\frac{D}{2}\right)^2 = \frac{l\mu_0}{4a^2}\pi D^2 = 1.1\times 10^{-4}\ \mathrm{H} \tag{11.2.28}$$

该金属线圈的电阻与式(11.2.19)相同,即

$$R = \rho_e \frac{\pi DN}{ab} = \rho_e \frac{\pi Dl}{a^2 b} = 1.9\times 10^{-2}\ \Omega \tag{11.2.29}$$

(D2) 根据电路的基尔霍夫定律,有

$$L\frac{\mathrm{d}I}{\mathrm{d}t} + RI + \frac{Q}{C} = 0 \tag{11.2.30}$$

题中所给的电荷 $Q(t)$ 和电流 $I(t)$ 分别为

$$Q(t) = \frac{CV_0}{\sin\theta_0}\exp(-\alpha t)\sin(\omega t + \theta_0)$$

$$= \exp\left(\alpha\frac{\theta_0}{\omega}\right)\exp\left[-\alpha\left(t + \frac{\theta_0}{\omega}\right)\right]\frac{CV_0}{\sin\theta_0}\sin\omega\left(t + \frac{\theta_0}{\omega}\right) \tag{11.2.31}$$

$$I(t) = \frac{\mathrm{d}Q}{\mathrm{d}t} = \left(-\frac{\alpha}{\cos\theta_0}\right)\frac{CV_0}{\sin\theta_0}\exp(-\alpha t)\sin\omega t \tag{11.2.32}$$

$$\tan\theta_0 = \frac{\omega}{\alpha} \tag{11.2.33}$$

利用(11.2.31)和(11.2.32)两式,可得电流对时间的导数为

$$\frac{\mathrm{d}I}{\mathrm{d}t} = \left[\left(-\frac{\alpha}{\cos\theta_0}\right)\mathrm{e}^{-\alpha\frac{\theta_0}{\omega}}\right]\left[\left(-\frac{\alpha}{\cos\theta_0}\right)\frac{CV_0}{\sin\theta_0}\right]\mathrm{e}^{-\alpha\left(t-\frac{\theta_0}{\omega}\right)}\sin\omega\left(t - \frac{\theta_0}{\omega}\right)$$

$$= \left(\frac{\alpha}{\cos\theta_0}\right)^2 \frac{CV_0}{\sin\theta_0}\mathrm{e}^{-\alpha t}\sin(\omega t - \theta_0) \tag{11.2.34}$$

式(11.2.30)等号左边 $L\dfrac{\mathrm{d}L}{\mathrm{d}t} + RI + \dfrac{Q}{C}$ 可以写为 $\sin\omega t$ 和 $\cos\omega t$ 的线性组合,即

$$L\frac{\mathrm{d}I}{\mathrm{d}t} + RI + \frac{Q}{C} = \frac{CV_0}{\sin\theta_0}\mathrm{e}^{-\alpha t}(A\cos\theta_0\sin\omega t + B\sin\theta_0\cos\omega t) = 0 \tag{11.2.35}$$

满足式(11.2.35)的充要条件为

$$A = L\left(\frac{\alpha}{\cos\theta_0}\right)^2 - R\frac{\alpha}{\cos^2\theta_0} + \frac{1}{C} = 0 \tag{11.2.36}$$

$$B = -L\left(\frac{\alpha}{\cos\theta_0}\right)^2 + \frac{1}{C} = 0 \tag{11.2.37}$$

联立(11.2.36)和(11.2.37)两式,可得

$$\alpha = \frac{R}{2L} \tag{11.2.38}$$

将式(11.2.28)和式(11.2.29)代入式(11.2.38),可得

$$\alpha = \frac{R}{2L} = \frac{2\rho_e}{\mu_0 bD} = 91\ /\mathrm{s} \tag{11.2.39}$$

将(11.2.36)和(11.2.37)两式相加,可得

$$\frac{1}{LC} = \frac{R\alpha}{2L\cos^2\theta_0} = \frac{\alpha^2}{\cos^2\theta_0} = \alpha^2(1+\tan^2\theta_0) = \alpha^2 + \omega^2 \tag{11.2.40}$$

因此得到

$$\omega = \sqrt{\frac{1}{LC} - \left(\frac{R}{2L}\right)^2} \tag{11.2.41}$$

代入题中数据得到

$$\omega = \sqrt{\frac{1}{LC} - \left(\frac{R}{2L}\right)^2} = 964 \text{ rad/s} \quad (11.2.42)$$

(D3) 由式(11.2.34)可知,当 $\frac{dI}{dt} = 0$ 时,I 可取得极大值,此时

$$t_m = \frac{\theta_0}{\omega} \quad (11.2.43)$$

$$I_m = |I(t_m)| = \frac{\alpha}{\cos\theta_0} CV_0 e^{-\alpha\frac{\theta_0}{\omega}} \quad (11.2.44)$$

由(11.2.33)、(11.2.39)和(11.2.42)三式,可得

$$\tan\theta_0 = \frac{\omega}{\alpha} = 10.568 \Rightarrow \theta_0 = 1.4764 \text{ rad} \quad (11.2.45)$$

因此得到电流达到极大值的时刻为

$$t_m = \frac{\theta_0}{\omega} = 1.531 \times 10^{-3} \text{ s} \quad (11.2.46)$$

若 I_m 不超过式(11.2.14)中的 I_b,则

$$I_m = |I(t_m)| < I_b \Rightarrow \frac{\alpha}{\cos\theta_0} CV_0 e^{-\alpha\frac{\theta_0}{\omega}} \leqslant I_b \quad (11.2.47)$$

当取等号时,可得 V_0 的最大值为

$$V_{0b} = \frac{I_b}{\alpha C} e^{\alpha\frac{\theta_0}{\omega}} \cos\theta_0 = 2.1 \times 10^3 \text{ V} \quad (11.2.48)$$

(D4) 当 $t = t_m = \frac{\theta_0}{\omega}$ 时,$|I(t)|$ 达到最大值 I_m,此时电容器的电压从起始的 $V_0 = V_{0b}$ 下降至 $V(t_m)$,即

$$V(t_m) = \frac{Q(t_m)}{C} = \frac{V_{0b}}{\sin\theta_0} e^{-\alpha\frac{\theta_0}{\omega}} \sin 2\theta_0 = 2V_{0b} e^{-\alpha\frac{\theta_0}{\omega}} \cos\theta_0 \quad (11.2.49)$$

自 $t = 0$ 至 $t = t_m$,电容器供给电路的总能量转化为焦耳热和储存于金属线圈内部的磁场能量:

$$E_C = \frac{1}{2}C[V_{0b}^2 - V^2(t_m)] = \frac{1}{2}CV_{0b}^2(1 - 4e^{-2\alpha\frac{\theta_0}{\omega}} \cos^2\theta_0) \quad (11.2.50)$$

根据能量守恒定律,上述能量最终全部转化为线圈的热能。设 ΔE 为金属线圈从 $t = 0$ 至 $t = \infty$ 期间产生的总热量,则

$$\Delta E = E_C = \frac{1}{2}CV_{0b}^2(1 - 4e^{-2\alpha\frac{\theta_0}{\omega}} \cos^2\theta_0) = 2.1 \times 10^4 \text{ J} \quad (11.2.51)$$

若线圈的热容保持不变,如同式(11.2.25)在 $T = 293$ K 时计算所得结果,则线圈上升的温度为

$$\Delta T = \frac{\Delta E}{Mc_p} = \frac{\Delta E}{\rho_m(l\pi bD)c_p} = 53 \text{ K} \quad (11.2.52)$$

金属线圈以此温度上升,金属导线的热学和电学性能不会有实质性的变化,与 R,L 不随温度变化的假设基本相符。

第3题 液体中的电子泡与气泡

A部分 液氦中的电子泡

(A1) 方法一

考虑半球面的受力情况，如图 J11.3.1 所示。利用受力平衡条件

$$\pi R^2 (p_e - p_{He}) = 2\pi R \sigma \quad (11.3.1)$$

可得

$$p_e = p_{He} + \frac{2\sigma}{R} \quad (11.3.2)$$

根据德布罗意波长公式

$$p = \frac{h}{\lambda} \propto \frac{1}{R} \quad (11.3.3)$$

可得非相对论性的电子动能为

$$E_k = \frac{p^2}{2m} = \frac{C}{R^2} \quad (11.3.4)$$

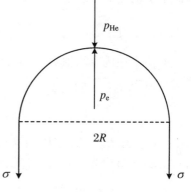

图 J11.3.1

其中 C 为常数。利用功能原理，可得

$$-p_e dV = dE_k \quad \Rightarrow \quad -p_e 4\pi R^2 dR = -\frac{2C}{R^3} dR = -\frac{2}{R} E_k dR \quad (11.3.5)$$

最终得到

$$p_e = \frac{1}{2\pi R^3} E_k \quad (11.3.6)$$

方法二

局限在泡内的电子状态相当于驻波的振动，在泡-液界面处的位移为零。该驻波的形成是两反向传播的波动持续前进并在界面处反射后叠加的结果。这些波动会对界面产生压强。就泡内的一个电子而言，其对界面产生的压强 p_e 和它的非相对论性动能 E_k 的关系类似于由气体动理论所得结果，即

$$p_e V = kT = \frac{2}{3} \left(\frac{3}{2} kT \right) = \frac{2}{3} E_k \quad (11.3.7)$$

解得

$$p_e = \frac{2E_k}{3V} = \frac{1}{2\pi R^3} E_k \quad (11.3.8)$$

(A2) 根据海森伯不确定原理，可得

$$\Delta x \Delta p_x \geqslant \frac{1}{2}\hbar, \quad \Delta y \Delta p_y \geqslant \frac{1}{2}\hbar, \quad \Delta z \Delta p_z \geqslant \frac{1}{2}\hbar \quad (11.3.9)$$

考虑到各向同性，可得

$$\bar{x} = \bar{y} = \bar{z} = 0, \quad \overline{p_x} = \overline{p_y} = \overline{p_z} = 0 \quad (11.3.10)$$

$$(\Delta x)^2 = \overline{x^2} - \bar{x}^2 = \overline{x^2} = (\Delta y)^2 = (\Delta z)^2 \quad (11.3.11)$$

$$(\Delta p_x)^2 = \overline{p_x^2} = (\Delta p_y)^2 = (\Delta p_z)^2 \quad (11.3.12)$$

因此可得

$$3(\Delta x)^2 = (\Delta x)^2 + (\Delta y)^2 + (\Delta z)^2 = \overline{x^2} + \overline{y^2} + \overline{z^2} = \overline{r^2} \quad (11.3.13)$$

$$3(\Delta p_x)^2 = (\Delta p_x)^2 + (\Delta p_y)^2 + (\Delta p_z)^2 = \overline{p_x^2} + \overline{p_y^2} + \overline{p_z^2} = \overline{p^2} \quad (11.3.14)$$

由(11.3.9)、(11.3.13)和(11.3.14)三式,可得

$$\overline{r^2}\,\overline{p^2} = 9(\Delta x)^2(\Delta p_x)^2 \geqslant \frac{9}{4}\hbar^2 \quad (11.3.15)$$

因此电子动能必须满足

$$E_k = \frac{\overline{p^2}}{2m} \geqslant \frac{1}{2m}\frac{9\hbar^2}{4}\frac{1}{\overline{r^2}} \quad (11.3.16)$$

若使半径的方均值等于其可能的最大值 R^2,则符合海森伯不确定原理的电子动能的可能最小值为

$$E_0 = \frac{9\hbar^2}{8mR^2} \quad (11.3.17)$$

(A3) 若 $E_k = E_0$,则电子动能为最小值,电子泡处于平衡状态,其半径可由(11.3.2)、(11.3.8)和(11.3.17)三式得出,即

$$p_e = \frac{1}{2\pi R^3}E_0 = \frac{9\hbar^2}{16\pi mR^5} = p_{He} + \frac{2\sigma}{R} \quad (11.3.18)$$

已知 $p_{He} = 0$,故有

$$R = R_e = \left(\frac{9\hbar^2}{32\pi m\sigma}\right)^{\frac{1}{4}} = 1.31 \times 10^{-9} \text{ m} = 1.31 \text{ nm} \quad (11.3.19)$$

另从式(11.3.18),可得电子的最小动能为

$$\frac{1}{2\pi R_e^3}E_0 = \frac{2\sigma_0}{R_e} \Rightarrow E_0 = 4\pi R_e^2 \sigma = \frac{3}{2}h\sqrt{\frac{\sigma}{2\pi m}} = 0.0502 \text{ eV} \quad (11.3.20)$$

(A4) 电子泡在半径为 R 时的稳定平衡条件为:当 R 增加($dR>0$)时,作用于泡-液界面的朝内的压强必须大于朝外的压强,形成减小半径的趋势。由式(11.3.18)可得

$$p_{He} + \frac{2\sigma}{R+dR} > \frac{9\hbar^2}{16\pi m(R+dR)^5} \quad (11.3.21)$$

将上式对 dR 作幂级数展开,仅保留 dR 的一次方项,可得

$$p_{He} + \frac{2\sigma}{R}\left(1 - \frac{dR}{R}\right) > \frac{9\hbar^2}{16\pi mR^5}\left(1 - 5\frac{dR}{R}\right) \quad (11.3.22)$$

再利用式(11.3.18),消去 p_{He},可得

$$-\frac{2\sigma}{R^2} > -5\frac{9\hbar^2}{16\pi mR^6} \quad (11.3.23)$$

如果考察 $dR<0$ 的微小半径变化,也可以得到相同的不等式。利用式(11.3.18),上式可改写为

$$\frac{2\sigma}{R} < 5\left(p_{He} + \frac{2\sigma}{R}\right) \quad (11.3.24)$$

得到

$$p_{He} > -\frac{8\sigma}{5R} \quad (11.3.25)$$

(A5) 由(11.3.2)、(11.3.8)和(11.3.17)三式,可得

$$p_{He} + \frac{2\sigma}{R} = p_e = \frac{E_k}{2\pi R^3} \geq \frac{E_0}{2\pi R^3} = \frac{9\hbar^2}{16\pi m R^5} \tag{11.3.26}$$

解得

$$p_{He} \geq \frac{9\hbar^2}{16\pi m R^5} - \frac{2\sigma}{R} \tag{11.3.27}$$

上式不等号右侧的最小值可利用其导数为零求得，即

$$-\frac{45\hbar^2}{16\pi m R^5} + \frac{2\sigma}{R} = 0 \tag{11.3.28}$$

解得

$$R = R_{th} = \left(\frac{45\hbar^2}{32\pi m \sigma}\right)^{\frac{1}{4}} \tag{11.3.29}$$

将式(11.3.29)代入式(11.3.27)，可得 p_{He} 的下限 p_{th} 为

$$p_{th} = \frac{9\hbar^2}{16\pi m R_{th}^5} - \frac{2\sigma}{R_{th}} = \left(\frac{1}{5} - 1\right)\frac{2\sigma}{R_{th}} = -\frac{8}{5}\frac{\sigma}{R_{th}} = -\frac{16\sigma}{5}\left(\frac{2\pi m\sigma}{45\hbar^2}\right)^{\frac{1}{4}} \tag{11.3.30}$$

若 $p_{He} < p_{th}$，则电子泡无法保持平衡。

B 部分 液体中的气泡

(B1) 当气泡的半径 R 变化 dR 时，泡-液界面所排开的液体体积为 $dV = 4\pi R^2 dR$。但因液体不可压缩，故其总体积维持不变，所以液体外部表面处的体积变化量必须为 dV。因此作用于液体的净功为

$$dW = pdV - p_0 dV = (p - p_0) \cdot 4\pi R^2 dR \tag{11.3.31}$$

利用题中式②，当 $r_0 \to \infty$ 时，液体总动能的变化量为

$$dE_k = d\left[2\pi\rho_0 R^4 \left(\frac{dR}{dt}\right)^2 \left(\frac{1}{R} - \frac{1}{r_0}\right)\right] = 2\pi\rho_0 d\left[R^3 \left(\frac{dR}{dt}\right)^2\right] \tag{11.3.32}$$

根据动能定理，可得 $dE_k = dW$，即

$$2\pi\rho_0 d\left[R^3 \left(\frac{dR}{dt}\right)^2\right] = (p - p_0) \cdot 4\pi R^2 dR \tag{11.3.33}$$

化简后，对比题中式③，可得

$$m = 3, \quad n = 2 \tag{11.3.34}$$

(B2) 已知气体在 $t = 0$ 时的初始温度 $T_i = T_0$，根据理想气体状态方程，气体的初始压强 $p_i = p(R_i)$ 满足

$$p_i R_i^3 = p_0 R_0^3 \tag{11.3.35}$$

由于气泡的坍缩过程为绝热过程，气泡内的气体压强和体积之间的关系式为 $pV^\gamma = p_i V_i^\gamma$，可得当气泡半径为 R 时的气体压强为

$$p = p(R) = \left(\frac{R_i^3}{R^3}\right)^\gamma p_i = \left(\frac{R_i}{R}\right)^5 p_i = \left(\frac{R_i}{R}\right)^5 p_0 \left(\frac{R_0}{R_i}\right)^3 \tag{11.3.36}$$

再利用绝热过程中气体温度和体积之间的关系式 $TV^{\gamma-1} = T_i V_i^{\gamma-1}$，可得当气泡半径为 R 时气体温度为

$$T = T(R) = \left(\frac{R_i^3}{R^3}\right)^{\gamma-1} T_i = \left(\frac{R_i}{R}\right)^2 T_0 \tag{11.3.37}$$

(B3) 利用题中式③，可得

$$\frac{1}{2R^2}\frac{\mathrm{d}\left[R^3\left(\frac{\mathrm{d}R}{\mathrm{d}t}\right)^2\right]}{\mathrm{d}R} = \frac{p - p_0}{\rho_0} = \frac{p_0}{\rho_0}\left[\frac{p_i}{p_0}\left(\frac{R_i}{R}\right)^{3\gamma} - 1\right] \quad (11.3.38)$$

将 $\beta = \dfrac{R}{R_i}$ 代入式(11.3.38),可得

$$\frac{1}{2\beta^2}\frac{\mathrm{d}\left[\beta^3\left(\frac{\mathrm{d}\beta}{\mathrm{d}t}\right)^2\right]}{\mathrm{d}\beta} = \frac{p_0}{\rho_0 R_i^2}\left(\frac{p_i}{p_0}\beta^{-3\gamma} - 1\right) \quad (11.3.39)$$

将式(11.3.39)两边积分,并将 $\gamma = \dfrac{5}{3}$ 代入,可得

$$\frac{1}{2}\beta^3\left(\frac{\mathrm{d}\beta}{\mathrm{d}t}\right)^2 = \frac{p_0}{\rho_0 R_i^2}\int_1^\beta\left(\frac{p_i}{p_0}y^{2-3\gamma} - y^2\right)\mathrm{d}y = \frac{p_0}{\rho_0 R_i^2}\left[\frac{p_i}{p_0}\frac{\beta^{3-3\gamma} - 1}{3(1-\gamma)} - \frac{\beta^3 - 1}{3}\right]$$

$$= \frac{p_0}{3\rho_0\beta^2 R_i^2}\left[-\frac{p_i}{p_0}\frac{1-\beta^2}{\gamma-1} + \beta^2(1-\beta^3)\right] \quad (11.3.40)$$

引入 $Q = \dfrac{p_i}{(\gamma-1)p_0}$, 式(11.3.40)可改写为

$$\frac{1}{2}\rho_0\left(\frac{\mathrm{d}\beta}{\mathrm{d}t}\right)^2 = -U(\beta) = -\frac{p_0}{3R_i^2\beta^5}[Q(1-\beta^2) - \beta^2(1-\beta^3)]$$

$$= -\frac{p_0(1-\beta^2)}{3R_i^2\beta^5}\left[Q - \frac{\beta^2(1-\beta^3)}{1-\beta^2}\right] \quad (11.3.41)$$

对比题中式⑤,可得系数 μ 为

$$\mu = \frac{p_0}{3R_i^2} \quad (11.3.42)$$

(B4) 当 $\dfrac{\mathrm{d}R}{\mathrm{d}t} = R_i\dfrac{\mathrm{d}\beta}{\mathrm{d}t} = 0$ 时,气泡的半径达到最小值 R_m(或 β_m)。由式(11.3.41)可得

$$Q = \frac{\beta_\mathrm{m}^2(1-\beta_\mathrm{m}^3)}{1-\beta_\mathrm{m}^2} = \beta_\mathrm{m}^2\left(1 + \frac{\beta_\mathrm{m}^2}{1+\beta_\mathrm{m}}\right) \quad (11.3.43)$$

若 $Q \ll 1$, 则式(11.3.43)中的 β_m 必须很小,故

$$Q \approx \beta_\mathrm{m}^2 \quad \Rightarrow \quad \beta_\mathrm{m} \approx \sqrt{Q} \quad (11.3.44)$$

因而得到

$$C_\mathrm{m} = 1 \quad (11.3.45)$$

若 $R_i = 7R_0 = 35\ \mu\mathrm{m}$, 则利用式(11.3.35),可得

$$Q = \frac{p_i}{p_0(\gamma-1)} = \frac{1}{\gamma-1}\left(\frac{R_0}{R_i}\right)^3 = \frac{3}{2}\left(\frac{1}{7}\right)^3 = 0.00437 \quad (11.3.46)$$

当 $\beta = \beta_\mathrm{m}$ 时,由式(11.3.44)可得

$$\beta_\mathrm{m} = \sqrt{Q} = 0.0661$$

$$\Rightarrow R_\mathrm{m} = \beta_\mathrm{m}R_i = 0.0661 \times 35\ \mu\mathrm{m} = 2.31\ \mu\mathrm{m} \quad (11.3.47)$$

利用式(11.3.37),可得对应的气体温度 T_m 为

$$T_\mathrm{m} = \left(\frac{R_i}{R_\mathrm{m}}\right)^2 T_0 = \left(\frac{1}{\beta_\mathrm{m}}\right)^2 T_0 = \left(\frac{1}{0.0661}\right)^2 \cdot 300\ \mathrm{K} = 6.86 \times 10^4\ \mathrm{K} \quad (11.3.48)$$

(B5) 当无量纲的径向速率 $u = \left|\dfrac{\mathrm{d}\beta}{\mathrm{d}t}\right|$ 到达极大值时, $\beta = \beta_u$, 由式(11.3.42)可知此时的

$-U(\beta)$ 也达到了最大值。已知

$$U(\beta) = \frac{p_0}{3R_i^2}\left[Q\left(\frac{1}{\beta^5} - \frac{1}{\beta^3}\right) - \left(\frac{1}{\beta^3} - 1\right)\right] \tag{11.3.49}$$

因此当 $\beta = \beta_m$ 时，$U(\beta)$ 的导数为零，即

$$\left.\frac{dU(\beta)}{d\beta}\right|_{\beta=\beta_u} = -\frac{p_0}{3R_i^2\beta_u}\left[Q\left(\frac{5}{\beta_u^5} - \frac{3}{\beta_u^3}\right) - \frac{3}{\beta_u^3}\right] = 0 \tag{11.3.50}$$

解得

$$Q = \frac{3\beta_u^2}{5 - 3\beta_u^2} \Rightarrow \beta_u^2 = \frac{5}{3}\frac{Q}{1+Q} \tag{11.3.51}$$

将式(11.3.46)代入式(11.3.51)，可得

$$\beta_u = \sqrt{\frac{5}{3}\frac{Q}{1+Q}} = \sqrt{\frac{5}{3}\frac{0.00437}{1+0.00437}} = 0.0852 \tag{11.3.52}$$

β_u（界面的径向速率最大）和 β_m（界面的径向速率为零）的平均值设为 $\bar{\beta}$，将(11.3.47)和(11.3.52)两式的 β 值代入，可得

$$\bar{\beta} = \frac{1}{2}(\beta_m + \beta_u) \approx \frac{1}{2}(0.0661 + 0.0852) = 0.0757 \tag{11.3.53}$$

利用式(11.3.41)，并将 $\bar{\beta}$ 值代入，可得在半径为 $\bar{\beta}$ 时无量纲的径向速率 $\bar{u}$ 为

$$\bar{u} = \left.\frac{d\beta}{dt}\right|_{\beta=\bar{\beta}} = \sqrt{-\frac{2}{\rho_0}U(\bar{\beta})}$$

$$= \sqrt{\frac{2p_0(1-\bar{\beta}^2)}{3\rho_0 R_i^2 \bar{\beta}^3}\left(1 - \frac{Q}{\bar{\beta}^2} + \frac{\bar{\beta}^2}{1+\bar{\beta}}\right)} = 5.53 \times 10^6 /s \tag{11.3.54}$$

当 β 值由 β_u 缩小至 β_m 时，所经历的时间 Δt_m 为

$$\Delta t_m = \frac{\beta_u - \beta_m}{\bar{u}} = \frac{0.0852 - 0.0661}{5.53 \times 10^6 /s} = 3.45 \times 10^{-9} \text{ s} \tag{11.3.55}$$

(B6) 假设气泡为一个具有固定发射率 a 的表面黑体辐射体，利用式(11.3.37)并将 $\beta = \frac{R}{R_i}$ 代入，可得气泡在温度 T 时的辐射功率 W_r，即

$$W_r = a(\sigma_{SB}T^4)(4\pi R^2)$$

$$= a\sigma_{SB}\left[\left(\frac{R_i}{R}\right)^2 T_0\right]^4\left[4\pi\left(\frac{R}{R_i}\right)^2 R_i^2\right] = \frac{4\pi R_i^2 a\sigma_{SB}T_0^4}{\beta^6} \tag{11.3.56}$$

其中 σ_{SB} 为斯特藩-玻尔兹曼常量。液体供给气泡的功率为

$$\frac{dE}{dt} = -p\frac{dV}{dt} = -p_i\left(\frac{V_i}{V}\right)^\gamma \frac{dV}{dt}$$

$$= -p_i\left(\frac{R_i}{R}\right)^{3\gamma} 4\pi R^2 \frac{dR}{dt}$$

$$= -p_i\frac{1}{\beta^5}4\pi\beta^2 R_i^2\left(R_i\frac{d\beta}{dt}\right)$$

$$= -4\pi R_i^3 p_i \frac{1}{\beta^3}\frac{d\beta}{dt} \tag{11.3.57}$$

根据题意，当 $\beta = \bar{\beta}$ 时，气泡的辐射功率损失必须小于液体供给的功率的20%，气泡的

坍缩过程才能近似为绝热过程,故由(11.3.56)和(11.3.57)两式可得

$$\frac{4\pi R_i^2 a \sigma_{SB} T_0^4}{\bar{\beta}^6} \leqslant 4\pi R_i^3 p_i \frac{\bar{u}}{\bar{\beta}^3} \times 20\% \tag{11.3.58}$$

解得

$$a < \frac{p_i R_i}{5\sigma_{SB} T_0^4} \bar{\beta}^3 \bar{u} = \frac{p_0 R_i}{5\sigma_{SB} T_0^4} \left(\frac{R_0}{R_i}\right)^3 \bar{\beta}^3 \bar{u} = 0.0108 \tag{11.3.59}$$

因此 a 的上限值为 0.0108。

第12届亚洲物理奥林匹克竞赛理论试题与解析

理论试题

第1题 肖克利-詹姆斯佯谬

为了解决牛顿经典力学和麦克斯韦电磁理论之间的矛盾,阿尔伯特·爱因斯坦在1905年提出了狭义相对论。基于狭义相对论的适当解释,之前认为的许多佯谬得到解释,当时讨论的焦点主要集中在电磁波的传播问题上。

本题希望解决另一类佯谬:肖克利-詹姆斯佯谬。肖克利(W. Schockley)和詹姆斯(R. P. James)在1967年提出了一个简单的电荷系统,但要理解该系统的动量守恒,需要作仔细的狭义相对论分析。如果点电荷处在磁感应强度正在变化的磁体附近,该电荷会受到感生电场力的作用,但这个磁体并没有受到明显的反作用力。该过程可以进行得相当缓慢,使得任何电磁辐射(以及任何由电磁波带走的动量)都可以忽略。因此,我们似乎得到了一个发射炮弹时没有反冲的大炮。

我们希望对该系统进行分析后证明,在相对论力学中,复合体系虽然具有非零的机械动量,但仍然可以保持静止。

A部分 作用在点电荷上的冲量

考虑半径为 r、电流为 I_1 的圆形电流环 1 和具有更大半径 $R(R \gg r)$ 的圆形电流环 2,两环共面且共圆心。

(A1) 设圆形电流环 2 中的电流 I_2 在圆环 1 中产生的磁通量是 Φ_{B1},求互感系数 $M_{21} = \dfrac{\Phi_{B1}}{I_2}$ 的表达式。

(A2) 已知 $M_{12} = \dfrac{\Phi_{12}}{I_1} = M_{21}$。求由圆环 1 中的电流变化 $\dot{I}_1 = \dfrac{\mathrm{d}I_1}{\mathrm{d}t}$ 引起的圆环 2 中的感应电动势 $\mathscr{E}_2$,忽略圆环 2 中的电流变化引起的感应电动势。

(A3) 在(A2)小题中得到的感应电动势 $\mathscr{E}_2$ 是由感生电场的切向分量引起的。求在半径 R 处感生电场的切向分量 E 的表达式,用电流变化率 $\dot{I}_1 = \dfrac{\mathrm{d}I_1}{\mathrm{d}t}$ 表示。

现在移除圆形电流环 2,代之以在与圆形电流环 1 的圆心距离为 R 处放置质量很大的带电质点 Q,因此可以认为在所涉及的时间段内,该点电荷几乎不动,如图 T12.1.1 所示。

---

① 第12届亚洲物理奥林匹克竞赛于2011年5月1日至5月9日在以色列特拉维夫举行,共有16个国家和地区派出代表队参加。

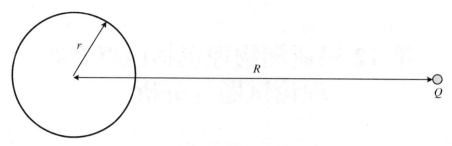

图 T12.1.1 圆形电流环与点电荷 Q

(A4) 求圆形电流环 1 内的电流从初值 $I_1 = I$ 变化到终值 $I_1 = 0$ 的过程中点电荷受到的总切向冲量 Δp，所谓切向指垂直于 R 的方向。

B 部分　电流环受到的反冲

在本部分中，利用一个与 A 部分中形状不同的电流环，来理解电流环受到的反冲力的来源。

(B1) 考虑长为 l、横截面积为 A、管壁由不带电绝缘材料制成的空心直管。空心管内有电流 I，该电流由空心管内均匀分布、数密度为 n、静止质量为 m、带电量为 q 的带电粒子运动产生。假设所有带电粒子均以相同速度沿着管轴线方向运动。考虑狭义相对论效应，求空心管内所有带电粒子的总动量 p。

(B2) 考虑边长为 l 的正方形电流环，在与正方形电流环的中心距离为 R 处放置一点电荷 Q，如图 T12.1.2 所示。正方形电流环内部有电流 I。正方形电流环可认为是由(B1)小题中的空心管首尾相连形成的闭合中空的电流环。载流子沿着正方形环中的中空区域自由运动；在正方形环的转角处，载流子与管壁发生弹性碰撞而做直角转向。忽略载流子之间的所有相互作用并假设管子上同一横截面内所有载流子的运动速度相同。假设正方形环的质量很大，以致其运动可以忽略。求正方形环内载流子的总线动量 p_{hid}，该动量称为"隐藏动量"。

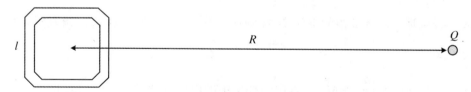

图 T12.1.2　正方形电流环与点电荷 Q

当正方形环内的电流停止时，此动量将转移到正方形环上，正方形环获得一个冲量，该冲量与(A4)小题中点电荷 Q 受到的冲量大小相等，方向相反。该冲量就是我们所要寻找的消失的反冲。注意在初始状态下，电磁场中也有动量，这保证了整个系统的动量守恒。

C 部分　结论

(C1) 载流环(电流环、载流线圈)常用其磁矩 $\mu = IS$ 来表征其特征，其中 I 为电流，S 为环面积。请用 μ, r, R, Q 表示(A4)小题的结果；用 μ, R, Q 表示(B2)小题的结果。

注意：电常数与磁常数之间的关系为 $\dfrac{4\pi k}{\mu_0} = \dfrac{1}{\varepsilon_0 \mu_0} = c^2$，其中 c 是真空中的光速。

(C2) 在更为真实的模型中,电流环通常是由金属导体实心线制成的,点电荷 Q 产生的电场由于静电感应不能进入导体内部,假设电流仍然是由金属导体中的载流子传导的。请判断以下选项①②③是否正确并说明理由。

① 电流环的动量为零。

② 随着电流环中的电流由 I 变为零,载流子减速,从而在金属导线中引起感应电流,由于感应电流的作用,点电荷 Q 将不会获得净冲量。

③ 由于电流环外存在点电荷 Q,导线表面上产生感应电荷。随着电流环中的电流从 I 变为零,这些感应电荷会受到电场力的作用,因此电流环获得的冲量将与(B2)小题的结果一样。

第 2 题 嘎吱作响的门

因摩擦而嘎吱作响的现象非常常见,如开关门和橱柜时、粉笔在黑板上划过时、拉小提琴时、穿新鞋子在地上行走时、汽车刹车时以及日常生活中的许多其他场合都可以发现该现象。在以色列,类似的现象会导致周期长达几十年的剧烈的地震发生,这些地震源位于死海的地球裂谷,而死海恰好位于地壳上已知最深裂缝的正上方。

嘎吱作响现象的物理机制与弹性以及静摩擦系数和动摩擦系数之间的差异有关。本题希望探讨嘎吱作响的产生机制,并应用于讨论开门过程中的嘎吱作响。

A 部分 一般模型

考虑如图 T12.2.1 所示的系统,劲度系数为 k 的长理想弹簧相连的一端与质量为 m 的物体相连,另一端在外力的驱动下以恒定速度 u 向右运动。物体与地面之间的静摩擦系数为 μ_s,动摩擦系数为 μ_k,且 $\mu_k < \mu_s$。

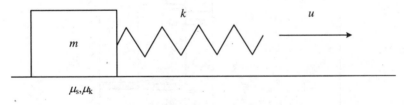

图 T12.2.1 解释嘎吱作响现象的一般模型

下面讨论为何该系统可以有以下两种不同的运动形式:

运动形式一:摩擦总是动摩擦,称为纯滑动模式;

运动形式二:动摩擦和静摩擦交替发生,称为黏住-滑动模式,而黏住-滑动模式是常见嘎吱作响声的来源。

(A1) 首先考虑初始 $t=0$ 时刻,物体在地面上的初速度为 v_0,弹簧的弹力恰好与动摩擦力平衡。假设 $0 < v_0 < u$,弹簧伸长量 x 是时间 t 的振荡函数。求此振子的振动周期 T_0 和振幅 A,并定性地画出 $0 < t < 3T_0$ 时间内弹簧的伸长量 $x(t)$ 与时间 t 的变化关系曲线。

(A2) 其次考虑初始 $t=0$ 时刻,物体在地面上静止,而弹簧的初始伸长量 x 与(A1)小题中的初始情况相同。请定性地画出 $0 < t < 3T$ 时间内物体相对于地面的速度 $v(t)$ 随时间 t 的变化关系曲线,其中 T 是系统(新的)振动的周期,规定向右运动时速度 v 为正,要求在

图中画出 $v = u$ 的水平直线。

（A3）采用（A2）小题的初始条件，求经过充分长时间以后弹簧伸长量的时间平均值 $\bar{x}$ 的表达式。

（A4）采用（A2）小题的初始条件，求系统的振动周期 T 的表达式。

一般而言，当驱动速度 u 很大时，黏住-滑动运动会停止，下面讨论导致该现象的一种可能机制。

（A5）假定在每一个振动周期 T 内，由于其他原因，一小部分能量会以热能的形式在弹簧中耗散掉。令 $\eta = \dfrac{\Delta A}{A}$ 为在一个纯滑动周期内这种热能耗散引起的相对振幅损失系数。假设 $\eta \ll 1$，求临界驱动速度 u_c，要求当驱动速度超过临界速度 u_c 后，黏住-滑动运动将不可能出现。

注意：B 部分中无需用到（A5）小题得到的结果。

B 部分　会嘎吱作响的门

门轴（也称为铰链）是一个半径为 r、高度为 h、壁厚为 Δr、下端无底面的中空金属圆筒，如图 T12.2.2 所示，此门轴的下端放置于固定在墙上的金属底座上（两者的接触面是一个半径为 r、宽度为 Δr 的圆环）。门轴的底部与金属底座之间的静摩擦系数为 μ_s，动摩擦系数为 μ_k，且 $\mu_k < \mu_s$。门轴的上部连接到门上，门可视为完美的刚体。一般的门都会使用两至三个这样的门轴，但门的重量只会集中于其中一个门轴上，而正是这个门轴会发出嘎吱作响声。发出嘎吱声的门轴会通过金属圆筒的底部将质量为 M 的整扇门的重量加到固定在墙上的金属底座上。

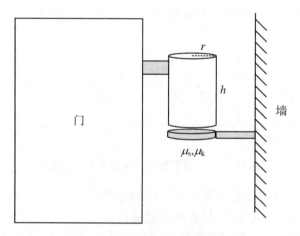

图 T12.2.2　门和门轴示意图

构成门轴的金属圆筒并不是完美的刚体，可在不改变其整体外形的情况下发生切向扭曲，如图 T12.2.3 所示，其结果是平行于圆筒轴线的线段会发生倾斜，与中轴线方向成一个小角度 α。由于扭曲形变而在固定在墙上的金属底座的面积元 dS 上产生的弹力为

$$dF = \alpha G dS$$

其中 G 为剪切模量，用于描述材料的某种力学性质。

已知物理数据：$r = 5$ mm，$h = 3$ cm，$\Delta r = 1$ mm，$M = 30$ kg，$\mu_s = 0.75$，$\mu_k = 0.55$，$G = 8 \times 10^{10}$ Pa，$g = 9.8$ m/s^2。可使用近似 $\Delta r \ll r$。

（B1）我们将门从平衡状态（零力矩）开始缓慢地转动。对于小角度转动而言，求转矩系数 $\kappa = \dfrac{\tau}{\theta}$ 的表达式和值，其中 τ 是使门转过角度 θ 时需加在门上的转矩。

（B2）在开门的角速度很小的情况下，当门轴底部与金属底座间从相对静止转为滑动时，便会发出一个声脉冲。假设门轴做纯滑动振动时的频率 $f_0 \gg$ 声音脉冲频率 f，当此声脉冲恰好能被人听到，即 $f = 20$ Hz 时，求门转动的角速度 Ω 的表达式和值。

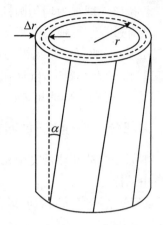

图 T12.2.3　发生扭曲形变后的门轴

第 3 题　生 日 气 球

如图 T12.3.1 所示是在生日聚会上常见的长条形橡皮气球。完全充气的长条形气球可视为完美的圆柱体（两端除外），如图 T12.3.1(b) 所示。而未被完全充气（部分充气）的长条形气球通常会分裂成具有不同半径的两区域，如图 T12.3.1(c)(d) 所示。在本题中，希望利用简化的模型来理解部分充气的长条形气球分裂成具有不同半径的两区域的现象。

(a) 尚未充气的长条形气球

(b) 完全充气的长条形气球

(c) 多个部分充气的长条形气球

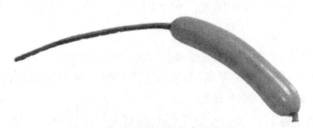
(d) 一个部分充气的长条形气球

图 T12.3.1　长条形气球的不同形态

长条形气球视为均匀圆柱体（忽略两端非圆柱部分），其中一端是可向气球充气的吹气口。所有过程都可视为室温下的等温过程，且在所有时刻，气球内部的气体压强 p 都略大于大气压强 p_0，故可将空气视为不可压缩的流体。整个充气过程是缓慢进行的准静态过程。在（A1）和（A2）小题中，气球在它整个长度上均匀充气。气球充气之前的半径和长度分别为 r_0 和 L_0。忽略气球的重力。

A 部分　完全充气的长条形气球

本部分中的气球是完全充气的长条形气球。现将气球的充气口固定，而气球的其他部分自由悬挂。

（A1）请确定纵向表面张力 σ_L（平行于圆柱形气球的轴线方向）和横向表面张力 σ_t（沿圆柱形气球的圆形横截面圆周切线的方向）之间的比值 $\dfrac{\sigma_L}{\sigma_t}$。橡皮膜的表面张力指在单位长度上相邻两侧橡皮膜之间的相互作用力。

胡克定律是真实弹性在小张力情形下的线性近似。假设气球的长度总是保持不变为 L_0，而表面张力 σ_t 与充气率 $\dfrac{r}{r_0}$ 之间满足如下的线性关系：

$$\sigma_t = k\left(\dfrac{r}{r_0} - 1\right) \qquad ①$$

（A2）根据上述假设，求气球内部的气体压强 p 与气球体积 V 之间的关系式，并画出 $p - p_0$ 随 V 变化的关系曲线，最后从弹性的线性近似胡克定律求气球的最大充气压强 $p_{\max}$ 的表达式。

B 部分　部分充气的长条形气球

在实际情况中，由于膨胀比 $\dfrac{r}{r_0}$ 甚大，如在图 T12.3.1(d) 中，观测到 $\dfrac{r}{r_0}$ 的典型值约为 5，因此必须考虑橡皮的非线性行为以及气球长度的变化，这些效应会使充气压强高于（A2）小题中从胡克定律得到的最大充气压强 $p_{\max}$。在如图 T12.3.1(d) 所示的典型气球中，$\sigma_t(r)$ 的变化如图 T12.3.2 所示，包括以下三个阶段：

第一阶段：膨胀比 $\dfrac{r}{r_0}$ 很小时，$\sigma_t(r)$ 按照胡克定律的方式增大。

第二阶段：在 $r - r_0$ 至 r_0 附近，气球的长度 L 开始增加，而且 $\sigma_t(r)$ 到达一个长的平台区，在平台区内 $\sigma_t(r)$ 的增大很缓慢。

第三阶段：在膨胀比 $\dfrac{r}{r_0}$ 很大时，橡皮开始强烈抵抗任何进一步的膨胀，导致 $\sigma_t(r)$ 急剧增大。

（B1）对于行为遵循图 T12.3.2 所示规律的均匀膨胀气球，请定性画出压强差 $p - p_0$ 随体积 V 的变化关系曲线，要求在图中标出所有极值点和 $r = 1$ cm、$r = 2.5$ cm 时 $p - p_0$ 的值，要求误差不超过 10%。

为了探讨在（B1）小题中得到的有关气球行为的结果，对于均匀膨胀的气球，利用三次函数来对 $p(V)$ 进行近似：

$$p - p_0 = a\left[(V - u)^3 - b(V - u) + c\right] \qquad ②$$

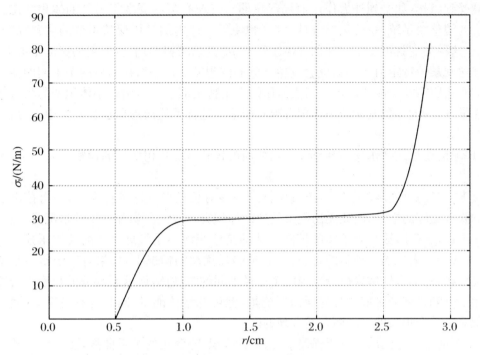

图 T12.3.2　真实情形的 $\sigma_t(r)$ 曲线

其中 a,b,c,u 是正的常量，假设体积 u 大于气球在未充气时的体积 V_0，且 c 足够大，使得在整个 $V>V_0$ 的范围内 $p-p_0$ 都是正的，如图 T12.3.3 所示。

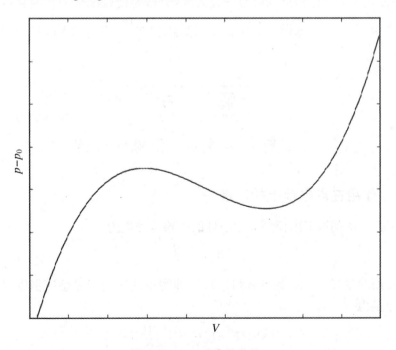

图 T12.3.3　式②的曲线

将气球连接在压强 p 可调的大空气库中。事实上，当压强 p 取某些特定值时，一个压强 p 所对应的气球体积 V 可能不止一个。因此，气球内的气体压强是上述这些特定值时，若气球受到微扰(如受到外力作用而局部拉伸),气球有可能突变至另外的体积状态。如果这种突变使整个系统(系统包括气球、空气和使得气球内的气压保持不变的装置)的能量变得更低,这种突变就可发生。如果气体压强从 p_0 开始缓慢增加,且外界的扰动足够大,当气体压强达到某一特定值 p_c 时,就会发生气球的体积突变;此时,在前后两个不同的体积状态之间的变化所需要的能量为零。当气体压强大于特定值 p_c 时,由较小体积变为较大体积会释放能量,由较大体积变为较小体积会吸收能量。这种不连续现象在自然界中十分普遍,称为"相变"。

(B2) 请通过式②求特定压强 p_c、相变前的体积 V_1 和相变后的体积 V_2,用 a, b, c, u 表示。

接下来考虑更实际的情况。由过生日的小孩对长条形气球进行充气,小男孩由于无法给气球吹入足够的空气,因此无法使得气球的体积突然改变。实际发生的情况是,空气将缓慢地逐渐进入气球,这相当于实际控制气球的是体积而不是气球内部的气体压强。在这种情况下,气球将表现出一种新的行为:在有足够强扰动的情况下,如果有利于整个系统进入最低能量状态,那么气球将被分裂为两个半径不同的圆柱体,而这两部分的长度也会逐渐变化。用于分隔两部分区域的分界面需要能量,但可忽略该能量,同时也忽略界面的长度,这些近似对于一个很长的气球而言是合理的。

(B3) 请定性地画出气体压强差 $p - p_0$ 随体积 V 变化的关系曲线,要求将气球的分裂也考虑在内,并在坐标轴上标出气体压强 $p_c - p_0$ 及体积 V_1, V_2。

(B4) 假设气球在某体积范围内能分裂为两部分,求较细部分的长度 $L_{细}$ 随气球总体积 V 变化的关系式,用体积 V_1, V_2 及较细部分的半径 r_1 表示。

(B5) 假设气球在某体积范围内会分裂为两部分,要使较细部分转变为较粗部分,必须对气球做潜热功,求需对气球做的单位长度的潜热功 $\dfrac{\Delta W}{\Delta L_{细}}$,用 p_c, V_1, V_2 及较细部分的直径 r_1 表示。

解 析

第 1 题 肖克利-詹姆斯佯谬

A 部分 作用在点电荷上的冲量

(A1) 半径为 R 的圆形电流环 2 中心处的磁感应强度为

$$B = \frac{\mu_0 I_2}{2R} \tag{12.1.1}$$

由于小线圈的半径 $r \ll R$,因此式(12.1.1)即为小线圈内的磁感应强度,故通过圆形电流环 1 的磁通量为

$$\Phi_{B1} = \pi r^2 B = \frac{\mu_0 \pi r^2}{2R} I_2 \tag{12.1.2}$$

因此两圆环之间的互感系数为

$$M_{21} = \frac{\Phi_{B1}}{I_2} = \frac{\mu_0 \pi r^2}{2R} \tag{12.1.3}$$

(A2) 已知 $M_{12} = \dfrac{\Phi_{B2}}{I_1} = M_{21}$，故通过圆形电流环 2 的磁通量为

$$\Phi_{B2} = M_{12} I_1 = \dfrac{\mu_0 \pi r^2}{2R} I_1 \tag{12.1.4}$$

利用法拉第电磁感应定律，可得圆形电流环 2 内的感应电动势为

$$\mathscr{E}_2 = \dfrac{d\Phi_{B2}}{dt} = \dfrac{\mu_0 \pi r^2}{2R} \dot{I}_1 = \dfrac{\mu_0 \pi r^2}{2R} \dfrac{dI_1}{dt} \tag{12.1.5}$$

(A3) 电动势为单位电荷绕行回路一圈所获得的能量，故在半径 R 处的感生电场的切向分量为

$$E = \dfrac{\mathscr{E}_2}{2\pi R} = \dfrac{\mu_0 r^2}{4R^2} \dot{I}_1 = \dfrac{\mu_0 r^2}{4R^2} \dfrac{dI_1}{dt} \tag{12.1.6}$$

(A4) 利用(A3)小题所得的感生电场的切向分量，可得点电荷 Q 所受的电场力为

$$F = QE = \dfrac{\mu_0 r^2 Q}{4R^2} \dot{I}_1 = \dfrac{\mu_0 r^2 Q}{4R^2} \dfrac{dI_1}{dt} \tag{12.1.7}$$

式(12.1.7)两边对时间 t 积分，可得点电荷受到的总切向冲量为

$$\Delta p = \int_0^t F dt = \int_0^t \dfrac{\mu_0 r^2 Q}{4R^2} \dot{I}_1 dt = \int_0^I \dfrac{\mu_0 r^2 Q}{4R^2} dI_1 = \dfrac{\mu_0 r^2 Q}{4R^2} I \tag{12.1.8}$$

B 部分　电流环受到的反冲

(B1) 空心管内的电流为

$$I = nAqv \tag{12.1.9}$$

其中 v 为载流子的运动速度，故

$$v = \dfrac{I}{nAq} \tag{12.1.10}$$

空心管内带电粒子的总动量为

$$p_{\text{hid}} = \gamma m v n A l = \dfrac{mnAlv}{\sqrt{1-\dfrac{v^2}{c^2}}} = \dfrac{mIl}{q\sqrt{1-\left(\dfrac{I}{nAqc}\right)^2}} \tag{12.1.11}$$

其中 $\gamma = 1/\sqrt{1-\dfrac{v^2}{c^2}}$ 为洛伦兹因子。

(B2) 此隐藏动量来自回路左右两垂直边内的载流子的运动。设载流子的静止质量为 m，所带电量为 q，则一个载流子通过这两段垂直导管内的电势能为

$$\Delta U = \dfrac{kQq}{R-\dfrac{l}{2}} - \dfrac{kQq}{R+\dfrac{l}{2}} = \dfrac{kQq}{R}\left(\dfrac{1}{1-\dfrac{l}{2R}} - \dfrac{1}{1+\dfrac{l}{2R}}\right)$$

$$\approx \dfrac{kQq}{R} \dfrac{l}{R} = \dfrac{kQql}{R^2} \tag{12.1.12}$$

载流子在这两段垂直导管内的纵向线密度和速度分别用 λ_1, v_1 和 λ_2, v_2 表示，γ_1, γ_2 分别表示对应的洛伦兹因子。由于回路中的电流为定值，因此有

$$\lambda_1 q_1 v_1 = \lambda_2 q_2 v_2 = I \tag{12.1.13}$$

根据能量守恒定律，当一个载流子从一侧的垂直空心管转移到与之平行的另一侧的垂

直空心管时,其能量的变化量为
$$\Delta U = (\gamma_2 - \gamma_1)mc^2 \tag{12.1.14}$$
该电流回路内所有载流子的总动量为
$$p_{hid} = p_2 - p_1 = \gamma_2 m v_2 \lambda_2 l - \gamma_1 m v_1 \lambda_1 l = ml(\gamma_2 v_2 \lambda_2 - \gamma_1 v_1 \lambda_1) \tag{12.1.15}$$
利用式(12.1.12)～式(12.1.14),式(12.1.15)可化为
$$p_{hid} = \frac{mIl}{q}(\gamma_2 - \gamma_1) = \frac{Il\Delta U}{qc^2} = \frac{lI}{qc^2} \frac{kQql}{R^2} = \frac{kQIl^2}{R^2 c^2} \tag{12.1.16}$$
注意,式(12.1.15)中的微观物理量 m, q, λ, v 在式(12.1.16)中被宏观物理量所取代。

C 部分 结论

(C1)(A4)小题中圆形电流环的磁矩 $\mu = \pi r^2 I$,因此式(12.1.8)可改写为
$$\Delta p = \frac{\mu_0 Q \mu}{4\pi R^2} \tag{12.1.17}$$

(B2)小题中正方形电流回路的磁矩 $\mu = Il^2$,因此式(12.1.16)可改写为
$$p_{hid} = \frac{kQ\mu}{R^2 c^2} = \frac{\mu_0 Q \mu}{R^2 c^2} \tag{12.1.18}$$

由以上两式可以发现所得的两动量值是相等的。

(C2) 正确的是选项①③。

①是正确的。由于电荷 Q 的电场无法进入该导体内,因此在线圈两侧垂直边导线体内的电势能差为零,即 $\Delta U = 0$。由式(12.1.16)可知该电流回路的动量为零。

②是错误的。电荷 Q 会受到冲量,只是这些在导线上的感应电荷对外部电荷的反作用力是高阶效应,即含有 Q 的高次方项。

③是正确的。电流环所受的冲量的值等于该点电荷所得的冲量,这是因为系统质心的速度保持不变。

第2题 嘎吱作响的门

A 部分 一般模型

(A1)按照题意,弹簧的一端连接质量为 m 的物体,另一端在外力作用下,以速度 u 向右匀速运动。现从一同样以速度 u 向右匀速运动的惯性参考系来观察此物体的运动情况。为方便起见,取弹簧的右端作为该惯性参考系的原点,取向右为正方向。对于该参考系的观察者而言,原点静止不动,但物体在 $t=0$ 时刻的初速度为 $v_0 - u$,地面以速度 $-u$ 向左匀速运动,如图 J12.2.1 所示。

由于题中假设 $0 < v_0 < u$,因此在该参考系中,物体向左运动,使弹簧伸长,但是物体相对于地面的初速度为 v_0,方向向右,故物体受到一个向左的动摩擦力 $\mu_k mg$。设 x 表示弹簧的伸长量,则物体在上述参考系中的动力学方程为
$$m \frac{d^2 x}{dt^2} = -kx + \mu_k mg \tag{12.2.1}$$

上式为简谐运动方程式,其通解为

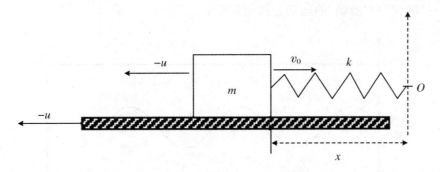

图 J12.2.1 以弹簧右端为原点的惯性参考系

$$x = \frac{\mu_k mg}{k} + A\sin(\omega_0 t + \varphi) \tag{12.2.2}$$

其中 $\omega_0 = \sqrt{\dfrac{k}{m}}$。

根据题意，当 $t=0$ 时，物体相对于地面的初速度为 v_0，且弹簧受到的弹力恰好与动摩擦力抵消，故初始时刻的弹簧伸长量为

$$x_0 = \frac{\mu_k mg}{k} \tag{12.2.3}$$

将式(12.2.3)代入式(12.2.2)，可得

$$x = \frac{\mu_k mg}{k} + A\sin\varphi \;\Rightarrow\; \varphi = 0 \tag{12.2.4}$$

因此式(12.2.2)可改写为

$$x = \frac{\mu_k mg}{k} + A\sin\omega_0 t \tag{12.2.5}$$

利用上式，可得物体的速度为

$$\frac{dx}{dt} = \omega_0 A\cos\omega_0 t \tag{12.2.6}$$

当 $t=0$ 时，$\left(\dfrac{dx}{dt}\right)_0 = v_0 - u$（此值为负，方向向左），代入式(12.2.6)，可得

$$|v_0 - u| = \omega_0 A \;\Rightarrow\; A = \frac{u-v_0}{\omega_0} = (u-v_0)\sqrt{\frac{m}{k}} \tag{12.2.7}$$

因此弹簧连同物体的振动周期为 $T_0 = \dfrac{2\pi}{\omega_0} = 2\pi\sqrt{\dfrac{m}{k}}$，其振幅为 $A = (u-v_0)\sqrt{\dfrac{m}{k}}$。

利用(12.2.5)和(12.2.7)两式，可得弹簧伸长量 $x(t)$ 的关系式为

$$x = \frac{\mu_k mg}{k} + \frac{u-v_0}{\omega_0}\sin\omega_0 t \tag{12.2.8}$$

在 $0 < t < 3T_0$ 时间间隔内，x-t 的关系曲线如图 J12.2.2 所示。

(A2) 若当 $t=0$ 时，物体静止在地面上，而弹簧的初始伸长量 x_0 与(A1)小题相同，则在之后的一小段时间内，物体黏在地面上，直至弹簧的弹力大于或等于物体和地面间的最大静摩擦力 $\mu_s mg$，才能使得物体滑动。一旦物体滑动，物体受到一个向左的定值滑动摩擦力 $\mu_k mg$ 作用，其运动情形如同(A1)小题所描述的简谐运动。但在该周期振动的末端，物体相对于地面的速度逐渐减小至零，此时静摩擦力恢复作用，阻止物体运动，而使其再度黏在地

面上。其后"黏住"和"滑动"的运动方式交替发生。

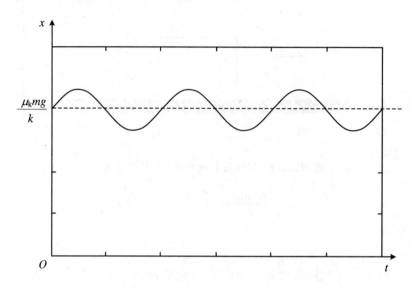

图 J12.2.2 弹簧伸长量 x 与时间 t 之间的关系曲线图

在 $0 < t < 3T_0$ 时间间隔内,物体相对于地面的速度 v 和时间 t 的关系曲线如图 J12.2.3 所示。

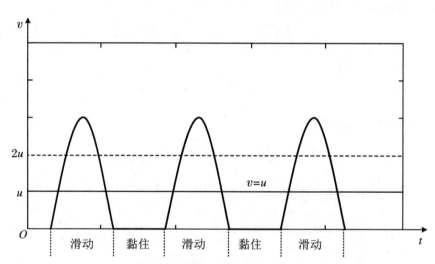

图 J12.2.3 物体相对于地面的速度 v 与时间 t 的关系曲线图

在图 J12.2.3 中,在滑动期间的曲线为正弦曲线,而在黏住期间的水平线为 $v=0$,即相对于地面的速度为零。由于物体相对于地面的平均速度必须为 u,因此正弦曲线的峰值必须高于水平直线 $v=u$。事实上,由图 J12.2.3 中平均速度 u 的位置可以看出峰值的高度大于 $2u$。

(A3) 若从以弹簧右端为原点的惯性参考系来观察,如图 J12.2.1 所示,由于物体在初始时静止在地面上,即 $v_0=0$,弹簧的起始伸长量为 $x_0 = \dfrac{\mu_k mg}{k}$,在弹簧的回复力尚未增大至足以克服最大静摩擦力 $\mu_s mg$ 之前,物体都静止在地面上。在此黏住期间,物体相对于参考

系原点以速度 $-u$ 向左匀速运动，即弹簧长度的伸长量 x 以速度 u 均匀增加，直至弹簧的伸长量为 $x_s = \dfrac{\mu_s mg}{k}$ 为止。其后物体的运动模式转变为在定值滑动摩擦力 $\mu_k mg$ 作用下的滑动。在滑动期间，物体做简谐运动，以 x_0 为其对称的平衡位置。在滑动的前半段，弹簧的伸长量大于 x_0，物体相对于地面的速度由零逐渐增至最大值；但在滑动的后半段，弹簧的伸长量小于 x_0，物体相对于地面的速度由最大值渐减至零。此时，物体再次受到静摩擦力的作用，又开始黏住模式，静止在地面上，一直到弹簧伸长量再次逐渐增至 $x_s = \dfrac{\mu_s mg}{k}$ 为止。在黏住期间，弹簧伸长量的变化也是以 x_0 为对称位置。图 J12.2.4 显示在黏住-滑动模式的周期性运动过程中弹簧伸长量 x 和时间 t 的关系曲线。由于在黏住和滑动两种模式的运动中，弹簧的伸长量皆以 x_0 为对称位置，因此弹簧伸长量对于时间的平均值为

$$\bar{x} = x_0 = \dfrac{\mu_k mg}{k} \tag{12.2.9}$$

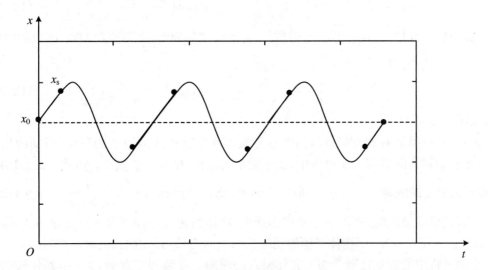

图 J12.2.4　在黏住-滑动模式的周期性运动过程中弹簧伸长量 x 和时间 t 的关系曲线图
（注意每两个黑点之间的部分为直线）

（A4）再次从以弹簧右端为原点的惯性参考系来观察，如图 J12.2.1 所示，物体在黏住模式的运动过程中，其速度为 u，通过的距离为

$$2(x_s - x_0) = \dfrac{2(\mu_s - \mu_k)mg}{k} \tag{12.2.10}$$

故黏住模式的时间为

$$t_{黏住} = \dfrac{2(x_s - x_0)}{u} = \dfrac{2(\mu_s - \mu_k)mg}{ku} \tag{12.2.11}$$

根据（A1）小题的结果，可知物体在滑动期间做简谐运动，其振动圆频率为 ω_0，但经历的时间不是全周期。若滑动模式的起点对应的相位为 φ，则其终点对应的相位为 $2\pi - \varphi$，故滑动模式的时间为

$$t_{滑动} = T_0 \dfrac{2\pi - 2\varphi}{2\pi} = T_0\left(1 - \dfrac{\varphi}{\pi}\right) \tag{12.2.12}$$

利用式（12.2.2），可得在物体滑动过程中，弹簧伸长量 x 和时间 t 的关系为

$$x = x_0 + A\sin(\omega_0 t + \varphi) \tag{12.2.13}$$

将上式对时间 t 求导,可得物体在该参考系中的速度为

$$\frac{\mathrm{d}x}{\mathrm{d}t} = \omega_0 A\cos(\omega_0 t + \varphi) \tag{12.2.14}$$

在滑动模式的起点,$t=0$,$x=x_s$,$\left(\dfrac{\mathrm{d}x}{\mathrm{d}t}\right)_0 = u$,代入(12.2.13)和(12.2.14)两式,可得

$$x_s - x_0 = A\sin\varphi \tag{12.2.15}$$

$$u = \omega_0 A\cos\varphi \tag{12.2.16}$$

将以上两式相除,并利用式(12.2.10)可得

$$\tan\varphi = \frac{\omega_0(x_s - x_0)}{u} = \sqrt{\frac{k}{m}}\frac{(\mu_s - \mu_k)mg}{uk} = \sqrt{\frac{m}{k}}\frac{(\mu_s - \mu_k)g}{u} \tag{12.2.17}$$

由(12.2.12)和(12.2.17)两式可得

$$t_{\text{滑动}} = T_0\left(1 - \frac{\varphi}{\pi}\right) = 2\sqrt{\frac{m}{k}}\left[\pi - \arctan\left(\frac{\mu_s - \mu_k}{u}g\sqrt{\frac{m}{k}}\right)\right] \tag{12.2.18}$$

综合(12.2.11)和(12.2.18)两式,可得黏住-滑动模式的周期,亦即周期函数 $x(t)$ 的周期为

$$T = t_{\text{黏住}} + t_{\text{滑动}}$$

$$= 2\sqrt{\frac{m}{k}}\left[\frac{(\mu_s - \mu_k)g}{u}\sqrt{\frac{m}{k}} + \pi - \arctan\left(\frac{\mu_s - \mu_k}{u}g\sqrt{\frac{m}{k}}\right)\right] \tag{12.2.19}$$

(A5) 方法一

再一次从以弹簧右端为原点的惯性参考系来观察物体在地面上的黏住-滑动的周期性运动。在滑动模式的简谐运动过程中,由于能量的损耗,振幅将会减小。由式(12.2.16)可知物体在开始滑动时的速度为 $-u$,其初相位为 φ,物体的振幅可写为 $\dfrac{u}{\omega_0\cos\varphi}$。由图 J12.2.4 可以看出,在滑动结束时,亦即黏住模式的开始,物体的速度必须恢复至 $-u$,此时物体的相位为 $2\pi - \varphi$。若 φ 减小,则物体经历滑动模式的时间增长,黏住模式的时间相对缩短。换而言之,滑动过程中的能量耗散会缩短黏住模式的时间。在临界情况时,$\varphi = 0$,黏住模式的时间缩短至零。这个现象发生在图 J12.2.4 中的正弦波形在平衡点($\varphi = 2\pi$)时的斜率恰好为 $-u$。进一步而言,如果正弦波形在 $\varphi = 2\pi$ 时斜率的绝对值小于 u,则物体持续进行周期性纯滑动模式的阻尼振动,不会进入黏住模式。换而言之,当弹簧右端的驱动速度 u 很大时,不会发生黏住-滑动模式交替发生的运动。

设 $\eta = \left|\dfrac{\Delta A}{A}\right|$ 代表一个周期内由于能量耗损而使振幅减小的比率。就临界状况而言,物体的振幅在一个周期内由 $\dfrac{u}{\omega_0\cos\varphi}$ 降至 $\dfrac{u}{\omega_0\cos 0} = \dfrac{u}{\omega_0}$,即

$$\eta = \left|\frac{\Delta A}{A}\right| = \left|\frac{\dfrac{u}{\omega_0\cos\varphi} - \dfrac{u}{\omega_0}}{\dfrac{u}{\omega_0\cos\varphi}}\right| = 1 - \cos\varphi \tag{12.2.20}$$

若 $\eta \ll 1$,则 φ 很小,上式可以近似为

$$\eta \approx \frac{1}{2}\varphi^2 \tag{12.2.21}$$

利用式(12.2.17),可得

$$\eta \approx \frac{m(\mu_s - \mu_k)^2 g^2}{2ku_c^2} \Rightarrow u_c = (\mu_s - \mu_k)g\sqrt{\frac{m}{2k\eta}} \tag{12.2.22}$$

方法二

利用(12.2.16)和(12.2.20)两式,可得

$$u_c = \omega_0 A(1-\eta) \tag{12.2.23}$$

由(12.2.15)和(12.2.16)两式,可得

$$A^2 = (x_s - x_0)^2 + \frac{u_c^2}{\omega_0^2} = (x_s - x_0)^2 + \frac{m}{k}u_c^2 \tag{12.2.24}$$

联立(12.2.23)和(12.2.24)两式,可得

$$\left(\frac{u_c}{1-\eta}\right)^2 \frac{m}{k} = (x_s - x_0)^2 + \frac{m}{k}u_c^2$$

$$\Rightarrow u_c^2 \frac{\eta(2-\eta)}{(1-\eta)^2} = \frac{k}{m}(x_s - x_0)^2 \tag{12.2.25}$$

若 $\eta \ll 1$,利用式(12.2.10),可得

$$u_c^2(2\eta) = \frac{m}{k}(u_s - u_k)^2 g^2 \Rightarrow u_c = (u_s - u_k)g\sqrt{\frac{m}{2\eta k}} \tag{12.2.26}$$

方法三

因为物体的机械能 $E \propto A^2$,所以

$$\left|\frac{\Delta E}{E}\right| = \left|\frac{2A\Delta A}{A^2}\right| = 2\left|\frac{\Delta A}{A}\right| = 2\eta \tag{12.2.27}$$

若从以弹簧右端为原点的惯性参考系来看,在临界情况下,物体在平衡点时的动能为 $\frac{1}{2}mu_c^2$。由于滑动过程的能量损耗,在一个周期结束时,物体的振幅减为 $A(1-\eta)$,储存在弹簧中的最大弹性势能减少为 $\frac{1}{2}kA^2(1-2\eta)$,故

$$\frac{1}{2}mu_c^2 = \frac{1}{2}kA^2(1-2\eta) \tag{12.2.28}$$

利用(12.2.10)和(12.2.24)两式,可得

$$mu_c^2 = k(1-2\eta)\left[\frac{(u_s - u_k)^2 m^2 g^2}{k^2} + \frac{m}{k}u_c^2\right]$$

$$\Rightarrow u_c^2 = \frac{m}{k}\frac{1-2\eta}{2\eta}(u_s - u_k)^2 g^2 \tag{12.2.29}$$

若 $\eta \ll 1$,则式(12.2.29)可近似为

$$u_c = (u_s - u_k)g\sqrt{\frac{m}{2\eta k}} \tag{12.2.30}$$

B 部分 会嘎吱作响的门

(B1) 就小角度的转动而言,门轴的底端仍卡在金属底座上,当门轴扭转角度 α 时,其顶面上的任一点偏移距离 $h\alpha$。这相当于门绕门轴的中心轴转动了角度 $\theta = \frac{h\alpha}{r}$。作用在金属底座上微元面积 dS 上的剪切力为

$$dF = G\alpha dA = G\frac{r\theta}{h}dS \tag{12.2.31}$$

作用在该底座微元面积上的力矩为

$$d\tau = rdF = \frac{Gr^2}{h}\theta dS \tag{12.2.32}$$

将上式对门轴和金属底座之间的整个环形接触面积分，可得使门转动角度 θ 所需施加的力矩。由于题中允许取接触面的环宽 $\Delta r \ll r$，因此其值可近似为

$$\tau = \int_{接触面} \frac{Gr^2}{h}\theta dS \approx \frac{Gr^2}{h}\theta \cdot 2\pi r \Delta r = \frac{2\pi Gr^3 \Delta r}{h}\theta \tag{12.2.33}$$

由此可得转矩系数为

$$\kappa \approx \frac{2\pi Gr^3 \Delta r}{h} = \frac{2\pi \times 8 \times 10^{10} \times (5 \times 10^{-3})^3 \times 1 \times 10^{-3}}{3 \times 10^{-2}} \text{N} \cdot \text{m}$$

$$= 2 \times 10^3 \text{ N} \cdot \text{m} \tag{12.2.34}$$

（B2）由于题中假设门轴在纯滑动时的振动频率 f_0 远大于声音脉冲波的频率 f，即门轴在纯滑动模式经历的时间远小于声音脉冲波的周期或黏住模式经历的时间，因此声音脉冲波的频率 f 可近似等于 $\frac{1}{t_{黏住}}$。利用（A4）小题的结果，以门的质量 M 取代物体的质量 m，并以转动取代线性运动，则式（12.2.11）可以改写为

$$t_{黏住} = \frac{2(\mu_s - \mu_k)Mgr}{\kappa \Omega} \tag{12.2.35}$$

因此得到

$$\Omega = \frac{2(\mu_s - \mu_k)Mgr}{\kappa t_{黏住}} = \frac{2(\mu_s - \mu_k)Mgrf}{\kappa} = \frac{2(\mu_s - \mu_k)Mghf}{2\pi Gr^2 \Delta r} \tag{12.2.36}$$

代入数据可得门转动的角速度为

$$\Omega = 5.6 \times 10^{-3} \text{ rad/s} \tag{12.2.37}$$

第3题 生日气球

A部分 完全充气的长条形气球

（A1）方法一（受力观点）

设气球圆截面的半径为 r，其内部的空气压强为 p，假想沿着垂直于气球中轴线的平面将气球切成两半，则其后半部的受力情况如图 J12.3.1 所示。

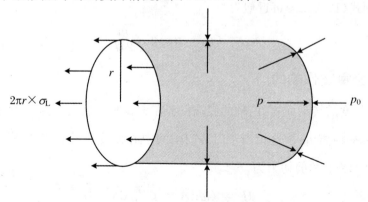

图 J12.3.1 气球纵切面和内外表面的受力图

由气球处于静力学平衡状态,可得
$$2\pi r\sigma_L = \pi r^2(p - p_0) \tag{12.3.1}$$

同理,假想将气球沿着平行于中轴线方向横切成两半,考虑长度为 x 的半圆柱形气球的受力情况,如图 J12.3.2 所示。

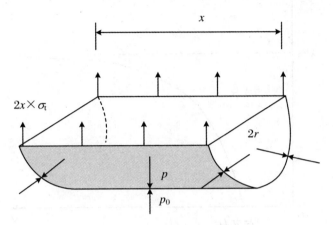

图 J12.3.2 气球横切面和内外表面的受力图

由气球处于静力学平衡状态,可得
$$2x\sigma_t = 2rx(p - p_0) \tag{12.3.2}$$

将(12.3.1)和(12.3.2)两式相除,可得
$$\frac{\sigma_L}{\sigma_t} = \frac{1}{2} \tag{12.3.3}$$

方法二(能量观点)

如图 J12.3.1 所示,若将气球沿中轴线方向拉伸一段极小距离 dL,则气球的表面积增加 $2\pi rdL$。由于表面张力的作用,需要的能量为
$$E_1 = \sigma_L \cdot 2\pi rdL \tag{12.3.4}$$

同理,若将气球沿径向膨胀一段极小长度 dr,则气球的表面积增加 $L \cdot 2\pi dr$,故所需的能量为
$$E_2 = \sigma_t \cdot 2\pi Ldr \tag{12.3.5}$$

若气球的体积维持不变,则上述两种变形导致的体积变化应相互抵消,即
$$\pi r^2 dL = -Ld(\pi r^2) \implies rdL = -2Ldr \tag{12.3.6}$$

当气球达到稳定的平衡状态时,上述两种变形的能量之和应为零,即
$$E_1 + E_2 = 0 \tag{12.3.7}$$

将式(12.3.4)~式(12.3.6)代入式(12.3.7),可得
$$\sigma_L \cdot 2\pi rdL + \sigma_t \cdot 2\pi Ldr = 0 \implies \frac{\sigma_L}{\sigma_t} = \frac{1}{2} \tag{12.3.8}$$

(A2) 利用题中式①和式(12.3.2),可得
$$p = p_0 + \frac{\sigma_t}{r} = p_0 + k\left(\frac{1}{r_0} - \frac{1}{r}\right) \tag{12.3.9}$$

气球的体积为 $V = \pi r^2 L_0$,故其半径 $r = \sqrt{\dfrac{V}{\pi L_0}}$,代入式(12.3.9),可得

$$p(V) = p_0 + k\left(\frac{1}{r_0} - \sqrt{\frac{\pi L_0}{V}}\right) \qquad (12.3.10)$$

因此 $p - p_0$ 与 V 的关系曲线图如图 J12.3.3 所示。

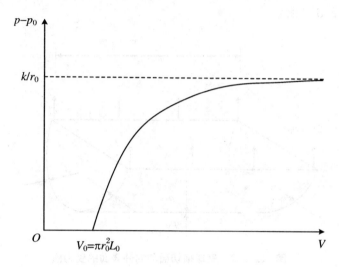

图 J12.3.3 $p - p_0$ 与 V 之间的关系曲线图

当 $V \to \infty$ 时，$p - p_0$ 趋向于最大值，即

$$p_{max} = p_0 + \frac{k}{r_0} \qquad (12.3.11)$$

B 部分 部分充气的长条形气球

（B1）$p - p_0$ 与 r 的关系曲线图如图 J12.3.4 所示，$p - p_0$ 与 V 的关系曲线图如图 J12.3.5 所示。

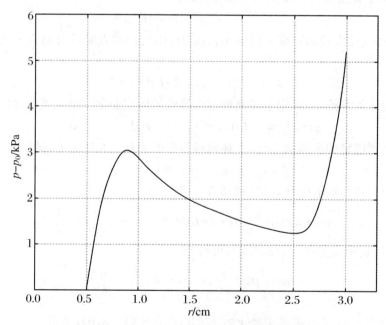

图 J12.3.4 $p - p_0$ 与 r 之间的关系曲线图

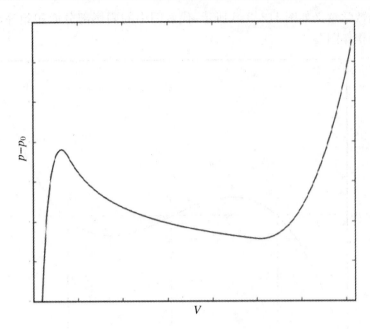

图 J12.3.5　$p-p_0$ 与 V 之间的关系曲线图

图 J12.3.4 中的曲线随着 r 的增加，先从零开始线性上升，然后下降，接着又上升。曲线上 $r=1$ cm 和 $r=2.5$ cm 对应的数据点在下降的线段上，并不处于极大或极小的位置。对这两点的 $p-p_0$ 值，计算可得：

$r=1$ cm，

$$p-p_0 = \frac{\sigma}{r} = \frac{30}{0.01}\,\text{Pa} = 3000\,\text{Pa} \tag{12.3.12}$$

$r=2.5$ cm，

$$p-p_0 = \frac{\sigma}{r} = \frac{30}{0.025}\,\text{Pa} = 1200\,\text{Pa} \tag{12.3.13}$$

(B2) 在气球体积从 V_1 持续膨胀至 V_2 的过程中，对维持压强 p 的机械装置做的功为

$$W_{\text{mech}} = -p(V_2 - V_1) \tag{12.3.14}$$

对气球周围的大气做的功为

$$W_{\text{surr}} = p_0(V_2 - V_1) \tag{12.3.15}$$

对气球的橡皮膜做的功为

$$W_{\text{rubb}} = \int_{V_1}^{V_2}[p(V)-p_0]\,dV \tag{12.3.16}$$

由题意，当气球发生体积突变，即发生"相变"时，在两种不同体积状态之间转换所需的能量为零，故发生相变的能量条件为

$$W_{\text{rubb}} + W_{\text{surr}} + W_{\text{mech}} = 0 \tag{12.3.17}$$

将式(12.3.14)~式(12.3.16)代入式(12.3.17)，可得

$$\int_{V_1}^{V_2}[p(V)-p_0]\,dV + p_0(V_2-V_1) - p(V_2-V_1) = 0$$

$$\Rightarrow \int_{V_1}^{V_2} p(V)\,dV = p(V_2-V_1) \tag{12.3.18}$$

式(12.3.18)的数学意义如图 J12.3.6 所示,代表图中的阴影部分面积相等,即热力学中的"麦克斯韦等面积作图"。

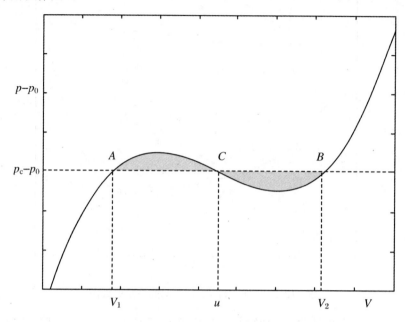

图 J12.3.6　麦克斯韦等面积作图

由于图中 $p(V)$ 曲线代表题中式②,其形状相对于 C 点中心对称,该对称点的体积和压强分别为 $V=u$ 和 $p=p_0+ac=p_c$。由于 A,B 和 C 三点位于同一条等压线上,由题中式②,可知 A 和 B 两点的体积坐标必须满足

$$(V-u)^3 - b(V-u) = 0 \tag{12.3.19}$$

解得

$$V_{1,2} = u \pm \sqrt{b} \tag{12.3.20}$$

气球体积发生突变时的压强为

$$p_c = p_0 + ac \tag{12.3.21}$$

(B3) 气球发生相变时,其体积的变化范围为 V_1 和 V_2 之间,即 $V_1<V<V_2$,此时,其内部的空气压强维持在定值 p_c。图 J12.3.7 为气球内外的空气压强差 $p-p_0$ 与 V 之间的关系曲线图:当气球体积 V 甚小时,其内部的空气压强 p 随着 V 的增加而单调地增大;当 $V=V_1$ 时,气球发生相变,体积虽然增大,但压强保持在定值 p_c,直至 $V=V_2$;当 $V>V_2$ 时,$p-p_0$ 与 V 之间的关系曲线恢复为单调的上升曲线。代表相变过程的水平线段在其两端点处的斜率并不连续。

(B4) 在气球的体积从 V_1 增大至 V_2 的过程中,半径较细区域的体积由初始的 V_1 线性地逐渐减少至零,故该区域的体积可写为

$$V_{细} = V_1 - \frac{V_1}{V_2-V_1}(V-V_1) = \frac{V_1}{V_2-V_1}(V_2-V) \tag{12.3.22}$$

该较细区域的长度为

$$L_{细} = \frac{V_{细}}{\pi r_1^2} = \frac{V_1(V_2-V)}{\pi r_1^2(V_2-V_1)} \tag{12.3.23}$$

(B5) 在相变过程中,气球较细区域的长度缩短,而较粗区域的长度增长,故气球体积的

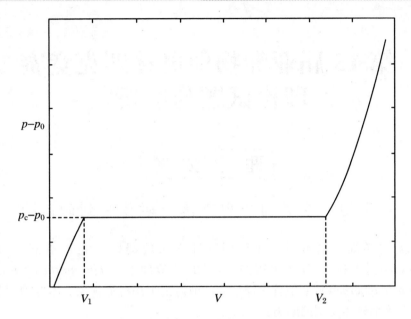

图 J12.3.7　气球内外的空气压强差 $p-p_0$ 与 V 之间的关系曲线图

增加量可写为

$$\Delta V = \frac{V_2 - V_1}{V_1}\Delta V_{细} = \frac{\pi r_1^2(V_2 - V_1)}{V_1}\Delta L_{细} \quad (12.3.24)$$

对应此增加的体积,所需做的功为

$$\Delta W = p_c \Delta V = p_c \frac{\pi r_1^2(V_2 - V_1)}{V_1}\Delta L_{细} \quad (12.3.25)$$

最终得到需对气球做的单位长度的潜热功为

$$\frac{\Delta W}{\Delta L_{细}} = \frac{\pi r_1^2 p_c(V_2 - V_1)}{V_1} \quad (12.3.26)$$

注　在实际的气球充气过程中,扰动的强度常常不足以使系统随时处于全面的平衡状态。图 J12.3.8 所示为实验中测得的 p-V 关系曲线,当压强增加至 p_c 时,会过度增大而至局部的极大值,然后下降至极小值,接着回复到稳定值。在经过一段压强的平稳期后,压强随体积的增加而快速变大,如前所述。

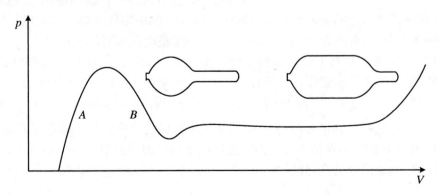

图 J12.3.8

第13届亚洲物理奥林匹克竞赛理论试题与解析

理论试题

第1题 金属圆管中下落小磁体受到的阻力

关于涡流的详细讨论最早见于英国物理学家詹姆斯·霍普伍德·金斯（James Hopwood Jeans）爵士在1925年出版的《电磁的数学理论》（*The mathematical theory of electricity and magnetism*），书中首次详细清晰地讨论了涡电流现象。本题希望基于此研究金属圆管中下落小磁体受到的阻力。

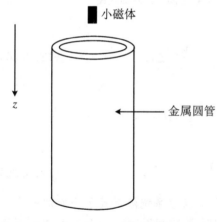

图 T13.1.1 小磁体在金属圆管中下落
（未按实际比例绘制）

如图 T13.1.1 所示，磁偶极矩为 p、质量为 m 的小磁体在一根足够长的竖直放置的非铁磁性金属圆管（如铝管）内下落，小磁体在下落过程中动力学方程为

$$m\frac{d^2 z}{dt^2} = mg - k\frac{dz}{dt}$$

式中 g 为重力加速度，k 为金属圆管中涡电流所导致的小磁体阻力的阻尼系数。

（A1）求小磁体的最终速度（收尾速度）v_T。

（A2）请给出小磁体的位置 z 与时间 t 之间的关系式。设初始速度 $v(t=0)=0$ 和初始位置 $z(t=0)=0$，且初始位置位于金属圆管内。

下面我们讨论小磁体在整个下落过程中的动力学问题。为此在（A3）～（A8）小题中考虑如下的简化模型：小磁体沿着固定的非磁性的金属圆环（如铝环）的中轴线下落，如图 T13.1.2 所示，金属圆环的半径为 a，电阻为 R，电感为 L。本题中忽略电磁辐射。

为方便起见，建立如图 T13.1.2 所示的柱坐标系 (ρ, φ, z)，其中 z 轴沿金属圆环中心轴线，且规定向下为正。小磁体在初始时刻 $t=0$ 时从原点 $z=0$ 处静止释放，金属圆环中心与原点的距离为 z_0。图 T13.1.2 中同时也标示了空间直角坐标系 (x, y, z)。小磁体的磁偶极矩为 p，方向沿着 z 轴正方向（$\boldsymbol{p} = p\hat{z}$），$\hat{z}$ 是 z 方向的单位矢量。假定在下落过程中小磁体的磁偶极矩 $\boldsymbol{p}$ 的方向保持不变。当小磁体位于原点时，空间中任一点 (ρ, φ, z) 处磁场的轴向分量 B_z 和径向分量 B_ρ 分别为

---

① 第13届亚洲物理奥林匹克竞赛于2012年4月30日至5月8日在印度新德里举行，共有21个国家和地区派出代表队参加。

$$B_z = \frac{\mu_0}{4\pi} \frac{p}{(\rho^2 + z^2)^{\frac{3}{2}}} \left(\frac{3z^2}{\rho^2 + z^2} - 1 \right)$$

$$B_\rho = \frac{\mu_0}{4\pi} \frac{3pz\rho}{(\rho^2 + z^2)^{\frac{5}{2}}}$$

其中 μ_0 是真空的磁导率。

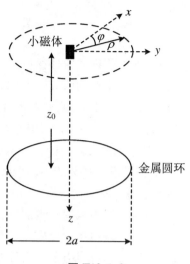

图 T13.1.2

(A3) 设小磁体在位置 z 时的瞬间速率为 v，求金属圆环中的感应电动势 $\mathscr{E}_1$ 的表达式。

(A4) 设感应电动势 $\mathscr{E}_1$ 在圆环中产生感应电流 i，求作用在金属圆环上的瞬时电磁力 f_{em} 的表达式，用 i 表示。

(A5) 求金属圆环作用在小磁体上的作用力的大小和方向。

(A6) 写出金属圆环中感应电动势 $\mathscr{E}_1$ 与 L, R, i 之间满足的方程，无需求解该方程。

(A7) 小磁体下落时重力势能会减少，重力势能主要转换为三种形式的能量，写出这三种能量的名称，并写出可用以计算它们大小的表达式。

(A8) 在此过程中，小磁体的磁场是否做功？说明理由。

接下来计算金属圆管引起的小磁体的阻尼系数 k。设无限长的金属圆管半径为 a，管壁厚度为 w，电导率为 σ。假设圆管的电感可忽略，将金属圆管视为由许多高度为 $\Delta z'$、厚度为 $w (w \ll a)$、电导率为 σ 的薄金属圆环累叠而成，如图 T13.1.3 所示。为简单起见，设圆管的两端分别在 $z = -\infty$ 和 $z = +\infty$ 的无穷远处。

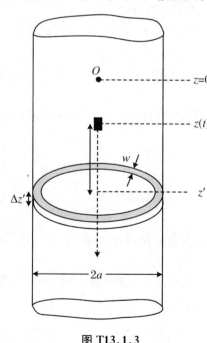

图 T13.1.3

(A9) 求单个薄金属圆环的电阻 ΔR 的表达式。

(A10) 由于每个薄金属圆环很细，可认为薄金属圆环上的磁场均为 $B_\rho(\rho = a)$。设 t 时刻，小磁体的位置为 $z(t)$，瞬时速度为 $\dot{z} = \dfrac{dz}{dt}$。求整个金属圆管引起的阻尼系数 k 的表达式，用 p, σ 和圆环的几何参数表示。

(A11) 假设阻尼系数 k 可用函数关系 $k = f(\mu_0, p, R_0, a)$ 表示，其中 R_0 为整个圆管的等效电阻。请通过量纲分析法求 k 的表达式。

参考公式：

$$\int \frac{x}{(x^2 + a^2)^n} dx = \frac{1}{2} \frac{(x^2 + a^2)^{1-n}}{1-n} + C \quad (n > 1)$$

$$\int_0^\infty \frac{x^2}{(x^2 + a^2)^5} dx = \frac{5}{256}\pi$$

其中 a 为常数。

第2题 钱德拉塞卡极限

印度著名物理学家钱德拉塞卡(Subrahmanyan Chandrasekhar)教授在1930年完成了关于恒星的稳定性的研究。本题希望建立钱德拉塞卡理论的简化版。

已知物理学常数:真空中的光速 $c = 3.0 \times 10^8$ m/s,普朗克常量 $h = 6.63 \times 10^{-34}$ J·s,万有引力常量 $G = 6.67 \times 10^{-11}$ N·m²/kg²,电子静止质量 $m_e = 9.11 \times 10^{-31}$ kg,质子静止质量 $m_p = 1.67 \times 10^{-27}$ kg。

(A1) 考虑半径为 R、质量为 M、质量均匀分布的球形恒星,求该球形恒星的引力自能 E_G 的表达式。

假设恒星仅由氢原子组成,且所有氢原子都处于等离子态,即以游离的质子和游离的电子形式存在。该恒星由核聚变产生能量的过程已结束。电子遵循泡利不相容原理,利用量子统计物理知识可得电子的总能量为

$$E_e = \frac{\hbar^2 \pi^3}{10 m_e R^2} \left(\frac{3}{\pi}\right)^{7/3} \left(\frac{N_e^5}{16}\right)^{1/3}$$

其中 N_e 为电子总数目,$\hbar = \dfrac{h}{2\pi}$,忽略质子的能量。

(A2) 求恒星处于平衡状态(稳态)时的半径 R_{wd} 的表达式,用恒星质量 M、电子总数 N_e 和物理学常数表示,该半径 R_{wd} 称为白矮星半径。

(A3) 假设恒星质量为太阳质量 $M_S = 2.00 \times 10^{30}$ kg,求 R_{wd} 的值。

(A4) 假设电子在恒星内是均匀分布的,求电子间的平均距离 r_{sep} 的值,其中恒星半径为(A3)小题中得到的 R_{wd} 的值。

(A5) 假设每个电子被限制在长度为 r_{sep} 的一维盒子内,形成驻波,利用德布罗意物质波理论计算处于基态的电子运动速率 v 的表达式和值。

考虑对(A2)小题中的分析进行修正。假设电子处于极端相对论极限($E = pc$),通过类似的分析,电子的总能量应修正为

$$E_e^{rel} = \frac{\pi^2 \hbar c}{R} \left(\frac{3}{\pi}\right)^{5/3} \left(\frac{N_e}{4}\right)^{4/3}$$

(A6) 求恒星处于平衡状态(稳态)时的质量 M_c 的表达式,用物理学常数表示,M_c 称为临界质量。

(A7) 如果恒星质量 M 大于临界质量 M_c,判断恒星是否会扩张或者收缩。

(A8) 计算恒星的临界质量 M_c 的值,以太阳质量 M_S 为单位。

注意:由于在本题的分析过程中使用了近似,得到的结果可能与钱德拉塞卡教授得到的著名结论有所不同。

第3题 几何相位(Pancharatnam-Berry相位)

印度物理学家Pancharatnam在1954年对两束光的干涉、偏振和叠加问题进行了研究,并提出了几何相位的概念。本题希望建立几何相位的概念。

考虑如图T13.3.1所示的实验装置,两束单色相干光(光束1、光束2)沿 z 轴正方向入

射到两条狭缝 S_1, S_2, 狭缝间距为 d ($d = \overline{S_1S_2}$)。通过狭缝后两束光产生干涉, 光屏 S 上会出现干涉条纹。狭缝和光屏的距离为 D ($D \gg d$)。假设狭缝 S_1, S_2 的缝宽都远小于入射波长。

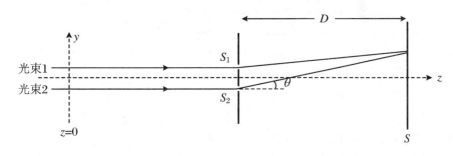

图 T13.3.1

设光束 1、光束 2 在 $z = 0$ 处均为线性偏振光, 光束 1、光束 2 的电场矢量为
$$E_1 = E_0\cos\omega t i, \quad E_2 = E_0\cos\omega t i$$
其中 i 是 x 方向的单位矢量, ω 是光的角频率, E_0 是电场的振幅。

(A1) 求光屏上的光强分布 $I(\theta)$ 的表达式, 用 θ, d, E_0, c, ω 表示, 其中角度 θ 的定义如图 T13.3.1 所示, c 是真空中的光速。

注意: 光强正比于电场平方的时间平均值, 将比例系数设为 β, 即光强 $I = \beta E^2$, 从狭缝到光屏的传播过程中光强的衰减可忽略。

(A2) 现将厚度为 w、折射率为 μ、完全透明的玻璃片放置在狭缝 S_1 前光束 1 的光路中, 求此时光屏上的光强分布 $I(\theta)$ 的表达式, 用 θ, d, E_0, c, ω, μ, w 表示。

现用 1/4 波片(一种光学器件)替换(A2)小题中的玻璃片放置在狭缝 S_1 前光束 1 的光路中。1/4 波片的作用是将光束的偏振态从线偏振光 $E_1 = E_0\cos\omega t i$ 转换为圆偏振光 $E_1 = \frac{\sqrt{2}}{2}E_0\cos\omega t i + \frac{\sqrt{2}}{2}E_0\sin\omega t j$, 其中 j 是 y 方向的单位矢量。

假设 1/4 波片完全透明、厚度几乎为零(即未引入任何额外的光程差)。由于此时电场矢量的尾端(矢量的箭头处)随时间变化的轨迹是圆, 因此称该光束为圆偏振光。假设 θ 足够小, 使得偏振方向为 j 方向的偏振光, 通过狭缝 1 后的强度不依赖于 θ。

(A3) 求此时光屏上的光强分布 $I(\theta)$, 用 θ, d, E_0, c, ω 表示, 并写出光屏上的最大光强 I_{max} 和最小光强 I_{min} 的表达式。

现在, 我们考虑如图 T13.3.2 所示的实验装置。

光束 1 依次通过以下元件:

① 位于 $z = 0$ 和 $z = a$ 之间的 1/4 波片。

② 位于 $z = a$ 和 $z = b$ 之间的偏振片 I, 该偏振片只允许平行于单位矢量 i' 的电场强度分量通过, 单位矢量 i' 的定义为 $i' = \cos\gamma i + \sin\gamma j$, γ 为与偏振片 I 有关的常量。

③ 位于 $z = b$ 和 $z = c$ 之间的偏振片 II, 该偏振片将光束的偏振方向转换回到 i 方向。

这样, 光束 1 又回到最初的偏振状态。假定偏振片 I、偏振片 II 的厚度几乎为零(即未引入任何额外的光程差), 且完全透明。

(A4) ① 求光束 1 通过偏振片 I 后在 $z = b$ 处的电场 $E_1(z = b)$ 的表达式;

② 求光束 1 通过偏振片 II 后在 $z = c$ 处的电场 $E_1(z = c)$ 的表达式;

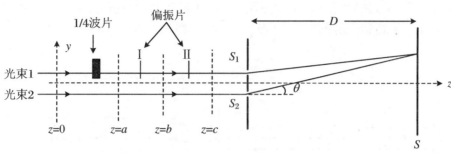

图 T13.3.2

③ 求狭缝处光束 1 和光束 2 的相位差 α 的表达式。

事实上,最普遍的偏振状态是椭圆偏振,椭圆偏振可视为两个相互垂直的线偏振的叠加,即

$$E = E_0 \cos e \sin \omega t \, i' + E_0 \sin e \sin \omega t \, j'$$

椭圆偏振以及坐标轴 i' 和 j' 的定义图 T13.3.3 所示。电场强度矢量尾端随时间的变化轨迹是椭圆,定义 $\tan e$ 为椭圆两轴之比,即

$$\tan e = \frac{\text{椭圆半短轴}}{\text{椭圆半长轴}}$$

线偏振和圆偏振都可视为椭圆偏振的特例,利用两个参数 $\gamma \in [0, \pi]$ 和 $e \in \left[-\frac{\pi}{4}, \frac{\pi}{4}\right]$,可以完整地描述任一偏振状态。

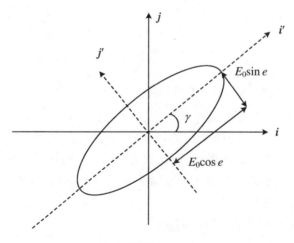

图 T13.3.3

偏振状态也可用称为"庞加莱球"的单位球上的点来表述,如图 T13.3.4 所示。椭圆偏振可以用庞加莱球上的点 P 表示,如图 T13.3.4 所示,C 为球心,P 点的纬度 $\angle PCD = 2e$,经度 $\angle ACD = 2\gamma$。

(A5) 考虑庞加莱球赤道上的一点,求此点电场 E_{Eq} 的表达式,并说明此点对应何种偏振状态。

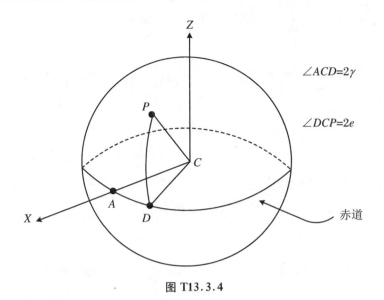

图 T13.3.4

(A6) 考虑庞加莱球的北极点,求此点电场 E_{NP} 的表达式,并说明此点对应何种偏振状态。

现在考虑(A4)小题所述的光束 1 的三种偏振态。初始偏振态($z=0$)由庞加莱球上的点 A_1 描述;经过 1/4 波片后($z=a$),偏振态由庞加莱球上的点 A_2 描述;经过偏振片 I 后($z=b$),偏振态由庞加莱球上的点 A_3 来描述;在 $z=c$ 处,回到初始偏振态点 A_1。

(A7) 请在庞加莱球上标出点 A_1, A_2, A_3 的位置。

若将(A7)小题求得的点 A_1, A_2, A_3 用球面上的三个大圆连起来,会在球面上形成球面三角形(注:球面上的大圆是指圆心与球心重合的圆)。前述(A4)小题中的相位差 α 与此处球面三角形所包围的曲面面积 S 有关。

(A8) 求 S 与 α 的关系。

S 与 α 的关系是普遍的,它由 Pancharatnam 首先得到,因而其相位差通常称为 Pancharatnam-Berry 相位或几何相位。

第 1 题　金属圆管中下落小磁体受到的阻力

(A1) 小磁体下落的动力学方程为

$$m \frac{d^2 z}{d t^2} = mg - k \frac{d z}{d t} \tag{13.1.1}$$

当小磁体达到收尾速度时,加速度 $a = \dfrac{d^2 z}{d t^2} = 0$,将其代入式(13.1.1),可得小磁体的收尾速度为

$$v_T = \frac{dz}{dt} = \frac{mg}{k} \tag{13.1.2}$$

(A2) 将式(13.1.1)化简后可得

$$\frac{dv}{dt} = -\frac{k}{m}\left(v - \frac{mg}{k}\right) \tag{13.1.3}$$

将其积分后有

$$\int_0^v \frac{dv}{v - \frac{mg}{k}} = -\frac{k}{m}\int_0^t dt \Rightarrow v(t) = \frac{dz}{dt} = \frac{mg}{k}(1 - e^{-\frac{k}{m}t}) \tag{13.1.4}$$

再将式(13.1.4)积分后有

$$\int_0^z dz = \int_0^t \frac{mg}{k}(1 - e^{-\frac{kt}{m}})dt \tag{13.1.5}$$

得到小磁体的位置随时间的变化关系为

$$z(t) = \frac{mg}{k}\left[t + \frac{m}{k}(e^{-\frac{k}{m}t} - 1)\right] \tag{13.1.6}$$

(A3) 方法一

金属圆环相对于小磁体的速度为 $\boldsymbol{v}_r = -v\hat{\boldsymbol{z}}$,故环上产生的感生电场强度为

$$\boldsymbol{E} = \boldsymbol{v}_r \times \boldsymbol{B} = -\boldsymbol{v} \times \boldsymbol{B} \tag{13.1.7}$$

金属圆环上的感应电动势的大小为

$$\mathscr{E}_1 = \left|\oint \boldsymbol{E} \cdot d\boldsymbol{l}\right| = \left|\oint (\boldsymbol{v}_r \times \boldsymbol{B}) \cdot d\boldsymbol{l}\right| \tag{13.1.8}$$

其中 $\boldsymbol{B} = B_\rho \hat{\boldsymbol{\rho}} + B_z \hat{\boldsymbol{z}}$,$B_\rho$,$B_z$ 分别为磁场在金属圆环处的径向分量和轴向分量,即

$$\mathscr{E}_1 = vB_a 2\pi a \tag{13.1.9}$$

其中

$$B_a = B_\rho|_{\rho=a} = \frac{\mu_0}{4\pi}\frac{3pa(z_0 - z)}{[a^2 + (z_0 - z)^2]^{\frac{5}{2}}} \tag{13.1.10}$$

将式(13.1.10)代入式(13.1.9),可得金属圆环中的感应电动势大小为

$$\mathscr{E}_1 = \frac{3\mu_0 pa^2 v(z_0 - z)}{2[a^2 + (z_0 - z)^2]^{\frac{5}{2}}} \tag{13.1.11}$$

方法二

通过金属圆环的磁通量为

$$\Phi = \int \boldsymbol{B} \cdot d\boldsymbol{S} = \int_0^a B_z 2\pi\rho d\rho \tag{13.1.12}$$

其中

$$B_z = \frac{\mu_0}{4\pi}\frac{p}{[\rho^2 + (z_0 - z)^2]^{\frac{3}{2}}}\left[\frac{3(z_0 - z)^2}{\rho^2 + (z_0 - z)^2} - 1\right] \tag{13.1.13}$$

将式(13.1.13)代入式(13.1.12),积分后可得

$$\Phi = \int_0^a B_z 2\pi\rho d\rho$$

$$= \int_0^a \frac{\mu_0}{4\pi}\frac{p}{[\rho^2 + (z_0 - z)^2]^{\frac{3}{2}}}\left[\frac{3(z_0 - z)^2}{\rho^2 + (z_0 - z)^2} - 1\right]2\pi\rho d\rho$$

$$= \frac{\mu_0 pa^2}{2[a^2 + (z_0 - z)^2]^{\frac{3}{2}}} \tag{13.1.14}$$

根据法拉第电磁感应定律,得到金属圆环的感应电动势为

$$\mathscr{E}_1 = \left|-\frac{\mathrm{d}\Phi}{\mathrm{d}t}\right| = \left|-\frac{\mathrm{d}\Phi}{\mathrm{d}z}\frac{\mathrm{d}z}{\mathrm{d}t}\right| = v\left|\frac{\mathrm{d}\Phi}{\mathrm{d}z}\right| = \frac{3\mu_0 pa^2 v(z_0 - z)}{2\left[a^2 + (z_0 - z)^2\right]^{\frac{5}{2}}} \tag{13.1.15}$$

(A4) 设金属圆环内产生的感应电流为 i,则环上一段极小长度 $\mathrm{d}l$ 在磁场中所受的电磁力为

$$\mathrm{d}\boldsymbol{f}_{\mathrm{em}} = i(\mathrm{d}\boldsymbol{l} \times \boldsymbol{B}) \tag{13.1.16}$$

磁场的轴向分量 B_z 对金属圆环产生辐射向内的安培力,但由于对称而相互抵消,因此该项分力为零。整个金属圆环所受的安培力来源于磁场的径向分量 B_ρ,安培力方向向下,其值为

$$f_{\mathrm{em}} = \left|\oint \mathrm{d}\boldsymbol{f}_{\mathrm{em}}\right| = \oint iB_\rho \mathrm{d}l$$

$$= i(2\pi a B_a) = \frac{\mu_0 ai}{2}\frac{3pa(z_0 - z)}{\left[a^2 + (z_0 - z)^2\right]^{\frac{5}{2}}} \tag{13.1.17}$$

(A5) 依据牛顿第三定律,金属圆环作用于小磁体的力为金属圆环所受安培力的反作用力,即 $-f_{\mathrm{em}}$,其值由式(13.1.17)给出,但方向向上,即与小磁体的运动方向相反,为阻力。

(A6) 由于金属圆环为闭合回路,因此环内产生的感应电动势为

$$\mathscr{E}_1 = L\frac{\mathrm{d}i}{\mathrm{d}t} + iR \tag{13.1.18}$$

(A7) 小磁体下落时减少的重力势能转换为三种形式的能量:小磁体的动能 $\frac{1}{2}mv^2$、金属圆环的磁场能 $\frac{1}{2}Li^2$ 和金属圆环回路消耗的焦耳热能 $i^2R\Delta t$。

(A8) 在小磁体的下落过程中,其磁偶极矩维持不变,故该小磁体的磁场没有做功。

(A9) 单个薄金属圆环的电阻为

$$\Delta R = \frac{1}{\sigma}\frac{2\pi a}{w\Delta z'} \tag{13.1.19}$$

(A10) 依据(A5)小题的结论和式(13.1.17),位于 z' 的单个薄金属圆环作用于小磁体的合力为

$$f_{\mathrm{r}}(z') = -f_{\mathrm{em}} = -(2\pi a)iB_a' \tag{13.1.20}$$

其中 B_a' 为位于 z 处的小磁体在位于 z' 处的单个薄金属圆环处产生的磁场。由于金属圆管的电感可以忽略,利用式(13.1.19),可得单个薄金属圆环内的感应电流为

$$i = \frac{\mathscr{E}_1}{\Delta R} = \frac{\sigma w \mathscr{E}_1}{2\pi a}\Delta z' = \sigma w B_a'\frac{\mathrm{d}z}{\mathrm{d}t}\mathrm{d}z' \tag{13.1.21}$$

仿照式(13.1.10),B_a' 可写为

$$B_a' = \frac{\mu_0}{4\pi}\frac{3pa(z'-z)}{\left[a^2 + (z'-z)^2\right]^{\frac{5}{2}}} \tag{13.1.22}$$

由题意,假设金属圆管的长度很长,为简化问题,将圆管的两端设为 $z = -\infty, z = +\infty$,整个金属圆管作用于小磁体的合力为

$$F_{\mathrm{d}} = \sum f_{\mathrm{r}}(z') = -\int_{-\infty}^{+\infty} B_a'^2(2\pi a)\sigma w \frac{\mathrm{d}z}{\mathrm{d}t}\mathrm{d}z' \tag{13.1.23}$$

将式(13.1.22)代入式(13.1.23),可得

$$F_{\mathrm{d}} = -\left(\frac{\mu_0}{4\pi}\right)^2\left(18p^2 a^3 \pi\sigma w \frac{\mathrm{d}z}{\mathrm{d}t}\right)\int_{-\infty}^{+\infty}\frac{(z'-z)^2}{\left[a^2 + (z'-z)^2\right]^5}\mathrm{d}z' \tag{13.1.24}$$

设 $u = \dfrac{z'-z}{a}$，代入式(13.1.24)，可得

$$F_d = -\left[\left(\dfrac{\mu_0}{4\pi}\right)^2 \dfrac{18p^2\pi\sigma w}{a^4}\int_{-\infty}^{+\infty}\dfrac{u^2}{(1+u^2)^5}du\right]\dfrac{dz}{dt} = -k\dfrac{dz}{dt} \tag{13.1.25}$$

因此由整个金属圆管引起的小磁体的阻尼系数为

$$k = \left(\dfrac{\mu_0}{4\pi}\right)^2 \dfrac{18p^2\pi\sigma w}{a^4}\int_{-\infty}^{+\infty}\dfrac{u^2}{(1+u^2)^5}du$$

$$= \dfrac{10\pi}{256}\left(\dfrac{\mu_0}{4\pi}\right)^2 \dfrac{18p^2\pi\sigma w}{a^4} \tag{13.1.26}$$

(A11) 由题意，阻尼系数可以表示为 $k = f(\mu_0, p, R, a)$，该式中各物理量的量纲式为

$$[\mu_0] = I^{-2}MLT^{-2}, \quad [R] = I^{-2}ML^2T^{-3}$$
$$[p] = IL^2, \quad [a] = L, \quad [k] = MT^{-1} \tag{13.1.27}$$

由题意，采用量纲分析法得到

$$[k] = [\mu_0]^\alpha [p]^\beta [R]^\gamma [a]^\delta$$
$$\Rightarrow MT^{-1} = (I^{-2}MLT^{-2})^\alpha (IL^2)^\beta (I^{-2}ML^2T^{-3})^\gamma L^\delta \tag{13.1.28}$$

故有

$$\begin{cases} -2\alpha + \beta - 2\gamma = 0 \\ \alpha + \gamma = 1 \\ \alpha + 2\beta + 2\gamma + \delta = 0 \\ -2\alpha - 3\gamma = -1 \end{cases} \tag{13.1.29}$$

解得

$$\alpha = 2, \quad \beta = 2, \quad \gamma = -1, \quad \delta = -4 \tag{13.1.30}$$

因此整个圆管引起的小磁体的阻尼系数的表达式为

$$k = \dfrac{\mu_0^2 p^2}{Ra^4} \tag{13.1.31}$$

第 2 题 钱德拉塞卡极限

(A1) 考虑密度为 ρ 的均匀恒星自半径为零开始逐渐增加至半径为 R、质量为 M 的过程中总引力势能的变化。当恒星的半径为 r、质量为 m 时，若将一微小质量 dm 自无穷远处移至该球体的表面，使其表层球壳增加厚度 dr，则该球体的引力势能的增加量为

$$dE_G = -\dfrac{Gm\,dm}{r} = -G\dfrac{\left(\rho\dfrac{4\pi r^3}{3}\right)(\rho 4\pi r^2 dr)}{r} \tag{13.2.1}$$

将式(13.2.1)积分可得该恒星的引力自能为

$$E_G = \int_0^R dE_G = -G\left(\dfrac{4}{3}\pi\rho\right)^2 \int_0^r 3r^4 dr$$

$$= -G\left(\dfrac{4}{3}\pi\rho\right)^2 \dfrac{3}{5}R^5 = -G\left(\dfrac{M}{R^3}\right)^2 \dfrac{3}{5}R^5$$

$$= -\dfrac{3}{5}\dfrac{GM^2}{R} \tag{13.2.2}$$

(A2) 按照题意，质子能量可以忽略，故恒星的总能量包括引力自能和电子能量两部

分,即

$$E = E_G + E_e = -\frac{3}{5}\frac{GM^2}{R} + \frac{\hbar^2\pi^3}{10m_e 4^{\frac{2}{3}}}\left(\frac{3}{\pi}\right)^{\frac{7}{3}}\frac{N_e^{\frac{5}{3}}}{R^2} \tag{13.2.3}$$

恒星处于平衡状态的条件为

$$\frac{dE}{dR} = 0 \tag{13.2.4}$$

由此得到恒星处于平衡状态时恒星的半径为

$$R_{wd} = \frac{\hbar^2\pi^3}{6Gm_e 4^{\frac{2}{3}}}\left(\frac{3}{\pi}\right)^{\frac{7}{3}}\frac{2N_e^{\frac{5}{3}}}{M^2} \tag{13.2.5}$$

(A3) 根据题意,构成恒星的氢皆为等离子态,故质子的数目 N_p 等于电子的数目 N_e。因 $m_p \gg m_e$,故

$$N_p = N_e \approx \frac{M}{m_p} \tag{13.2.6}$$

将式(13.2.6)代入式(13.2.5),可得

$$R_{wd} = \frac{\hbar^2\pi^3}{6Gm_e 4^{\frac{2}{3}}}\left(\frac{3}{\pi}\right)^{\frac{7}{3}}\frac{2}{M^{\frac{1}{3}}m_p^{\frac{5}{3}}} \tag{13.2.7}$$

将题中所给的数据代入式(13.2.7),计算可得白矮星半径为

$$R_{wd} = 2.28 \times 10^4 \text{ km} \tag{13.2.8}$$

(A4) 设 r_{sep} 为两个电子之间的平均间距,则

$$N_e \frac{4}{3}\pi r_{sep}^3 \approx \frac{4}{3}\pi R_{wd}^3 \tag{13.2.9}$$

得到

$$r_{sep} = \frac{R_{wd}}{N_e^{\frac{1}{3}}} \approx R_{wd}\left(\frac{m_p}{M}\right)^{\frac{1}{3}} \tag{13.2.10}$$

将题中数据代入式(13.2.10),计算可得

$$r_{sep} = 2.13 \times 10^{-12} \text{ m} \tag{13.2.11}$$

(A5) 若电子被局限于长度为 r_{sep} 的一维盒子中,形成驻波,当电子处于基态时,其德布罗意波长为

$$\lambda_{dB} = 2r_{sep} \tag{13.2.12}$$

电子的动量为

$$p = \frac{h}{\lambda_{dB}} = \frac{h}{2r_{sep}} = m_e v \tag{13.2.13}$$

解得电子的速度为

$$v = \frac{h}{2m_e r_{sep}} = 1.71 \times 10^8 \text{ m/s} \tag{13.2.14}$$

注 若电子的动量改用相对论动量,则有

$$p = \frac{h}{\lambda_{dB}} = \frac{h}{2r_{sep}} = \frac{m_e v}{\sqrt{1-v^2/c^2}} \tag{13.2.15}$$

解得电子的速度为

$$v = \frac{h}{\sqrt{4m_e^2 r_{sep}^2 + \frac{h^2}{c^2}}} = 1.48 \times 10^8 \text{ m/s} \qquad (13.2.16)$$

(A6) 仿照(A2)小题的解法,恒星的总能量为

$$E = E_G + E_e^{rel} = -\frac{3GM^2}{5R} + \frac{\pi^2}{4^{\frac{4}{3}}} \left(\frac{3}{\pi}\right)^{\frac{5}{3}} \frac{\hbar c}{R} N_e^{\frac{4}{3}} \qquad (13.2.17)$$

恒星处于平衡状态的条件为 $\frac{dE}{dR} = 0$,得

$$\frac{3GM^2}{5R^2} = \frac{\pi^2}{4^{\frac{4}{3}}} \left(\frac{3}{\pi}\right)^{\frac{5}{3}} \frac{\hbar c}{R^2} N_e^{\frac{4}{3}} \qquad (13.2.18)$$

利用式(13.2.6),将 $N_e \approx \frac{M}{m_p}$ 代入,由式(13.2.18)可得恒星的临界质量为

$$M_c = \frac{3\sqrt{125\pi}}{16 m_p^2} \sqrt{\left(\frac{\hbar c}{G}\right)^3} \qquad (13.2.19)$$

(A7) 把(13.2.6)和(13.2.19)两式代入式(13.2.17),可得

$$E = -\frac{3}{5} \frac{GM^2}{R} \left[1 - \left(\frac{M_c}{M}\right)^{\frac{2}{3}}\right] \qquad (13.2.20)$$

若恒星质量 $M > M_c$,则 $E < 0$,即吸引力(引力自能)大于排斥力(电子能量),恒星将会收缩。

若恒星质量 $M < M_c$,则 $E > 0$,即吸引力(引力自能)小于排斥力(电子能量),恒星将会膨胀。

(A8) 将已知数据代入式(13.2.19),可得钱德拉塞卡极限为

$$M_c = 1.38 \times 10^{31} \text{ kg} = 6.9 M_S \qquad (13.2.21)$$

钱德拉塞卡得到的钱德拉塞卡极限(即白矮星的最大质量)约为太阳质量的 1.44 倍。两者相比数量级相同,作为估算,精度尚好,但是同数量级下,差距较大。

第 3 题　几何相位(Pancharatnam-Berry 相位)

(A1) 设光束 1、光束 2 到达光屏上 θ 处的相位差为 δ,很明显有

$$\delta = \omega \Delta t = \frac{\omega}{c} d \sin \theta \qquad (13.3.1)$$

光束 1、光束 2 到达光屏上 θ 处的光强为

$$\begin{aligned} I(\theta) &= \beta \overline{|E_1 + E_2|^2} \\ &= \beta \overline{|E_0 \cos \omega t + E_0 \cos(\omega t + \delta)|^2} \\ &= \beta \overline{|E_0 \cos \omega t (1 + \cos \delta) - E_0 \sin \omega t \sin \delta|^2} \\ &= \beta E_0^2 \left[\overline{\cos^2 \omega t}(1 + 2\cos \delta + \cos^2 \delta) + \overline{\sin^2 \omega t} \sin^2 \delta \right. \\ &\quad \left. - 2 \overline{\cos \omega t \sin \omega t}(1 + \cos \delta) \sin \delta \right] \end{aligned} \qquad (13.3.2)$$

由于 $\overline{\sin^2 \omega t} = \overline{\cos^2 \omega t} = \frac{1}{2}$,$\overline{\cos \omega t \sin \omega t} = 0$,将其代入式(13.3.2),可得

$$I(\theta) = \beta E_0^2 \left[\frac{1}{2}(1 + 2\cos \delta + \cos^2 \delta) + \frac{1}{2}\sin^2 \delta\right]$$

$$= \beta E_0^2 (1 + \cos \delta) \tag{13.3.3}$$

将式(13.3.1)代入式(13.3.3),可得光屏上的光强分布为

$$I(\theta) = \beta E_0^2 (1 + \cos \delta) = \beta E_0^2 \left[1 + \cos \left(\frac{\omega}{c} d \sin \theta\right)\right] \tag{13.3.4}$$

（A2）与（A1）小题相比,由光束1通过玻璃板造成的额外光程差为$(\mu-1)w$,因此光束1、光束2到达光屏上θ处的相位差为

$$\delta = \frac{\omega}{c} [d \sin \theta - (\mu - 1) w] \tag{13.3.5}$$

将式(13.3.5)代入式(13.3.3),可得光屏上的光强分布为

$$I(\theta) = \beta E_0^2 (1 + \cos \delta)$$
$$= \beta E_0^2 \left(1 + \cos \left\{\frac{\omega}{c} [d \sin \theta - (\mu - 1) w]\right\}\right) \tag{13.3.6}$$

（A3）光束1、光束2沿与（A1）小题相同的路径到达光屏上的θ处,因此两束光的相位差依然为

$$\delta = \omega \Delta t = \frac{\omega}{c} d \sin \theta \tag{13.3.7}$$

但光束1通过1/4波片后,电场强度矢量相应地转变为圆偏振,光束1到达光屏上的电场强度矢量为

$$\boldsymbol{E}_1 = \frac{E_0}{\sqrt{2}} \cos \omega t \boldsymbol{i} + \frac{E_0}{\sqrt{2}} \sin \omega t \boldsymbol{j} \tag{13.3.8}$$

光束2到达光屏上的电场强度矢量为

$$\boldsymbol{E}_2 = E_0 \cos (\omega t + \delta) \boldsymbol{i} \tag{13.3.9}$$

其中δ由式(13.3.7)确定。因此光束1、光束2到达光屏上θ处的光强分布为

$$I(\theta) = \beta \overline{|\boldsymbol{E}_1 + \boldsymbol{E}_2|^2}$$
$$= \beta \overline{\left|\frac{E_0}{\sqrt{2}} \cos \omega t \boldsymbol{i} + E_0 \cos (\omega t + \delta) \boldsymbol{i} + \frac{E_0}{\sqrt{2}} \sin \omega t \boldsymbol{j}\right|^2}$$
$$= \beta \overline{\left|E_0 \cos \omega t \left(\frac{1}{\sqrt{2}} + \cos \delta\right) - E_0 \sin \omega t \sin \delta\right|^2} + \beta \overline{\left|\frac{E_0}{\sqrt{2}} \sin \omega t\right|^2}$$
$$= \beta E_0^2 \left[\overline{\cos^2 \omega t} \left(\frac{1}{2} + \sqrt{2} \cos \delta + \cos^2 \delta\right) + \overline{\sin^2 \omega t} \sin^2 \delta \right.$$
$$\left. - 2 \overline{\cos \omega t \sin \omega t} \sin \delta \left(\frac{1}{\sqrt{2}} + \cos \delta\right) + \frac{1}{2} \overline{\sin^2 \omega t}\right] \tag{13.3.10}$$

将$\overline{\sin^2 \omega t} = \overline{\cos^2 \omega t} = \frac{1}{2}$,$\overline{\cos \omega t \sin \omega t} = 0$代入式(13.3.10),可得光束1、光束2到达光屏上θ处的光强分布为

$$I(\theta) = \beta E_0^2 \left[\frac{1}{2} \left(\frac{1}{2} + \sqrt{2} \cos \delta + \cos^2 \delta\right) + \frac{1}{2} \sin^2 \delta + \frac{1}{2} \cdot \frac{1}{2}\right]$$
$$= \beta E_0^2 \left[1 + \frac{1}{\sqrt{2}} \cos \delta\right]$$
$$= \beta E_0^2 \left[1 + \frac{1}{\sqrt{2}} \cos \left(\frac{\omega}{c} d \sin \theta\right)\right] \tag{13.3.11}$$

由此,当 $\cos\delta = 1$ 时,光屏上的最大光强为 $I_{\max} = \beta E_0^2\left(1 + \dfrac{1}{\sqrt{2}}\right)$;当 $\cos\delta = -1$ 时,光屏上的最小光强为 $I_{\min} = \beta E_0^2\left(1 - \dfrac{1}{\sqrt{2}}\right)$。

(A4) 光束 1 通过 1/4 波片后到达 $z = a$ 处的电场强度矢量为

$$\boldsymbol{E}_1(z = b) = \frac{E_0}{\sqrt{2}}\cos(\omega t - kb)\boldsymbol{i} + \frac{E_0}{\sqrt{2}}\sin(\omega t - kb)\boldsymbol{j} \qquad (13.3.12)$$

光束 1 通过偏振片 I 时,由于只允许平行于单位矢量 $\boldsymbol{i}'$ 的电场矢量分量通过,因此光束 1 到达 $z = b$ 处的电场强度矢量为

$$\begin{aligned}
\boldsymbol{E}_1(z = b) &= \left[\frac{E_0}{\sqrt{2}}\cos(\omega t - kb)\boldsymbol{i}\cdot\boldsymbol{i}' + \frac{E_0}{\sqrt{2}}\sin(\omega t - kb)\boldsymbol{j}\cdot\boldsymbol{i}'\right]\boldsymbol{i}' \\
&= \frac{E_0}{\sqrt{2}}[\cos(\omega t - kb)\cos\gamma + \sin(\omega t - kb)\sin\gamma]\boldsymbol{i}' \\
&= \frac{E_0}{\sqrt{2}}\cos(\omega t - kb - \gamma)\boldsymbol{i}' \qquad (13.3.13)
\end{aligned}$$

光束 1 通过偏振片 II 时,只允许平行于单位矢量 $\boldsymbol{i}$ 的电场矢量分量通过,因此光束 1 到达 $z = c$ 处的电场强度矢量为

$$\begin{aligned}
\boldsymbol{E}_1(z = c) &= \frac{E_0}{\sqrt{2}}[\cos(\omega t - kc - \gamma)\boldsymbol{i}'\cdot\boldsymbol{i}]\boldsymbol{i} \\
&= \frac{E_0}{\sqrt{2}}[\cos(\omega t - kc - \gamma)\cos\gamma]\boldsymbol{i} \qquad (13.3.14)
\end{aligned}$$

光束 2 到达 $z = c$ 处的电场强度矢量为

$$\boldsymbol{E}_0(z = c) = E_0\cos(\omega t - kc)\boldsymbol{i} \qquad (13.3.15)$$

对比 (13.3.14) 和 (13.3.15) 两式,可得狭缝处光束 1 和光束 2 的相位差为

$$\alpha = \gamma \qquad (13.3.16)$$

(A5) 对于庞加莱球赤道上的一点,$e = 0$,该点的电场强度矢量为

$$\boldsymbol{E}_{\text{Eq}} = E_0\cos\omega t\,\boldsymbol{i}' \qquad (13.3.17)$$

赤道上的点对应的是线偏振状态。

(A6) 对于庞加莱球的北极点,$e = \dfrac{\pi}{4}$,而 γ 可任取,不妨取 $\gamma = 0$,即 $\boldsymbol{i}' = \boldsymbol{i}$,$\boldsymbol{j}' = \boldsymbol{j}$,此点的电场强度矢量为

$$\boldsymbol{E}_{\text{NP}} = \frac{E_0}{\sqrt{2}}\cos\omega t\,\boldsymbol{i} + \frac{E_0}{\sqrt{2}}\sin\omega t\,\boldsymbol{j} \qquad (13.3.18)$$

北极点对应的是圆偏振状态。

(A7) A_1, A_2, A_3 三点在庞加莱球上的位置如图 J13.3.1 所示。

(A8) 由图 J13.3.1 可见,由 A_1, A_2, A_3 三点构成的球面三角形的面积为 $2\pi\cdot\dfrac{2\gamma}{2\pi} = 2\gamma$,而 γ 为相位差 α,因此相位差为球面三角形 $A_1A_2A_3$ 面积的一半,即

$$S = 2\alpha \qquad (13.3.19)$$

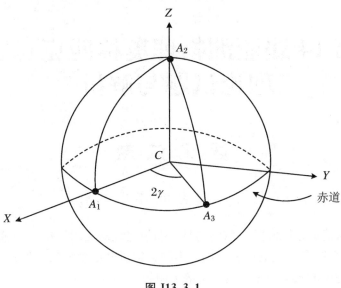

图 J13.3.1

在本题中,光束 1 经过各种偏振状态后返回到它自身最初的偏振状态。在该过程中,相对光束 2,虽然光束 1 没有额外的路径造成的光程差,但却附加了一个相位 α,该相位称为几何相位。

第14届亚洲物理奥林匹克竞赛理论试题与解析

理 论 试 题

第1题 导电液体中的导体

由两个导体组成的系统浸没在均匀的具有弱导电性的无限大电介质液体中。在两导体间加上恒定电压,系统会产生电场和磁场。本题希望研究该系统的电磁特征。

首先考虑真空中的线电荷密度为 $+\lambda$ 的无限长直导线。

(A1) 求该无限长直导线产生的电场强度 $E(r)$ 的表达式。

(A2) 该无限长直导线产生的电势分布可写为 $V(r) = f(r) + K$,其中 K 是常数,求 $f(r)$ 的表达式。

其次考虑真空中的两根相互平行的无限长直导线。线电荷密度为 $+\lambda$ 的无限长直导线置于 $x = -b$ 处,且平行于 z 轴;线电荷密度为 $-\lambda$ 的无限长直导线置于 $x = +b$ 处,且平行于 z 轴。

(A3) 求这两根无限长直导线在整个空间产生的电势分布 $V(x,y,z)$ 的表达式,取原点 $(x=0, y=0, z=0)$ 处电势为 $V=0$,并在坐标系中画出等势面。

然后考虑真空中两个完全相同、半径均为 $R = 3a$ 的圆柱形导体。两个圆柱形导体长度相同,均为 l,且远大于其半径 R,即 $l \gg R$。两个圆柱形导体的中心轴线都在 xz 平面上且平行于 z 轴,其中一个圆柱形导体的中心轴线位于 $x = -5a$ 处,另一个圆柱形导体的中心轴线位于 $x = +5a$ 处。在两个圆柱形导体间加电压差 V_0,中心轴线位于 $x = -5a$ 处的圆柱形导体为高电势的,取原点的电势为 $V = 0$。忽略边缘效应。

(A4) 求整个空间的电势分布 $V(x,y,z)$ 的表达式。

(A5) 求由两个圆柱形导体组成的系统的电容 C 的表达式。

现将上述两个圆柱形导体完全浸没在均匀的具有弱导电性的无限大电介质液体中,假设液体的电导率为 σ,液体的介电常数为真空介电常数 ε_0,液体的磁导率为真空的磁导率 μ_0。

(A6) 求两个圆柱形导体间的电流 I 的表达式。

(A7) 求两个圆柱形导体间的电阻 R 的表达式和电阻 R 与(A5)小题中电容 C 的乘积 RC 的表达式。

(A8) 求由(A6)小题给出的电流在空间产生的磁感应强度分布 $B(x,y,z)$ 的表达式。

参考公式:

---

① 第14届亚洲物理奥林匹克竞赛于2013年5月5日至5月13日在印度尼西亚茂物举行,共有20个国家和地区派出代表队参加。

$$\int \frac{a}{a^2 + x^2} dx = \arctan \frac{x}{a} + C$$

第 2 题　GPS 卫星的相对论修正

全球定位系统(GPS)是利用卫星发射的信号确定物体(如飞机)位置的技术。由于卫星在轨道上高速运动，必须进行狭义相对论修正；由于卫星离地具有一定的高度，必须进行广义相对论修正。虽然这两个修正都很小，但对于 GPS 系统的精确定位而言，这两个修正非常关键。本题希望研究这两个修正问题。

首先讨论加速粒子的狭义相对论效应。考虑两个参考系：一个为相对地球参考系静止的惯性参考系 S(或称地球参考系 S，忽略地球自转和公转，将地球视为惯性系)，在惯性参考系 S 中粒子初始时是静止的；另一个为瞬时惯性系 S'，瞬时惯性系是为了研究粒子的任意运动而引入的参考系，其特点是相对于所研究粒子的瞬时速度为零。需要注意的是，瞬时惯性系是对运动粒子而言的，如果粒子相对某一惯性参考系做加速运动，而因为瞬时惯性系是惯性系，不能具有加速度，所以瞬时惯性系只是在某一瞬间随着粒子一起运动，不同时刻的瞬时惯性系不同。也可以说，在粒子的运动轨迹上存在很多惯性系，粒子在不同时刻处在与自身速度相同的惯性系中。在给定时刻附近极短的时间内，粒子的时钟与瞬时参考系的时钟相同。

初始时刻，粒子的位置与惯性参考系 S 的原点重合，将粒子的时钟和惯性参考系 S 的时钟同步，均设为零，即粒子上的时钟显示的时刻 $\tau = 0$，惯性参考系 S 内的时钟显示的时刻 $t = 0$。

根据等效原理，我们可以从狭义相对论造成的修正推出广义相对论造成的修正，而不需要进行复杂的度规张量计算。若将狭义相对论效应和广义相对论效应结合起来，就可对 GPS 提供的定位信息进行修正，从而得到精确的定位信息。

参考公式：

$$\sinh x = \frac{e^x - e^{-x}}{2}, \quad \cosh x = \frac{e^x + e^{-x}}{2}, \quad \tanh x = \frac{\sinh x}{\cosh x}$$

$$\cosh^2 x - \sinh^2 x = 1$$

$$\sinh(x - y) = \sinh x \cosh y - \cosh x \sinh y$$

$$\int \frac{dx}{(1-x^2)^{\frac{3}{2}}} = \frac{x}{\sqrt{1-x^2}} + C$$

$$\int \frac{dx}{1-x^2} = \ln\sqrt{\frac{1+x}{1-x}} + C$$

A 部分　单个加速粒子

静止质量为 m 的粒子受到恒定的方向指向 x 轴正方向的力 F(在惯性参考系 S 中测得)的作用。初始时刻($t = \tau = 0$)，粒子静止在原点($x = 0$)。

令 $g = \frac{F}{m}, \gamma = \frac{1}{\sqrt{1 - v^2/c^2}}, \beta = \frac{v}{c}$。

(A1) 在惯性参考系 S 中，求粒子以速度 v 运动时加速度 a 的表达式，用 g, γ 等表示。

（A2）在惯性参考系 S 中，求粒子在时刻 t 的速度参量 β 的表达式，用 g,t,c 表示。

（A3）在惯性参考系 S 中，求粒子在时刻 t 的位置 $x(t)$ 的表达式，用 g,t,c 表示。

（A4）粒子的固有加速度的定义是在瞬时惯性系 S' 中测得的粒子加速度。证明粒子的固有加速度 a' 是常数，并求该常数，用 g 表示。

（A5）将（A2）小题中粒子的速度参量 β 改用粒子上的时钟所经历的时间 τ 和常量 g,c 表示。

（A6）求惯性参考系 S 中的时刻 t 与粒子上的时钟读数 τ 之间的关系式，即用 g,τ,c 表示 t。

B 部分　信息传播时间

A 部分并没有考虑信息到达观察者所需要的传播时间。本部分是本题中唯一需要考虑传播时间的部分。本部分中粒子的运动情况与 A 部分描述的相同。

（B1）静止在惯性参考系 S 中 $x=0$ 处的时钟发射携带读数为 t_0 的信号，当该信号被粒子接收到时，粒子上的时钟的读数为 τ，求 t_0 的表达式，用 τ 等物理量表示。当经过足够长的时间后，粒子接收到的信号中所携带的时钟的读数信息 t_0 是否会趋于某固定值？若是，求此固定值的表达式。

（B2）现在考虑相反的情况，粒子上的时钟发射携带读数为 τ_0 的信号，当该信号被静止在惯性参考系 S 中 $x=0$ 处的观察者接收到时，观察者上的时钟的读数为 t，求 τ_0 的表达式，用 t 等物理量表示。当经过足够长的时间后，观察者接收到的信号中所携带的粒子上的时钟的读数信息 τ_0 是否会趋于某固定值？若是，求此固定值的表达式。

C 部分　闵可夫斯基图

在很多情况下，利用闵可夫斯基图可以有效地说明狭义相对论效应。为建立闵可夫斯基图，只需利用惯性参考系 S 和惯性参考系 S' 之间的洛伦兹变换，其中惯性参考系 S' 相对惯性参考系 S 的运动速度为 $\boldsymbol{v} = v\hat{\boldsymbol{x}} = \beta c\hat{\boldsymbol{x}}$，两惯性参考系之间的时空变换关系为

$$\begin{cases} x' = \gamma(x-\beta ct) \\ ct' = \gamma(ct-\beta x) \end{cases}, \quad \begin{cases} x = \gamma(x'+\beta ct') \\ ct = \gamma(ct'+\beta x') \end{cases}$$

选择惯性参考系 S 的 x 和 ct 作为正交系的两个坐标轴，惯性参考系 S' 中的点 $(x'=1,ct'=0)$ 在惯性参考系 S 中的坐标为 $(x=\gamma,ct=\gamma\beta)$，此点 $(\gamma,\gamma\beta)$ 和原点 $(0,0)$ 的连线定义为 x' 轴。惯性参考系 S' 中的点 $(x'=0,ct'=1)$ 在惯性参考系 S 中的坐标为 $(x=\gamma\beta,ct=\gamma)$，此点 $(\gamma\beta,\gamma)$ 和原点 $(0,0)$ 的连线定义为 ct' 轴。x 轴和 x' 轴之间的夹角、ct 轴和 ct' 轴之间的夹角均为 θ，且 $\tan\theta=\beta$。如图 T14.2.1 所示。已知惯性参考系 S' 中的坐标轴上的单位长度换算成惯性参考系 S 的对应长度为 $\gamma\sqrt{1+\beta^2} = \sqrt{\dfrac{1+\beta^2}{1-\beta^2}}$。

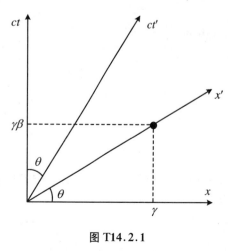

图 T14.2.1

为了更好地理解闵可夫斯基图,先考虑以下例子:考虑相对惯性参考系 S' 静止的固有长度为 L 的直杆,希望求得该直杆在惯性参考系 S 中的长度。如图 T14.2.2 所示,在惯性参考系 S' 中静止的直杆可用线段 AC 表示,线段 AC 的长度表示直杆在惯性参考系 S' 中的固有长度 L,线段 AC 的长度换算成惯性坐标系 S 中的对应长度为 $\sqrt{\dfrac{1+\beta^2}{1-\beta^2}}L$。线段 AB 表示直杆在惯性参考系 S 中所测得的长度(要求同时测量直杆两端的坐标),由图 T14.2.2 中的几何关系可知,线段 AB 的长度为

$$AB = AD - BD = AC\cos\theta - AC\sin\theta\tan\theta$$
$$= L\sqrt{\dfrac{1+\beta^2}{1-\beta^2}}\left(\dfrac{1}{\sqrt{1+\beta^2}} - \dfrac{\beta}{\sqrt{1+\beta^2}}\beta\right)$$
$$= L\sqrt{1-\beta^2}$$

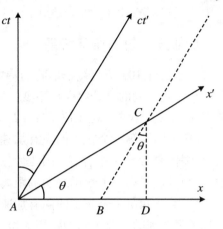

图 T14.2.2

(C1) 对于相对惯性参考系 S 静止的固有长度为 L 的直杆,利用闵可夫斯基图,求在惯性参考系 S' 中的观察者测得该直杆的长度 L' 的表达式。

(C2) 现在考虑 A 部分的情形,画出粒子的位置 x 与时间参数 ct 之间的关系曲线,并写出该曲线的方程和曲线类型,要求在图中画出当 $\dfrac{gt}{c}=1$ 时的 x' 轴与 ct' 轴,两坐标轴的单位长度均规定为 $\dfrac{c^2}{g}$。

D 部分 两个加速粒子

在本部分中考虑两个加速运动的粒子,两个粒子具有相同的固有加速度 g,固有加速度方向沿 x 轴正方向。在惯性参考系 S 中第一个粒子的初始位置为 $x=0$,第二个粒子的初始位置为 $x=L$。注意:在本部分中无需考虑信号传播时间。

(D1) 经过一段时间后,已知在惯性参考系 S 中的观察者观测到第一个粒子上的时钟读数为 τ_A,求该观察者同时观测到的第二个粒子上的时钟的读数 τ_B 的表达式。

(D2) 现在从第一个粒子的瞬时惯性系来观测,第一个粒子的瞬时惯性系中的观察者观测到第一个粒子上的时钟的读数为 τ_1,同时观测到第二个粒子上的时钟的读数为 τ_2。请证明:

$$\sinh\dfrac{g}{c}(\tau_2 - \tau_1) = C_1\sinh\dfrac{g\tau_1}{c}$$

其中 C_1 是常数,并求 C_1 的表达式。

(D3) 从第一个粒子观测到第二个粒子离它远去。请证明:从第一个粒子观测到的两个粒子之间的距离 L' 随第一个粒子上的时钟显示的时间 τ_1 的变化率为

$$\dfrac{dL'}{d\tau_1} = C_2 \dfrac{\sinh\dfrac{g\tau_2}{c}}{\cosh\dfrac{g}{c}(\tau_2 - \tau_1)}$$

其中 C_2 为常数,求 C_2 的表达式。

E部分 匀加速参考系

在本部分中赋予两粒子不同的特定的固有加速度,使得从两粒子各自测得的两粒子之间的距离是相同的且始终保持不变。初始时刻两粒子在惯性参考系 S 中静止,第一个粒子位于 $x=0$ 处,第二个粒子位于 $x=L$ 处。

(E1) 已知第一个粒子的固有加速度为 g_1,方向沿 x 轴正方向。当第一个粒子加速运动时,惯性参考系 S 中存在一个固定点 $(x_p, 0)$,使得从第一个粒子观测,在整个运动过程中,该固定点与第一个粒子之间的距离保持恒定不变。求固定点 x_p 的表达式。

(E2) 已知第一个粒子的固有加速度为 g_1,求第二个粒子的固有加速度 g_2,使得从第一个粒子观测到的两粒子间的距离为恒定不变的常数。

(E3) 求从第一个粒子观测到的两粒子上的时钟走时的比值 $\dfrac{d\tau_2}{d\tau_1}$ 的表达式。

F部分 全球定位系统的修正

从 E 部分可知,位于不同高度的时钟的走时快慢并不相同,即使这些时钟之间没有相对运动。根据广义相对论的等效原理,位于封闭小区域内的观察者无法区分由引力造成的加速度 g 和由相对惯性参考系具有加速度的参考系(非惯性系)的惯性力造成的加速度 g。因此我们可以推得,对于具有不同引力势能的两个完全相同的时钟,其走时的快慢程度并不相同。

现在考虑运行周期为 12 h、环绕地球运动的 GPS 卫星。

(F1) 假设地球表面的重力加速度为 9.78 m/s^2,地球的半径为 6380 km。求 GPS 卫星的轨道半径 r 及卫星的运行速度 v 的表达式和值。

(F2) 经过 24 h 后,地面上和卫星上的时钟的读数将会因狭义相对论效应和广义相对论效应而有差异。计算经过 24 h 后,这两种效应各自产生的两时钟的时间差,并计算总时间差,要求指出是地面上的时钟走时较快,还是卫星上的时钟走时较快。

(F3) 经过 24 h 后,估算由两种效应造成的定位的总位置误差。

第3题 自旋物理

宇宙中的所有物质,除了质量和电荷外,还具有一种称为自旋的基本性质。自旋是对粒子本身所携带的角动量(固有角动量)的基本描述。尽管需要量子力学才能严格处理与自旋有关的问题,但是仍可以使用经典物理来研究有关自旋的物理现象。在本题中,应用经典物理类比的方法来讨论磁场对自旋的作用。

在经典物理学中,磁场中的粒子受到的力矩为

$$\tau = \frac{dL}{dt} = \mu \times B$$

其中角动量 L 为粒子的自旋(固有角动量),μ 为粒子的磁矩,B 为磁感应强度。粒子自旋与磁矩的关系为

$$\mu = -\gamma L$$

其中 γ 称为回旋磁比。

A 部分　拉莫尔进动

(A1) ① 在磁感应强度为 B 的磁场作用下，证明磁矩的大小 μ 是不随时间变化的固定值。

② 若外加磁场为稳恒磁场（磁感应强度不随时间变化），证明 μ 和 B 之间的夹角为常数。提示：使用矢量点乘和叉乘的性质。

(A2) 已知匀强磁场 B 与粒子的磁矩 μ 之间的夹角为 φ，由于磁场产生的力矩的作用，磁矩 μ 绕着匀强磁场 B 转动，称为拉莫尔进动。设匀强磁场 $B = B_0 k$，k 为单位矢量，求拉莫尔进动的角频率 ω_0。

B 部分　转动参考系

在本部分中选择转动坐标系 S' 作为参考系。实验室参考系 $S(x,y,z)$ 中的观察者观察到转动参考系 $S'(x',y',z')$ 以角速度 ωk 转动，k 为实验室参考系 S 中 z 方向的单位矢量，在初始 $t=0$ 时刻，实验室参考系的 x 轴、y 轴、z 轴分别与转动参考系的 x' 轴、y' 轴、z' 轴对应重合。任一矢量 A 在实验室参考系 S 中可表示为 $A = A_x i + A_y j + A_z k$，在转动参考系 S' 中可表示为 $A = A'_x i' + A'_y j' + A'_z k'$。矢量 A 对时间的导数定义为

$$\frac{dA}{dt} = \frac{d(A_x i + A_y j + A_z k)}{dt} = \frac{dA_x}{dt} i + \frac{dA_y}{dt} j + \frac{dA_z}{dt} k \quad (S \text{ 系})$$

$$= \frac{d(A'_x i' + A'_y j' + A'_z k')}{dt}$$

$$= \left(\frac{dA'_x}{dt} i' + \frac{dA'_y}{dt} j' + \frac{dA'_z}{dt} k' \right) + \left(A'_x \frac{di'}{dt} + A'_y \frac{dj'}{dt} + A'_z \frac{dk'}{dt} \right) \quad (S' \text{ 系})$$

也可以写为

$$\left(\frac{dA}{dt} \right)_{\text{lab}} = \left(\frac{dA}{dt} \right)_{\text{rot}} + \omega k \times A$$

其中 $\left(\dfrac{dA}{dt} \right)_{\text{lab}} = \dfrac{dA_x}{dt} i + \dfrac{dA_y}{dt} j + \dfrac{dA_z}{dt} k$ 是实验室参考系 S 中的观察者观测到的矢量 A 对时间的导数，$\left(\dfrac{dA}{dt} \right)_{\text{rot}} = \dfrac{dA'_x}{dt} i' + \dfrac{dA'_y}{dt} j' + \dfrac{dA'_z}{dt} k'$ 是转动参考系 S' 中的观察者观测到的矢量 A 对时间的导数。本部分所有问题均在转动参考系 S' 中讨论。

(B1) 证明：磁矩随时间的变化满足方程 $\left(\dfrac{d\mu}{dt} \right)_{\text{rot}} = -\gamma \mu \times B_{\text{eff}}$，其中 $B_{\text{eff}} = B - \dfrac{\omega}{\gamma} k'$ 称为转动参考系 S' 中的有效磁感应强度。

(B2) 当 $B = B_0 k$ 时，求磁矩的拉莫尔进动角频率 Δ 的表达式，用 ω_0 和 ω 表示。

(B3) 现在稳恒磁场 $B_0 k$ 外再加旋转磁场 $b(t) = b(\cos \omega t\, i + \sin \omega t\, j)$，这样总磁场就是随时间变化的磁场 $B = B_0 k + b(t)$。证明此时磁矩的拉莫尔进动角频率为 $\Omega = \gamma \sqrt{\left(B_0 - \dfrac{\omega}{\gamma} \right)^2 + b^2}$。

(B4) 如果加上的是与 (A3) 小题中的旋转磁场反向的旋转磁场 $b(t) = b(\cos \omega t\, i - \sin \omega t\, j)$，那么相应的总磁场就变为 $B = B_0 k + b(\cos \omega t\, i - \sin \omega t\, j)$，求此时的有效磁感应强度 B_{eff} 的表达式，用单位矢量 i'、j'、k' 表示，并求有效磁感应强度 B_{eff} 对时间的平均值 $\overline{B_{\text{eff}}}$ 的

表达式。提示：$\overline{\cos\dfrac{2\pi}{T}t} = \overline{\sin\dfrac{2\pi}{T}t} = 0$。

C 部分　拉比振荡

由 N 个粒子组成的系统在强磁场的作用下，粒子的自旋可以有两种量子态：自旋向上（记为 ↑，即外加 z 轴正方向的磁场时，粒子磁矩 μ 沿 z 轴正方向）和自旋向下（记为 ↓，即外加 z 轴正方向的磁场时，粒子磁矩 μ 沿 z 轴负方向）。设自旋向上的粒子数为 $N_\uparrow$，自旋向下的粒子数为 $N_\downarrow$，根据粒子数守恒，粒子数之间应该满足

$$N = N_\uparrow + N_\downarrow$$

自旋向上和自旋向下的粒子数之差会产生宏观的磁化现象，磁化方向沿 z 轴，磁化强度为

$$M = (N_\uparrow - N_\downarrow)\mu = N\mu_z$$

在实验中，通常外加两个磁场，其一为匀强磁场 $\boldsymbol{B}_0 = B_0 \boldsymbol{k}$，形成偏置磁场；其二为振幅是 $2b$（$b \ll B_0$）、振动方向垂直于偏置磁场的振荡磁场。初始时刻 $t=0$，只外加匀强磁场 $\boldsymbol{B}_0 = B_0 \boldsymbol{k}$，形成偏置磁场，使得所有粒子均处在自旋为 ↑ 的量子态中（即 $t=0$ 时刻，所有粒子的磁矩 μ 沿 z 轴正方向）。然后外加振荡磁场，其振荡角频率 ω 与拉莫尔进动角频率 ω_0 相同，即 $\omega = \omega_0$，使得两者处于共振状态。换而言之，在 $t=0$ 后外加的总磁场为

$$\boldsymbol{B}(t) = B_0 \boldsymbol{k} + 2b\cos\omega_0 t \boldsymbol{i}$$

(C1) 在旋转参考系 S' 中，证明等效磁场可近似表示为 $\boldsymbol{B}_{\text{eff}} \approx b\boldsymbol{i}'$，该近似通常称为旋转波近似，并求在旋转参考系 S' 中磁矩的进动角频率 Ω 的表达式。

(C2) 若 $\omega \neq \omega_0$，求磁矩 μ 和有效磁感应强度 $\boldsymbol{B}_{\text{eff}}$ 之间的夹角 α，并证明磁化强度随时间的变化为 $M(t) = N\mu\cos(\Omega t)$。

(C3) 在上述磁场的作用下，分别求自旋为 ↑ 的粒子数分布 $P_\uparrow = \dfrac{N_\uparrow}{N}$ 和自旋为 ↓ 的粒子数分布 $P_\downarrow = \dfrac{N_\downarrow}{N}$ 随时间 t 的变化关系，并在同一张图上绘制 $P_\uparrow(t)$ 和 $P_\downarrow(t)$ 与时间 t 之间的关系曲线。这种粒子数分布随时间变化的现象称为拉比振荡。

D 部分　测量的不相容性

自旋是矢量，事实上由于量子力学中的海森伯不确定关系（$\Delta p_q \Delta q \geqslant \hbar$），无法同时测得磁矩 μ 的各个分量，即可以同时确定 μ_z 和 $|\mu|$ 两个物理量，却不能同时确定 μ_x, μ_y, μ_z 和 $|\mu|$ 四个物理量。本部分利用海森伯不确定关系来讨论为何磁矩的各分量的测量之间是不相容的。

考虑具有射出孔的高温银原子源，银原子可从射出孔处沿 $-y$ 方向射出，如图 T14.3.1 所示。

银原子源射出的原子先经过方向沿 z 方向的强磁场 $\boldsymbol{B}_1$。强磁场 $\boldsymbol{B}_1$ 的大小随坐标 z 而变化，使得具有不同磁矩 $\mu_z = \pm \gamma\hbar\left(\hbar = \dfrac{h}{2\pi}\right)$ 的银原子经过强磁场 $\boldsymbol{B}_1$ 时沿 z 方向分开。在与银原子源射出孔距离为 D 处放置阻挡屏幕，该阻挡屏幕的开口处（图 T14.3.1 中的 Δx）只允许自旋为 ↑ 的银原子通过，禁止自旋为 ↓ 的银原子通过，因此经过屏幕后所有银原子均处于自旋为 ↑ 的量子态。银原子通过屏幕之后，进入大小非均匀的磁场 $\boldsymbol{B}_2$，原子在磁场 $\boldsymbol{B}_2$ 中受到磁场力 $F_x = \mu_x C$ 的作用。磁场 $\boldsymbol{B}_2$ 沿着 x 方向有很大的分量，即 $B_{2x} \approx |\boldsymbol{B}_2|$ 且

$B_{2x} < |B_2|$,因此银原子具有磁矩 $\mu_x = \pm \gamma \hbar$。

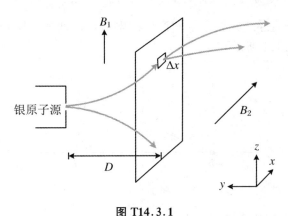

图 T14.3.1

(D1) 如果希望通过观察原子在 x 方向的分离情况来测定 μ_x,请证明关系式 $\frac{1}{\hbar}|\mu_x|\Delta x C t \gg 1$ 必须成立,其中 t 是穿过屏幕后原子经历的时间,Δx 是屏幕上开口的宽度。

(D2) 经过屏幕后银原子均处于自旋为↑的量子态,即 $\mu_z = \gamma\hbar = |\mu_x|$,意味着银原子在 B_2 的 x 分量($B_{2x} = B_{20} + Cx$)作用下的进动角频率的分布范围为 $\Delta\omega$。证明:原子的进动角度 $\Delta\omega t$ 的分布非常大,使得无法同时测量 μ_x 和 μ_z。换而言之,对 μ_x 的测量破坏了 μ_z 的信息。

解 析

第 1 题 导电液体中的导体

(A1) 对真空中电场,由高斯定理有

$$\oint \boldsymbol{E} \cdot \mathrm{d}\boldsymbol{S} = \frac{q}{\varepsilon_0} \tag{14.1.1}$$

根据对称性可知,电场只有径向分量,而没有轴向分量。选取一个以直导线为轴线的圆柱面作为高斯面。利用式(14.1.1)可得

$$E \cdot 2\pi r l = \frac{\lambda l}{\varepsilon_0} \tag{14.1.2}$$

最终得到无限长直导线产生的电场强度为

$$\boldsymbol{E} = \frac{\lambda}{2\pi\varepsilon_0 r}\hat{r} \tag{14.1.3}$$

其中 $\hat{r}$ 为径向的单位矢量。

(A2) 将电场强度对 r 积分,可得电势分布为

$$V = -\int \boldsymbol{E} \cdot \mathrm{d}\boldsymbol{l} = -\int \frac{\lambda}{2\pi\varepsilon_0 r}\mathrm{d}r \tag{14.1.4}$$

最终得到无限长直导线产生的电势分布为

$$V = -\frac{\lambda}{2\pi\varepsilon_0}\ln r + K \tag{14.1.5}$$

其中 K 为积分常数,与零势点的选择有关。故 $f(r) = -\dfrac{\lambda}{2\pi\varepsilon_0}\ln r$。

(A3) 两根无限长直导线在整个空间产生的电势可由两根无限长直导线分别产生的电势叠加得到,如图 J14.1.1 所示。

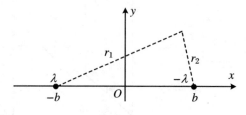

图 J14.1.1

两根无限长直导线在整个空间产生的电势为

$$V = -\frac{\lambda}{2\pi\varepsilon_0}\ln r_1 + \frac{\lambda}{2\pi\varepsilon_0}\ln r_2 = \frac{\lambda}{2\pi\varepsilon_0}\ln\frac{\sqrt{(b-x)^2+y^2}}{\sqrt{(b+x)^2+y^2}}$$

$$= \frac{\lambda}{4\pi\varepsilon_0}\ln\frac{(b-x)^2+y^2}{(b+x)^2+y^2} \tag{14.1.6}$$

式 (14.1.6) 也可化为

$$\left(x - \frac{1+\beta}{1-\beta}\right)^2 + y^2 = b^2\left[\left(\frac{1+\beta}{1-\beta}\right)^2 - 1\right] \tag{14.1.7}$$

其中 $\beta = \exp\left(\dfrac{4\pi\varepsilon_0 V}{\lambda}\right)$,因此两根无限长直导线在整个空间产生的电势的等势面为圆柱面,圆心和半径由参数 β 确定,如图 J14.1.2 所示。

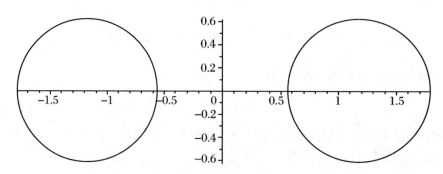

图 J14.1.2 两根无限长直导线周围的等势面

左侧圆 $b=1, \beta=12.35$;右侧圆 $b=1, \beta=1/12.35$。

(A4) 由 (14.1.6) 和 (14.1.7) 两式可知,两根无限长带电直导线在空间中产生的等势面是圆柱面。两根圆柱形导体分别是等势体,表面是等势面,两者间的电势差为 V_0。根据静电场的唯一性定理,不妨认为,两个圆柱形导体表面的等势面是由处于特定位置的两条无限长带电直导线产生的,如图 J14.1.3 所示,两根无限长直导线(线电荷密度分别为 $+\lambda, -\lambda$)产生的等势面为圆柱面。

两根无限长直导线在空间的电势分布为

$$V = -\frac{\lambda}{2\pi\varepsilon_0}\ln r_1 + \frac{\lambda}{2\pi\varepsilon_0}\ln r_2$$

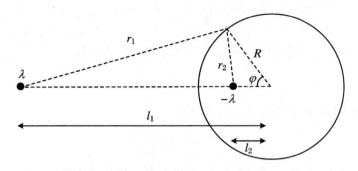

图 J14.1.3 两根无限长直导线在空间产生的等势面

$$= -\frac{\lambda}{4\pi\varepsilon_0}\ln(l_1^2 + R^2 - 2l_1R\cos\varphi) + \frac{\lambda}{4\pi\varepsilon_0}\ln(l_2^2 + R^2 - 2l_2R\cos\varphi) \quad (14.1.8)$$

由于圆柱面是等势面，V 应该与 φ 无关，即要求满足 $\frac{\partial V}{\partial \varphi} = 0$，也即

$$\frac{\partial V}{\partial \varphi} = -\frac{\lambda}{4\pi\varepsilon_0}\frac{2l_1R\sin\varphi}{l_1^2 + R^2 - 2l_1R\cos\varphi} + \frac{\lambda}{4\pi\varepsilon_0}\frac{2l_2R\sin\varphi}{l_2^2 + R^2 - 2l_2R\cos\varphi} = 0 \quad (14.1.9)$$

化简可得

$$l_1 l_2 = R^2 \quad (14.1.10)$$

由题设条件可得

$$l_1 l_2 = 9a^2, \quad l_1 + l_2 = 10a \quad (14.1.11)$$

解得两根无限长直导线的位置为

$$l_1 = 9a, \quad l_2 = a \quad (14.1.12)$$

将式(14.1.12)代入式(14.1.6)，可得圆柱形导体外部空间的电势分布为

$$V = \frac{\lambda}{4\pi\varepsilon_0}\ln\frac{(4a-x)^2 + y^2}{(4a+x)^2 + y^2} \quad (14.1.13)$$

中心轴线位于 $x = -5a$ 处的圆柱形导体内部空间的电势分布为

$$V_{x=-5a} = V(x=-2a, y=0)$$

$$= \frac{\lambda}{4\pi\varepsilon_0}\ln\frac{(4a+2a)^2 + 0^2}{(4a-2a)^2 + 0^2} = \frac{\lambda}{2\pi\varepsilon_0}\ln 3 \quad (14.1.14)$$

中心轴线位于 $x = +5a$ 处的圆柱形导体内部空间的电势分布为

$$V_{x=+5a} = V(x=+2a, y=0)$$

$$= \frac{\lambda}{4\pi\varepsilon_0}\ln\frac{(4a-2a)^2 + 0^2}{(4a+2a)^2 + 0^2} = -\frac{\lambda}{2\pi\varepsilon_0}\ln 3 \quad (14.1.15)$$

两个圆柱形导体之间的电势差为

$$V_0 = \left(\frac{\lambda}{2\pi\varepsilon_0}\ln 3\right) - \left(-\frac{\lambda}{2\pi\varepsilon_0}\ln 3\right) = \frac{\lambda}{\pi\varepsilon_0}\ln 3 \quad (14.1.16)$$

将式(14.1.16)代入式(14.1.13)~式(14.1.15)，可得圆柱形导体外的电势分布为

$$V = \frac{V_0}{4\ln 3}\ln\frac{(4a-x)^2 + y^2}{(4a+x)^2 + y^2} \quad (14.1.17)$$

中心轴线位于 $(x=5a, y=0)$ 处的圆柱形导体内部的电势分布为

$$V = -\frac{V_0}{2} \quad (14.1.18)$$

中心轴线位于 $(x=-5a, y=0)$ 处的圆柱形导体内部的电势分布为

$$V = +\frac{V_0}{2} \tag{14.1.19}$$

(A5) 由式(14.1.16)得到两个圆柱形导体之间的电势差为

$$V_0 = \frac{q}{\pi\varepsilon_0 l}\ln 3 \tag{14.1.20}$$

从而得到两个圆柱形导体组成的系统的电容为

$$C = \frac{q}{V_0} = \frac{\pi\varepsilon_0 l}{\ln 3} \tag{14.1.21}$$

(A6) 将式(14.1.17)代入 $\boldsymbol{E} = -\nabla V$，可得两个圆柱形导体外部的电场分布为

$$\begin{aligned} E_x &= -\frac{\partial V}{\partial x} = \frac{V_0}{2\ln 3}\left[\frac{4a+x}{(4a+x)^2+y^2} + \frac{4a-x}{(4a-x)^2+y^2}\right] \\ E_y &= -\frac{\partial V}{\partial y} = \frac{V_0}{2\ln 3}\left[\frac{y}{(4a+x)^2+y^2} - \frac{y}{(4a-x)^2+y^2}\right] \end{aligned} \tag{14.1.22}$$

根据欧姆定律的微分形式，得到空间电流密度矢量为

$$\begin{aligned}\boldsymbol{j} = \sigma\boldsymbol{E} &= \frac{\sigma V_0}{2\ln 3}\left[\frac{4a+x}{(4a+x)^2+y^2} + \frac{4a-x}{(4a-x)^2+y^2}\right]\boldsymbol{i} \\ &+ \frac{\sigma V_0}{2\ln 3}\left[\frac{y}{(4a+x)^2+y^2} - \frac{y}{(4a-x)^2+y^2}\right]\boldsymbol{j} \end{aligned} \tag{14.1.23}$$

利用 $x=0$ 平面来计算总电流。在 $x=0$ 平面上，y 方向的电流密度矢量对总电流没有贡献，因此通过 $x=0$ 平面的总电流为

$$I = \int \boldsymbol{j}\cdot\mathrm{d}\boldsymbol{S} = \int \sigma E_x l\,\mathrm{d}y = \frac{8a V_0 \sigma l}{2\ln 3}\int_{-\infty}^{+\infty}\frac{\mathrm{d}y}{(4a)^2+y^2} = \frac{V_0 \pi \sigma l}{\ln 3} \tag{14.1.24}$$

(A7) 根据电阻的定义，系统的电阻为

$$R = \frac{V_0}{I} = \frac{\ln 3}{\pi\sigma l} \tag{14.1.25}$$

因此得到

$$RC = \frac{\varepsilon_0}{\sigma} \tag{14.1.26}$$

(A8) 系统具有高度的对称性，利用安培环路定理，由于电流与 z 无关，因此磁场应该只有 z 分量。如图 J14.1.4 所示为从圆柱体 A 流向圆柱体 B 的电流分布示意图。

我们将安培环路选择为 1→2→3→4 的矩形回路，其中 1,3 平行于 z 轴，2,4 平行于 y 轴，由此计算出穿过环路 1→2→3→4 的总电流为

$$\begin{aligned} I &= \oint \boldsymbol{j}\cdot\mathrm{d}\boldsymbol{S} = \int j_x l\,\mathrm{d}y \\ &= \frac{V_0 \sigma l}{2\ln 3}\int_{-y}^{y}\left[\frac{4a+x}{(4a+x)^2+y^2} + \frac{4a-x}{(4a-x)^2+y^2}\right]\mathrm{d}y \\ &= \frac{V_0 \sigma l}{\ln 3}\left(\arctan\frac{y}{4a+x} + \arctan\frac{y}{4a-x}\right) \end{aligned} \tag{14.1.27}$$

利用安培环路定理得

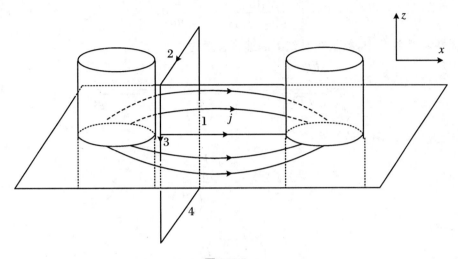

图 J14.1.4

$$\oint \boldsymbol{B} \cdot \mathrm{d}\boldsymbol{l} = \mu_0 I$$

$$\Rightarrow \quad 2B_z l = \mu_0 \frac{V_0 \sigma l}{\ln 3}\left(\arctan\frac{y}{4a+x} + \arctan\frac{y}{4a-x}\right) \tag{14.1.28}$$

因此电流产生的磁感应强度为

$$B_z = \frac{\mu_0 \sigma V_0}{2\ln 3}\left(\arctan\frac{y}{4a+x} + \arctan\frac{y}{4a-x}\right) \tag{14.1.29}$$

即

$$\boldsymbol{B} = \frac{\mu_0 \sigma V_0}{2\ln 3}\left(\arctan\frac{y}{4a+x} + \arctan\frac{y}{4a-x}\right)\hat{z} \tag{14.1.30}$$

第 2 题　GPS 卫星的相对论修正

A 部分　单个加速粒子

（A1）在惯性参考系 S 中，粒子的动力学方程为

$$F = \frac{\mathrm{d}p}{\mathrm{d}t} = \frac{\mathrm{d}(\gamma m v)}{\mathrm{d}t} = \frac{\mathrm{d}}{\mathrm{d}t}\left(\frac{mc\beta}{\sqrt{1-\beta^2}}\right) = \frac{mc}{\sqrt{(1-\beta^2)^3}}\frac{\mathrm{d}\beta}{\mathrm{d}t} = \gamma^3 m a \tag{14.2.1}$$

其中 $\beta = \dfrac{v}{c}$，$\gamma = \dfrac{1}{\sqrt{1-v^2/c^2}} = \dfrac{1}{\sqrt{1-\beta^2}}$。

因此，在惯性参考系 S 中，粒子以速度 v 运动时的加速度为

$$a = \frac{F}{\gamma^3 m} = \frac{g}{\gamma^3} \tag{14.2.2}$$

（A2）式（14.2.2）可改写为

$$c\frac{\mathrm{d}\beta}{\mathrm{d}t} = \frac{F}{\gamma^3 m} \tag{14.2.3}$$

积分后可得

$$\int_0^\beta \frac{\mathrm{d}\beta}{(1-\beta^2)^{\frac{3}{2}}} = \int_0^t \frac{F}{mc}\mathrm{d}t \tag{14.2.4}$$

得到在惯性参考系 S 中，粒子在时刻 t 的速度参量为

$$\beta = \frac{\frac{Ft}{mc}}{\sqrt{1+\left(\frac{Ft}{mc}\right)^2}} = \frac{\frac{gt}{c}}{\sqrt{1+\left(\frac{gt}{c}\right)^2}} = \frac{gt}{\sqrt{c^2+(gt)^2}} \tag{14.2.5}$$

（A3）式(14.2.5)可改写为

$$\frac{1}{c}\frac{\mathrm{d}x}{\mathrm{d}t} = \frac{\frac{Ft}{mc}}{\sqrt{1+\left(\frac{Ft}{mc}\right)^2}} \tag{14.2.6}$$

两边积分可得

$$\int_0^x \mathrm{d}x = \int_0^t \frac{Ft}{m\sqrt{1+\left(\frac{Ft}{mc}\right)^2}}\mathrm{d}t \tag{14.2.7}$$

得到惯性参考系 S 中，粒子在时刻 t 的位置为

$$x = \frac{mc^2}{F}\left[\sqrt{1+\left(\frac{Ft}{mc}\right)^2}-1\right] = \frac{c^2}{g}\left[\sqrt{1+\left(\frac{gt}{c}\right)^2}-1\right] \tag{14.2.8}$$

（A4）考虑惯性参考系 S' 相对于另一惯性参考系 S 以速度 u 沿着 $+x$ 方向运动。若在惯性参考系 S' 中，粒子以速度 v' 沿着 $+x$ 方向运动，则在惯性参考系 S 中观察到该粒子的运动速度 v 为

$$v = \frac{u+v'}{1+\frac{uv'}{c^2}} \tag{14.2.9}$$

该粒子在惯性参考系 S 中的速度变化量 $\mathrm{d}v$ 为

$$\mathrm{d}v = \mathrm{d}\left(\frac{u+v'}{1+\frac{uv'}{c^2}}\right) = \frac{\mathrm{d}v'}{1+\frac{uv'}{c^2}} - \frac{u+v'}{\left(1+\frac{uv'}{c^2}\right)^2}\frac{u\mathrm{d}v'}{c^2}$$

$$= \frac{1-\frac{u^2}{c^2}}{\left(1+\frac{uv'}{c^2}\right)^2}\mathrm{d}v' = \frac{1}{\gamma_u^2}\frac{\mathrm{d}v'}{\left(1+\frac{uv'}{c^2}\right)^2} \tag{14.2.10}$$

其中 $\gamma_u = \dfrac{1}{\sqrt{1-\dfrac{u^2}{c^2}}}$。

根据洛伦兹公式，惯性参考系 S' 的时刻 t' 和惯性参考系 S 的时刻 t 之间的关系为

$$t = \gamma_u\left(t'+\frac{ux'}{c^2}\right) \tag{14.2.11}$$

因此在惯性参考系 S' 中的时间间隔变化量 $\mathrm{d}t'$ 和在惯性参考系 S 中的时间间隔变化量 $\mathrm{d}t$ 间的关系为

$$\mathrm{d}t = \gamma_u\left(\mathrm{d}t'+\frac{u\mathrm{d}x'}{c^2}\right) = \gamma_u\mathrm{d}t'\left(1+\frac{uv'}{c^2}\right) \tag{14.2.12}$$

利用(14.2.10)和(14.2.12)两式，可得在惯性参考系 S 中该粒子的加速度为

$$a = \frac{\mathrm{d}v}{\mathrm{d}t} = \frac{\frac{1}{\gamma_u^2}\frac{\mathrm{d}v'}{\left(1+\frac{uv'}{c^2}\right)^2}}{\gamma_u \mathrm{d}t'\left(1+\frac{uv'}{c^2}\right)} = \frac{1}{\gamma_u^3}\frac{a'}{\left(1+\frac{uv'}{c^2}\right)^3} \tag{14.2.13}$$

惯性参考系 S' 是粒子的瞬时惯性系，即 $v'=0$。由式(14.2.9)可得

$$v = u \tag{14.2.14}$$

由此有

$$\gamma_u = \frac{1}{\sqrt{1-v^2/c^2}} = \gamma \tag{14.2.15}$$

将 $v'=0$ 代入式(14.2.13)，可得

$$a = \frac{a'}{\gamma^3} \tag{14.2.16}$$

由题意有 $g=\dfrac{F}{m}$，故利用(14.2.2)和(14.2.16)两式，可得此粒子在惯性参考系 S' 中的固有加速度为

$$a' = \gamma^3 a = \frac{F}{m} = g \tag{14.2.17}$$

(A5) 利用式(14.2.2)，可得

$$c\frac{\mathrm{d}\beta}{\mathrm{d}t} = \frac{g}{\gamma^3} \tag{14.2.18}$$

惯性参考系 S' 是粒子的瞬时惯性系，即 $v'=0$，则粒子经历的时间 τ 为固有时间。利用式(14.2.12)，可得

$$\mathrm{d}t = \gamma \mathrm{d}\tau \tag{14.2.19}$$

将式(14.2.19)代入式(14.2.18)，可得

$$\frac{c}{\gamma}\frac{\mathrm{d}\beta}{\mathrm{d}\tau} = \frac{g}{\gamma^3} \Rightarrow \frac{\mathrm{d}\beta}{1-\beta^2} = \frac{g}{c}\mathrm{d}\tau \tag{14.2.20}$$

两边积分可得

$$\int_0^\beta \frac{\mathrm{d}\beta}{1-\beta^2} = \frac{g}{c}\int_0^\tau \mathrm{d}\tau \tag{14.2.21}$$

得到粒子的运动速度参量为

$$\beta = \frac{\mathrm{e}^{2g\tau/c}-1}{\mathrm{e}^{2g\tau/c}+1} = \frac{\mathrm{e}^{g\tau/c}-\mathrm{e}^{-g\tau/c}}{\mathrm{e}^{g\tau/c}+\mathrm{e}^{-g\tau/c}} = \tanh\frac{g\tau}{c} \tag{14.2.22}$$

(A6) 利用式(14.2.22)，可得

$$\gamma = \frac{1}{\sqrt{1-\beta^2}} = \frac{1}{\sqrt{1-\left(\tanh\dfrac{g\tau}{c}\right)^2}} = \cosh\frac{g\tau}{c} \tag{14.2.23}$$

由式(14.2.19)，可得

$$\mathrm{d}t = \left(\cosh\frac{g\tau}{c}\right)\mathrm{d}\tau \Rightarrow \int_0^t \mathrm{d}t = \int_0^\tau \left(\cosh\frac{g\tau}{c}\right)\mathrm{d}\tau \tag{14.2.24}$$

最终得到惯性参考系 S 中的时刻 t 与粒子上的时钟的读数 τ 之间的关系为

$$t = \frac{c}{g}\sinh\frac{g\tau}{c} \tag{14.2.25}$$

B部分 信息传播时间

（B1）当置于惯性参考系 S 中 $x=0$ 处的静止时钟显示的读数为 t_0 时，它发射携带该时刻读数信息的信号。该信号在空间传播，到达粒子的时刻为 t，此时粒子在惯性参考系 S 中的位置坐标为 $x(t)$，即该信号在空间的传播时间为 $t-t_0$，故

$$c(t-t_0) = x(t) - 0 \tag{14.2.26}$$

利用式(14.2.8)和题中 $g = \dfrac{F}{m}$，可得

$$t - t_0 = \frac{c}{g}\left[\sqrt{1+\left(\frac{gt}{c}\right)^2} - 1\right] \tag{14.2.27}$$

即

$$t = \frac{1}{2}t_0 \frac{2 - \dfrac{gt_0}{c}}{1 - \dfrac{gt_0}{c}} \tag{14.2.28}$$

当携带读数 t_0 的信号传播至粒子时，粒子上的时钟的读数为 τ。根据式(14.2.25)，可得

$$\frac{c}{g}\sinh\frac{g\tau}{c} = \frac{1}{2}t_0 \frac{2 - \dfrac{gt_0}{c}}{1 - \dfrac{gt_0}{c}} \tag{14.2.29}$$

展开可得

$$\frac{gt_0}{c} = 1 + \sinh\frac{g\tau}{c} \pm \cosh\frac{g\tau}{c} \tag{14.2.30}$$

利用初始条件，当 $\tau = 0$ 时，$t = 0$，因此上式须取负根，即

$$\frac{gt_0}{c} = 1 + \sinh\frac{g\tau}{c} - \cosh\frac{g\tau}{c} \tag{14.2.31}$$

因此有

$$t_0 = \frac{c}{g}(1 - e^{-g\tau/c}) \tag{14.2.32}$$

当 $\tau \to \infty$ 时，$t_0 \to \dfrac{c}{g}$，即粒子观测到的读数 t_0 将趋近固定值 $\dfrac{c}{g}$。

（B2）当粒子上的时钟的读数为 τ_0 时，设其对应的在惯性参考系 S 中 $x=0$ 处的时钟的读数为 t_0，则利用式(14.2.25)和式(14.2.8)，可得出 τ_0 和 t_0 之间的关系式与粒子的位置分别为

$$t_0 = \frac{c}{g}\sinh\frac{g\tau_0}{c} \tag{14.2.33}$$

$$x = \frac{c^2}{g}\left[\sqrt{1+\left(\frac{gt_0}{c}\right)^2} - 1\right] \tag{14.2.34}$$

将式(14.2.33)代入式(14.2.34)，可得

$$x = \frac{c^2}{g}\left[\sqrt{1+\left(\sinh\frac{g\tau_0}{c}\right)^2} - 1\right] = \frac{c^2}{g}\left(\cosh\frac{g\tau_0}{c} - 1\right) \tag{14.2.35}$$

携带粒子上的时钟的读数 τ_0 的信号经由空间传播至位于惯性参考系 S 中 $x=0$ 处的观

察者,所需的时间为 $\dfrac{x}{c}$。因此惯性参考系 S 中的观察者接收到此信息的时刻为

$$t = t_0 + \frac{x}{c} \tag{14.2.36}$$

将(14.2.33)和(14.2.35)两式代入式(14.2.36),可得

$$t = \frac{c}{g}\sinh\frac{g\tau_0}{c} + \frac{c}{g}\left(\cosh\frac{g\tau_0}{c} - 1\right) = \frac{c}{g}(e^{g\tau_0/c} - 1) \tag{14.2.37}$$

解得

$$\tau_0 = \frac{c}{g}\ln\left(\frac{gt}{c} + 1\right) \tag{14.2.38}$$

上式显示当 t 增大时,位于惯性参考系 S 中 $x=0$ 处的观察者所观察到的粒子上的时钟的读数 τ_0 也随之增大,不会趋向于固定值。

C 部分　闵可夫斯基图

(C1) 如图 J14.2.1 所示,线段 AB 表示直杆在惯性参考系 S 中的固有长度 L,该线段 AB 在惯性参考系 S' 的长度为 $\dfrac{L}{\sqrt{\dfrac{1+\beta^2}{1-\beta^2}}} = L\sqrt{\dfrac{1-\beta^2}{1+\beta^2}}$。

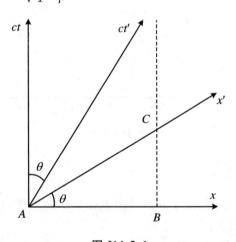

图 J14.2.1

在惯性参考系 S' 中的观察者测量直杆的长度时,必须同时测得该直杆两端点的坐标,即图 J14.2.1 中 S' 系在 x' 轴上的 A, C 两点。该轴上的线段 AC 代表 S' 系中的观察者所测得的直杆长度:

$$L' = AC = \frac{AB}{\cos\theta} = \frac{L\sqrt{\dfrac{1-\beta^2}{1+\beta^2}}}{\dfrac{1}{\sqrt{1+\beta^2}}} = L\sqrt{1-\beta^2} \tag{14.2.39}$$

根据 C 部分题意, x 轴和 x' 轴之间的夹角为 θ,且 $\tan\theta = \beta$。

(C2) 粒子的位置 x 和时间 t 之间的关系式如式(14.2.8),即

$$x = \frac{c^2}{g}\left[\sqrt{1 + \left(\frac{gt_0}{c}\right)^2} - 1\right] \Rightarrow \frac{x}{c^2/g} = \sqrt{1 + \left(\frac{ct}{c^2/g}\right)^2} - 1 \tag{14.2.40}$$

若以 $\dfrac{c^2}{g}$ 作为 x 轴和 ct 轴的单位长度,则式(14.2.40)可改写为

$$(x+1)^2 - (ct)^2 = 1 \tag{14.2.41}$$

该方程为双曲线方程,其曲线如图 J14.2.2 所示。

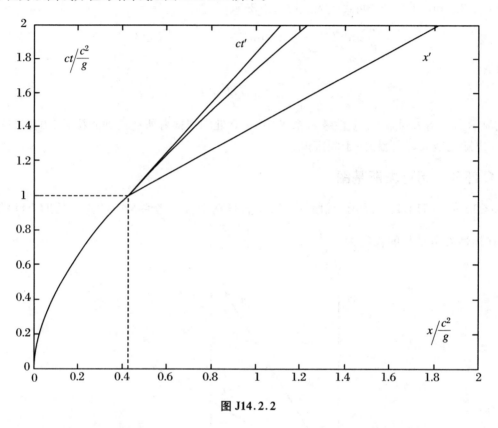

图 J14.2.2

D 部分　两个加速粒子

(D1) 两个粒子的运动情况,除了起始的出发位置不同之外,其余都相同,且由于本部分无需考虑信息的传递时间,故 $\tau_A = \tau_B$。

(D2) 两个粒子运动的闵可夫斯基时空图如图 J14.2.3 所示。

在惯性参考系 S 中,两个粒子之间的距离为 $L = x_2 - x_1$。根据 C 部分题意,x 轴和 x' 轴之间的角度为 θ,$\tan\theta = \beta$,故有

$$\tan\theta = \beta_1 = \dfrac{ct_2 - ct_1}{x_2 - x_1} \tag{14.2.42}$$

利用式(14.2.25),可得

$$t_1 = \dfrac{c}{g}\sinh\dfrac{g\tau_1}{c} \tag{14.2.43}$$

$$t_2 = \dfrac{c}{g}\sinh\dfrac{g\tau_2}{c} \tag{14.2.44}$$

利用式(14.2.35),可得

$$x_1 = \dfrac{c^2}{g}\left(\cosh\dfrac{g\tau_1}{c} - 1\right) \tag{14.2.45}$$

$$x_2 = \frac{c^2}{g}\left(\cosh\frac{g\tau_2}{c} - 1\right) + L \tag{14.2.46}$$

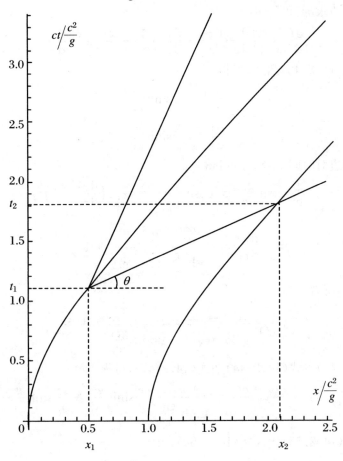

图 J14.2.3

从第一个粒子的瞬时参考系看来,利用式(14.2.22),可得

$$\beta_1 = \tanh\frac{g\tau_1}{c} \tag{14.2.47}$$

将式(14.2.43)~式(14.2.47)代入式(14.2.42),可得

$$\tanh\frac{g\tau_1}{c} = \frac{c\left(\frac{c}{g}\sinh\frac{g\tau_2}{c} - \frac{c}{g}\sinh\frac{g\tau_1}{c}\right)}{L + \frac{c^2}{g}\left(\cosh\frac{g\tau_2}{c} - 1\right) - \frac{c^2}{g}\left(\cosh\frac{g\tau_1}{c} - 1\right)}$$

$$\Rightarrow \frac{gL}{c^2}\sinh\frac{g\tau_1}{c} = \sinh\frac{g\tau_2}{c}\cosh\frac{g\tau_1}{c} - \cosh\frac{g\tau_2}{c}\sinh\frac{g\tau_1}{c}$$

$$\Rightarrow \frac{gL}{c^2}\sinh\frac{g\tau_1}{c} = \sinh\frac{g}{c}(\tau_2 - \tau_1) \tag{14.2.48}$$

因此可得 $C_1 = \frac{gL}{c^2}$。

(D3) 从第一个粒子的瞬时惯性系看来,第二个粒子离它远去,根据相对论长度收缩效应,两个粒子间的距离为

$$L' = L\sqrt{1-\beta_1^2} = \frac{x_2 - x_1}{\gamma_1} \tag{14.2.49}$$

对式(14.2.49)两边求导,可得

$$\frac{dL'}{d\tau_1} = \left(\frac{dx_2}{d\tau_2}\frac{d\tau_2}{d\tau_1} - \frac{dx_1}{d\tau_1}\right)\frac{1}{\gamma_1} - \frac{x_2 - x_1}{\gamma_1^2}\frac{d\gamma_1}{d\tau_1} \tag{14.2.50}$$

利用(14.2.45)和(14.2.46)两式,可得

$$\frac{dx_1}{d\tau_1} = c\sinh\frac{g\tau_1}{c} \tag{14.2.51}$$

$$\frac{dx_2}{d\tau_2} = c\sinh\frac{g\tau_2}{c} \tag{14.2.52}$$

将式(14.2.48)两边对时间 τ_1 求导,可得

$$\frac{gL}{c^2}\cosh\frac{g\tau_1}{c} = \cosh\frac{g}{c}(\tau_2 - \tau_1)\left(\frac{d\tau_2}{d\tau_1} - 1\right)$$

$$\Rightarrow \frac{d\tau_2}{d\tau_1} = \frac{\frac{gL}{c^2}\cosh\frac{g\tau_1}{c}}{\cosh\frac{g}{c}(\tau_2 - \tau_1)} + 1 \tag{14.2.53}$$

利用式(14.2.47),可得

$$\gamma_1 = \frac{1}{\sqrt{1-\beta_1^2}} = \frac{1}{\sqrt{1-\tanh^2\frac{g\tau_1}{c}}} = \cosh\frac{g\tau_1}{c} \tag{14.2.54}$$

利用式(14.2.42)~式(14.2.44)和式(14.2.47),可得

$$x_2 - x_1 = \frac{ct_2 - ct_1}{\beta_1} = \frac{c}{\tanh\frac{g\tau_1}{c}}\left(\frac{c}{g}\sinh\frac{g\tau_2}{c} - \frac{c}{g}\sinh\frac{g\tau_1}{c}\right) \tag{14.2.55}$$

将式(14.2.51)~(14.2.55)代入式(14.2.50),可得

$$\frac{dL'}{d\tau_1} = \frac{gL}{c}\frac{\sinh\frac{g\tau_2}{c}}{\cosh\frac{g}{c}(\tau_2 - \tau_1)} \tag{14.2.56}$$

因此可得 $C_2 = \frac{gL}{c}$。

E 部分 匀加速参考系

(E1) 从第一个粒子的瞬时惯性系看来,该粒子和惯性参考系 S 内某固定点 $x = x_p$ 之间的距离为

$$L' = (x_1 - x_p)\sqrt{1-\beta_1^2} = \frac{x_1 - x_p}{\gamma_1} \tag{14.2.57}$$

利用(14.2.45)和(14.2.54)两式,可得

$$L' = \frac{\frac{c^2}{g_1}\left(\cosh\frac{g_1\tau_1}{c} - 1\right) - x_p}{\cosh\frac{g_1\tau_1}{c}} = \frac{c^2}{g_1} - \frac{\frac{c^2}{g_1} + x_p}{\cosh\frac{g_1\tau_1}{c}} \tag{14.2.58}$$

若要保持 L' 恒定,则需 $x_p = -\frac{c^2}{g_1}$。

(E2) 方法一

两粒子运动的闵可夫斯基时空图如图 J14.2.4 所示。

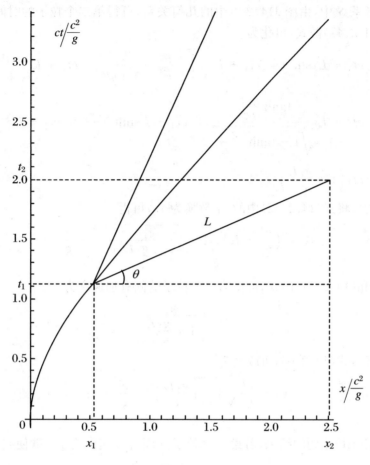

图 J14.2.4

若在第一个粒子的瞬时参考系 S' 中,两粒子之间的距离为 L,则对应在惯性参考系 S 中的距离为

$$L_S = L\sqrt{\frac{1+\beta_1^2}{1-\beta_1^2}} \tag{14.2.59}$$

因此在惯性参考系 S 中,由图 J14.2.4 中的几何关系,可得第二个粒子的位置坐标为

$$x_2 = x_1 + L_S\cos\theta = x_1 + L\sqrt{\frac{1+\beta_1^2}{1-\beta_1^2}}\frac{1}{\sqrt{1+\beta_1^2}} = x_1 + \frac{L}{\sqrt{1-\beta_1^2}} \tag{14.2.60}$$

由式(14.2.8)可得

$$x_1 = \frac{c^2}{g_1}\left[\sqrt{1+\left(\frac{g_1 t_1}{c}\right)^2} - 1\right] = \frac{c^2}{g_1}\sqrt{1+\left(\frac{g_1 t_1}{c}\right)^2} - \frac{c^2}{g_1} \tag{14.2.61}$$

将式(14.2.61)代入式(14.2.60),并利用(14.2.43)和(14.2.47)两式,可得

$$x_2 = \frac{c^2}{g_1}\sqrt{1+\left(\frac{g_1 t_1}{c}\right)^2} - \frac{c^2}{g_1} + L\cosh\frac{g_1 \tau_1}{c}$$

$$= \frac{c^2}{g_1}\sqrt{1+\left(\frac{g_1 t_1}{c}\right)^2} - \frac{c^2}{g_1} + L\sqrt{1+\left(\frac{g_1 t_1}{c}\right)^2}$$

$$= \left(\frac{c^2}{g_1} + L\right)\sqrt{1 + \left(\frac{g_1 t_1}{c}\right)^2} - \frac{c^2}{g_1} \qquad (14.2.62)$$

在惯性参考系 S 中，由图 J14.2.4 中的几何关系，可得第二个粒子的时间坐标，并利用(14.2.43)和(14.2.47)两式，可化为

$$ct_2 = ct_1 + L_s \sin\theta = ct_1 + L\sqrt{\frac{1+\beta_1^2}{1-\beta_1^2}}\frac{\beta_1}{\sqrt{1+\beta_1^2}} = ct_1 + L\frac{\beta_1}{\sqrt{1-\beta_1^2}}$$

$$= ct_1 + L\frac{\tanh\frac{g_1\tau_1}{c}}{\sqrt{1-\tanh^2\frac{g_1\tau_1}{c}}} = ct_1 + L\sinh\frac{g_1\tau_1}{c} = ct_1 + L\frac{g_1 t_1}{c}$$

$$= ct_1\left(1 + \frac{g_1 L}{c^2}\right) \qquad (14.2.63)$$

利用式(14.2.63)，将式(14.2.62)中的 t_1 替换为 t_2，可得

$$x_2 = \left(\frac{c^2}{g_1} + L\right)\sqrt{1 + \left[\frac{g_1}{1+\frac{g_1 L}{c^2}}\frac{t_2}{c}\right]^2} - \frac{c^2}{g_1} \qquad (14.2.64)$$

比较(14.2.61)和(14.2.64)两式，可得第二个粒子的固有加速度为

$$g_2 = \frac{g_1}{1 + \frac{g_1 L}{c^2}} \qquad (14.2.65)$$

利用式(14.2.65)，式(14.2.64)可改写为

$$x_2 = \frac{c^2}{g_2}\sqrt{1 + \left(\frac{g_2 t_2}{c}\right)^2} - \frac{c^2}{g_2} + L \qquad (14.2.66)$$

方法二

本方法利用(E1)小题的结果，若第一个粒子的固有加速度为 g_1，欲使它与静止参考系中的某个特定点 x_p 之间的距离维持恒定，则需 $-x_p = \frac{c^2}{g_1}$。同样，我们可选择第二个粒子的固有加速度 g_2，使得它与该特定点 x_p 之间的距离维持恒定，则其条件为 $L - x_p = \frac{c^2}{g_2}$，因此可得第二个粒子的固有加速度为

$$\frac{c^2}{g_2} = L + \frac{c^2}{g_1} \quad \Rightarrow \quad g_2 = \frac{g_1}{1 + \frac{g_1 L}{c^2}}$$

后面与方法一相同。

(E3) 两粒子的时间坐标之间的关系如式(14.2.63)所示，利用式(14.2.25)，可得

$$\frac{c^2}{g_2}\sinh\frac{g_2\tau_2}{c} = \frac{c^2}{g_1}\sinh\frac{g_1\tau_1}{c}\left(1 + \frac{g_1 L}{c^2}\right)$$

$$\Rightarrow \quad \sinh\frac{g_2\tau_2}{c} = \frac{g_2}{g_1}\sinh\frac{g_1\tau_1}{c}\left(1 + \frac{g_1 L}{c^2}\right) \qquad (14.2.67)$$

利用式(14.2.65)，可得

$$\sinh\frac{g_2\tau_2}{c} = \sinh\frac{g_1\tau_1}{c} \quad \Rightarrow \quad g_2\tau_2 = g_1\tau_1 \qquad (14.2.68)$$

因此可得从第一个粒子观测到的两粒子上的时钟变化率的比值为

$$\frac{d\tau_2}{d\tau_1} = \frac{g_1}{g_2} = 1 + \frac{g_1 L}{c^2} \tag{14.2.69}$$

F 部分　全球定位系统的修正

(F1) GPS 卫星在轨道上做圆周运动所需的向心力来自于地球的吸引力，故

$$m\left(\frac{2\pi}{T}\right)^2 r = \frac{GMm}{r^2} \Rightarrow r = \left(\frac{GMT^2}{4\pi^2}\right)^{\frac{1}{3}} \tag{14.2.70}$$

设 g 为在地球表面上的重力加速度，则

$$\frac{GMm}{R^2} = mg \Rightarrow GM = gR^2 \tag{14.2.71}$$

将式(14.2.71)代入式(14.2.70)，并将数据代入，可得 GPS 卫星的轨道半径为

$$r = \left(\frac{GMT^2}{4\pi^2}\right)^{\frac{1}{3}} = 2.66 \times 10^7 \text{ m} \tag{14.2.72}$$

因此 GPS 卫星的运行速度为

$$v = \frac{2\pi r}{T} = 3.87 \times 10^3 \text{ m/s} \tag{14.2.73}$$

(F2) 设 $d\tau$ 和 dt 分别代表卫星时钟和地面时钟的读数变化量，并设 $d\tau_g$ 和 $d\tau_S$ 分别代表广义相对论效应和狭义相对论效应造成的卫星时钟的读数变化量。利用式(14.2.69)，可得广义相对论效应对卫星时钟的影响为

$$\frac{d\tau_g}{dt} = 1 + \frac{\Delta U}{mc^2} \tag{14.2.74}$$

式中 ΔU 为卫星轨道和地球表面处的重力势能的变化量，即

$$\Delta U = \left(-\frac{GMm}{r}\right) - \left(-\frac{GMm}{R}\right) = GMm\left(\frac{1}{R} - \frac{1}{r}\right) \tag{14.2.75}$$

将式(14.2.71)和式(14.2.75)代入式(14.2.74)，可得

$$\frac{d\tau_g}{dt} = 1 + \frac{gR^2}{c^2}\left(\frac{1}{R} - \frac{1}{r}\right) \tag{14.2.76}$$

历时 24 h，广义相对论效应造成的卫星时钟和地面时钟读数之间的差值为

$$\Delta\tau_g = \frac{gR^2}{c^2}\left(\frac{1}{R} - \frac{1}{r}\right)T = 4.55 \times 10^{-5} \text{ s} \tag{14.2.77}$$

因此广义相对论效应会使得卫星时钟的走时相对地面时钟的走时要快。

利用式(14.2.19)，可得狭义相对论效应对卫星时钟的影响为

$$\frac{d\tau_S}{dt} = \frac{1}{\gamma} = \sqrt{1 - \frac{v^2}{c^2}} \approx 1 - \frac{v^2}{2c^2} \tag{14.2.78}$$

历时 24 h，狭义相对论效应造成的卫星时钟和地面时钟读数之间的差值为

$$\Delta\tau_S = -\frac{v^2}{2c^2}T = -7.18 \times 10^{-6} \text{ s} \tag{14.2.79}$$

因此狭义相对论效应会使得卫星时钟的走时相对地面时钟的走时要慢。

历时 24 h，相对论效应造成的卫星时钟和地面时钟读数的总差值为

$$\Delta\tau = \Delta\tau_g + \Delta\tau_S = 3.83 \times 10^{-5} \text{ s} \tag{14.2.80}$$

卫星时钟会比地面时钟走得快一些。对照可得，广义相对论造成的影响是狭义相对论造成的影响的 6 倍左右。

(F3) 经过 24 h 后，相对论效应造成的位置误差为

$$\Delta L = c\Delta\tau = 3.00\times10^8 \times 3.83\times10^{-5} \text{ m}$$
$$= 1.15\times10^4 \text{ m} = 11.5 \text{ km} \tag{14.2.81}$$

这个误差对于 GPS 定位而言是无法忽略的误差，必须予以修正。

第 3 题　自 旋 物 理

A 部分　拉莫尔进动

(A1) 利用题中所给的力矩方程

$$\tau = \frac{d\boldsymbol{L}}{dt} = \boldsymbol{\mu}\times\boldsymbol{B} \tag{14.3.1}$$

以及粒子的自旋与相应的磁矩之间的关系式

$$\boldsymbol{\mu} = -\gamma\boldsymbol{L} \tag{14.3.2}$$

可得

$$\frac{d\boldsymbol{\mu}}{dt} = -\gamma\boldsymbol{\mu}\times\boldsymbol{B} \tag{14.3.3}$$

式(14.3.3)等号两边同时点乘 $\boldsymbol{\mu}$，可得

$$\boldsymbol{\mu}\cdot\frac{d\boldsymbol{\mu}}{dt} = -\gamma\boldsymbol{\mu}\cdot(\boldsymbol{\mu}\times\boldsymbol{B}) \Rightarrow \frac{1}{2}\frac{d\mu^2}{dt} = 0 \Rightarrow \mu = |\boldsymbol{\mu}| = 常数 \tag{14.3.4}$$

即磁矩大小 μ 是不随时间变化的固定值。

式(14.3.3)等号两边同时点乘 $\boldsymbol{B}$，可得

$$\boldsymbol{B}\cdot\frac{d\boldsymbol{\mu}}{dt} = -\gamma\boldsymbol{B}\cdot(\boldsymbol{\mu}\times\boldsymbol{B}) = 0 \tag{14.3.5}$$

在磁感应强度 $\boldsymbol{B}$ 保持不变的情况下，式(14.3.5)可写为

$$\frac{d}{dt}(\boldsymbol{B}\cdot\boldsymbol{\mu}) = 0 \tag{14.3.6}$$

再结合式(14.3.4)，可得

$$\boldsymbol{B}\cdot\boldsymbol{\mu} = 常数 \Rightarrow B\mu\cos\theta = 常数$$
$$\Rightarrow \theta = 常数 \tag{14.3.7}$$

即 $\boldsymbol{\mu}$ 和 $\boldsymbol{B}$ 之间的夹角为常数。

(A2) 设匀强磁场 $\boldsymbol{B}$ 和粒子磁矩 $\boldsymbol{\mu}$ 之间的夹角为 φ，如图 J14.3.1 所示。利用式(14.3.3)，并由图 J14.3.1 的几何关系可得

$$\left|\frac{d\boldsymbol{\mu}}{dt}\right| = \gamma|\boldsymbol{\mu}|B\sin\varphi$$

$$\Rightarrow \mu\sin\varphi\frac{d\theta}{dt} = \gamma\mu B_0\sin\varphi \tag{14.3.8}$$

因此可得拉莫尔进动的角频率为

$$\omega_0 = \frac{d\theta}{dt} = \gamma B_0 \tag{14.3.9}$$

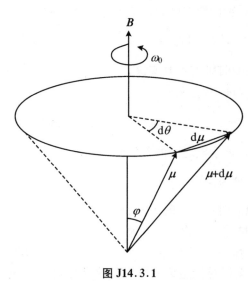

图 J14.3.1

B 部分　转动参考系

（B1）矢量随时间的变化率在转动参考系和实验室参考系之间的转换关系为

$$\left(\frac{\mathrm{d}\boldsymbol{A}}{\mathrm{d}t}\right)_{\text{lab}} = \left(\frac{\mathrm{d}\boldsymbol{A}}{\mathrm{d}t}\right)_{\text{rot}} + \omega \boldsymbol{k} \times \boldsymbol{A} \tag{14.3.10}$$

因而有

$$\left(\frac{\mathrm{d}\boldsymbol{A}}{\mathrm{d}t}\right)_{\text{rot}} = \left(\frac{\mathrm{d}\boldsymbol{A}}{\mathrm{d}t}\right)_{\text{lab}} - \omega \boldsymbol{k} \times \boldsymbol{A} \tag{14.3.11}$$

将式(14.3.3)代入式(14.3.11)，可得

$$\left(\frac{\mathrm{d}\boldsymbol{\mu}}{\mathrm{d}t}\right)_{\text{rot}} = \left(\frac{\mathrm{d}\boldsymbol{\mu}}{\mathrm{d}t}\right)_{\text{lab}} - \omega \boldsymbol{k} \times \boldsymbol{\mu} = -\gamma \boldsymbol{\mu} \times \boldsymbol{B} - \omega \boldsymbol{k} \times \boldsymbol{\mu}$$

$$= -\gamma \boldsymbol{\mu} \times \left(\boldsymbol{B} - \frac{\omega}{\gamma}\boldsymbol{k}\right) = -\gamma \boldsymbol{\mu} \times \boldsymbol{B}_{\text{eff}} \tag{14.3.12}$$

即有效磁感应强度为

$$\boldsymbol{B}_{\text{eff}} = \boldsymbol{B} - \frac{\omega}{\gamma}\boldsymbol{k} = \boldsymbol{B} - \frac{\omega}{\gamma}\boldsymbol{k}' \tag{14.3.13}$$

需要注意的是，实验室参考系中的 $\boldsymbol{k}$ 和转动参考系中的 $\boldsymbol{k}'$ 是同一单位矢量。

（B2）若 $\boldsymbol{B} = B_0 \boldsymbol{k}$，则有

$$\boldsymbol{B}_{\text{eff}} = B_0 \boldsymbol{k} - \frac{\omega}{\gamma}\boldsymbol{k}' = B_0 \boldsymbol{k}' - \frac{\omega}{\gamma}\boldsymbol{k}' = \left(B_0 - \frac{\omega}{\gamma}\right)\boldsymbol{k}' \tag{14.3.14}$$

利用(14.3.14)和(14.3.9)两式，可得此时的拉莫尔进动的角频率为

$$\Delta = \gamma B_{\text{eff}} = \gamma\left(B_0 - \frac{\omega}{\gamma}\right) = \gamma B_0 - \omega = \omega_0 - \omega \tag{14.3.15}$$

其矢量式为

$$\boldsymbol{\Delta} = (\gamma B_0 - \omega)\boldsymbol{k}' = (\omega_0 - \omega)\boldsymbol{k}' \tag{14.3.16}$$

（B3）由于 $\boldsymbol{k} = \boldsymbol{k}'$ 为转轴上的单位矢量，$\boldsymbol{\omega} = \omega \boldsymbol{k}$。实验室参考系中的单位矢量 $\boldsymbol{i}$ 和 $\boldsymbol{j}$ 与转动参考系中的单位矢量 $\boldsymbol{i}'$ 和 $\boldsymbol{j}'$ 之间的关系式为

$$\boldsymbol{i} = (\cos \omega t)\boldsymbol{i}' - (\sin \omega t)\boldsymbol{j}' \tag{14.3.17}$$

$$\boldsymbol{j} = (\sin \omega t)\boldsymbol{i}' + (\cos \omega t)\boldsymbol{j}' \tag{14.3.18}$$

在实验室参考系中观察到的磁感应强度为

$$\boldsymbol{B} = B_0 \boldsymbol{k} + \boldsymbol{b}(t) = B_0 \boldsymbol{k} + b(\cos \omega t \boldsymbol{i} + \sin \omega t \boldsymbol{j}) \tag{14.3.19}$$

将(14.3.17)和(14.3.18)两式代入式(14.3.19)，可得在转动参考系 S' 中观测到的磁感应强度为

$$\boldsymbol{B} = B_0 \boldsymbol{k}' + b(\cos \omega t)(\cos \omega t \boldsymbol{i}' - \sin \omega t \boldsymbol{j}') + b(\sin \omega t)(\sin \omega t \boldsymbol{i}' + \cos \omega t \boldsymbol{j}')$$

$$= B_0 \boldsymbol{k}' + b\boldsymbol{i}' \tag{14.3.20}$$

利用(14.3.13)和(14.3.20)两式，在转动参考系 S' 中的有效磁感应强度为

$$\boldsymbol{B}_{\text{eff}} = \boldsymbol{B} - \frac{\omega}{\gamma}\boldsymbol{k}' = B_0 \boldsymbol{k}' + b\boldsymbol{i}' - \frac{\omega}{\gamma}\boldsymbol{k}' = \left(B_0 - \frac{\omega}{\gamma}\right)\boldsymbol{k}' + b\boldsymbol{i}' \tag{14.3.21}$$

利用式(14.3.15)，可得磁矩的新拉莫尔进动的角频率为

$$\Omega = \gamma B_{\text{eff}} = \gamma \sqrt{\left(B_0 - \frac{\omega}{\gamma}\right)^2 + b^2} \tag{14.3.22}$$

（B4）若实验室参考系中的磁感应强度 $\boldsymbol{B} = B_0 \boldsymbol{k} + b(\cos \omega t \boldsymbol{i} - \sin \omega t \boldsymbol{j})$，则在转动参考

系 S' 中测得的磁感应强度为

$$\boldsymbol{B} = B_0 \boldsymbol{k}' + b(\cos\omega t)(\cos\omega t \boldsymbol{i}' - \sin\omega t \boldsymbol{j}') - b(\sin\omega t)(\sin\omega t \boldsymbol{i}' + \cos\omega t \boldsymbol{j}')$$
$$= B_0 \boldsymbol{k}' + b(\cos 2\omega t \boldsymbol{i}' - \sin 2\omega t \boldsymbol{j}') \tag{14.3.23}$$

在转动参考系 S' 中的有效磁感应强度为

$$\boldsymbol{B}_{\text{eff}} = \boldsymbol{B} - \frac{\omega}{\gamma}\boldsymbol{k}' = B_0 \boldsymbol{k}' + b(\cos 2\omega t \boldsymbol{i}' - \sin 2\omega t \boldsymbol{j}') - \frac{\omega}{\gamma}\boldsymbol{k}'$$
$$= \left(B_0 - \frac{\omega}{\gamma}\right)\boldsymbol{k}' + b(\cos 2\omega t \boldsymbol{i}' - \sin 2\omega t \boldsymbol{j}') \tag{14.3.24}$$

该有效磁感应强度对时间的平均值为

$$\overline{\boldsymbol{B}_{\text{eff}}} = \left(B_0 - \frac{\omega}{\gamma}\right)\boldsymbol{k}' + b(\overline{\cos 2\omega t}\boldsymbol{i}' - \overline{\sin 2\omega t}\boldsymbol{j}') = \left(B_0 - \frac{\omega}{\gamma}\right)\boldsymbol{k}' \tag{14.3.25}$$

C 部分　拉比振荡

(C1) 振荡磁场 $2b\cos\omega_0 t \boldsymbol{i}$ 可视为由两个分别沿正、反方向的旋转磁场叠加而成，即

$$2b\cos\omega_0 t \boldsymbol{i} = b(\cos\omega_0 t \boldsymbol{i} + \sin\omega_0 t \boldsymbol{j}) + b(\cos\omega_0 t \boldsymbol{i} - \sin\omega_0 t \boldsymbol{j}) \tag{14.3.26}$$

总磁场可写为

$$\boldsymbol{B}(t) = B_0 \boldsymbol{k} + 2b\cos\omega_0 t \boldsymbol{i}$$
$$= B_0 \boldsymbol{k} + b(\cos\omega_0 t \boldsymbol{i} + \sin\omega_0 t \boldsymbol{j}) + b(\cos\omega_0 t \boldsymbol{i} - \sin\omega_0 t \boldsymbol{j}) \tag{14.3.27}$$

仿效(14.3.20)和(14.3.23)两式，在转动参考系 S' 观察到的总磁感应强度为

$$\boldsymbol{B}(t) = B_0 \boldsymbol{k}' + b\boldsymbol{i}' + b(\cos 2\omega_0 t \boldsymbol{i}' - \sin 2\omega_0 t \boldsymbol{j}') \tag{14.3.28}$$

利用(14.3.13)和(14.3.28)两式，在转动参考系 S' 中的有效磁感应强度为

$$\boldsymbol{B}_{\text{eff}} = \boldsymbol{B} - \frac{\omega}{\gamma}\boldsymbol{k}' = B_0 \boldsymbol{k}' + b\boldsymbol{i}' + b(\cos 2\omega_0 t \boldsymbol{i}' - \sin 2\omega_0 t \boldsymbol{j}') - \frac{\omega}{\gamma}\boldsymbol{k}'$$
$$= \left(B_0 - \frac{\omega}{\gamma}\right)\boldsymbol{k}' + b\boldsymbol{i}' + b(\cos 2\omega_0 t \boldsymbol{i}' - \sin 2\omega_0 t \boldsymbol{j}') \tag{14.3.29}$$

因 $\omega = \omega_0 = \gamma B_0$ 且 $b \ll B_0$，即 $\gamma b \ll \gamma B_0 = \omega_0$，故式(14.3.29)等号右边的第一项为零，第三项对时间的平均值为零，因此式(14.3.29)可近似为

$$\boldsymbol{B}_{\text{eff}} \approx b\boldsymbol{i}' \tag{14.3.30}$$

利用式(14.3.15)，可得磁矩的新拉莫尔进动的角频率为

$$\Omega = \gamma B_{\text{eff}} = \gamma b \tag{14.3.31}$$

(C2) 从 A 部分可知：磁矩 $\boldsymbol{\mu}$ 绕着磁场 $\boldsymbol{B}_{\text{eff}}$ 进动，且两者之间的夹角保持定值。按照题意，初始时，仅加上强的偏转磁场，使所有粒子排成向上的自旋态，即 $\boldsymbol{\mu}$ 沿 z 方向。其后，因另加振荡磁场而使磁矩 $\boldsymbol{\mu}$ 绕着磁场 $\boldsymbol{B}_{\text{eff}}$ 进动。若振荡磁场的角频率为 $\omega(\omega \neq \omega_0)$，则由式(14.3.29)可知其有效磁感应强度为

$$\boldsymbol{B}_{\text{eff}} = \left(B_0 - \frac{\omega}{\gamma}\right)\boldsymbol{k}' + b\boldsymbol{i}' \tag{14.3.32}$$

图 J14.3.2 为磁矩 $\boldsymbol{\mu}$ 以角频率 Ω 绕磁场 $\boldsymbol{B}_{\text{eff}}$ 进动的示意图。图中 α 为 $\boldsymbol{\mu}$ 和 $\boldsymbol{B}_{\text{eff}}$ 之间的夹角，为一定值。

$$\boldsymbol{k}' \cdot \boldsymbol{B}_{\text{eff}} = \boldsymbol{k}' \cdot \left(B_0 - \frac{\omega}{\gamma}\right)\boldsymbol{k}' + \boldsymbol{k}' \cdot b\boldsymbol{i}' \quad \Rightarrow \quad B_{\text{eff}}\cos\alpha = B_0 - \frac{\omega}{\gamma} \tag{14.3.33}$$

解得磁矩 $\boldsymbol{\mu}$ 和有效磁感应强度 $\boldsymbol{B}_{\text{eff}}$ 之间的夹角为

$$\cos\alpha = \frac{B_0 - \dfrac{\omega}{\gamma}}{B_{\text{eff}}} = \frac{B_0 - \dfrac{\omega}{\gamma}}{\sqrt{\left(B_0 - \dfrac{\omega}{\gamma}\right)^2 + b^2}} \Leftrightarrow \tan\alpha = \frac{b}{B_0 - \dfrac{\omega}{\gamma}} \tag{14.3.34}$$

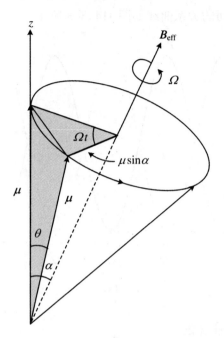

图 J14.3.2

对图 J14.3.2 中的两个阴影部分的三角形,由几何关系可得

$$2\mu\sin\frac{\theta}{2} = 2\mu\sin\alpha\sin\left(\frac{1}{2}\Omega t\right) \tag{14.3.35}$$

化简后可得

$$\cos\theta = \cos^2\alpha + \sin^2\alpha\cos\Omega t \tag{14.3.36}$$

μ 在 z 轴的分量为 μ_z,即 $\mu_z(t) = \mu\cos\theta$,故磁化强度随时间变化的关系式为

$$M = N\mu_z(t) = N\mu(\cos^2\alpha + \sin^2\alpha\cos\Omega t) \tag{14.3.37}$$

若磁场的振动角频率 ω 与拉莫尔进动的角频率 ω_0 形成共振,即 $\omega = \omega_0$,则由式(14.3.34)可知 $\alpha = \dfrac{\pi}{2}$,将之代入式(14.3.37),可得磁化强度为

$$M = N\mu\cos\Omega t \tag{14.3.38}$$

由于在惯性参考系 S 和转动参考系 S' 中观测到的 μ_z 相同,因此磁化强度和参考坐标系的选择无关。

(C3) 按照 $P_\uparrow$ 和 $P_\downarrow$ 的定义以及磁化强度 $M = (N_\uparrow - N_\downarrow)\mu = N\mu_z$,可得

$$P_\uparrow - P_\downarrow = \frac{N_\uparrow - N_\downarrow}{N} = \frac{\mu_z}{\mu} = \cos\theta \tag{14.3.39}$$

$$P_\uparrow + P_\downarrow = 1 \tag{14.3.40}$$

由(14.3.39)和(14.3.40)两式,可得

$$P_\uparrow = \frac{1 + \cos\theta}{2}, \quad P_\downarrow = \frac{1 - \cos\theta}{2} \tag{14.3.41}$$

利用式(14.3.36)，当 $\omega = \omega_0$ 时，$\alpha = \dfrac{\pi}{2}$，故 $\cos\theta = \cos\Omega t$，代入式(14.3.41)，可得

$$P_\uparrow = \cos^2\dfrac{\Omega t}{2}, \quad P_\downarrow = \sin^2\dfrac{\Omega t}{2} \tag{14.3.42}$$

$P_\uparrow$ 和 $P_\downarrow$ 与时间 t 之间的关系曲线如图 J14.3.3 所示。

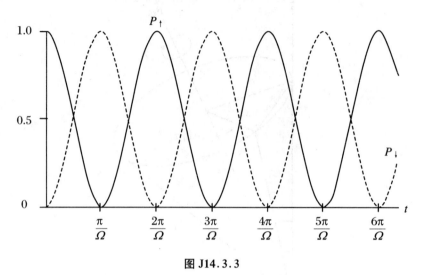

图 J14.3.3

D 部分　测量的不相容性

(D1) 在 x 方向，屏幕上的开口宽度 Δx 使得通过的原子在该方向上的位置具有不确定量 Δx。根据海森伯不确定原理，与此位置不确定量相应的动量不确定量 Δp_x 为

$$\Delta p_x \approx \dfrac{\hbar}{\Delta x} \tag{14.3.43}$$

因此引进的原子在 x 方向上的速度分量为

$$v_x \approx \dfrac{\hbar}{m\Delta x} \tag{14.3.44}$$

若原子在通过屏幕之后的飞行时间为 t，则原子束在 x 方向上的宽度会增加 δx，即原子束宽度的不确定量为

$$\delta x = v_x t \approx \dfrac{\hbar}{m\Delta x} t \tag{14.3.45}$$

因此原子束在通过屏幕之后，其宽度会随时间呈线性增长。通过屏幕之后的原子束因受到磁力的作用而分裂成两束。两原子束分离的速率取决于在 x 方向上所受的分力 $F_x = \mu_x \dfrac{dB_x}{dx} = \mu_x C$。在 t 时刻，两原子束之间的距离为

$$d_x = 2 \cdot \dfrac{1}{2}\dfrac{F_x}{m}t^2 = \dfrac{1}{m}|\mu_x|Ct^2 \tag{14.3.46}$$

为了能辨认某个原子属于哪一束原子流，两原子束的间隔必须大于原子束本身的宽度，否则两原子束将会重叠，以至无从得知个别原子在 x 方向上的自旋分量，因此必须满足

$$d_x \gg \delta x \tag{14.3.47}$$

将(14.3.45)和(14.3.46)两式代入式(14.3.47)，化简可得

$$\frac{1}{\hbar}|\mu_x|\Delta x C t \gg 1 \qquad (14.3.48)$$

(D2) 原子通过屏幕后,经过磁场 $B_{2x} = B_{20} + Cx$,初始自旋向上的原子磁矩将绕着 $\boldsymbol{B}_{2x}$ 进动,其进动角频率为 $\omega = \gamma B_{2x}$。但因 B_{2x} 为 x 的线性函数,故进动角频率会有分布范围,而不是某一确定值,分布范围为

$$\Delta\omega = \gamma\Delta B_{2x} = \gamma C\Delta x \qquad (14.3.49)$$

由题意,原子的自旋磁矩 $\mu_z = \gamma\hbar = |\mu_x|$,代入式(14.3.49),可得进动角频率的分布范围为

$$\Delta\omega = \frac{|\mu_x|}{\hbar}C\Delta x \qquad (14.3.50)$$

即

$$|\mu_x|\Delta x = \frac{\hbar}{C}\Delta\omega \qquad (14.3.51)$$

若式(14.3.48)成立,将式(14.3.51)代入式(14.3.48),可得

$$\Delta\omega t \gg 1 \qquad (14.3.52)$$

由于进动角度的分布范围过大,初始时沿 z 方向向上的原子自旋磁矩现在方向变为随机的,完全混乱。换而言之,对 μ_x 的测量毁灭了有关 μ_z 的信息。

第 15 届亚洲物理奥林匹克竞赛理论试题与解析

理论试题

第 1 题 哈德利环流

图 T15.1.1 是春分时节地球赤道附近大气中的哈德利环流(也称为信风环流圈)的原理图,注意该图不是按照正确的比例绘制的,只是示意图。空气从赤道上升,分别在两个半球向南北极方向运动,然后在纬度为 $\pm\varphi_d$(北纬为正,南纬为负)的亚热带地区下降。哈德利环流的上部(图 T15.1.1 中椭圆形虚线包围的部分)绕地球自转轴的角动量是守恒的。

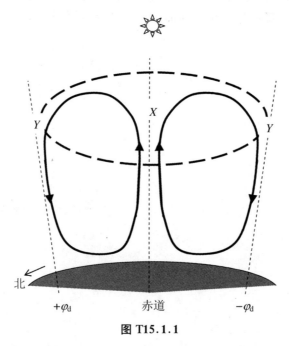

图 T15.1.1

(A1) 已知地球绕其自转轴转动的角速度为 Ω,地球半径为 a,大气层厚度远小于 a。假设在 X 点附近东西向的风速为零,求 Y 点东西向的风速 u_Y 的表达式。规定速度的正方向为自西向东。

(A2) 下列哪些选项可以解释哈德利环流的下半部(即靠近地球表面部分)的角动量不守恒?

---

① 第 15 届亚洲物理奥林匹克竞赛于 2014 年 5 月 11 日至 5 月 19 日在新加坡举行,共有 27 个国家和地区派出代表队参加。

① 由于地球表面的摩擦力。
② 由于下部大气中存在湍流，不同层的空气会在这些地方混合。
③ 空气越向地面越稠密，惯性作用减慢了地球绕自转轴的运动。
④ 下部大气潮湿导致风速减慢。

在北半球冬至时节，哈德利环流的上升气流位于纬度 φ_r 处，下降气流位于纬度 φ_n 和 φ_s 处，如图 T15.1.2 所示。(A3)～(A5)小题参考图 T15.1.2。

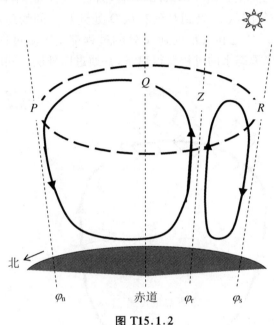

图 T15.1.2

（A3）假设在 Z 点附近东西向的风速为零。已知 $\varphi_r = -8°$，$\varphi_n = 28°$，$\varphi_s = -20°$，求 P，Q，R 三点的东西向的风速 u_P，u_Q，u_R 的值。已知地球半径 $a = 6370$ km，因此哪部分的大气气流更强？请在下列选项中选择。
   ① φ_r 以北区域   ② φ_r 以南区域   ③ φ_r 以南、以北两区域强度相同

（A4）哈德利环流的近地表部分向南方运动并越过赤道。请在图 T15.1.3 中用箭头标出在赤道以北和赤道以南两种情况时，作用在热带气团上的科里奥利力的东西向分量的方向。

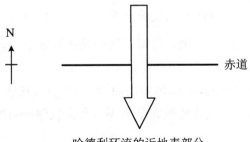

图 T15.1.3

（A5）利用（A4）小题的结果以及地球表面摩擦力与东西方向的科里奥利力近似平衡的事实，请在图 T15.1.4 中画出在北半球冬至时赤道两侧的近地面风的流向图。

图 T15.1.4

假设哈德利环流可以简化为图 T15.1.5 中的热机。对于如图 T15.1.5 所示的进入冬季半球的哈德利环流,空气团从 A 处到 B 处和从 D 处到 E 处的物理过程都是绝热过程,而从 B 处到 C 处、从 C 处到 D 处和从 E 处到 A 处的过程都是等温过程。空气团通过与地球表面接触和水蒸气凝结成液态水的过程获得热量,并通过向外层空间的辐射散失热量。

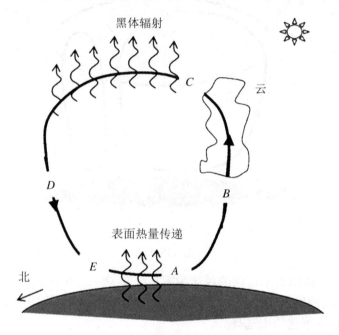

图 T15.1.5

(A6) 若某个高度处的大气压强取决于该高度以上所有空气所受的重力,已知 $p_A = 10^5$ Pa,$p_D = 2.25 \times 10^4$ Pa,利用若干不等式给出点 A,B,C,D,E 处的压强 p_A, p_B, p_C, p_D, p_E 的大小关系并按照大小进行排序。

(A7) 令地表附近和大气顶部的温度分别是 T_H 和 T_C,A 点和 E 点之间的压强差为 2×10^3 Pa,求 $T_H = 300$ K 时 T_C 的值。已知空气的绝热指数 $\gamma = \dfrac{7}{5}$。

(A8) 求压强 p_B 的值。

(A9) 空气团在冬季哈德利环流的周围运动,利用普适气体常量 R 和前述给出的物理量,忽略表面摩擦力,求每摩尔气体所做的净功 $W_{净}$ 和大气顶部每摩尔气体的热量损失 $Q_{损}$ 的表达式。

(A10) 求冬季哈德利环流的理想热力学效率 η_i 的值。

(A11) 证明冬季哈利德环流的实际效率 η 总是比 η_i 小。

(A12) 下列哪些选项可以很好地解释为什么实际效率 η 总是比 η_i 小?

① 忽略了抵抗表面摩擦力所需的功。

② 当气团温度低于热源的温度时,发生水汽凝结。
③ 表面有水时发生不可逆的蒸发过程。
④ 没有考虑水可能存在的相变情形。

第 2 题 电子双缝干涉实验

梅里教授在 1974 年最先完成了电子双缝干涉实验,外村彰教授在 1989 年最先完成了单电子双缝干涉实验。

在电子双缝干涉实验中,电子源 S 发射电子,经过电子双棱镜后达到观察屏上。电子双棱镜由接地的圆柱形金属丝网和沿圆柱形金属丝网中心轴线放置的金属长细丝 F 组成。已知圆柱形金属丝网的半径为 b,长细丝的半径为 a,且 $a \ll b$。电子源 S 与长细丝 F 的圆心的距离为 l,长细丝 F 的圆心与观察屏的距离为 L。由于电子双棱镜的作用,S_1,S_2 为电子源 S 对应的两个虚电子源,S_1,S_2 之间的距离为 d。以长细丝横截面的圆心为坐标原点,电子源 S 与长细丝 F 圆心的连线为 z 轴,圆柱形金属丝网的中心轴线为 y 轴,如图 T15.2.1 所示构建 x 轴,S,S_1,S_2 在 xOz 平面上。

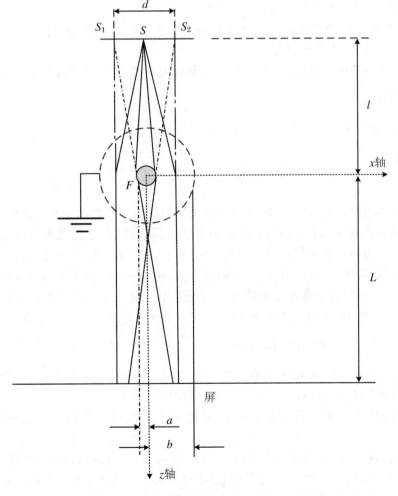

图 T15.2.1

(A1) 求金属长细丝 F 附近任一点 (x,y,z) 的电势 V 的表达式,用金属长细丝表面的电势 V_a,a 和 b 表示,忽略镜像电荷。

(A2) 已知入射电子的物质波是平面波,其波矢为 k,电子在 S 点附近沿 z 方向射出。由于电子受到电子双棱镜的 x 方向的作用力,电子的运动方向发生偏转。求电子双棱镜引起的电子束波矢的 x 分量 k_x 的表达式,用元电荷 e,电子速度的 z 分量 v_z,V_a,a 和 b 表示。注意 $k = \dfrac{2\pi p}{h}$ 和 $k_x \ll k_z$,h 为普朗克常量。

(A3) 电子源内的电子在电压 V_0 的作用下加速后从 S 点发射。分别求经典情形和相对论情形的电子波长 λ 的表达式,用电子的静止质量 m_0、元电荷 e 和电压 V_0 表示。

在外村彰教授的实验中,电子双缝干涉实验参数如下,(A4)~(A8) 小题需利用下列实验参数。

$v_z = \dfrac{c}{2}$, $V_a = 10$ V, $V_0 = 50$ kV

$a = 0.5$ μm, $b = 5$ mm, $l = 25$ cm, $L = 1.5$ m

$h = 6.6 \times 10^{-34}$ J·s, $e = 1.6 \times 10^{-19}$ C, $m_0 = 9.1 \times 10^{-31}$ kg, $c = 3.0 \times 10^{8}$ m/s

(A4) 求电子波矢的 x 分量 k_x 的值。

(A5) 求屏上电子干涉条纹间距 Δy 的值。

(A6) 如果电子的物质波是球面波而不是平面波,那么条纹间距与(A5)小题的计算结果有何变化?是变大、不变还是变小?

(A7) 利用(A3)小题的结果,求经典情形和相对论情形的电子波长 λ 的相对差值 $\varepsilon = \dfrac{\lambda_{经典} - \lambda_{相对论}}{\lambda_{相对论}}$ 的值。

(A8) 求两个虚光源之间的距离 d 的值。

第3题 引力透镜

大质量天体可以引起时空弯曲,使得光线发生偏折。当光源和观察者之间的距离较远,且在光源和观察者的连线上(或靠近连线)存在大质量天体时,远处光源发出的光线会受到大质量天体的影响而产生偏折,产生"引力透镜效应"。1919 年日食中首次直接观测到引力透镜效应,当时待观测星体(光源)位于太阳后方时,观测到的星体位置与该星体的真实位置不同,而这与爱因斯坦的早期预言相符合,从而在实验上证实了爱因斯坦广义相对论。

当观察者、质量为 M 的类透镜天体(大质量天体)和光源三者在一条直线时,光源发出的光线由于类透镜天体的作用而偏折角度 $\alpha = \dfrac{4GM}{r_E c^2}$,其中 $G = 6.67 \times 10^{-11}$ N·m^2/kg^2 是万有引力常量,$c = 3.0 \times 10^{8}$ m/s 是真空中的光速,r_E 称为爱因斯坦半径,爱因斯坦半径定义为观察者视觉上的光线路径与类透镜天体之间的最小距离。

(A1) 画图描绘理想条件下(观察者、透镜和光源在同一条直线上)的类透镜系统。要求:

① 画出光线的传播路径并标明物理量 α,r_E 和观察者、透镜和光源的位置。

② 画出爱因斯坦角半径 θ_E(爱因斯坦角半径定义为从地球上观测到的光源的像与观察者的连线和通过观察者、透镜和光源三者的直线的夹角)以及地球上的观察者能测量到的其

他物理量。

（A2）画出当光源（如恒星）、类透镜天体和观察者在一条直线上时，地球上的观察者看到的光源的像。

（A3）非理想条件下（即光源（如恒星）、类透镜天体和观察者不在一条直线上），画出地球上的观察者所看到的光源的像的形状，并像（A1）小题一样作出光源-透镜系统的图像，用以解释光源的像的形状的产生原因。

引力透镜效应可作为探测银河系光晕内大质量高密度天体的一种方法。大质量高密度天体可能是暗物质，这些暗物质通常是暗恒星的残骸，如中子星和黑洞。恒星和大质量高密度天体在银河系中在轨道上运动时，当大质量天体运动到恒星的前方时，类透镜效应就可能发生。

（A4）黑洞的史瓦西半径的定义为史瓦西半径之内的所有东西都无法逃离该黑洞。

① 利用牛顿力学，求距质量为 M 的星体 r 处的逃逸速度的表达式，用质量 M、万有引力常量 G 和 r 表示。

② 利用牛顿力学，求质量为 M 的星体的史瓦西半径 r_S 的表达式，用质量 M、万有引力常量 G 和真空中的光速 c 表示。

利用牛顿力学得到的史瓦西半径与由广义相对论得到的史瓦西半径恰好相同。

（A5）在光源、透镜和观察者三者共线时，求类透镜物体的史瓦西半径 r_S 的表达式，用 α 和 r_E 表示。

（A6）考虑以下情形，与观察者距离为 D_L（$\sim 10^{18}$ m）处存在质量为 m（$\sim 10^{30}$ kg）的类透镜天体，在更远的地方，与观察者距离 D_S（数个 D_L）处存在恒星光源，下列哪些选项可以适用于该情况？

① α 大，且 $\tan \alpha$，$\sin \alpha$，$\cos \alpha$ 必须精确计算。

② α 小，且 $\tan \alpha$，$\sin \alpha$，$\cos \alpha$ 作小角度近似计算。

③ α 是无关紧要的，无需计算。

④ θ_E 大，且 $\tan \theta_E$，$\sin \theta_E$，$\cos \theta_E$ 必须精确计算。

⑤ θ_E 小，且 $\tan \theta_E$，$\sin \theta_E$，$\cos \theta_E$ 作小角度近似计算。

⑥ θ_E 是无关紧要的，无需计算。

（A7）设类透镜天体的质量是太阳质量 M 的数倍（数个 10^{30} kg），类透镜天体与观察者距离为 D_L（数个 10^{18} m），光源恒星与观察者距离为 D_S（数个 D_L）。利用（A6）小题的条件，重新求（A5）小题的表达式，用观察者可测量的物理量 θ_E，D_S，D_L 表示。

（A8）设质量为 6.0×10^{30} kg（3 倍太阳质量）、距地球 2.6×10^{18} m 的类透镜天体在距离地球 9.2×10^{18} m 的恒星的前面运行。当光源、透镜和观察者三者在同一条直线上（理想条件）时发生引力透镜现象，求地球上的观察者测得的爱因斯坦角半径 θ_E 的值。

解 析

第 1 题 哈德利环流

（A1）由于哈德利环流是关于赤道对称的，因此只需考虑北半球的情况，如图 J15.1.1 所示。

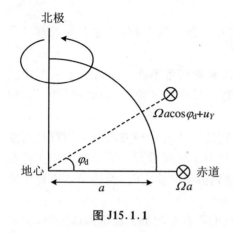

图 J15.1.1

由于哈德利环流的上部相对地球自转轴的角动量守恒：

$$\Omega a^2 = (\Omega a \cos \varphi_d + u_Y) a \cos \varphi_d \quad (15.1.1)$$

因此得到 Y 点东西向的风速为

$$u_Y = \Omega a \left(\frac{1}{\cos \varphi_d} - \cos \varphi_d \right) \quad (15.1.2)$$

(A2) 选项①②可以解释哈利德环流靠近地球的下半部的角动量不守恒现象。

(A3) 地球的自转角速度为

$$\Omega = \frac{2\pi}{T} = \frac{2\pi}{24 \times 3600 \text{ s}}$$
$$= 7.27 \times 10^{-5} \text{ rad/s} \quad (15.1.3)$$

根据哈德利环流上部相对地球自转轴的角动量是守恒量，得到

$$\Omega a^2 \cos^2 \varphi_r = (\Omega a \cos \varphi + u) a \cos \varphi \quad (15.1.4)$$

解得哈德利环流上部的风速为

$$u = \Omega a \left(\frac{\cos^2 \varphi_r}{\cos \varphi} - \cos \varphi \right) \quad (15.1.5)$$

将题中所给数据和式(15.1.3)代入式(15.1.5)，可得 P, Q, R 三点的东西向的风速分别为

$$u_P = \Omega a \left(\frac{\cos^2 \varphi_r}{\cos \varphi} - \cos \varphi \right) = 7.27 \times 10^{-5} \times 6.37 \times 10^6 \times \left(\frac{\cos^2 8°}{\cos 28°} - \cos 28° \right) = 105 \text{ m/s}$$

$$u_Q = \Omega a \left(\frac{\cos^2 \varphi_r}{\cos \varphi} - \cos \varphi \right) = 7.27 \times 10^{-5} \times 6.37 \times 10^6 \times \left(\frac{\cos^2 8°}{\cos 0°} - \cos 0° \right) = -8.97 \text{ m/s}$$

$$u_P = \Omega a \left(\frac{\cos^2 \varphi_r}{\cos \varphi} - \cos \varphi \right) = 7.27 \times 10^{-5} \times 6.37 \times 10^6 \times \left(\frac{\cos^2 8°}{\cos 20°} - \cos 20° \right) = 48.1 \text{ m/s}$$

$$(15.1.6)$$

因此，选项①的大气气流更强。

(A4) 如图 J15.1.2 所示。

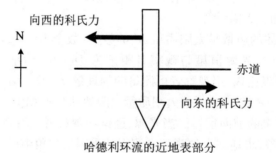

图 J15.1.2

(A5) 因为地球表面附近的摩擦力几乎平衡了科氏力在东西方向的分力，所以表面摩擦力的东西方向分量必须分别作用于赤道以北和以南的东西方向。因为摩擦力方向与运动方向相反，所以赤道附近的东西向风分别为赤道的西南侧和东南侧，由此产生的近地面风的流向如图 J15.1.3 所示，即为北半球冬至时赤道两侧的近地面风的流向图。

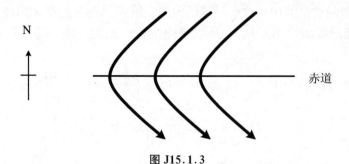

图 J15.1.3

(A6) 当高度上升时,上部空气变得稀薄,因此大气压强下降,所以有

$$p_A > p_B > p_C, \quad p_E > p_D > p_C \tag{15.1.7}$$

$E \to A$ 过程是等温膨胀过程,所以有压强关系

$$p_E > p_A \tag{15.1.8}$$

因为整个过程中环流的总能量保持不变,所以吸收的热量等于由于热辐射而失去的热量,因此在等温压缩过程 $C \to D$ 中获得的热量要比在等温膨胀过程 $B \to C$ 中损失的热量多,所以 $B \to D$ 过程是热量减少的过程,因此有

$$p_D > p_B \tag{15.1.9}$$

由题中所给的数据有

$$p_A > p_D \tag{15.1.10}$$

联立式(15.1.7)~式(15.1.10),可得

$$p_E > p_A > p_D > p_B > p_C \tag{15.1.11}$$

(A7) 由题设有 $p_E = 1.02 \times 10^5$ Pa,$D \to E$ 是绝热过程,因此有

$$\frac{T_H}{(p_E)^{\frac{\gamma-1}{\gamma}}} = \frac{T_C}{(p_D)^{\frac{\gamma-1}{\gamma}}} \tag{15.1.12}$$

代入数据,解得大气顶部的温度为

$$T_C = \left(\frac{p_D}{p_E}\right)^{\frac{\gamma-1}{\gamma}} T_H = \left(\frac{225}{1020}\right)^{\frac{2}{7}} \times 300 \text{ K} = 195 \text{ K} \tag{15.1.13}$$

(A8) 由于 $A \to B$ 是绝热膨胀过程,$D \to E$ 是绝热压缩过程,因而有

$$\left.\begin{array}{l} \dfrac{T_H}{(p_A)^{\frac{\gamma-1}{\gamma}}} = \dfrac{T_C}{(p_B)^{\frac{\gamma-1}{\gamma}}} \\[2mm] \dfrac{T_H}{(p_E)^{\frac{\gamma-1}{\gamma}}} = \dfrac{T_C}{(p_D)^{\frac{\gamma-1}{\gamma}}} \end{array}\right\} \Rightarrow \dfrac{p_A}{p_E} = \dfrac{p_B}{p_D} \tag{15.1.14}$$

代入数据,可得

$$p_B = \frac{p_A}{p_E} p_D = 2.20 \times 10^4 \text{ Pa} \tag{15.1.15}$$

(A9) 等温过程中,每摩尔气体做的功为

$$W = \int_{V_1}^{V_2} p\,dV = -RT \int_{p_1}^{p_2} \frac{1}{p}\,dp = -RT \ln \frac{p_2}{p_1} \tag{15.1.16}$$

因此等温过程 $E \to A$ 和等温过程 $B \to C \to D$ 中每摩尔气体做的功分别为

$$W_{EA} = RT_H \ln \frac{p_E}{p_A}, \quad W_{BCD} = RT_C \ln \frac{p_B}{p_D} \tag{15.1.17}$$

绝热过程中做的功全部用于改变气体的内能。因为 $A \to B$ 过程中内能的减少量刚好与 $D \to E$ 过程中内能的增加量相互抵消，所以绝热过程中做的净功为零。因此每摩尔空气做的总功为

$$W_{净} = W_{EA} + W_{BCD} = RT_H \ln \frac{p_E}{p_A} + RT_C \ln \frac{p_B}{p_D}$$

$$= R(T_H - T_C) \ln \frac{p_E}{p_A} + RT_C \ln \left(\frac{p_B}{p_D} \frac{p_E}{p_A} \right)$$

$$= R(T_H - T_C) \ln \frac{p_E}{p_A} = R(T_H - T_C) \ln \frac{p_D}{p_B} \quad (15.1.18)$$

由于等温过程中内能无变化，大气顶部每摩尔空气的热能损失等于每摩尔空气做的功：

$$Q_{损} = W_{CD} = RT_C \ln \frac{p_D}{p_C} \quad (15.1.19)$$

(A10) 根据热力学效率的定义，可得冬季哈德利环流的理想热力学效率为

$$\eta_i = 1 - \frac{T_C}{T_H} = 1 - \frac{195}{300} = 35\% \quad (15.1.20)$$

(A11) 冬季哈德利环流的实际热力学效率为

$$\eta = \frac{W_{净}}{Q_{损} + W_{净}} \quad (15.1.21)$$

由上式可得

$$\frac{1}{\eta} - 1 = \frac{Q_{损}}{W_{净}} = \frac{RT_C \ln \frac{p_D}{p_C}}{R(T_H - T_C) \ln \frac{p_E}{p_A}} = \frac{T_C \ln \frac{p_D p_B}{p_B p_C}}{(T_H - T_C) \ln \frac{p_E}{p_A}} \quad (15.1.22)$$

考虑到 $\frac{p_B}{p_C} > 1$ 和式(15.1.14)，式(15.1.22)可化为

$$\frac{1}{\eta} - 1 = \frac{Q_{损}}{W_{净}} = \frac{T_C \ln \frac{p_D p_B}{p_B p_C}}{(T_H - T_C) \ln \frac{p_E}{p_A}} > \frac{T_C \ln \frac{p_D}{p_B}}{(T_H - T_C) \ln \frac{p_E}{p_A}} = \frac{T_C}{T_H - T_C} \quad (15.1.23)$$

因而有

$$\frac{1}{\eta} > 1 + \frac{T_C}{T_H - T_C} = \frac{T_H}{T_H - T_C} \quad (15.1.24)$$

最终得到

$$\eta < \frac{T_H - T_C}{T_H} = \eta_i \quad (15.1.25)$$

(A12) 选项②和③可以很好地解释实际效率 η 总是小于 η_i。

第 2 题　电子双缝干涉实验

(A1) 无限长带电直导线周围的电场强度分布为

$$\boldsymbol{E} = \frac{\lambda}{2\pi\varepsilon_0 r} \hat{\boldsymbol{r}} \quad (15.2.1)$$

电场强度和电势之间的关系为

$$E = -\frac{\partial V}{\partial r} = \frac{\lambda}{2\pi\varepsilon_0 r} \tag{15.2.2}$$

式(15.2.2)两边对 r 积分,并规定 $r = b$ 处的电势为零,即接地圆柱形金属网的电势为零,可得

$$V(r) = \frac{\lambda}{2\pi\varepsilon_0}\ln\frac{b}{r} \tag{15.2.3}$$

考虑到题中所给条件

$$V(r=a) = \frac{\lambda}{2\pi\varepsilon_0}\ln\frac{b}{a} = V_a \tag{15.2.4}$$

联立(15.2.3)和(15.2.4)两式,可得细丝附近任一点的电势分布为

$$V(r) = V_a\frac{\ln\frac{b}{r}}{\ln\frac{b}{a}} = V_a\frac{\ln b - \ln r}{\ln b - \ln a} = V_a\frac{\ln\frac{b}{\sqrt{x^2+z^2}}}{\ln\frac{b}{a}} \tag{15.2.5}$$

(A2) 电子在电场中受到电场力的作用,使得电子的动量发生变化。电子通过电子双棱镜的过程中,x 方向的动量变化(横向动量变化)为

$$\Delta p_x = \frac{1}{v_z}\int_{-\infty}^{+\infty}(-e)\left(-\frac{\partial V(x,z')}{\partial x}\bigg|_{x=a}\right)\mathrm{d}z'$$

$$= -\frac{1}{v_z}\int_{-\infty}^{+\infty}\frac{eV_a x}{(x^2+z'^2)\ln(b/a)}\bigg|_{x=a}\mathrm{d}z' = \frac{eV_a\pi}{v_z\ln\frac{b}{a}} \tag{15.2.6}$$

由此得到由双棱镜引起的偏转的电子束波矢的 x 分量为

$$k_x = \frac{2\pi\Delta p_x}{h} = \frac{2\pi}{h}\frac{eV_a\pi}{v_z\ln\frac{b}{a}} = \frac{eV_a\pi}{\hbar v_z\ln\frac{b}{a}} \tag{15.2.7}$$

(A3) 在经典情形下,电子经过电压加速后,动能为

$$E_k = eV_0 = \frac{1}{2}m_0 v_0^2 \tag{15.2.8}$$

电子的动量为

$$p = \sqrt{2m_0 eV_0} \tag{15.2.9}$$

电子的波长为

$$\lambda = \frac{h}{p} = \frac{h}{\sqrt{2m_0 eV_0}} \tag{15.2.10}$$

在相对论情形下,根据相对论能量-动量关系

$$E^2 = p^2 c^2 + m_0^2 c^4 \tag{15.2.11}$$

得到电子的动量为

$$p = \sqrt{\frac{E^2}{c^2} - m_0^2 c^2} = \sqrt{\frac{(m_0 c^2 + eV_0)^2 - m_0^2 c^4}{c^2}}$$

$$= \sqrt{2m_0 eV_0\left(1 + \frac{eV_0}{2m_0 c^2}\right)} \tag{15.2.12}$$

因此电子的波长为

$$\lambda = \frac{h}{p} = \frac{h}{\sqrt{2m_0 eV_0 \left(1 + \frac{eV_0}{2m_0 c^2}\right)}} \qquad (15.2.13)$$

（A4）将题中所给数据代入式(15.2.7)，可得电子的波矢的 x 分量为

$$k_x = \frac{eV_a \pi}{2\hbar v_z \ln\frac{b}{a}} = 3.46 \times 10^7 \ /\mathrm{m} \qquad (15.2.14)$$

（A5）屏上电子干涉条纹间距为

$$\Delta y = \frac{1}{2}\frac{2\pi}{k_x} = 90.7 \ \mathrm{nm} \qquad (15.2.15)$$

（A6）如果电子是球面波而不是平面波，条纹间距与(A5)小题相比变大。

（A7）在经典情形下，将题中所给数据代入式(15.2.10)，可得

$$\lambda_{\text{经典}} = \frac{h}{\sqrt{2m_0 eV_0}} = 5.4697 \times 10^{-12} \ \mathrm{m} \qquad (15.2.16)$$

在相对论情形下，将题中所给数据代入式(15.2.13)，可得

$$\lambda_{\text{相对论}} = \frac{h}{\sqrt{2m_0 eV_0 \left(1 + \frac{eV_0}{2m_0 c^2}\right)}} = 5.3408 \times 10^{-12} \ \mathrm{m} \qquad (15.2.17)$$

因而有

$$\varepsilon = \frac{\lambda_{\text{经典}} - \lambda_{\text{相对论}}}{\lambda_{\text{相对论}}} = 0.022 = 2.2\% \qquad (15.2.18)$$

（A8）电子双缝干涉的条纹间距公式为

$$\Delta y = \frac{\lambda(l+L)}{d} \qquad (15.2.19)$$

联立(15.2.15)和(15.2.19)两式，并代入题中所给数据，得到双狭缝之间的距离为

$$d = 1.03 \times 10^{-4} \ \mathrm{m} \qquad (15.2.20)$$

第 3 题　引　力　透　镜

（A1）理想条件下的类透镜系统如图 J15.3.1 所示。

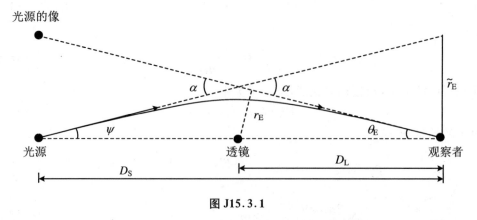

图 J15.3.1

（A2）当光源、类透镜天体和观察者三者位于同一条直线上时，观察者观察到的光源的

像是绕光源-透镜-观察者直线的环形像,如图 J15.3.2 所示。

(A3) 当光源、类透镜天体和观察者不在一条直线上时,观察者只能从光源-透镜-观察者直线的一侧看到光源,但在另一侧无法看到。因此观察者看到的像是圆弧而非完整的环。本小题的关键在于不对称,偏离理想条件将导致观测系统的不对称,而光源-观察者的线不对称性是观测系统不对称的原因。

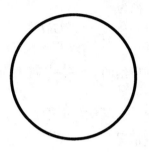

图 J15.3.2

根据非理想条件与理想条件的偏差的大小,环可能变形或者断裂。如果与理想条件偏离较大,则如图 J15.3.3 所示。

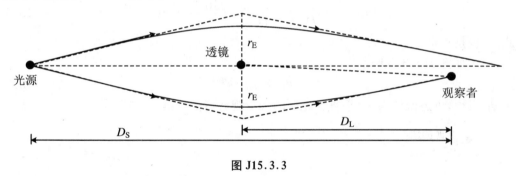

图 J15.3.3

如果与理想条件偏离较小,则如图 J15.3.4 所示。

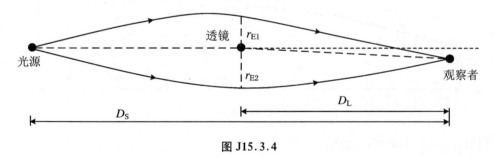

图 J15.3.4

(A4) 如规定无穷远处的引力势能为零,则引力势能为

$$\varphi = -\frac{GMm}{r} \tag{15.3.1}$$

要使物体 m 逃离质量为 M 的星体的引力的束缚,要求动能和引力势能之和至少为零:

$$\frac{1}{2}mv_e^2 - G\frac{Mm}{r} = 0 \tag{15.3.2}$$

从而得到物体 m 的逃逸速度为

$$v_e = \sqrt{\frac{2GM}{r}} \qquad (15.3.3)$$

黑洞的逃逸速度为光速,则有

$$c = \sqrt{\frac{2GM}{r}} \qquad (15.3.4)$$

得到质量为 M 的物体的史瓦西半径为

$$r_S = \frac{2GM}{c^2} \qquad (15.3.5)$$

(A5) 联立式(15.3.5)和题中所给的 $\alpha = \dfrac{4GM}{r_E c^2}$ 两式,可得类透镜天体的史瓦西半径为

$$r_S = \frac{1}{2}\alpha r_E \qquad (15.3.6)$$

(A6) 选项②和⑤适用于此种情况。

通过计算可得 $r_S \sim 10^4$ m, $\alpha \sim 2\pi$(可能的最大值),这意味着爱因斯坦半径 $r_E \sim 10^4$ m,透镜与观察者的距离为 $D_L \sim 10^{20}$ m,因此由系统的几何线度决定 α 是个小角度。

由图 J15.3.1 的几何结构可得

$$\tan\theta_E = \frac{r_E}{D_L} = \frac{2r_S/\alpha}{D_L} \sim \frac{10^{-16}}{2\pi} \sim 10^{-16} \qquad (15.3.7)$$

因此 θ_E 也是小量。

(A7) 如图 J15.3.5 所示,

$$\theta_E = \alpha - \psi \qquad (15.3.8)$$

由于 θ_E 很小,可近似认为 r_E 垂直于光源的像与观察者的连线。

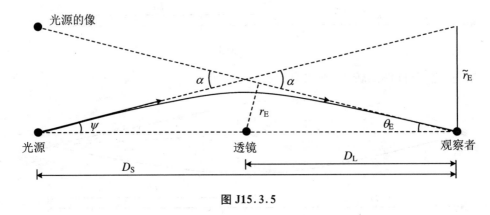

图 J15.3.5

利用 α,θ_E 是小量可以得到

$$\theta_E \approx \tan\theta_E = \frac{r_E}{D_L}, \quad \psi \approx \tan\psi = \frac{\tilde{r}_E}{D_S} = \frac{r_E}{D_S - D_L} \qquad (15.3.9)$$

联立(15.3.8)和(15.3.9)两式,可得

$$\alpha = \frac{r_E}{D_L} + \frac{r_E}{D_S - D_L} \qquad (15.3.10)$$

所以有

$$r_S = \frac{1}{2}r_E\alpha = \frac{1}{2}r_E^2 \frac{D_S}{D_L(D_S - D_L)} \qquad (15.3.11)$$

利用 $r_E = \theta_E D_L$，式(15.3.11)可化为

$$r_S = \frac{1}{2}\theta_E^2 \frac{D_S D_L}{D_S - D_L} \tag{15.3.12}$$

（A8）将题中所给数据代入式(15.3.5)，得到透镜的史瓦西半径为

$$r_S = \frac{2GM}{c^2} = 8.9 \times 10^3 \text{ m} \tag{15.3.13}$$

由式(15.3.12)，可得爱因斯坦环的角半径为

$$\theta_E = \sqrt{2r_S \frac{D_S - D_L}{D_S D_L}} = 7.0 \times 10^{-8} \text{ rad} \tag{15.3.14}$$

注 在地面上拍摄得到的爱因斯坦环照片如图 J15.3.6 所示。

图 J15.3.6　爱因斯坦环

第16届亚洲物理奥林匹克竞赛
理论试题与解析①

理论试题

第1题 分数量子霍尔效应

1981年,崔琦和施特莫在贝尔实验室发现了分数量子霍尔效应(FQHE)。崔琦和施特莫在实验中发现,由 A. C. Gossard 制备的 GaAs/AlGaAs 异质结的表面势将电子限制在 GaAs 一侧的二维平面中(忽略二维电子层的厚度)。垂直二维平面施加匀强磁场 B,如图 T16.1.1 所示,当电流 I 通过该样品时,电流流经的路径两侧的霍尔电压 V_H 会随着所施加的匀强磁场 B 增大而增大。霍尔电压 V_H 可用对应的霍尔电阻 $R_H = \dfrac{V_H}{I}$ 表征,其中 R_H 以 $\dfrac{h}{e^2}$ 为单位。但与通常霍尔效应不同的是,在超低温和强磁场的极限条件下,当磁场增大到某个程度时,霍尔电压 V_H 会进入平台期,如图 T16.1.2 中的纵轴 $R_H = \dfrac{3h}{e^2}$ 处所示。这一平台期的出现意味着系统存在着带分数电荷的准粒子。本题希望研究该现象,为简单起见,忽略电子的自旋和由随机势引起的电子散射。

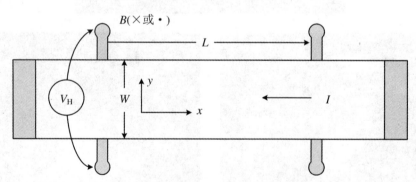

图 T16.1.1 观测分数量子霍尔效应的实验装置示意图
电流 I 通过二维平面,电流流经方向的有效长度为 L,电流两侧的有效宽度为 W 处测得的霍尔电压为 V_H。匀强磁场 B 垂直二维平面。注意:电流的方向仅是为了描述方便而给出的,并不一定正确。

在经典物理中,二维电子的行为类似于带电台球在台球桌上的运动。然而在 GaAs/AlGaAs 样本中,由于电子和正离子的相互作用,电子质量须等效减小至等效质量 m^*。在

---

① 第16届亚洲物理奥林匹克竞赛于2015年5月3日至5月11日在中国杭州举行,共有25个国家和地区派出代表队参加。

二维平面上施加磁场 $\boldsymbol{B}=B\hat{z}$（垂直于二维平面）和与之垂直的电场 $\boldsymbol{E}=-E_y\hat{y}$。

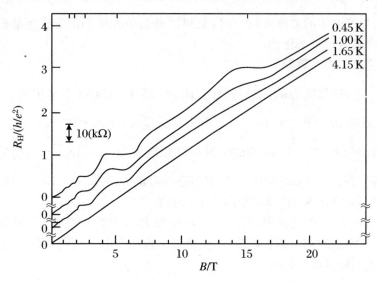

图 T16.1.2 四个不同温度下霍尔电阻 R_H 随磁感应强度 B 的变化曲线

为了清晰起见，不同变化曲线作了上下平移，注意四条曲线的左下角坐标均为$(0,0)$。

变化曲线在 $R_H=\dfrac{3h}{e^2}$ 处显示的"平台期"特征是由分数量子霍尔效应引起的。

（A1）① 求电子在电磁场中的动力学方程。

② 当电子处于稳定状态时，求电子速度 v_S 大小的表达式和方向。

（A2）请根据经典物理模型，求霍尔电阻 R_H 的表达式，用电子数目 N 和磁通量 Φ 表示，其中 $\Phi=BA=BWL$，A 为样本面积，L 与 W 分别为样本的长和宽。

在经典物理中，电子在磁场中做圆周运动。但在量子力学图景中，磁场的存在使得电子海洋中激发起微小的涡旋（称为"磁涡"），磁场中的一个磁通量子 $\Phi_0=\dfrac{h}{e}$ 产生一个磁涡，其中 h 为普朗克常量，e 为元电荷。定义填充因子 $\nu=\dfrac{N}{N_\Phi}$，其中 N 为电子数目，$N_\Phi=\dfrac{\Phi}{\Phi_0}$ 为磁通量子数。

（A3）在崔琦和施特莫所发现的 $R_H=\dfrac{3h}{e^2}$ 情况下，求填充因子 ν 的值。

实验表明，当电子与整数数目（$n>1$）的磁涡结合在一起时会产生更大的环绕磁涡，从而将其他电子推开，因此系统在相应填充因子下的静电能就会显著降低。已知静电能 U 与 B 的 α 次方成正比，即 $U(B)\propto B^\alpha$。

（A4）估算每个电子能量增益的标度指数 α 的值。

随着填充因子从 $\nu=\dfrac{1}{n}$ 向更高值偏移，电子海洋中会产生更多的磁涡，即电子海洋中的磁涡数比电子数要多。磁涡与带负电的粒子相比，它们不与电子结合，表现得更像携带有效正电荷的粒子，因此称为"准空穴"。每个"准空穴"的电量都是准确的 $\dfrac{e}{n}$。对于填充因子略低于 ν 的磁场，应用类似观点，也可以定义带负电荷的准电子的电量都是准确的 $e^*=-\dfrac{e}{n}$。

(A5) 当 $R_H = \dfrac{3h}{e^2}$ 时，求恰好引入一个带分数电量的准空穴给磁场大小带来的变化 ΔB 的表达式。注：当准电子的数密度较小时，受到材料杂质和缺陷的随机电势的限制，霍尔电阻在有限范围内仍然是量子化的。

崔琦和施莫特实验参数如下：

当 $R_H = \dfrac{3h}{e^2}$ 时，样品中心的磁感应强度 $B_{1/3} = 15$ T。GaAs 中电子的有效质量 $m^* = 0.067 m_e$，电子质量 $m_e = 9.1 \times 10^{-31}$ kg。静电力常量 $k = 9.0 \times 10^9$ N·m^2/C^2，真空介电常数 $\varepsilon_0 = \dfrac{1}{4\pi k} = 8.854 \times 10^{-12}$ F/m，GaAs 的相对介电常数 $\varepsilon_r = 13$。元电荷电量 $e = 1.6 \times 10^{-19}$ C，普朗克常量 $h = 6.626 \times 10^{-34}$ J·s，玻尔兹曼常量 $k_B = 1.38 \times 10^{-23}$ J/K。

(A6) ① 在 $T = 1.0$ K 时，求电子内能 E_{th} 的值。

② 由于电子被限制在磁涡中，因此电子具有很大的动能。请利用不确定关系，估计电子动能的数量级（根据泡利不相容原理，该能量就是将两个电子从两个独立的磁涡放至同一个磁涡中所造成的能量损失）。

在分析中忽略以上两种能量，因为(A6)小题中对应的能量尺度与(A4)小题中的 ΔU 比起来要么太大要么太小。

如图 T16.1.2 所示，在崔琦和施莫特的实验中，在 $R_H = \dfrac{h}{ie^2}(i = 1, 2, 3, \cdots)$ 处也出现了一系列的所谓"平台期"，这就是克劳斯·冯·克利青在 1980 年发现的整数量子霍尔效应(IQHE)。对整数量子霍尔效应重复(A3)~(A6)小题的操作，就可发现分数量子霍尔效应与整数量子霍尔效应的不同之处的原因在于分数量子霍尔效应中存在带分数电荷的准电子。

1997 年，R. de Picciotto 等人和 L. Saminadayar 等人分别观察到了填充因子 $\nu = \dfrac{1}{3}$ 时存在分数电荷，并测量了通过狭窄通道（所谓"量子点接触(QPC)"）的电荷电流中的噪声。利用简单的统计模型，带有离散电荷 e^* 的载流子通过量子点接触并产生电荷电流 I_B（在微不足道的背景中）。在足够小的时间间隔 τ 内到达电极的载流子数量 n_τ 服从带参数 λ 的概率泊松分布：

$$P(n_\tau = k) = \dfrac{\lambda^k e^{-\lambda}}{k!}$$

已知 $e^\lambda = \sum\limits_{k=0}^{\infty} \dfrac{\lambda^k}{k!}$。

(A7) 电流 I_B 的意义为单位时间内通过的总电荷量，求电流 I_B 的表达式，用 λ 和 τ 表示。

电流噪声定义为单位时间内的电荷波动，可通过测量载流电荷量的方差来分析噪声。

(A8) 请根据载流电荷的离散性确定电流噪声 S_I 的表达式，用 λ 和 τ 表示。

(A9) 求噪音-电流比 $\dfrac{S_I}{I_B}$ 的表达式。

R. de Picciotto 和 L. Saminadayar 等人在 1997 年证实了噪声-电流比结果。1998 年，崔琦、施特莫和劳克林共同获得了诺贝尔物理学奖，劳克林的贡献在于给出了 $\nu = \dfrac{1}{3}$ 时的波函数假设。

第 2 题　太阳风是如何点燃大气产生极光的

图 T16.2.1 展示了美丽的极光。

图 T16.2.1　美丽的极光

引言　太阳风与地磁场

地球周围存在稳定的地磁场,地磁场的磁感线类似于条形磁铁的磁感线,如图 T16.2.2 所示。太阳风是高速高温等离子体流(等离子体是由正离子和电子构成的中性物质)。太阳风与地磁场之间相互影响:一方面,太阳向外喷射等离子体形成太阳风,太阳风的强度随太阳表面活动剧烈程度变化而变化,太阳风可压缩地磁场;另一方面,地磁场保护地球免受太阳风的侵袭,当太阳风遇到地磁场时发生偏转,如图 T16.2.3 所示。

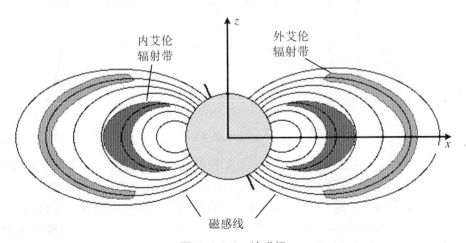

图 T16.2.2　地磁场

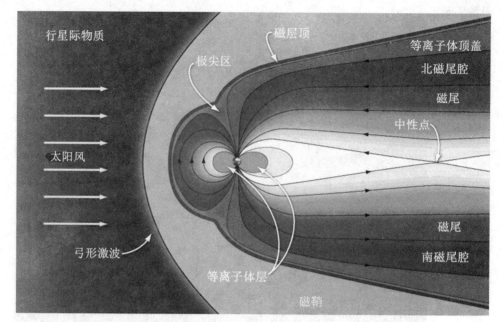

图 T16.2.3

首先使太阳风发生偏转的曲面称为弓形激波。弓形激波之后、地球磁场之前的区域称为磁鞘。太阳风和地磁场之间的接触区域称为磁层顶。为太阳风所包围的地磁场区域叫作磁层(图 T16.2.3 中磁层顶右侧的区域)。地球的磁场在很大程度上阻止太阳风进入磁层。磁层顶的位置主要由太阳风的强度和磁场方向决定。

所谓磁场重联是指等离子体中的电流产生的磁感线自发或被迫断开和重新联接的过程,伴有磁能的突然释放并转化为等离子体的动能和热能,引起带电粒子的加速和加热。简单地说,就是磁感线断开后重新联接。如图 T16.2.4 所示。

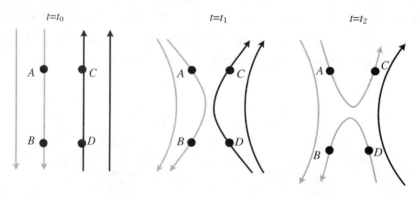

图 T16.2.4

当太阳风的磁场与地磁场反平行时,如图 T16.2.4 所示的磁场重联发生在亮侧(即受太阳光照射的)磁层,它允许某些太阳风所携带的带电粒子在该地区的"A"进入夜侧的磁尾"P",如图 T16.2.5 所示。强大的太阳风可以将亮侧磁层顶推到离地球非常近的地方,这可能导致高轨道卫星(如地球同步卫星)完全暴露在太阳风中。太阳风中的高能粒子会损坏卫星中的电子元件。因此研究带电粒子在磁场中的运动是十分重要的,也为如图 T16.2.1 所示的美丽极光的产生提供解释,有助于我们理解太阳风与地磁场相互作用的机制。

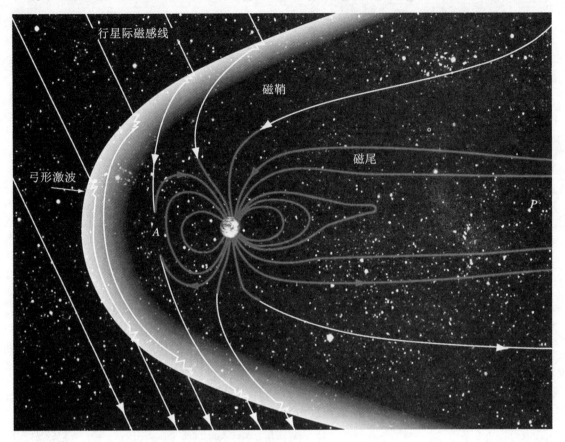

图 T16.2.5

已知物理学常量与物理学公式:真空中的光速 $c = 2.998 \times 10^8$ m/s,真空介电常量 $\varepsilon_0 = 8.85 \times 10^{-12}$ C^2/(N·m^2),真空磁导率 $\mu_0 = 4\pi \times 10^{-7}$ N/A^2,元电荷 $e = 1.60 \times 10^{-19}$ C,电子质量 $m = 9.1 \times 10^{-31}$ kg,质子质量 $m_p = 1.67 \times 10^{-27}$ kg,玻尔兹曼常量 $k_B = 1.38 \times 10^{-23}$ J/K,普朗克常量 $h = 6.626 \times 10^{-34}$ J·s,地面重力加速度 $g = 9.8$ m/s^2,地球半径 $R_E = 6.4 \times 10^6$ m。

地磁场分布(偶极磁子的磁场)为

$$\boldsymbol{B}_d = \frac{B_0 R_E^3}{r^5}[3xz\hat{\boldsymbol{x}} - 3yz\hat{\boldsymbol{y}} + (x^2 + y^2 - 2z^2)\hat{\boldsymbol{z}}] \quad (r \geqslant R_E) \qquad (*)$$

其中 $r = \sqrt{x^2 + y^2 + z^2}$,$B_0 = 3.1 \times 10^{-5}$ T,$\hat{\boldsymbol{x}}, \hat{\boldsymbol{y}}, \hat{\boldsymbol{z}}$ 分别是 x, y, z 方向的单位矢量。

A 部分

在研究带电粒子在地球偶极磁场内的运动之前,首先考虑电子在匀强磁场 $\boldsymbol{B}$ 中的运动。已知电子运动产生的磁矩定义为 $\boldsymbol{\mu} = I\boldsymbol{A}$,其中 $\boldsymbol{A}$ 是电子运动轨迹所围面积,其方向由电子运动产生的等效电流方向和右手定则确定。如图 T16.2.6 所示,电子的初始位置为 $(x, y, z) = (0, 0, 0)$,电子的初速度 $\boldsymbol{v}$ 垂直于磁场方向。

(A1) 求电子的运动轨迹的表达式。

(A2) 求电子运动产生的等效电流 I 和磁矩 μ 的表达式。

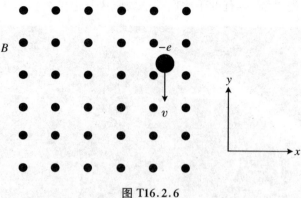

图 T16.2.6

(A3) 若电子的初速度方向并非垂直于磁场,而是 B 和 v 之间的夹角为 $\theta\left(0<\theta<\dfrac{\pi}{2}\right)$,求电子运动轨迹的螺距 h 的表达式。

B 部分

在图 T16.2.6 所示的匀强磁场中,等离子体密度沿 x 轴并不是均匀分布的。为简单起见,假设正离子和电子的温度和分布是相同的,因此等离子体的压强沿 x 轴的分布可表示为

$$p(x) = kT[n_i(x) + n_e(x)] = 2kTn(x) = 2kT(n_0 + \alpha x)$$

其中 n_0, α 为正常量,$n_i(x), n_e(x)$ 分别是正离子和电子的数密度。

(B1) 请通过绘制示意图解释等离子体电流的产生机制。

若正离子和电子都服从麦克斯韦速度分布,其中正离子的速度分布满足

$$f_i(x, v_\perp, v_\parallel) = n_i(x)\left(\dfrac{m_i}{2\pi kT}\right)^{\frac{3}{2}} \exp\left(-m_i \dfrac{v_\perp^2 + v_\parallel^2}{2kT}\right)$$

(B2) 磁化强度 M 定义为单位体积内的磁矩的矢量和,求磁化强度 $M = \beta n(x)\dfrac{kT}{B}$ 中 β 的值。

参考公式:

$$\int_0^\infty x e^{-x} dx = 1, \quad \int_0^\infty e^{-x^2} dx = \sqrt{\pi}$$

C 部分

现在回到地球的偶极磁场。现有特定点 $(x = 10R_E, y = 0, z = R_E)$,假定该特定点附近的磁场是均匀的,等离子体的压强满足 $p(z) = p_0 \exp\left(-\dfrac{z^2}{a^2}\right)$,其中 $a = 2R_E, p_0 = 3 \times 10^{-10}$ Pa。

请应用 B 部分的结论,求特定点 $(x = 10R_E, y = 0, z = R_E)$ 处的退磁化场 B_{mx} 大小和该特定点的地磁场 B_d 大小的比值。

注意:B 部分和 C 部分中的坐标系是有差异的。退磁化场由 $B_{mx} = \mu_0 M$ 给出。

D 部分

从图 T16.2.2、图 T16.2.3 和图 T16.2.5 可以清楚地看到,地磁场在两极最强,赤道最

弱。由于地磁场可视为磁偶极子的磁场，地磁场是轴对称的且沿磁感线缓慢变化，为简单起见，将地磁场简化为如图 T16.2.7 所示的瓶状磁场（称为磁瓶）。沿着某条磁场线的磁感应强度在磁瓶两端 P_1,P_3 处最大为 B_m，在磁瓶中央 P_2 处最小为 B_0。

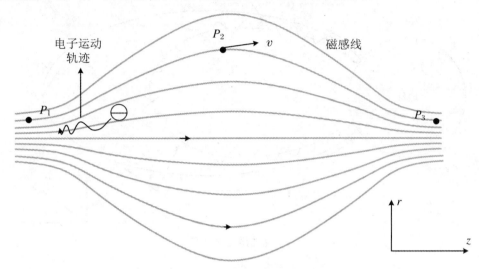

图 T16.2.7　地磁场模型：磁瓶

现将初速度为 v 的电子置于 P_2 处并向 P_3 处漂移，电子在 P_2 处的速度方向与磁感线切线方向的夹角为 $\theta\left(0<\theta<\dfrac{\pi}{2}\right)$。

磁瓶的磁感应强度分布为

$$\boldsymbol{B} = B_r\hat{r} + B_z\hat{z} \quad (B_r \ll B_z)$$

假设 $\dfrac{\mathrm{d}B}{\mathrm{d}z}=\dfrac{\mathrm{d}B}{\mathrm{d}s}$，其中 $\dfrac{\mathrm{d}B}{\mathrm{d}s}$ 是磁场沿磁感线的变化率。由于目前尚无磁单极子，因此有

$$\langle B_r \rangle = -\frac{1}{2}\frac{\mathrm{d}B}{\mathrm{d}z}r_c \quad (\langle B_r \rangle \ll B_z)$$

其中 $\langle B_r \rangle$ 为 B_r 的平均值，定义如下：

$$\langle B_r \rangle = \frac{1}{r_c}\int_0^{r_c}\frac{\partial(rB_r)}{\partial r}\mathrm{d}r = -\frac{1}{2}\frac{\mathrm{d}B}{\mathrm{d}z}r_c$$

r_c 为电子的回旋半径。

(D1) 求作用在电子上的沿磁感线的平均回旋磁场力 $\langle F \rangle$ 的表达式，并证明磁矩是守恒量。

(D2) 由于磁矩是守恒的，若要求电子不能从磁瓶中逃逸，则初始电子速度 v 与 P_2 点处的磁感应强度的夹角 θ 应满足什么条件？

E 部分

地磁场的磁感线如图 T16.2.8 所示。由于地磁场的梯度和曲率可以忽略，可认为带电粒子的螺旋运动轨迹限制在 $y=0$ 平面内。

质量为 m、电荷为 q、速度为 v 的带电粒子最初位于赤道上空 ($x=6R_E,y=0,z=0$) 处，且电子速度 v 与该处磁感线的初始夹角为 θ。若要使带电粒子在纬度 60°处能达到低于

海拔200 km的高度，请确定θ应满足的条件。

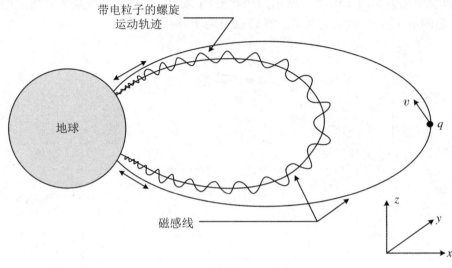

图T16.2.8

F部分

如图T16.2.5所示，当磁场重联发生在亮侧磁层顶时，由于太阳风是顺风的，重联的磁感线向夜侧区域漂移。因此，A区域的某些太阳风电子也向P区域的磁尾移动。当电子到达P区域后，某些电子加速到1 keV左右。

如果高能电子漂移到热电离层（热电离层的高度为85～800 km），高能电子会与中性原子发生碰撞，从而使中性原子跃迁到激发态。当中性原子的高激发态回到低激发态或基态时，就会发射光子。图T16.2.1所示的壮丽的极光就是由不同波长的光子在极光椭圆中产生的，这些光子主要是氧原子由高能级向低能级跃迁时产生的。氧原子的第一激发态和第二激发态比基态能量分别高1.96 eV和4.17 eV，氧原子的第一激发态和第二激发态的寿命分别为110 s和0.8 s，如图T16.2.9所示。

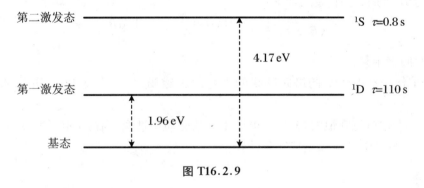

图T16.2.9

为简单起见，假设空气是理想气体且温度不随高度变化。已知$\frac{\rho_0 g}{p_0}=0.13$ /km，其中ρ_0，p_0分别是海平面处的大气密度和压强。

（F1）求大气密度ρ与高度H之间的关系，并求出$H=160$ km和$H=220$ km两处大气密度的比值，即 $\dfrac{\rho(H=160\ \text{km})}{\rho(H=220\ \text{km})}$ 的值。

（F2）分别求出海拔高度 $H=160$ km 和 $H=220$ km 处的极光颜色。

提示：大气分子的碰撞频率和大气密度的关系为 $\nu=\nu_0\dfrac{\rho}{\rho_0}$，其中 $\nu_0=10^9/\text{s}$ 是在海平面处大气分子的碰撞频率。激发态的氧原子在与其他中性分子碰撞时会损失部分能量。

G 部分

强大的太阳风可将亮面磁层顶推到离地球非常近的地方，从而使高轨道卫星完全暴露在太阳风中。太阳风中的高能粒子会损坏卫星中的电子元件。为了简单起见，假设地磁场在太阳风的影响下保持不变，磁层中的等离子体密度可以忽略。

当地球同步卫星所在处的磁感应强度 $B_s=5\times10^{-9}$ T 和等离子体密度 $\rho_s=50/\text{cm}^3$ 时，求能对地球同步卫星造成损害的太阳风的最小速度 v 的值。

提示：与磁场相关的单位面积上的作用力是 $f=\dfrac{B^2}{2\mu_0}$。只考虑所有物理量沿 x 的变化，即物理量与 y 和 z 无关。

第 3 题　法布里-珀罗干涉仪

法布里-珀罗干涉仪如图 T16.3.1 所示，其核心部件是法布里-珀罗标准具（F-P 标准具）。F-P 标准具是由两块高反射率内表面的玻璃板组成的光线可以来回反射的空腔。两玻璃板的外表面一般不平行于内表面，但不影响光的来回反射。F-P 标准具内的空气密度和压强可通过阀门和真空泵进行控制。钠灯发出的光经凸透镜 L_1 准直后，通过 F-P 标准具。

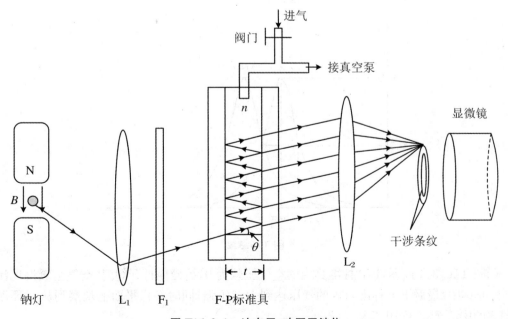

图 T16.3.1　法布里-珀罗干涉仪

已知 F-P 标准具的透射率为

$$T = \frac{1}{1 + F\sin^2(\delta/2)}$$

其中 $F = \dfrac{4R}{(1-R)^2}$，R 是玻璃板内表面的反射率，$\delta = \dfrac{4\pi nt}{\lambda}\cos\theta$ 是图 T16.3.1 中某条入射光线经 F-P 标准具多次反射后，从 F-P 标准具射出的相邻的平行光线之间的相位差，n 是 F-P 标准具内空气的折射率，t 是两玻璃板内表面的间距，θ 是入射角，λ 是光的波长。注意：除 F-P 标准具内的空气外，其余部分都可认为处于真空中。

位于磁感应强度可调的匀强磁场中的钠灯发出两种钠黄光 D1（$\lambda_1 = 589.6$ nm）、D2（$\lambda_2 = 589.0$ nm）。为简单起见，假设滤波器 F_1 只允许 D1 通过，通过调整透镜 L_1，使得 D1 光线严格平行射向 F-P 标准具，便会在焦距 $f = 30$ cm 的凸透镜 L_2 的焦平面上形成圆形干涉条纹，不同级次的圆环条纹对应不同的入射角 θ，利用显微镜可以观测到该条纹。

已知物理数据和常数：玻璃板内表面的反射率 $R = 90\%$，两玻璃板内表面的距离 $t = 1$ cm，普朗克常量 $h = 6.626 \times 10^{-34}$ J·s，真空中的光速 $c = 3.00 \times 10^8$ m/s，电子质量 $m_e = 9.1 \times 10^{-31}$ kg，元电荷 $e = 1.606 \times 10^{-19}$ C。

（A1）若钠黄光 D1 平行入射 F-P 标准具，F-P 标准具内是真空（$n = 1$），分别求焦平面上从中心向外数前三个亮圆环的干涉级次 m_1，m_2，m_3，入射角 θ 和条纹直径 D 的值。

如图 T16.3.2 所示，谱线宽度 ε 定义为相位差为 δ 的光在透射率为 $\dfrac{T}{2}$ 时的半最大值的宽度。F-P 标准具的分辨率定义为：对于 λ 和 $\lambda + \Delta\lambda$ 的波长，当两条光谱线的相位差 $\Delta\delta$ 都大于 ε 时，认为两者是可分辨的；当 $\Delta\delta = \varepsilon$ 时，F-P 标准器的分辨率是 $\dfrac{\lambda}{\Delta\lambda}$。若 F-P 标准具内是真空，D1 的入射角 $\theta \approx 0$。

（A2）求 D1 谱线宽度 ε 和分辨率 $\dfrac{\lambda}{\Delta\lambda}$ 的值。

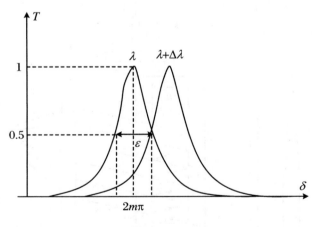

图 T16.3.2

如图 T16.3.1 所示，F-P 标准具内的空气压强为 0，缓慢地打开阀门，空气会缓慢地流入 F-P 标准具中，最后 F-P 标准具内的气压达到大气压强，同时在焦平面上观察到从圆环形干涉图案的中心产生了 10 条新条纹。

（A3）基于此现象，求空气在标准大气压下的折射率 $n_{空气}$ 的值。

当钠原子置于磁场中时,钠原子的能级会发生分裂,称为塞曼效应。钠原子置于磁场中时,钠原子能级变化的大小可用 $\Delta E = m_j g_k \mu_B B$ 表示,其中 m_j 称为磁量子数,m_j 可取 $J, J-1, J-2, \cdots, 1, 0, -1, \cdots, -J+2, -J+1, -J$,其中 J 称为总角动量量子数;g_k 是无量纲常量,称为朗德因子;$\mu_B = \dfrac{he}{4\pi m_e}$ 称为玻尔磁矩,其中 h 是普朗克常量,e 是元电荷,m_e 是电子质量,B 是磁感应强度。

如图 T16.3.3 所示,当钠原子从 $^2P_{1/2}$ 能级向下跃迁到 $^2S_{1/2}$ 能级时,发出频率为 ν_0、波长为 $\lambda_1 = 589.6 \text{ nm}$ 的 D1 光线。对于 $^2P_{1/2}$、$^2S_{1/2}$ 两个能级而言,$J = \dfrac{1}{2}$。在磁场中,$^2P_{1/2}$、$^2S_{1/2}$ 能级各自分裂为两个能级,令 $^2P_{1/2}$ 能级分裂为两个能级后的能量差为 ΔE_1,$^2S_{1/2}$ 能级分裂为两个能级后的能量差为 ΔE_2,已知 $\Delta E_1 < \Delta E_2$。因此,D1 光谱线实际上分裂成四条谱线 a, b, c, d,如图 T16.3.3 所示。

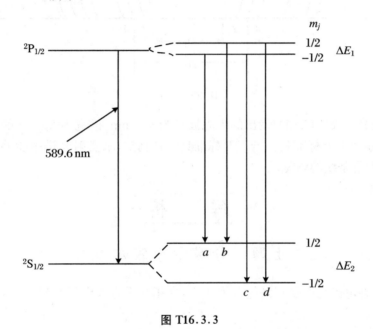

图 T16.3.3

(A4) 求 a, b, c, d 四条谱线的频率 $\nu_a, \nu_b, \nu_c, \nu_d$ 的表达式,用 $\nu_0, \Delta E_1, \Delta E_2$ 和物理常量表示。

(A5) 如图 T16.3.4 所示,当磁场作用于钠光源时,D1 光线形成的每一个干涉亮环都会分裂成四个子亮环,测得其直径分别为 D_1, D_2, D_3, D_4,请给出(A4)小题中 $\Delta E_1, \Delta E_2$ 的表达式,用 $D_1, D_2, D_3, D_4, \lambda_1, f$ 等物理量表示。

(A6) 当磁感应强度为 0.1 T 时,测得四个子亮环的直径分别为 $D_1 = 3.88 \text{ mm}, D_2 = 4.05 \text{ mm}, D_3 = 4.35 \text{ mm}, D_4 = 4.51 \text{ mm}$。求能级 $^2P_{1/2}$ 的朗德因子 g_{k1} 和能级 $^2S_{1/2}$ 的朗德因子 g_{k2} 的值。

(A7) 通过测量太阳某些特殊区域发出的 D1 光谱线的塞曼效应,可得到太阳中该区域的磁感应强度。利用太阳摄谱仪测得的由 D1 光谱线分裂成的四条谱线的最短波长和最长波长之间的波长差为 0.012 nm。求太阳中该区域的磁感应强度 B 的值。

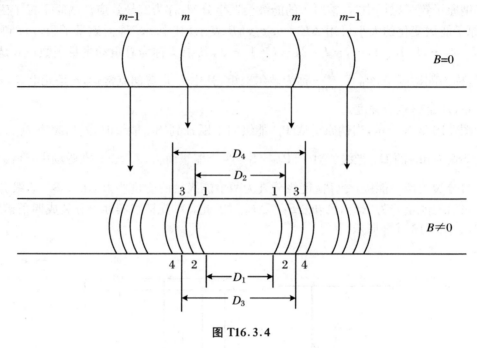

图 T16.3.4

(A8) 由发光二极管(LED)发出的中心波长为 650 nm、谱宽为 20 nm 的光波入射到如图 T16.3.1 所示的 F-P 标准具。若 F-P 标准具中是真空，求发射光谱中能够形成圆形干涉亮纹的谱线数和每条线的频宽。

第 1 题　分数量子霍尔效应

（A1）电子在电磁场中受到洛伦兹力作用，在相互垂直的电场和磁场中，电磁的动力学方程为

$$m^* \frac{d\boldsymbol{v}}{dt} = -e(\boldsymbol{v} \times \boldsymbol{B} + \boldsymbol{E}) \tag{16.1.1}$$

其中 $\boldsymbol{v}$ 是电子的运动速度。

当电子处于稳定状态时，电子的加速度为 0，故有

$$\boldsymbol{v}_S \times \boldsymbol{B} + \boldsymbol{E} = 0 \tag{16.1.2}$$

因此电子的稳态速度为

$$\boldsymbol{v}_S = \frac{\boldsymbol{E} \times \boldsymbol{B}}{B^2} \tag{16.1.3}$$

电子速度的大小为

$$v_S = \frac{E}{B} \tag{16.1.4}$$

电子处于稳定状态时的速度方向垂直于电场和磁场，由于磁场为 $+z$ 方向，电场为 $-y$ 方向，因此电子的速度 v_S 为 $-x$ 方向，对应的电流方向为 $+x$ 方向。

（A2）霍尔电压为

$$V_H = E_y W \tag{16.1.5}$$

x 方向的电流为

$$I = \frac{\Delta Q}{\Delta t} = \frac{Ne}{L/v_s} = \frac{Ne}{L}\frac{E_y}{B} = \frac{Ne}{L}\frac{1}{B}\frac{V_H}{W} = e\frac{N}{\Phi}V_H \tag{16.1.6}$$

因此得到霍尔电阻为

$$R_H = \frac{V_H}{I} = \frac{1}{e}\frac{\Phi}{N} \tag{16.1.7}$$

(A3) 将题中所给的磁通量子 $\Phi_0 = \dfrac{h}{e}$ 代入式(16.1.7)，可得

$$R_H = \frac{1}{e}\frac{\Phi}{N} = \frac{h}{e^2}\frac{\Phi/(h/e)}{N} = \frac{h}{e^2}\frac{N_\Phi}{N} \tag{16.1.8}$$

将崔琦实验中所发现的 $R_H = \dfrac{3h}{e^2}$ 代入式(16.1.8)，可得填充因子为

$$\nu = \frac{N}{N_\Phi} = \frac{h}{R_H e^2} = \frac{h}{\frac{3h}{e^2}e^2} = \frac{1}{3} \tag{16.1.9}$$

(A4) 电子间的平均距离可写为 fl_0，其中 f 是由电子分布状况确定的无量纲常数，l_0 为

$$l_0 = \sqrt{\frac{LW}{N}} = \sqrt{\frac{\Phi}{NB}} = \sqrt{\frac{h}{\nu eB}} \tag{16.1.10}$$

将多个磁涡与一个电子结合，会有效地降低其他电子靠近的概率。因此电子会重新进行分布，使它们的平均距离从 $f_1 l_0$ 增加到 $f_2 l_0 (f_1 < f_2)$。故每个电子的静电能的增加为

$$\frac{e^2}{4\pi\varepsilon_0 \varepsilon_r f_1 l_0} - \frac{e^2}{4\pi\varepsilon_0 \varepsilon_r f_2 l_0} = \left(\frac{1}{f_1} - \frac{1}{f_2}\right)\frac{e^2}{4\pi\varepsilon_0 \varepsilon_r l_0} \tag{16.1.11}$$

因而有

$$\Delta U \propto \frac{1}{l_0} \propto \sqrt{B} \tag{16.1.12}$$

所以

$$\alpha = \frac{1}{2} \tag{16.1.13}$$

求解本小题的关键是要认识到能量标度是由静电能决定的，静电能的大小与长度成反比。

(A5) 由磁场变化引起的磁通量变化为

$$\Delta \Phi = (\Delta B)WL = \frac{h}{e} \tag{16.1.14}$$

因此引入一个分数电量的准空穴导致的磁场大小变化为

$$\Delta B = \frac{h}{eWL} \tag{16.1.15}$$

(A6) 当 $T = 1.0$ K 时，电子的内能为

$$E_{th} = k_B T = 1.38 \times 10^{-23} \text{ J} \tag{16.1.16}$$

由于磁涡是有序的，因此

$$l_0 = \sqrt{\frac{h}{eB}} = 1.66 \times 10^{-8} \text{ m} \tag{16.1.17}$$

根据不确定关系，$p \sim \Delta p \sim \dfrac{h}{l_0}$，因此电子动能的数量级为

$$E_k \sim \frac{p^2}{2m^*} = \frac{h^2}{2m^*}\frac{eB}{h} = \frac{heB}{2m^*} = 1.3 \times 10^{-20} \text{ J} \tag{16.1.18}$$

(A7) 载流子数量 n_τ 在足够小的时间间隔 τ 内的平均值为

$$\langle n_\tau \rangle = \sum_{k=1}^{\infty} kP(k) = \sum_{k=1}^{\infty} \frac{\lambda^k e^{-\lambda}}{(k-1)!} = \lambda \sum_{k=0}^{\infty} P(k) = \lambda \tag{16.1.19}$$

根据定义，电流为

$$I_B = \frac{\langle n_\tau \rangle e^*}{\tau} = \frac{\nu e \lambda}{\tau} \tag{16.1.20}$$

(A8) 同样，噪声与电荷波动有关，因此有

$$\langle (n_\tau - \langle n_\tau \rangle)^2 \rangle = \langle n_\tau^2 \rangle - \langle n_\tau \rangle^2 = \sum_{k=1}^{\infty} k^2 P(k) - \lambda^2$$

$$= \left[\lambda^2 \sum_{k=1}^{\infty} P(k) + \sum_{k=1}^{\infty} kP(k) \right] - \lambda^2 = \lambda \tag{16.1.21}$$

从而得到电流噪声为

$$S_I = \frac{\langle (n_\tau - \langle n_\tau \rangle)^2 \rangle (e^*)^2}{\tau} = \frac{\nu^2 e^2 \lambda}{\tau} \tag{16.1.22}$$

(A9) 最终得到噪声-电流比为

$$\frac{S_I}{I_B} = e^* = \nu e$$

第 2 题　太阳风是如何点燃大气产生极光的

A 部分

(A1) 电子在磁场中的动力学方程为

$$m\frac{d\boldsymbol{v}}{dt} = -e\boldsymbol{v} \times \boldsymbol{B} \tag{16.2.1}$$

令 $\boldsymbol{\omega}_c = -\frac{e\boldsymbol{B}}{m}$，式(16.2.1)可化为

$$\frac{d\boldsymbol{v}}{dt} = -\boldsymbol{\omega}_c \times \boldsymbol{v} \tag{16.2.2}$$

由于 $\boldsymbol{B} = B_z \hat{z}$，$\boldsymbol{\omega}_c = -\frac{e\boldsymbol{B}}{m} = -\frac{eB}{m}\hat{z}$，因此式(16.2.2)可以写为

$$\begin{cases} \dfrac{dv_x}{dt} = \omega_c v_y \\ \dfrac{dv_y}{dt} = -\omega_c v_x \\ \dfrac{dv_z}{dt} = 0 \end{cases} \tag{16.2.3}$$

式(16.2.3)的通解为

$$\begin{cases} v_x = v_\perp \cos(\omega_c t + \varphi_x) \\ v_y = -v_\perp \sin(\omega_c t + \varphi_y) \\ v_z = v_z(t=0) \end{cases} \tag{16.2.4}$$

其中 φ_x, φ_y 由初始条件确定。由于 $v_z(t=0)=0$,表明电子的运动仍然垂直于磁场,对式 (16.2.4) 进一步积分,可得电子的运动轨迹方程为

$$\begin{cases} x = r_c \sin \omega_c t \\ y = r_c \cos \omega_c t \\ z = 0 \end{cases} \Leftrightarrow \begin{cases} x^2 + y^2 = r_c^2 \\ z = 0 \end{cases} \tag{16.2.5}$$

即电子在 $z=0$ 的平面上做圆周运动,圆周运动半径为 $r_c = \dfrac{v_\perp}{|\omega_c|} = \dfrac{mv_\perp}{eB}$。

(A2) 电子做圆周运动产生的电流为

$$I = \frac{e}{T} = \frac{e\omega_c}{2\pi} = \frac{e^2 B}{2\pi m} \tag{16.2.6}$$

根据磁矩的定义可得

$$\boldsymbol{\mu} = I\boldsymbol{A} = -\frac{e^2 B}{2\pi m}\pi r_c^2 = -\frac{e^2 B}{2\pi m}\pi\left(\frac{mv_\perp}{eB}\right)^2 = -\frac{mv_\perp^2}{2B^2}\boldsymbol{B} \tag{16.2.7}$$

(A3) 在本小题中,$v_z = v\cos\theta$, $v_\perp = v\sin\theta$。由于 v_z 保持不变,因此本小题中电子的运动轨迹可由式 (16.2.5) 改写为

$$\begin{cases} x = r_c \sin \omega_c t \\ y = r_c \cos \omega_c t \\ z = vt\cos\theta \end{cases} \Leftrightarrow \begin{cases} x^2 + y^2 = r_c^2 \\ z = vt\cos\theta \end{cases} \tag{16.2.8}$$

由上式可知,电子的运动轨迹为等距螺旋线,螺距为

$$h = v_z T = v\cos\theta\frac{2\pi}{\omega_c} = 2\pi\frac{mv}{eB}\cos\theta \tag{16.2.9}$$

B 部分

(B1) 由于磁场和等离子体沿 z 轴方向是均匀的,离子和电子的轨道投影到 xOy 平面上。从 A 部分可知正离子做左旋圆周运动,电子做右旋圆周运动。由于沿 x 轴方向的等离子体密度线性增加,导致净正离子流的方向向上。类似地,净电子流的方向向下。结合正离子流和电子流的方向,得到净电流的方向向上,如图 J16.2.1 所示。

(B2) 由式 (16.2.7) 可知,单位体积电子和正离子的总磁矩(即磁化)均为

$$M_{ie} = \iiint f_{ie}(x, v)\mu_{ie} d^3 \boldsymbol{v}$$

$$= -\int_0^\infty \int_{-\infty}^\infty n(x)\left(\frac{m_{ie}}{2\pi kT}\right)^{\frac{3}{2}}\exp\left(-m_{ie}\frac{v_\perp^2 + v_\parallel^2}{2kT}\right)\frac{m_{ie}v_\perp^2}{2B}2\pi v_\perp dv_\perp dv_\parallel$$

$$= -n(x)\int_0^\infty \frac{m_{ie}}{2\pi kT}\exp\left(-\frac{m_{ie}v_\perp^2}{2kT}\right)\frac{m_{ie}v_\perp^2}{2B}2\pi v_\perp dv_\perp \int_{-\infty}^\infty \left(\frac{m_{ie}}{2\pi kT}\right)^{\frac{1}{2}}\exp\left(-\frac{m_{ie}v_\parallel^2}{2kT}\right)dv_\parallel$$

$$= -\frac{kT}{B}n(x) \tag{16.2.10}$$

等离子体的总磁矩为

$$M = M_i + M_e = -2\frac{kT}{B}n(x) = -\frac{p(x)}{B} \tag{16.2.11}$$

因此有

$$\beta = -2 \tag{16.2.12}$$

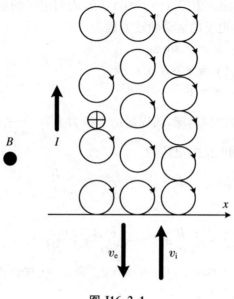

图 J16.2.1

C 部分

利用退磁化场方程 $B_{mx} = \mu_0 M$ 和特定点 $(x = 10R_E, y = 0, z = R_E)$ 处的地磁场的 x 分量,可得

$$\left|\frac{B_{mx}}{B_d}\right| = \mu_0 \frac{p(z)}{B_d^2(10R_E, 0, z)}\bigg|_{z=R_E} = \frac{\mu_0 e^{-0.25} p_0}{28.5 \times 10^{-8} B_0^2} \approx 1.0 \quad (16.2.13)$$

D 部分

(D1) 在圆柱坐标系下,电子的运动投影到 $r\text{-}\theta$ 平面,洛伦兹力为

$$F_z = ev_\theta B_r \quad (16.2.14)$$

取洛伦兹力的回旋平均值:

$$\langle F_z \rangle = \frac{1}{2} ev_\perp r_c \frac{dB}{dz} \quad (16.2.15)$$

由于 $\dfrac{dB}{dz} = \dfrac{dB}{ds}$,因而有

$$\langle F_z \rangle = \langle F_\parallel \rangle = -\mu \frac{dB}{ds} \quad (16.2.16)$$

利用牛顿运动定律,电子的加速度满足

$$m \frac{dv_\parallel}{dt} = -\mu \frac{dB}{ds} \quad (16.2.17)$$

由于 $v_\parallel = \dfrac{ds}{dt}$,式 (16.2.17) 可改写为

$$\frac{d}{dt}\left(\frac{1}{2} m v_\parallel^2\right) = -\mu \frac{dB}{dt} \quad (16.2.18)$$

由于总动能是保持不变的:

$$\frac{d}{dt}\left(\frac{1}{2} m v_\parallel^2 + \frac{1}{2} m v_\perp^2\right) = 0 \quad (16.2.19)$$

从而得到

$$\mu \frac{dB}{dt} = -\frac{d}{dt}\left(\frac{1}{2}mv_{\parallel}^2\right) = \frac{d}{dt}\left(\frac{1}{2}mv_{\perp}^2\right) = \frac{d}{dt}(\mu B) = \mu \frac{dB}{dt} + B\frac{d\mu}{dt} \quad (16.2.20)$$

最终得到

$$\frac{d\mu}{dt} = 0 \quad (16.2.21)$$

(D2) 由于电子的磁矩是守恒量，因此垂直磁感线的速度随着磁场的增强而增大，考虑到总动能是守恒的，所以电子平行于磁感线的速度减小。只要电子到达 P_3 点时，其平行速度减小到零，电子就不会脱离磁瓶。因此初始速度应该满足

$$\frac{v_{\perp 0}^2}{B_0} \geqslant \frac{v^2}{B_m} \quad (16.2.22)$$

由于 $v_{\perp 0} = v\sin\theta$，因此电子在磁瓶中约束的条件为

$$\theta \geqslant \arcsin\sqrt{\frac{B_0}{B_m}} \quad (16.2.23)$$

E 部分

电子的运动中心总是在 $y = 0$ 平面内，$y = 0$ 平面上的地磁场为 $\boldsymbol{B}_d = \frac{B_0 R_E^3}{r^5}[3xz\hat{\boldsymbol{x}} + (x^2 - 2z^2)\hat{\boldsymbol{z}}]$。在电子的初始位置 $(6R_E, 0, 0)$，地磁场的磁感应强度为

$$\boldsymbol{B}_i = \frac{B_0 R_E^3}{r^5}x^2\hat{\boldsymbol{z}} = \frac{B_0}{216}\hat{\boldsymbol{z}} \quad (16.2.24)$$

因此在纬度 $\theta_L = 60°$，高度 $H = 200\,\text{km}$ 处的总磁场为

$$B_L = \sqrt{B_x^2 + B_z^2} = \frac{\sqrt{13}}{2}B_0 \quad (16.2.25)$$

按照(D2)小题的结论，即根据式(16.2.23)可得电子到达纬度 60°时高度能低于海拔 200 km 的条件为

$$\theta \leqslant 0.05\,\text{rad} = 2.8° \quad (16.2.26)$$

F 部分

(F1) 根据万有引力和大气压力的平衡关系有

$$[p(r + dr) - p(r)]A = A\,dp = -\frac{GM\rho A\,dr}{r^2} \Rightarrow dp = -\frac{GM\rho\,dr}{r^2} \quad (16.2.27)$$

对于理想气体，有

$$p = \frac{NkT}{V} = \frac{\rho kT}{m} \quad (16.2.28)$$

由于大气温度恒定，式(16.2.28)可改写为

$$p = \frac{\rho}{\rho_0}p_0 \quad (16.2.29)$$

将式(16.2.29)代入式(16.2.27)，可得

$$\frac{d\rho}{\rho} = -\frac{\rho_0 GM\,dr}{p_0 r^2} \quad (16.2.30)$$

将上式两边积分可得

$$\int_{\rho_0}^{\rho} \frac{d\rho}{\rho} = \int_{R_E}^{r} -\frac{\rho_0 GM}{p_0 r^2} dr$$

$$\Rightarrow \rho = \rho_0 \exp\left[\frac{\rho_0 GM}{p_0}\left(\frac{1}{r} - \frac{1}{R_E}\right)\right] = \rho_0 \exp\left[-\frac{\rho_0 g R_E}{p_0}\left(1 - \frac{R_E}{r}\right)\right]$$

$$\approx \rho_0 \exp\left(-\frac{\rho_0 g H}{p_0}\right) \tag{16.2.31}$$

因此高度 $H = 160$ km 和 $H = 220$ km 处大气密度的比值为

$$\frac{\rho(H_1 = 160 \text{ km})}{\rho(H_2 = 220 \text{ km})} \approx \exp\left(\frac{\rho_0 g H_2}{p_0} - \frac{\rho_0 g H_1}{p_0}\right) = 2.44 \times 10^3 \tag{16.2.32}$$

(F2) 在海拔高度 $H = 160$ km 处, 大气分子的碰撞频率为

$$\nu_{H=160 \text{ km}} = \nu_0 \frac{\rho}{\rho_0} = \nu_0 \exp\left(-\frac{\rho_0 g H}{p_0}\right) = 0.93 /\text{s} \tag{16.2.33}$$

因为处于第一激发态的氧原子的寿命约为 110 s, 所以氧原子与其他分子的碰撞次数将超过 100 次。因此粒子之间频繁的碰撞会使氧原子在辐射之前就失去能量, 所以无法向基态跃迁。但是, 因为处于第二激发态的氧原子的寿命很短, 所以来不及碰撞就发射光子。因此海拔高度 $H = 160$ km 的极光是由处于第二激发态的氧原子向第一激发态跃迁发射的光子引起的, 光子的波长是

$$\lambda_{3\to 2} = \frac{hc}{\Delta E_{3\to 2}} = 562 \text{ nm} \tag{16.2.34}$$

所以海拔高度 160 km 处的极光是波长为 562 nm 的绿光。

在海拔高度 $H = 220$ km 处, 大气分子的碰撞频率为

$$\nu_{H=220 \text{ km}} = \nu_0 \frac{\rho}{\rho_0} = \nu_0 \exp\left(-\frac{\rho_0 g H}{p_0}\right) = 3.8 \times 10^{-4} /\text{s} \tag{16.2.35}$$

由于此高度处的大气分子的碰撞频率很低, 所有处于第一激发态和第二激发态的氧原子都有辐射的机会。由于处于第一激发态的氧原子数量远大于处于第二激发态的氧原子数量, 因此我们观察到的极光颜色来自于处于第一激发态的氧原子的发射, 对应的波长是

$$\lambda_{2\to 1} = \frac{hc}{\Delta E_{2\to 1}} = 633 \text{ nm} \tag{16.2.36}$$

所以海拔高度 220 km 处的极光是波长为 633 nm 的红光。

G 部分

在地球同步卫星轨道, 有

$$G\frac{Mm}{(h+R_E)^2} = m\omega^2(h+R_E)$$

$$\Rightarrow (h+R_E)^3 = \frac{GM}{\omega^2} = \frac{gR_E^2}{\omega^2} = \frac{g}{\omega^2 R_E}R_E^3 \tag{16.2.37}$$

将地球同步卫星的角速度 $\omega = \frac{2\pi}{24 \times 3600}$ rad/s 代入式(16.2.37), 可得地球同步卫星的离地高度为

$$h = 5.6 R_E \tag{16.2.38}$$

阻力做功使得太阳风的动能减少, 故

$$\Delta W = F\Delta x = \Delta E_k \tag{16.2.39}$$

即
$$(f_m - f_s)\Delta s \Delta x = \frac{1}{2}\Delta m v^2 \tag{16.2.40}$$

将题中给出的有关磁场作用力的假设 $f = \frac{B^2}{2\mu_0}$ 代入,可得

$$\frac{1}{2}\rho v^2 + \frac{B_s^2}{2\mu_0} = \frac{B_m^2}{2\mu_0} \tag{16.2.41}$$

其中 ρ 是太阳风密度。同步卫星的位置 $(x = 6.6R_E, y = 0, z = 0)$ 处的地磁场强度为

$$B_d = \frac{B_0}{290} \sim 100 \text{ nT} \tag{16.2.42}$$

将式(16.2.42)代入式(16.2.41),得到能对地球同步卫星造成损害的太阳风的最小速度为

$$v = 330 \text{ km/s} \tag{16.2.43}$$

当太阳风的速度为 330 km/s 时,地球同步轨道上的亮侧磁层顶位置是 $6.6R_E$。因此地球同步卫星可能会被太阳风损坏。

第 3 题 法布里-珀罗干涉仪

(A1) F-P 标准具的透射率为

$$T = \frac{1}{1 + F\sin^2(\delta/2)} \tag{16.3.1}$$

对于亮条纹中央有

$$T = 1 \tag{16.3.2}$$

由于 $F = \frac{4R}{(1-R)^2} = 360$,因此要使式(16.3.2)成立,只能要求

$$\sin\frac{\delta}{2} = 0 \Rightarrow \frac{\delta}{2} = m\pi \tag{16.3.3}$$

其中 m 为条纹级数,考虑到题中所给的 $\delta = \frac{4\pi nt}{\lambda}\cos\theta$,式(16.3.3)可化简为

$$2nt\cos\theta = m\lambda \tag{16.3.4}$$

将题中所给数据代入上式,可得

$$\cos\theta = \frac{m}{\frac{2nt}{\lambda}} = \frac{m}{33921.3} \tag{16.3.5}$$

由于要求 $\cos\theta \leqslant 1$,因此前三个亮纹的级次分别为

$$m_1 = 33921, \quad m_2 = 33920, \quad m_3 = 33919 \tag{16.3.6}$$

前三个亮纹对应的入射角分别为

$$\begin{aligned}\theta_1 &= 0.241° = 4.2 \times 10^{-3} \text{ rad} \\ \theta_2 &= 0.502° = 8.8 \times 10^{-3} \text{ rad} \\ \theta_3 &= 0.667° = 11.6 \times 10^{-3} \text{ rad}\end{aligned} \tag{16.3.7}$$

干涉条纹的直径为

$$D_i = 2f\tan\theta_i \approx 2f\theta_i \tag{16.3.8}$$

将式(16.3.7)代入式(16.3.8),可得前三个亮纹的直径分别为

$$D_1 = 2.52 \text{ mm}, \quad D_2 = 5.26 \text{ mm}, \quad D_3 = 6.99 \text{ mm} \quad (16.3.9)$$

（A2）半最大值出现在相位差

$$\delta = 2m\pi \pm \frac{\varepsilon}{2} \quad (16.3.10)$$

由于 $T = 0.5$，因此

$$F\sin^2\frac{\delta}{2} = 1 \quad (16.3.11)$$

D1 谱线的宽度为

$$\varepsilon = \frac{4}{\sqrt{F}} = \frac{2(1-R)}{\sqrt{R}} = 0.21 \text{ rad} \quad (16.3.12)$$

由题中所给 $\delta = \frac{4\pi nt\cos\theta}{\lambda}$，可以得到

$$\Delta\delta = -\frac{4\pi nt\cos\theta}{\lambda^2}\Delta\lambda \quad (16.3.13)$$

将上式整理并将 $\Delta\delta = \varepsilon$ 和 $\lambda = 589.6$ nm 代入，可得 F-P 标准具的分辨率为

$$\frac{\lambda}{\Delta\lambda} = \frac{\pi nt\sqrt{F}\cos\theta}{\lambda} = 1.01 \times 10^6 \quad (16.3.14)$$

（A3）从（A1）小题中可知，F-P 标准具中为真空时，干涉圆环条纹中心最近的条纹级次为 $m = 33921$。在 F-P 标准具中的空气为标准大气压时，干涉圆环条纹中心最近的条纹级次变为 $33921 + 10$ 级，所以我们得到空气的折射率为

$$n_{空气} = \frac{m+10}{\frac{2t}{\lambda}} = \frac{33931}{33921} = 1.00029 \quad (16.3.15)$$

（A4）钠原子由 $^2P_{1/2}$ 能级跃迁至 $^2S_{1/2}$ 能级时产生 D1 光谱线，频率为 $\nu_0 = \frac{c}{\lambda_1}$（$\lambda_1 = 589.6$ nm）。

当钠原子置于磁场中时，光谱线 a, b, c, d 的频率分别为

光谱线 $a: {}^2P_{1/2}\left(m_j = -\frac{1}{2}\right) \to {}^2S_{1/2}\left(m_j = +\frac{1}{2}\right), \quad \nu_a = \nu_0 - \frac{\Delta E_2 + \Delta E_1}{2h}$

光谱线 $b: {}^2P_{1/2}\left(m_j = +\frac{1}{2}\right) \to {}^2S_{1/2}\left(m_j = +\frac{1}{2}\right), \quad \nu_b = \nu_0 - \frac{\Delta E_2 - \Delta E_1}{2h}$

光谱线 $c: {}^2P_{1/2}\left(m_j = -\frac{1}{2}\right) \to {}^2S_{1/2}\left(m_j = -\frac{1}{2}\right), \quad \nu_c = \nu_0 + \frac{\Delta E_2 - \Delta E_1}{2h}$

光谱线 $d: {}^2P_{1/2}\left(m_j = +\frac{1}{2}\right) \to {}^2S_{1/2}\left(m_j = -\frac{1}{2}\right), \quad \nu_d = \nu_0 + \frac{\Delta E_2 + \Delta E_1}{2h}$

$$(16.3.16)$$

（A5）当 $\theta_m \ll 1$ 时，$\cos\theta_m \approx 1 - \frac{\theta_m^2}{2}$，由于 $2nt\cos\theta_m = m\lambda$，因此有

$$1 - \frac{\theta_m^2}{2} = \frac{m\lambda}{2nt} \quad (16.3.17)$$

若 $\lambda \to \lambda + \Delta\lambda$，$\theta_m \to \theta_m'$，则有

$$1 - \frac{\theta_m'^2}{2} = \frac{m(\lambda + \Delta\lambda)}{2nt} \quad (16.3.18)$$

联立(16.3.17)和(16.3.18)两式,可得

$$\frac{\theta_m^2 - \theta_m'^2}{2} = \frac{m\Delta\lambda}{2nt} \tag{16.3.19}$$

考虑到 $D_m = 2f\theta_m$,式(16.3.19)可化为

$$\frac{D_m^2 - D_m'^2}{8f^2} = \frac{m\Delta\lambda}{2nt} = \frac{\Delta\lambda}{\lambda} \Rightarrow \Delta\lambda = \frac{D_m^2 - D_m'^2}{8f^2}\lambda \tag{16.3.20}$$

光谱线 a,b,c,d 分别对应干涉条纹 $1,2,3$ 和 4。由(A4)小题的结论和式(16.3.20)可得到谱线 a,b 的波长差 $\Delta\lambda_1$,谱线 b,d 的波长差 $\Delta\lambda_2$ 分别为

$$\Delta\lambda_1 = \frac{D_2^2 - D_1^2}{8f^2}\lambda, \quad \Delta\lambda_2 = \frac{D_4^2 - D_2^2}{8f^2}\lambda \tag{16.3.21}$$

能级分裂后的能级差分别为

$$\Delta E_1 = h(\nu_b - \nu_a) = h(\nu_d - \nu_c), \quad \Delta E_2 = h(\nu_c - \nu_a) = h(\nu_d - \nu_b) \tag{16.3.22}$$

将式(16.3.21)代入式(16.3.22),可得

$$\Delta E_1 = h\Delta\nu_1 = \frac{hc}{\lambda}\frac{D_2^2 - D_1^2}{8f^2} = \frac{hc}{\lambda}\frac{D_4^2 - D_3^2}{8f^2}$$

$$\Delta E_2 = h\Delta\nu_2 = \frac{hc}{\lambda}\frac{D_4^2 - D_2^2}{8f^2} = \frac{hc}{\lambda}\frac{D_3^2 - D_1^2}{8f^2} \tag{16.3.23}$$

(A6) 由于 $B = 0.1\ \text{T}$,因此有

$$\mu_B B = \frac{heB}{4\pi m_e} = 5.79 \times 10^{-6}\ \text{eV} \tag{16.3.24}$$

由题意有

$$\Delta E = m_j g_k \mu_B B \tag{16.3.25}$$

将(16.3.23)和(16.3.24)两式代入式(16.3.25),可得

$$\Delta E_1 = g_{k1}\mu_B B = \frac{hc}{\lambda}\frac{D_2^2 - D_1^2}{8f^2} = \frac{hc}{\lambda}\frac{D_4^2 - D_3^2}{8f^2}$$

$$\Delta E_2 = g_{k2}\mu_B B = \frac{hc}{\lambda}\frac{D_4^2 - D_2^2}{8f^2} = \frac{hc}{\lambda}\frac{D_3^2 - D_1^2}{8f^2} \tag{16.3.26}$$

代入数据,可得朗德因子分别为

$$g_{k1} = 0.68 \sim 0.72, \quad g_{k2} = 1.95 \sim 1.99 \tag{16.3.27}$$

(A7) 谱线 a 的波长最长,谱线 d 的波长最短。谱线 a,d 的能级差为

$$\Delta E = \Delta E_1 + \Delta E_1 = (g_{k1} + g_{k2})\mu_B B = h\Delta\nu \tag{16.3.28}$$

谱线 a,d 的频率差为

$$\Delta\nu = \left|-\frac{c\Delta\lambda}{\lambda^2}\right| = \frac{c\Delta\lambda}{\lambda^2} \tag{16.3.29}$$

将式(16.3.29)代入式(16.3.28),可得

$$B = \frac{4\pi m_e c\Delta\lambda}{\lambda^2(g_{k1} + g_{k2})e} \tag{16.3.30}$$

代入数据,得到太阳该部分的磁感应强度为

$$B = 0.2772\ \text{T} \tag{16.3.31}$$

(A8) 二极管到干涉圆环的谱线的波长满足

$$2nt = m\lambda_m \tag{16.3.32}$$

二极管到干涉圆环的谱线的频率满足

$$\nu_m = \frac{mc}{2nt} \tag{16.3.33}$$

因此相邻谱线的频率差为

$$\Delta \nu_m = \frac{c}{2nt} = 1.5 \times 10^{10}\ \text{Hz} \tag{16.3.34}$$

二极管发射光谱的频率差为

$$\Delta \nu_s = \frac{c\Delta\lambda}{\lambda^2} = 1.42 \times 10^{13}\ \text{Hz} \tag{16.3.35}$$

因此二极管发射光谱中的谱线数为

$$N = \frac{\Delta \nu_s}{\Delta \nu_m} = 946 \tag{16.3.36}$$

发射谱线的谱宽为 $\Delta\lambda = \dfrac{\lambda^2}{\pi n t \sqrt{F}}$,因此每条谱线的频宽为

$$\Delta \nu = \frac{c}{\pi n t \sqrt{F}} = 5.0 \times 10^8\ \text{Hz} \tag{16.3.37}$$

第17届亚洲物理奥林匹克竞赛理论试题与解析

理论试题

第1题 可形变网格系统的力学性质

本题研究悬挂在重力场中的可形变网格系统，该系统与复摆具有类似的性质。该网格系统只有一个自由度，也就是说，只有一种形变的方式，因此可以用角度 α 描述可形变网格系统的状态。著名物理学家麦克斯韦在19世纪曾详细地研究过该网格系统。近年来发现该网格系统还具有很多令人惊奇的物理性质。

如图 T17.1.1 所示，由 N^2 ($N>1$) 个边长均为 l 的等边三角盘（图中的灰色三角形）用长为 l 的短杆自由铰接，形成 $N \times N$ 网格系统。图 T17.1.1 中的白色小圆圈表示铰链，四条双虚线代表四根长滑管。四根长滑管相互铰接成菱形，菱形的两个顶角分别固定为 $60°$ 和 $120°$ 保持不变。位于网格边缘的 N 个顶点（灰色小圆圈）限制在长滑管内，它们可在长滑管内沿着滑管自由滑动。整个网格系统像窗帘一样竖直悬挂。顶端的长杆沿水平方向固定放置。

边长为 l 的等边三角盘（图中的灰色三角形）的质量均为 M 且均匀分布。包括铰链、短杆、长滑杆在内的系统其他部分的质量均为零。该网格系统的构型由角度 α ($0° \leqslant \alpha \leqslant 60°$) 唯一确定，图 T17.1.1 给出了角度 α 不同的系统构型。

按照图 T17.1.2 建立坐标系，规定 $y=0$ 为重力势能零点。利用数组 (m,n) 标记等边三角盘，$m=0,1,2,\cdots,N-1$ 表示在 x 方向上等边三角盘的顺序号，$n=0,1,2,\cdots,N-1$ 表示在 y 方向上等边三角盘的顺序号。$A(m,n)$、$B(m,n)$ 和 $C(m,n)$ 分别表示等边三角盘 (m,n) 的三个顶点。

注意：左上角的顶点 $A(0,0)$（图 T17.1.2 中的黑色大圆圈）是固定不动的。

整个网格系统的运动限制在 xy 平面。等边三角盘相对其质心的转动惯量为 $I=\frac{1}{12}Ml^2$。已知重力加速度为 g，网格系统的动能和势能分别用 E_k 和 E_p 表示。

A部分

本部分考虑 $N=2$ 的网格系统，如图 T17.1.3 所示，即本部分 N 均取 2。

(A1) 当网格系统处于任意角度 α 时的系统势能 E_p 的表达式。

(A2) 求网格系统在重力场中处于平衡状态时角度 $\alpha=\alpha_{E2}$ 的值。

---

① 第17届亚洲物理奥林匹克竞赛于2016年5月1日至5月9日在中国香港举行，共有26个国家和地区派出代表队参加。

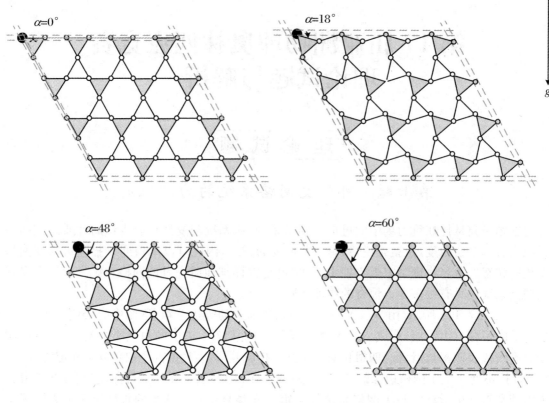

图 T17.1.1 重力场中的单自由度网格系统

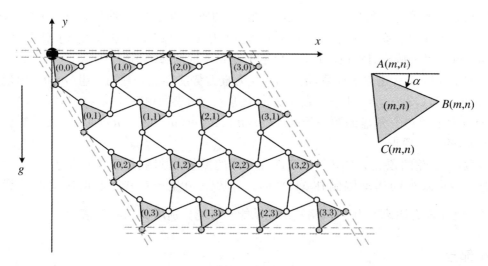

图 T17.1.2

（A3）当网格系统在重力场中处于平衡状态时，给网格系统施加微扰，网格系统做简谐振动。求网格系统动能 E_k 的表达式和系统简谐运动的频率 f_E 的表达式，其中 E_k 用 $\omega = \dfrac{d\alpha}{dt}$ 等表示。

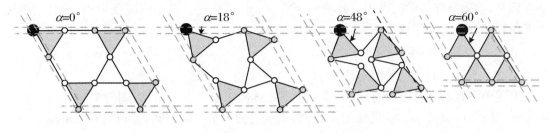

图 T17.1.3

B 部分

本部分考虑 N 任意的网格系统。

（B1）求网格系统在重力场中处于平衡状态时角度 $\alpha = \alpha_{EN}$ 的表达式。

（B2）考虑 $N \to \infty$ 的极限情况,给在重力场中处于平衡状态的网格系统施加微扰后,角度 α 变化 $\Delta\alpha$,网格系统势能变化 $\Delta E_p \propto N^{\gamma_1}$,网格系统动能变化 $\Delta E_k \propto N^{\gamma_2}$,网格系统的简谐振动频率 $f_E \propto N^{\gamma_3}$。求 $\gamma_1, \gamma_2, \gamma_3$ 的值。

C 部分

如图 T17.1.4 所示,在网格系统的 $3N^2$ 个等边三角盘顶点中选择一个顶点施加外力,使得网格系统在角度 $\alpha_m = \dfrac{\pi}{3}$ 时维持平衡状态。

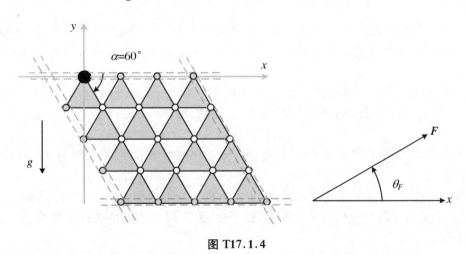

图 T17.1.4

（C1）若要使施加的外力最小,则应选择哪个顶点施加外力？

（C2）求该最小外力的大小和方向,其中外力方向用外力 F 和 x 轴正方向之间的夹角 θ_F 表示。

第 2 题　膨胀的宇宙

宇宙膨胀是现代宇宙学中最重要的观测事实。随着时间的流逝,宇宙空间在不断膨胀,于是宇宙中任意两个物体之间的距离也随之增大。为了计算宇宙膨胀造成的影响,引入共动坐标系,共动坐标系中的点用位置矢量 $r=(x,y,z)$ 标记。在宇宙膨胀过程中,共动坐标系下两物体间的共动距离定义为

$$\Delta r = |\mathbf{r}_2 - \mathbf{r}_1| = \sqrt{(x_2-x_1)^2 + (y_2-y_1)^2 + (z_2-z_1)^2}$$

共动距离是不随时间变化的恒定值。

本题中假设物体自身没有运动,即只考虑物体随宇宙膨胀的运动,而忽略物体的其他一切运动。图 T17.2.1 为宇宙膨胀的示意图,该示意图表示二维空间,但现实的宇宙是三维空间,图中的 x 轴即为共动坐标系的 x 轴。

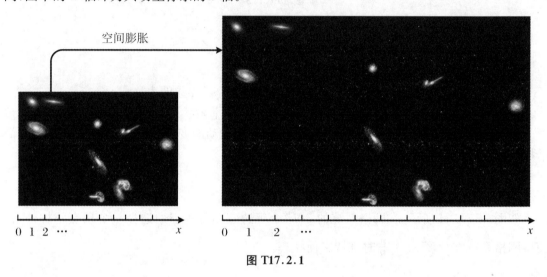

图 T17.2.1

现代宇宙学理论是建立在爱因斯坦广义相对论基础上的理论。但是,作适当的近似和假设后,可以在牛顿引力理论框架内理解宇宙学。本题希望在牛顿引力框架下理解宇宙的膨胀。

为了描述两个物体之间的物理距离(真实距离),引入尺度因子 $a(t)$。如果共动坐标系中两点 r_1 和 r_2 之间的共动距离为 Δr,则两点之间的物理距离 Δr_p 与 Δr 之间满足

$$\Delta r_p = a(t)\Delta r$$

由于宇宙是膨胀的,因此尺度因子 $a(t)$ 是随时间变化的增函数,而共动距离 Δr 是不随时间变化的恒定值。

在极大尺度(远大于星系或星系团)上宇宙可视为均匀的和各向同性的。考虑以下宇宙模型:宇宙中充满了均匀分布的大量粒子,粒子足够多,以至于可用连续流体描述。宇宙中的总粒子数是守恒的。

目前的宇宙主要由非相对论物质组成。对于非相对论物质,物质的静能(质量能量)远大于动能。令 $\rho_m(t)$ 为 t 时刻非相对论物质的物理能量密度(单位物理体积内的能量)。

注意:对非相对论物质而言,物理能量密度只由非相对论物质的质量能量决定,不包括引力势能等其他能量。当前时刻记为 t_0。

(A1) 求 t 时刻的物理能量密度 $\rho_m(t)$ 的表达式,用 $a(t)$,$a(t_0)$ 和 $\rho_m(t_0)$ 表示。

除了非相对论物质外,目前的宇宙中还有少量辐射物质,辐射物质由无质量粒子(如光子)组成。无质量粒子的物理波长 λ_p 随着宇宙膨胀而变长,即 $\lambda_p \propto a(t)$。令 $\rho_r(t)$ 为 t 时刻辐射物质的物理能量密度。

(A2) 求 t 时刻的辐射物质的物理能量密度 $\rho_r(t)$ 的表达式,用 $a(t)$,$a(t_0)$ 和 $\rho_r(t_0)$

表示。

考虑处于热平衡状态的无相互作用的光子气体。光子气体的温度 T 与时间 t 之间满足关系 $T(t) \propto [a(t)]^\gamma$，其中 $a(t)$ 是尺度因子。

(A3) 求指数 γ 的值。

考虑无相互作用的粒子 X 组成的热力学系统。假设宇宙的膨胀过程足够缓慢且是绝热的，因而 X 物质的熵不随时间变化，总是保持不变的，设 X 物质的物理能量密度为 $\rho_X(t)$（包括质量能量和内能），X 物质系统的物理压强为 $p_X(t)$。

(A4) 求 $\dfrac{\mathrm{d}\rho_X(t)}{\mathrm{d}t}$ 的表达式，用 $a(t)$，$\dfrac{\mathrm{d}a(t)}{\mathrm{d}t}$，$\rho_X(t)$ 和 $p_X(t)$ 表示。

考虑恒星 S。在当前时刻 t_0，恒星 S 和地球之间的物理距离 $r_p = a(t_0)r$，其中 r 是恒星与地球之间的共动距离。忽略恒星 S 和地球自身的运动，仅考虑宇宙的膨胀。

设恒星 S 以功率 P_e 各向同性地辐射电磁波。地球上的观察者利用望远镜接收恒星 S 辐射的电磁波。为简单起见，假设望远镜以 100% 的效率接收所有波段的电磁波。已知望远镜镜片的面积为 A。

(A5) 求望远镜接收到的恒星 S 的辐射功率 P_r 的表达式，用 r，A，P_e，辐射从恒星 S 发出时刻 t_e 的尺度因子 $a(t_e)$ 和目前时刻 t_0（即望远镜接收辐射的时刻 t_0）的尺度因子 $a(t_0)$ 表示。

若无引力，宇宙的膨胀速度将是常数。这在牛顿力学框架下可理解为：无引力时，所有物体以恒定的速度相互远离，故而 $\dfrac{\mathrm{d}a(t)}{\mathrm{d}t}$ 是只依赖于初始条件的常数。

现在考虑牛顿引力对尺度因子 $a(t)$ 的影响。假设宇宙充满了均匀的、各向同性的非相对论物质。

如图 T17.2.2 所示，假设 C 点是宇宙的中心（该假设在爱因斯坦的广义相对论中其实是不必要的，不过这超出了本题的考察范围）。假设宇宙中的物质分布在以 C 为中心的球体内，考虑其中共动半径为 r 的薄球壳，如图 T17.2.2 所示，注意图 T17.2.2 中的 r 为共动距离 r，并不随时间变化，r_p 是物理半径。

(A6) 利用球壳的运动求 $\dfrac{\mathrm{d}a(t)}{\mathrm{d}t}$，尺度因子 $a(t)$ 和质量能量密度 $\rho(t)$ 之间的关系式，该关系式包含一个依赖于初始条件的常数。

(A7) 基于(A6)小题中描述的模型，请问宇宙是加速膨胀的还是减速膨胀的？

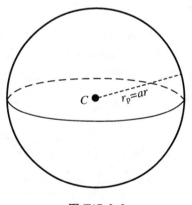

图 T17.2.2

事实上，科学家们在 1998 年发现：宇宙中充斥着一种新的能量形式——暗能量，这种新的能量形式使得真实的宇宙膨胀加速度与(A7)小题中的结论恰好相反。

第 3 题　超导体在磁场中的效应

电子是基本粒子，电子不仅带有单位负电荷，而且还因为具有自旋角动量而具有内禀磁矩。根据库仑定律，真空中的电子由于带有相同的负电荷而彼此排斥。但在某些金属中，由于晶格的振动,电子之间的净作用力可以变为吸引力。当金属温度低于临界温度 T_c 时,具有相反动量方向和相反自旋方向的电子可以形成所谓的"电子对",称为"库珀对"(Copper pairs)。金属中自由运动的电子的能量为 $\frac{p^2}{2m_e}$,其中 p 为电子动量,m_e 为电子质量。当金属中的两个电子形成库珀对后,库珀对中每个电子的能量与自由电子的能量 $\frac{p^2}{2m_e}$ 相比减少了 Δ。库珀对可以在金属中不受阻力地自由运动,因此金属处于超导状态。

但是对于放在外磁场中的金属超导体,即使金属温度低于临界温度 T_c,磁场也能破坏金属的超导状态,使得金属回归正常状态。外磁场通过两种效应破坏金属的超导状态。

第一种效应是"顺磁效应":超导状态下库珀对中的两个电子具有相反的自旋方向。但是在外加磁场中,所有电子的自旋方向相同并且平行于外磁场方向,因而具有的能量比形成库珀对时的能量更低,所以不能形成库珀对。

第二种效应是"抗磁效应":当库珀对处于磁场中时,磁场的存在会改变库珀对中电子的运行轨道,进而增加其能量。当外加磁场的磁感应强度大于临界值 B_c 时,抗磁效应使得库珀对增加的能量多于 2Δ,于是两个电子不再能形成库珀对。

近年来,物理学家发现了被称为"伊辛超导体"的新型超导体。伊辛超导体能在强达 60 T (这是目前实验室中可以产生的最强磁感应强度)的磁场中依然维持超导状态。本题希望解决库珀对在磁场中的效应,从而理解为什么伊辛超导体能够抵抗顺磁效应和抗磁效应从而保持超导状态。

A 部分　磁场中的电子

考虑质量和电荷都均匀分布、半径为 r、带电量为 $-e$、质量为 m 的圆环,如图 T17.3.1 所示。

(A1) 当圆环以角速度 ω 转动时,求圆环的角动量 L 的大小和方向。

(A2) 已知圆环磁矩 M 的大小 $|M| = IA$,其中 I 是电流,A 是圆环包围的面积。求圆环磁矩 M 和圆环角动量 L 之间的关系。

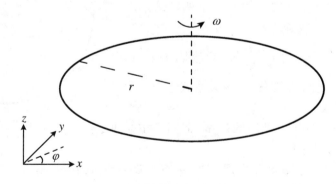

图 T17.3.1

设圆环的法线方向的单位矢量为 n,且 n 与外磁场 B 之间的夹角为 θ,如图 T17.3.2 所示。

(A3) 设外加磁场 $B = B_z \hat{z}$ 是匀强磁场。对于(A1)小题中的圆环,将其置于外加匀强

磁场 $B = B_z \hat{z}$ 中,求圆环的势能 U 的表达式。设 $\theta = \dfrac{\pi}{2}$ 时,圆环的势能为 0。

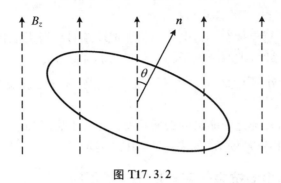

图 T17.3.2

电子具有内禀角动量,称为自旋角动量。电子在某一给定方向上的自旋角动量的大小是 $\dfrac{\hbar}{2}$,其中 $\hbar = \dfrac{h}{2\pi}$,h 是普朗克常量。

(A4)求电子自旋方向与外加磁场方向一致时电子的势能 $U_\text{上}$ 的表达式;求电子自旋方向与外加磁场方向反向时电子的势能 $U_\text{下}$ 的表达式。请用玻尔磁子 $\mu_B = \dfrac{e\hbar}{2m_e} = 5.788 \times 10^{-5}$ eV/T 和外加磁场的磁感应强度 B 表示。

(A5)事实上,根据量子力学理论,电子在磁场中的势能 $\tilde{U}_\text{上}$ 和 $\tilde{U}_\text{下}$ 实际上是(A4)小题中得到的 $U_\text{上}$ 和 $U_\text{下}$ 的 2 倍。

假设外加磁场的磁感应强度为 1 T。当电子的自旋方向与外加磁场方向一致和相反时,分别求 $\tilde{U}_\text{上}$ 和 $\tilde{U}_\text{下}$ 的值。

在后面的问题中需要利用电子在磁场中的势能时,应利用本小题中的 $\tilde{U}_\text{上}$ 和 $\tilde{U}_\text{下}$ 进行计算。

B 部分　外磁场中的顺磁效应对库珀对的影响

本部分考虑外磁场中的顺磁效应对库珀对的影响,如图 T17.3.3 所示。

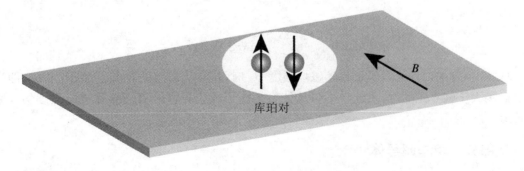

图 T17.3.3

理论研究表明,在超导体中,自旋方向相反的两个电子通过形成库珀对的方式降低系统的总能量。已知库珀对的能量为 $\dfrac{p_1^2}{2m_e} + \dfrac{p_2^2}{2m_e} - 2\Delta$,其中前两项是库珀对中两个电子的动能,最后一项是电子形成库珀对之后减少的能量,其中 Δ 是正的常数。

(B1) 假设外磁场仅作用于电子的自旋,而对电子的轨道运动没有影响。当库珀对置于匀强磁场 $\boldsymbol{B} = (B_x, 0, 0)$ 中时,求库珀对的能量 E_S 的表达式。

注意:库珀对中两个电子的自旋是相反的。

(B2) 正常状态(非超导状态)下,电子不会形成库珀对。当正常状态的两个电子置于匀强磁场 $\boldsymbol{B} = (B_x, 0, 0)$ 中时,求两个电子的总能量 E_N 的表达式。

注意:请使用(A5)小题中的 $\widetilde{U}_\perp$ 和 $\widetilde{U}_\top$ 进行计算,并忽略外磁场对电子轨道运动的影响。

(B3) 绝对零度时,系统处于能量的最低状态。当外加磁场 $|\boldsymbol{B}| >$ 临界磁场 B_P 时,超导体的超导现象消失,求临界磁场 B_P 的表达式,用 Δ 表示。

C 部分 外磁场中的抗磁效应对库珀对的影响

本部分中忽略外加磁场对电子自旋的影响,只考虑外加磁场对库珀对电子的轨道运动的作用。

绝对零度时,在匀强磁场 $\boldsymbol{B} = (0, 0, B_z)$ 作用下,超导状态和正常状态之间的电子对的能量差为

$$F = \int_{-\infty}^{+\infty} \psi(x) \cdot \left[-\alpha \psi(x) - \frac{\hbar^2}{4m_e} \frac{d^2 \psi(x)}{dx^2} + \frac{e^2 B_z^2 x^2 \psi(x)}{m_e} \right] dx$$

$$= \int_{-\infty}^{+\infty} -\alpha \psi^2(x) dx + \int_{-\infty}^{+\infty} -\psi(x) \frac{\hbar^2}{4m_e} \frac{d^2 \psi(x)}{dx^2} dx + \int_{-\infty}^{+\infty} \frac{e^2 B_z^2 x^2 \psi^2(x)}{m_e} dx$$

其中 $\psi(x)$ 是坐标 x 的函数,与坐标 y 无关。$\psi^2(x)$ 是在库珀对出现在 x 处的概率密度。α 是正的常数,与两个电子形成库珀对后系统能量的降低有关。F 中的第二项和第三项与磁场中库珀对的动能和外加磁场中的能量变化有关。

绝对零度时,系统倾向于处于能量 F 的最低状态,此时,$\psi(x)$ 可以表示为

$$\psi(x) = \left(\frac{2\lambda}{\pi} \right)^{\frac{1}{4}} e^{-\lambda x^2}$$

其中 $\lambda > 0$。

(C1) 求 λ 的表达式,用 e, B_z 和 $\hbar$ 表示。

参考公式:

$$\int_{-\infty}^{+\infty} e^{-ax^2} dx = \sqrt{\frac{\pi}{a}}, \quad \int_{-\infty}^{+\infty} x^2 e^{-ax^2} dx = \frac{1}{2a}\sqrt{\frac{\pi}{a}}$$

(C2) 当外加磁场恰好等于临界磁场强度 B_z 时,超导状态与正常状态的能量相同,即当外加磁场大于临界磁场时,系统将不再从能量角度形成超导体。求临界磁感应强度 B_z,用 α 表示。

D 部分 伊辛超导体

在具有自旋-轨道耦合(忽略自旋-自旋耦合)的物质中,具有动量 $\boldsymbol{p}$ 的电子受到内磁场 $\boldsymbol{B}_{1\perp} = (0, 0, -B_z)$ 的作用,具有动量 $-\boldsymbol{p}$ 的电子受到相反的内磁场 $\boldsymbol{B}_{2\perp} = (0, 0, B_z)$ 的作用。两个内磁场只影响电子的自旋,如图 T17.3.4 所示。具有这种内磁场的超导体称为伊辛超导体。

(D1) 求伊辛超导体中库珀对的能量 E_I 的表达式。

(D2) 具有自旋-轨道耦合的物质处于通常状态下置于磁场 $B_{/\!/} = (B_x, 0, 0)$ 中，求两个电子的总能量 $E_{/\!/}$ 的表达式。注意：此时内磁场与 $B_{/\!/}$ 垂直，忽略磁场 $B_{/\!/}$ 对库珀对电子运动轨道的影响。

(D3) 求临界磁场强度 B_1 的表达式，要求对于 $|B_{/\!/}| > B_1$, $E_{/\!/} < E_1$。

图 T17.3.4 两个电子形成库珀对

虚线箭头表示内磁场。电子 1 具有动量 $+p$，受内磁场 $B_{1\perp} = (0, 0, -B_z)$ 作用；电子 2 具有动量 $-p$，受内磁场 $B_{2\perp} = (0, 0, +B_z)$ 作用。

解 析

第 1 题 可形变网格系统的力学性质

A 部分

(A1) 如图 T17.1.2 所示，设编号为 (m, n) 的等边三角盘的左上角顶点 A 的坐标为 (A_x, A_y)，根据几何关系可得该等边三角盘顶点 B, C 的坐标分别为

$$\begin{cases} B_x = A_x + l\cos\alpha \\ B_y = A_y - l\sin\alpha \end{cases}$$

$$\begin{cases} C_x = A_x + l\cos\left(\alpha + \dfrac{\pi}{3}\right) \\ C_y = A_y - l\sin\left(\alpha + \dfrac{\pi}{3}\right) \end{cases} \tag{17.1.1}$$

因此得到该等边三角盘的质心坐标为

$$\begin{cases} G_x = \dfrac{A_x + B_x + C_x}{3} = A_x + \dfrac{1}{3}l\left[\cos\alpha + \cos\left(\alpha + \dfrac{\pi}{3}\right)\right] = A_x + \dfrac{\sqrt{3}}{3}l\cos\left(\alpha + \dfrac{\pi}{6}\right) \\ G_y = \dfrac{A_y + B_y + C_y}{3} = A_y - \dfrac{1}{3}l\left[\sin\alpha + \sin\left(\alpha + \dfrac{\pi}{3}\right)\right] = A_y - \dfrac{\sqrt{3}}{3}l\sin\left(\alpha + \dfrac{\pi}{6}\right) \end{cases} \tag{17.1.2}$$

利用各等边三角盘之间的相对位置关系，可得相邻等边三角盘的顶点坐标之间的递推关系为

$$\begin{cases} A_x(m+1, n) = A_x(m, n) + 2l\cos\alpha \\ A_y(m+1, n) = A_y(m, n) \end{cases}$$

$$\begin{cases} A_x(m, n+1) = A_x(m,n) + l\cos\alpha \\ A_y(m, n+1) = A_y(m,n) - \sqrt{3}\,l\cos\alpha \end{cases} \quad (17.1.3)$$

联立式(17.1.1)~式(17.1.3),可得编号为(m,n)的等边三角盘的质心坐标为

$$G_x(m,n) = (2m+n)l\cos\alpha + \frac{\sqrt{3}}{3}l\cos\left(\alpha+\frac{\pi}{6}\right)$$
$$G_y(m,n) = -\sqrt{3}\,nl\cos\alpha - \frac{\sqrt{3}}{3}l\sin\left(\alpha+\frac{\pi}{6}\right) \quad (17.1.4)$$

当 $N=2$ 时,由 4 个等边三角盘组成的网格系统的势能为

$$\begin{aligned}
E_p &= E_p(0,0) + E_p(0,1) + E_p(1,0) + E_p(1,1) \\
&= Mg[G_y(0,0) + G_y(0,1) + G_y(1,0) + G_y(1,1)] \\
&= 2Mg\left[-\frac{\sqrt{3}}{3}l\sin\left(\alpha+\frac{\pi}{6}\right)\right] + 2Mg\left[-\sqrt{3}\,l\cos\alpha - \frac{\sqrt{3}}{3}l\sin\left(\alpha+\frac{\pi}{6}\right)\right] \\
&= -\frac{2}{3}Mgl(3\sin\alpha + 4\sqrt{3}\cos\alpha) \quad (17.1.5)
\end{aligned}$$

(A2) 网格系统在重力场中处于平衡状态时,网格系统重力势能取极小值,即

$$\frac{dE_p}{d\alpha} = -\frac{2}{3}Mgl(3\cos\alpha_{E2} - 4\sqrt{3}\sin\alpha_{E2}) = 0 \quad (17.1.6)$$

解得

$$\tan\alpha_{E2} = \frac{\sqrt{3}}{4} \quad (17.1.7)$$

所以网格系统在重力场中处于平衡状态时角度为

$$\alpha_{E2} = \arctan\frac{\sqrt{3}}{4} \approx 23.4° \quad (17.1.8)$$

(A3) 网格系统在角度 α_{E2} 时处于平衡状态,网格系统由于受到微扰而偏离 $\Delta\alpha$ 时,每个等边三角盘相对其质心的转动角速度均为 $\omega = \dfrac{d\alpha}{dt}$。

网格系统的动能包括每个等边三角盘的质心平动动能和绕各自质心轴的转动动能两部分。网格系统的总转动动能为

$$E_k^{转} = N^2 \cdot \frac{1}{2}I\omega^2 = 2^2 \cdot \frac{1}{2}\left(\frac{1}{12}Ml^2\right)\omega^2 = \frac{1}{6}Ml^2\omega^2 \quad (17.1.9)$$

利用编号为(m,n)的等边三角盘的质心坐标式(17.1.4)对时间的导数得到该等边三角盘的质心的速度,即

$$\begin{aligned}
v_{Gx}(m,n) &= \frac{dG_x(m,n)}{dt} = \left[-(2m+n)\sin\alpha - \frac{\sqrt{3}}{3}\sin\left(\alpha+\frac{\pi}{6}\right)\right]l\omega \\
v_{Gy}(m,n) &= \frac{dG_y(m,n)}{dt} = \left[\sqrt{3}\,n\sin\alpha - \frac{\sqrt{3}}{3}\cos\left(\alpha+\frac{\pi}{6}\right)\right]l\omega
\end{aligned}$$
$$(17.1.10)$$

因而得到编号为(m,n)的等边三角盘的质心平动动能为

$$\begin{aligned}
E_k^{平}(m,n) &= \frac{1}{2}M[v_{Gx}^2(m,n) + v_{Gy}^2(m,n)] \\
&= \frac{1}{2}Ml^2\omega^2\left[-(2m+n)\sin\alpha - \frac{\sqrt{3}}{3}\sin\left(\alpha+\frac{\pi}{6}\right)\right]^2
\end{aligned}$$

$$+\frac{1}{2}Ml^2\omega^2\left[\sqrt{3}n\sin\alpha-\frac{\sqrt{3}}{3}\cos\left(\alpha+\frac{\pi}{6}\right)\right]^2 \tag{17.1.11}$$

利用式(17.1.11)，当 $N=2$ 时，网格系统的总平动动能为

$$E_k^{\text{平}} = \frac{1}{2}M[v_{Gx}^2(0,0)+v_{Gy}^2(0,0)] + \frac{1}{2}M[v_{Gx}^2(1,0)+v_{Gy}^2(1,0)]$$
$$+\frac{1}{2}M[v_{Gx}^2(0,1)+v_{Gy}^2(0,1)] + \frac{1}{2}M[v_{Gx}^2(1,1)+v_{Gy}^2(1,1)]$$
$$=\frac{1}{2}Ml^2\omega^2\left[\frac{4}{3}+20\sin^2\alpha+4\sqrt{3}\sin\alpha\sin\left(\alpha+\frac{\pi}{6}\right)-4\sin\alpha\cos\left(\alpha+\frac{\pi}{6}\right)\right]$$
$$=\frac{1}{2}Ml^2\omega^2\left(\frac{4}{3}+28\sin^2\alpha\right) \tag{17.1.12}$$

当 $N=2$ 时，网格系统的总动能为

$$E_k = E_k^{\text{平}} + E_k^{\text{转}} = \frac{1}{2}Ml^2\omega^2\left(\frac{5}{3}+28\sin^2\alpha\right) \tag{17.1.13}$$

将式(17.1.8)代入式(17.1.13)，可得当 $N=2$ 时网格系统在平衡位置 $\alpha=\alpha_{E2}$ 附近往复运动至小角度 $\Delta\alpha$ 时的总动能为

$$E_k(\Delta\alpha) = E_k^{\text{平}} + E_k^{\text{转}} = \frac{1}{2}Ml^2\omega^2\left(\frac{5}{3}+28\sin^2\alpha_{E2}\right)$$
$$=\frac{347}{114}Ml^2\omega^2 = \frac{347}{114}Ml^2\left(\frac{d\alpha}{dt}\right)^2 \tag{17.1.14}$$

将式(17.1.5)在 $\alpha=\alpha_{E2}$ 附近作泰勒展开，保留到二阶，可得网格系统在平衡位置 $\alpha=\alpha_{E2}$ 附近往复运动至小角度 $\Delta\alpha$ 时的总势能为

$$E_p(\Delta\alpha) \approx -\frac{2}{3}Mgl(-3\sin\alpha_{E2}-4\sqrt{3}\cos\alpha_{E2})\frac{1}{2}(\Delta\alpha)^2$$
$$=\frac{\sqrt{57}}{3}Mgl(\Delta\alpha)^2 \tag{17.1.15}$$

因而网格系统受到微扰后在平衡位置 $\alpha=\alpha_{E2}$ 附近往复运动至小角度 $\Delta\alpha$ 时的总能量为

$$E(\Delta\alpha) = E_p(\Delta\alpha) + E_k(\Delta\alpha) = \frac{347}{114}Ml^2\left(\frac{d\Delta\alpha}{dt}\right)^2 + \frac{\sqrt{57}}{3}Mgl(\Delta\alpha)^2 \tag{17.1.16}$$

而上式正是典型的在微扰下做简谐运动的物体的能量表达式，从而得到 $N=2$ 的网格系统做简谐振动的振动频率为

$$f_E = \frac{1}{2\pi}\sqrt{\frac{\frac{\sqrt{57}}{3}Mgl}{\frac{347}{114}Ml^2}} = \frac{1}{2\pi}\sqrt{\frac{38\sqrt{57}g}{347l}} \tag{17.1.17}$$

B 部分

(B1) 对于 n 相等、但 m 不同的等边三角盘，其质心的竖直坐标是相同的，因此 $N\times N$ 网格系统的总势能为

$$E_p = N\sum_{n=0}^{N-1}Mg\left[-\sqrt{3}nl\cos\alpha-\frac{\sqrt{3}}{3}l\sin\left(\alpha+\frac{\pi}{6}\right)\right]$$
$$=-Mgl\left[\frac{\sqrt{3}}{2}N^2(N-1)\cos\alpha+\frac{\sqrt{3}}{3}N^2\sin\left(\alpha+\frac{\pi}{6}\right)\right]$$

$$= -Mgl\left[\frac{\sqrt{3}}{2}N^2(N-1)\cos\alpha + \frac{1}{3}N^2\left(\frac{3}{2}\sin\alpha + \frac{\sqrt{3}}{2}\cos\alpha\right)\right] \quad (17.1.18)$$

平衡时，$N\times N$ 网格系统的总势能处于极小值，即总势能对 α 的导数为零：

$$\frac{dE_p}{d\alpha} = -Mgl\left[-\frac{\sqrt{3}}{2}N^2(N-1)\sin\alpha + \frac{\sqrt{3}}{3}N^2\cos\left(\alpha + \frac{\pi}{6}\right)\right] = 0 \quad (17.1.19)$$

解得 $N\times N$ 网格系统处于平衡状态的角度为

$$\tan\alpha_{EN} = \frac{\sqrt{3}}{3N-2} \Leftrightarrow \alpha_{EN} = \arctan\frac{\sqrt{3}}{3N-2} \quad (17.1.20)$$

(B2) 当 $N\to\infty$ 时，式(17.1.18)可化为

$$E_p = -Mgl\lim_{N\to\infty}\left[\frac{\sqrt{3}}{2}N^2(N-1)\cos\alpha + \frac{\sqrt{3}}{3}N^2\sin\left(\alpha + \frac{\pi}{6}\right)\right]$$

$$= -\frac{\sqrt{3}}{2}N^3 Mgl\cos\alpha \quad (17.1.21)$$

若给处于平衡状态的网格系统一微扰 $\Delta\alpha$，那么网格系统的重力势能变化为

$$\Delta E_p \approx \frac{1}{2}\left.\frac{d^2 E_p}{d\alpha^2}\right|_{\alpha=\alpha_{EN}} = \frac{\sqrt{3}}{4}N^3 Mgl\cos\alpha_{EN}(\Delta\alpha)^2 \quad (17.1.22)$$

因此网格系统的势能变化 $\Delta E_p \sim N^3$，故得到 $\gamma_1 = 3$。

当 $N\to\infty$ 时，由式(17.1.20)，可得网格系统的平衡位置的角度满足

$$\alpha_{EN} = \arctan\frac{\sqrt{3}}{3N-2} \approx \frac{\sqrt{3}}{3N} \sim \frac{1}{N} \quad (17.1.23)$$

所以平衡位置时的角度 α_{EN} 与 $\frac{1}{N}$ 成正比。

利用(17.1.9)和(17.1.11)两式，可得编号为 (m,n) 的等边三角盘的总动能为

$$E_k(m,n) = E_k^{\mathrm{平}}(m,n) + E_k^{\mathrm{转}}(m,n)$$

$$= \frac{1}{2}Ml^2\omega^2\left[-(2m+n)\sin\alpha - \frac{\sqrt{3}}{3}\sin\left(\alpha + \frac{\pi}{6}\right)\right]^2$$

$$+ \frac{1}{2}Ml^2\omega^2\left[\sqrt{3}n\sin\alpha - \frac{\sqrt{3}}{3}\cos\left(\alpha + \frac{\pi}{6}\right)\right]^2 + \frac{1}{2}\left(\frac{1}{12}Ml^2\right)\omega^2$$

$$= \frac{1}{2}Ml^2\omega^2\left[4(m^2+n^2+mn)\sin^2\alpha + \frac{2\sqrt{3}}{3}(2m+n)\sin\alpha\sin\left(\alpha+\frac{\pi}{6}\right)\right.$$

$$\left. - 2n\sin\alpha\cos\left(\alpha+\frac{\pi}{6}\right)\right] \quad (17.1.24)$$

所以在平衡位置 $\alpha_{EN} = \arctan\frac{\sqrt{3}}{3N-2} \sim \frac{1}{N}$ 附近编号为 (m,n) 的等边三角盘的总动能为

$$E_k(m,n) = \frac{1}{2}Ml^2\omega^2\left[4(m^2+n^2+mn)\sin^2\alpha_{EN}\right.$$

$$+ \frac{2\sqrt{3}}{3}(2m+n)\sin\alpha_{EN}\sin\left(\alpha_{EN}+\frac{\pi}{6}\right)$$

$$\left. - 2n\sin\alpha_{EN}\cos\left(\alpha_{EN}+\frac{\pi}{6}\right)\right] \quad (17.1.25)$$

将式(17.1.23)代入式(17.1.25)，可得总动能为

$$E_k(m,n) \sim N^2 \sin^2\alpha_{EN} + N\sin\alpha_{EN} \sim N^2 \frac{1}{N^2} + N\frac{1}{N} \sim 1 \qquad (17.1.26)$$

每个等边三角盘的动能是 1 的数量级，由于总共有 N^2 个等边三角盘，因此 $N \times N$ 网格系统的总动能 $E_k \sim N^2$，得到 $\gamma_2 = 2$。

由于网格系统的振动频率 $f \sim \sqrt{\dfrac{E_p}{E_k}}$，因此 $f_E \sim \sqrt{\dfrac{N^3}{N^2}} \sim N^{\frac{1}{2}}$，最终得到 $\gamma_3 = \dfrac{1}{2}$。

C 部分

（C1）由于网格系统复杂，无法进行具体的受力分析，因此需要利用虚功原理计算外力。若外力做虚功 $F\delta s$，则重力势能需变化 δE_p，即

$$F\delta s = \delta E_p \qquad (17.1.27)$$

因此外力为

$$F = \frac{\delta E_p}{\delta s} = \frac{\mathrm{d}E_p}{\mathrm{d}\alpha}\frac{\mathrm{d}\alpha}{\mathrm{d}s} \qquad (17.1.28)$$

其中 $\mathrm{d}s$ 是平衡位置的角度 α 有微小变化 $\mathrm{d}\alpha$ 时，外力作用的顶点在外力作用方向上的位移分量。根据式（17.1.19），当 $\alpha = \dfrac{\pi}{3}$ 时，网格系统的重力势能随角度的变化率为

$$\left.\frac{\mathrm{d}E_p}{\mathrm{d}\alpha}\right|_{\alpha=\frac{\pi}{3}} = \frac{3}{4}N^2(N-1)Mgl \qquad (17.1.29)$$

要使 F 取最小值，由于 $\dfrac{\mathrm{d}E_p}{\mathrm{d}\alpha}$ 是定值，因此只需要 $\dfrac{\mathrm{d}\alpha}{\mathrm{d}s}$ 取最小值即可，即在 $\mathrm{d}\alpha$ 确定的情况下，要求 $\mathrm{d}s$ 最大，那么作用力 F 作用在编号为 $(N-1, N-1)$ 的等边三角盘的 C 点，且作用力的方向与该等边三角盘的 C 点的位移方向一致。

（C2）编号为 $(N-1, N-1)$ 的等边三角盘的 C 点坐标为

$$\begin{aligned} C_x &= 3(N-1)l\cos\alpha + l\cos\left(\alpha + \frac{\pi}{3}\right) \\ C_y &= -\sqrt{3}(N-1)l\cos\alpha - l\sin\left(\alpha + \frac{\pi}{3}\right) \end{aligned} \qquad (17.1.30)$$

因此有

$$\begin{aligned} \frac{\mathrm{d}C_x}{\mathrm{d}\alpha} &= -3(N-1)l\sin\alpha - l\sin\left(\alpha + \frac{\pi}{3}\right) \\ \frac{\mathrm{d}C_y}{\mathrm{d}\alpha} &= \sqrt{3}(N-1)l\sin\alpha - l\cos\left(\alpha + \frac{\pi}{3}\right) \end{aligned} \qquad (17.1.31)$$

将 $\alpha = \dfrac{\pi}{3}$ 代入式（17.1.31），可得

$$\begin{aligned} \frac{\mathrm{d}C_x}{\mathrm{d}\alpha} &= -\frac{\sqrt{3}(3N-2)}{2}l \\ \frac{\mathrm{d}C_y}{\mathrm{d}\alpha} &= \frac{3N-2}{2}l \end{aligned} \qquad (17.1.32)$$

编号为 $(N-1, N-1)$ 的等边三角盘的 C 点的位移 s 与角度 α 之间的关系为

$$\frac{\mathrm{d}s}{\mathrm{d}\alpha} = \sqrt{\left(\frac{\mathrm{d}C_x}{\mathrm{d}\alpha}\right)^2 + \left(\frac{\mathrm{d}C_y}{\mathrm{d}\alpha}\right)^2} = (3N-2)l \qquad (17.1.33)$$

所以作用在编号为 $(N-1, N-1)$ 的等边三角盘的 C 点的外力大小为

$$F_{\min} = \frac{\dfrac{dE_p}{d\alpha}}{\dfrac{ds}{d\alpha}} = \frac{3N^2(N-1)}{4(3N-2)} Mg \tag{17.1.34}$$

外力的方向为

$$\tan \theta_F = \frac{dC_y}{dC_x} = \frac{\dfrac{dC_y}{d\alpha}}{\dfrac{dC_x}{d\alpha}} = -\frac{\sqrt{3}}{3} \tag{17.1.35}$$

所以外力与 x 轴正方向的夹角为

$$\theta_F = \frac{5}{6}\pi = 150° \tag{17.1.36}$$

第 2 题　膨胀的宇宙

(A1) 考虑共动坐标系中共动半径为 r 的球体，在宇宙膨胀过程中，球体的物理半径 r_p 与时间的关系为 $r_p = a(t)r$，该球体内的总能量是球体内的粒子数与每个非相对论粒子的质量能量 mc^2 的乘积。由于在宇宙膨胀过程中，粒子数是守恒的，因此球体内非相对论物质的总能量也是守恒的，即

$$\frac{4}{3}\pi [r_p(t)]^3 \rho_m(t) = \frac{4}{3}\pi r^3 [a(t)]^3 \rho_m(t) = 常数 \tag{17.2.1}$$

由此得到非相对论物质的物理能量密度 $\rho_m(t)$ 与尺度因子 $a(t)$ 的三次方的乘积在宇宙膨胀过程中是常数。所以在 t 时刻和 t_0 之间有关系

$$\rho_m(t)[a(t)]^3 = \rho_m(t_0)[a(t_0)]^3 \tag{17.2.2}$$

得到 t 时刻非相对论物质的能量密度为

$$\rho_m(t) = \rho_m(t_0)\left[\frac{a(t_0)}{a(t)}\right]^3 \tag{17.2.3}$$

(A2) 对于相对论性质的光子，有

$$E_\gamma = h\nu = \frac{hc}{\lambda} \tag{17.2.4}$$

在宇宙膨胀过程，电磁波的波长也相应地变长，即 $\lambda_p \propto a(t)$。所以光子的能量与尺度因子 $a(t)$ 成反比，即

$$E_\gamma = \frac{hc}{\lambda} \propto \frac{hc}{a(t)} \tag{17.2.5}$$

仿照(A1)小题，在共动半径为 r 的球体内的粒子数是守恒的，所以有

$$\frac{\rho_r(t) \dfrac{4}{3}\pi [a(t)]^3 r^3}{\dfrac{hc}{a(t)}} = 常数 \tag{17.2.6}$$

由此得到辐射物质的物理能量密度 $\rho_r(t)$ 与尺度因子 $a(t)$ 的四次方的乘积在宇宙膨胀过程中是常数。所以在 t 时刻和 t_0 之间有关系

$$\rho_r(t)[a(t)]^4 = \rho_r(t_0)[a(t_0)]^4 \tag{17.2.7}$$

得到 t 时刻辐射物质的能量密度为

$$\rho_r(t) = \rho_r(t_0)\left[\frac{a(t_0)}{a(t)}\right]^4 \tag{17.2.8}$$

(A3) 根据黑体辐射的维恩位移定律

$$\lambda_m T = 常数 \tag{17.2.9}$$

再考虑到式(17.2.5)，

$$T(t) \propto \frac{1}{\lambda(t)} \propto \frac{1}{a(t)} \tag{17.2.10}$$

得到指数 $\gamma = -1$。

(A4) 与非相对论物质的能量不同的是，粒子 X 组成的系统的能量包括粒子的静能和粒子的动能。而该系统的粒子的动能为无规则热运动的动能，即宏观的内能，也因系统的粒子的动量而产生了系统的压强。

由于宇宙空间的膨胀过程极其缓慢，而且宇宙是绝热的，因此在膨胀过程中，系统能量的减少全部用于对外做功。设 t 时刻，物质 X 的能量密度为 $\rho_X(t)$，压强为 $p(t)$，尺度因子为 $a(t)$；$t+\Delta t$ 时刻，物质的能量密度为 $\rho_X(t+\Delta t) = \rho_X(t) + \Delta\rho_X$，压强为 $p(t+\Delta t) = p(t) + \Delta p$，尺度因子为 $a(t+\Delta t) = a(t) + \Delta a$。

考虑共动坐标系中共动半径为 r 的球体区域内物质的膨胀。球形区域在 t 时刻的总能量为

$$\rho_X(t)\frac{4}{3}\pi[a(t)r]^3 = \frac{4}{3}\pi r^3 \rho_X(t)[a(t)]^3 \tag{17.2.11}$$

在 $t + \Delta t$ 时刻的总能量为

$$\rho_X(t+\Delta t)\frac{4}{3}\pi r^3[a(t)+\Delta a]^3 \approx \frac{4}{3}\pi r^3 \rho_X(t)[a(t)]^3 + \frac{4}{3}\pi r^3 \Delta\rho_X[a(t)]^3 \\ + 4\pi r^3 \rho_X(t)[a(t)]^2 \Delta a \tag{17.2.12}$$

因此 $t \to t + \Delta t$ 时间内，球形区域内的能量的变化为

$$\Delta E = \frac{4}{3}\pi r^3 \Delta\rho_X[a(t)]^3 + 4\pi r^3 \rho_X(t)[a(t)]^2 \Delta a \tag{17.2.13}$$

$t \to t + \Delta t$ 时间内，球形区域的物质对外做的功为

$$\Delta W = p_X(t)4\pi[a(t)r]^2 \Delta[a(t)r] \\ = p_X(t)4\pi r^3[a(t)]^2 \Delta[a(t)] \tag{17.2.14}$$

该能量的变化全部用于对外做功，即

$$\Delta W + \Delta E = 0 \tag{17.2.15}$$

将(17.2.13)和(17.2.14)两式代入式(17.2.15)，可得

$$\frac{4}{3}\pi r^3 \Delta\rho_X[a(t)]^3 + 4\pi r^3 \rho_X(t)[a(t)]^2 \Delta a + p_X(t)4\pi r^3[a(t)]^2 \Delta[a(t)] = 0 \tag{17.2.16}$$

化简可得

$$\frac{1}{3}[\Delta\rho_X(t)]a(t) + [\rho_X(t) + p_X(t)]\Delta a(t) = 0 \tag{17.2.17}$$

将式(17.2.17)两边除以 Δt，并取极限可得

$$\frac{d\rho_X(t)}{dt} + 3\frac{\rho_X(t) + p_X(t)}{a(t)}\frac{da(t)}{dt} = 0 \tag{17.2.18}$$

(A5) 如果没有宇宙膨胀,由于恒星 S 与地球的距离为 r,恒星的辐射能量均匀分布在半径为 r 的球面上,因此地球上面积为 A 的望远镜接收到的恒星 S 的辐射功率为 $P_e \dfrac{A}{4\pi r^2}$。

对于膨胀的宇宙,恒星 S 发出的光到达地球时会有两个变化:一是宇宙膨胀导致光子的波长变长,即红移,因此地球上的望远镜接收到的光子的能量小于恒星发射的光子的能量;二是宇宙膨胀导致单位时间内接收到的光子数小于恒星单位时间内发射的光子数。

设恒星发射光子的时刻为 t_e,地球上望远镜接收光子的时刻为 t_0,恒星发射的光子能量为 $E_e = \dfrac{hc}{\lambda_e}$,根据式(17.2.5),可知地球上的望远镜接收到的光子能量为

$$E_\gamma = \frac{hc}{\lambda_0} = \frac{hc}{\lambda_e \dfrac{a(t_0)}{a(t_e)}} = \frac{a(t_e)}{a(t_0)} E_e \qquad (17.2.19)$$

由于宇宙的膨胀,前后相继发出的光子之间的距离也相应拉长。设恒星发出向着望远镜方向运动的前后两个光子的空间距离为 d_e,到达地球时前后两个光子的空间距离变为 d_0,因而有

$$\frac{d_e}{d_0} = \frac{a(t_e)}{a(t_0)} \qquad (17.2.20)$$

因为光速对所有观察者而言都是常数,所以地球上的望远镜单位时间内接收到的光子数与恒星单位时间内发射出的光子数的比值为

$$\frac{N_0}{N_e} = \frac{a(t_e)}{a(t_0)} \qquad (17.2.21)$$

因此地球上镜片面积为 A 的望远镜接收到的辐射功率为

$$P_r = \frac{A}{4\pi [a(t_0)]^2 r^2} \left[\frac{a(t_e)}{a(t_0)}\right]^2 P_e = \frac{A}{4\pi r^2} \frac{[a(t_e)]^2}{[a(t_0)]^4} P_e \qquad (17.2.22)$$

(A6) 考虑共动坐标系中半径为 r、厚度为 Δr 的薄球壳内的物质,该层球壳内的物质质量为

$$\Delta m = \frac{\rho(t)}{c^2} \cdot 4\pi r_p^2 \Delta r_p = 4\pi \frac{\rho(t)}{c^2} a^3 r^2 \Delta r \qquad (17.2.23)$$

宇宙膨胀导致球壳上的物质相对于球心 C 的运动速度为

$$v = \frac{dr_p}{dt} = \frac{da(t)}{dt} r \qquad (17.2.24)$$

因此薄球壳内物质的总动能为

$$E_k = \frac{1}{2} \Delta m v^2 = \frac{1}{2} \Delta m r^2 \left[\frac{da(t)}{dt}\right]^2 \qquad (17.2.25)$$

因为球壳内所有的能量均由质量能量提供,因而球壳内所有物质的总质量为

$$M = \frac{\rho(t)}{c^2} \frac{4}{3} \pi r^3 [a(t)]^3 \qquad (17.2.26)$$

球壳内部所有物质的引力势能为

$$E_p = -\frac{GM\Delta m}{r_p} = -\frac{4}{3} \frac{G\pi r_p^3 \rho(t) \Delta m}{r_p c^2} = -\frac{4\pi \rho(t) G a^2 r^2 \Delta m}{3 c^2} \qquad (17.2.27)$$

因而球壳内物质的总机械能为

$$E = E_k + E_p = \Delta m \left\{ \frac{1}{2} r^2 \left[\frac{da(t)}{dt}\right]^2 - \frac{4\pi \rho(t) G a^2 r^2}{3c^2} \right\} \qquad (17.2.28)$$

由于球壳内物质在膨胀过程中机械能是守恒的,又因为 Δm 在膨胀过程中没有变化,因而式(17.2.28)可以改写为

$$\frac{1}{2}r^2\left[\frac{\mathrm{d}a(t)}{\mathrm{d}t}\right]^2 - \frac{4\pi\rho(t)Ga^2r^2}{3c^2} = C' \tag{17.2.29}$$

其中 C' 是与初始条件有关的常数,化简后可得

$$\left[\frac{\mathrm{d}a(t)}{\mathrm{d}t}\right]^2 - \frac{8\pi G\rho(t)a^2}{3c^2} = C \tag{17.2.30}$$

由于宇宙在膨胀,因此式(17.2.30)可化为

$$\frac{\mathrm{d}a(t)}{\mathrm{d}t} = +\sqrt{C + \frac{8\pi G\rho(t)a^2}{3c^2}} \tag{17.2.31}$$

(A7) 根据式(17.2.24),共动坐标系中距离为 r 的两点由于膨胀的相对运动速度为

$$v = \frac{\mathrm{d}a(t)}{\mathrm{d}t}r \tag{17.2.32}$$

因而尺度因子的导数决定了膨胀的速度,结合(A1)小题中的结果,能量密度随着尺度因子的增加按照 $a(t)$ 的三次方减小,因而式(17.2.31)可化为

$$\frac{\mathrm{d}a(t)}{\mathrm{d}t} = +\sqrt{C + \frac{K}{a(t)}} \tag{17.2.33}$$

其中 K 为常数,从而看出随着 $a(t)$ 的增加,$\frac{\mathrm{d}a(t)}{\mathrm{d}t}$ 单调减少,也就是说,随着时间的流逝,引力作用导致了天体之间相互远离速度的下降,所以在这个模型下我们的宇宙在做减速膨胀。

注 1998年,物理学家索尔·珀尔马特(加州大学伯克利分校)、布莱恩·施密特(澳大利亚国立大学)与亚当·里斯(霍尔普斯大学)通过观测遥远超新星发现了宇宙是在加速膨胀的。2011年,他们共同获得诺贝尔物理学奖。根据传统引力理论,宇宙无论由何种物质起主导作用均会在引力作用下做减速膨胀。加速膨胀的观测结果告诉我们,必须在宇宙中引入新的、没有被人注意到的物质存在形式,才能够从理论上理解加速膨胀的事实。由于这种新的物质形态必须提供某种形式的斥力才能够使理论与观测相符,因此它必然与通常的物质有本质的区别,后来将其称为"暗能量"。

第3题 超导体在磁场中的效应

A部分 磁场中的电子

(A1) 当圆环以角速度 ω 转动时,圆环的角动量 L 为

$$L = I\omega = mr^2\omega = m\omega r^2 e_z \tag{17.3.1}$$

其中 $e_z = e_r \times e_\varphi$。

(A2) 当圆环以角速度 ω 转动时,圆环的等效电流为

$$I = \left|\frac{\Delta Q}{\Delta t}\right| = \frac{e}{2\pi/\omega} = \frac{e\omega}{2\pi} \tag{17.3.2}$$

圆环的等效电流方向与圆环的转动方向相反。根据磁矩的定义,转动圆环的等效磁矩为

$$M = IA = \frac{e\omega}{2\pi} \cdot \pi r^2 = \frac{1}{2}er^2\omega \tag{17.3.3}$$

联立(17.3.1)和(17.3.3)两式,可得圆环磁矩与角动量之间的关系为

$$\left|\frac{M}{L}\right| = \frac{e}{2m} \tag{17.3.4}$$

若考虑到圆环磁矩和角动量的方向,两者的关系为

$$M = -\frac{e}{2m}L \tag{17.3.5}$$

(A3) 磁矩为 M 的物体置入匀强磁场 B 时的势能为 $U = -M \cdot B$,所以圆环在匀强磁场中的势能为

$$U = -M \cdot B = \frac{1}{2}e\omega r^2 B_z \cos\theta \tag{17.3.6}$$

这意味着当 $\theta = 0$,即自转角速度方向和磁场方向一致时,圆环具有最大的势能。

(A4) 当电子处于外加磁场时,利用(17.3.5)和(17.3.6)两式,可得经典物理意义下的电子的势能为

$$U = -M \cdot B = \frac{e}{2m_e}L \cdot B \tag{17.3.7}$$

电子的自旋在磁场方向上可取 $L = \pm\frac{1}{2}\hbar$,将其代入上式,可得当电子的自旋与外磁场方向一致或反向时,势能分别为

$$U_{\text{上}} = +\frac{e}{2m_e}\frac{\hbar}{2}B = +\frac{1}{2}\mu_B B, \quad U_{\text{下}} = -\frac{e}{2m_e}\frac{\hbar}{2}B = -\frac{1}{2}\mu_B B \tag{17.3.8}$$

(A5) 事实上,在量子力学中,电子在磁场中的势能 $\tilde{U}_{\text{上}}$ 和 $\tilde{U}_{\text{下}}$ 实际上是(A4)小题得到的 $U_{\text{上}}$ 和 $U_{\text{下}}$ 的2倍,这意味着电子的自旋并不能够简单地当成电子绕其某轴的转动。因此真实的电子处于1 T的外加磁场中的能量为

$$\begin{aligned}\tilde{U}_{\text{上}} &= 2U_{\text{上}} = +\mu_B B = +5.778 \times 10^{-5} \text{ eV} \\ \tilde{U}_{\text{下}} &= 2U_{\text{下}} = -\mu_B B = -5.778 \times 10^{-5} \text{ eV}\end{aligned} \tag{17.3.9}$$

B部分 外磁场中的顺磁效应对库珀对的影响

(B1) 由于库珀对是由两个自旋相反的电子构成的,根据(A5)小题的结论,这两个电子在磁场中的能量之和为零,因此在外磁场中库珀对的总能量不会发生任何变化,即外磁场中库珀对的总能量为

$$E_s = \frac{p_1^2}{2m_e} + \frac{p_2^2}{2m_e} - 2\Delta \tag{17.3.10}$$

(B2) 当电子的自旋方向与外磁场方向均相反时,两者将具有最低的势能。因此两个电子的最低的能量状态是两者的自旋方向均与外磁场的方向相反。所以两个电子在匀强磁场 $B = (B_x, 0, 0)$ 中时,其总能量为

$$E_N = \frac{p_1^2}{2m_e} + \frac{p_2^2}{2m_e} - 2\mu_B B_x \tag{17.3.11}$$

故随着外加磁场的增强,可能出现两个处于普通状态的电子的总能量比库珀对中两个电子的总能量更低。

(B3) 随着外加磁场的增强,当两个自旋方向与外磁场的方向均相反的电子总能量式(17.3.11)小于库珀对在磁场中的总能量式(17.3.10)时,超导现象消失:

$$E_N < E_S \Rightarrow \frac{p_1^2}{2m_e} + \frac{p_2^2}{2m_e} - 2\mu_B B_x < \frac{p_1^2}{2m_e} + \frac{p_2^2}{2m_e} - 2\Delta \quad (17.3.12)$$

即

$$B_x > \frac{\Delta}{\mu_B} = \frac{2m_e \Delta}{e\hbar} \quad (17.3.13)$$

当外磁场 B 超过临界磁场 $B_p = \frac{\Delta}{\mu_B} = \frac{2m_e\Delta}{e\hbar}$ 时，超导现象消失。

C 部分　外磁场中的抗磁效应对库珀对的影响

(C1) 为简单起见，题中所给的能量差 F 的表达式改写为

$$F = F_1 + F_2 + F_3$$
$$= \int_{-\infty}^{+\infty} -\alpha\psi^2(x)\mathrm{d}x + \int_{-\infty}^{+\infty} -\psi(x)\frac{\hbar^2}{4m_e}\frac{\mathrm{d}^2\psi(x)}{\mathrm{d}x^2}\mathrm{d}x + \int_{-\infty}^{+\infty}\frac{e^2 B_z^2 x^2 \psi^2(x)}{m_e}\mathrm{d}x \quad (17.3.14)$$

对于 F_1，有

$$F_1 = \int_{-\infty}^{+\infty} -\alpha\psi^2(x)\mathrm{d}x = -\alpha\int_{-\infty}^{+\infty}\psi^2(x)\mathrm{d}x$$
$$= -\alpha\int_{-\infty}^{+\infty}\left(\frac{2\lambda}{\pi}\right)^{\frac{1}{2}}\mathrm{e}^{-2\lambda x^2}\mathrm{d}x = -\alpha\sqrt{\frac{2\lambda}{\pi}}\sqrt{\frac{\pi}{2\lambda}} = -\alpha \quad (17.3.15)$$

由题意，$\psi(x)$ 的一阶导数和二阶导数分别为

$$\frac{\mathrm{d}\psi(x)}{\mathrm{d}x} = \left(\frac{2\lambda}{\pi}\right)^{\frac{1}{4}}(-2\lambda x \mathrm{e}^{-\lambda x^2})$$
$$\frac{\mathrm{d}^2\psi(x)}{\mathrm{d}x^2} = \left(\frac{2\lambda}{\pi}\right)^{\frac{1}{4}}(-2\lambda \mathrm{e}^{-\lambda x^2} + 4\lambda^2 x^2 \mathrm{e}^{-\lambda x^2}) \quad (17.3.16)$$

对于 F_2，有

$$F_2 = \int_{-\infty}^{+\infty} -\psi(x)\frac{\hbar^2}{4m_e}\frac{\mathrm{d}^2\psi(x)}{\mathrm{d}x^2}\mathrm{d}x$$
$$= -\frac{\hbar^2}{4m_e}\sqrt{\frac{2\lambda}{\pi}}\int_{-\infty}^{+\infty}(-2\lambda + 4\lambda^2 x^2)\mathrm{e}^{-2\lambda x^2}\mathrm{d}x$$
$$= \frac{\hbar^2 \lambda}{4m_e} \quad (17.3.17)$$

对于 F_3，有

$$F_3 = \int_{-\infty}^{+\infty}\frac{e^2 B_z^2 x^2 \psi^2(x)}{m_e}\mathrm{d}x = \frac{e^2 B_z^2}{m_e}\sqrt{\frac{2\lambda}{\pi}}\int_{-\infty}^{+\infty}x^2\mathrm{e}^{-2\lambda x^2}\mathrm{d}x = \frac{e^2 B_z^2}{4m_e \lambda} \quad (17.3.18)$$

所以能量差为

$$F = F_1 + F_2 + F_3 = -\alpha + \frac{\hbar^2}{4m_e}\lambda + \frac{e^2 B_z^2}{4m_e}\frac{1}{\lambda} \quad (17.3.19)$$

由于系统处于 F 的最低状态，因此 F 应取极值，对式(17.3.19)求导，可得

$$\frac{\mathrm{d}F}{\mathrm{d}\lambda} = \frac{\hbar^2}{4m_e} - \frac{e^2 B_z^2}{4m_e}\frac{1}{\lambda^2} = 0 \quad (17.3.20)$$

从而得到

$$\lambda = \pm\frac{eB_z}{\hbar} \quad (17.3.21)$$

根据波函数必须有限的要求，式(17.3.21)必须取正值，最终得到

$$\lambda = \frac{eB_z}{\hbar} \tag{17.3.22}$$

（C2）将式(17.3.22)代入式(17.3.19)，得到在绝对温度时正常状态和超导状态的能量差为

$$F = -\alpha + \frac{\hbar e}{2m_e} B_z \tag{17.3.23}$$

当磁场较弱时，$F<0$，说明系统从能量角度更倾向于超导状态；反之，当磁场较强时，$F>0$，说明系统从能量角度更倾向于正常状态。所以当 $F=0$ 时，可得临界磁场为

$$B_z = \frac{2m_e \alpha}{\hbar} \tag{17.3.24}$$

D 部分　伊辛超导体

（D1）伊辛超导体中存在自旋-轨道耦合。由题意，库珀对中的两个电子将存在两个方向不同、大小均为 B_z 的内磁场。若两个电子的自旋方向刚好与内磁场方向相反，则库珀对会有更低的能量。所以伊辛超导体的最低能量是原来的能量加上自旋-轨道耦合的能量：

$$E_{\mathrm{I}} = \frac{p_1^2}{2m_e} + \frac{p_2^2}{2m_e} - 2\Delta - 2\mu_B B_z = \frac{p_1^2}{2m_e} + \frac{p_2^2}{2m_e} - 2\Delta - \frac{e\hbar}{m_e} B_z \tag{17.3.25}$$

这比一般的超导状态的能量更低，更低能量的状态具有更高的稳定性，不易被外加磁场破坏。

（D2）两个电子所在处的磁场为相互垂直的内磁场和外磁场的矢量和，总磁场大小为

$$B = \sqrt{B_x^2 + B_z^2} \tag{17.3.26}$$

所以系统的总能量为

$$E_{/\!/} = \frac{p_1^2}{2m_e} + \frac{p_2^2}{2m_e} - 2\mu_B B = \frac{p_1^2}{2m_e} + \frac{p_2^2}{2m_e} - \frac{e\hbar}{m_e}\sqrt{B_x^2 + B_z^2} \tag{17.3.27}$$

（D3）要求 $E_{/\!/} < E_{\mathrm{I}}$，根据(17.3.25)和(17.3.27)两式，可得

$$E_{/\!/} < E_{\mathrm{I}} \Rightarrow -\frac{e\hbar}{m_e}\sqrt{B_{/\!/}^2 + B_z^2} < -2\Delta - \frac{e\hbar}{m_e} B_z \tag{17.3.28}$$

所以临界磁场为

$$B_{\mathrm{I}} = \frac{\sqrt{\Delta^2 + 2\mu_B B_z \Delta}}{\mu_B} \tag{17.3.29}$$

即当 $B_{/\!/} > B_{\mathrm{I}}$ 时，$E_{/\!/} < E_{\mathrm{I}}$。

注　超导性最早在 1911 年由荷兰物理学家昂尼斯发现。1957 年，物理学家巴丁、库珀和施里弗提出了超导的微观机制 BCS 理论，即电子和低温晶格的相互作用使得电子之间存在等效的吸引力，从而形成所谓的库珀对，因而三位物理学家获得了 1972 年诺贝尔物理学奖。

第18届亚洲物理奥林匹克竞赛理论试题与解析

理论试题

第1题 超流体中的涡旋

超流动是指没有摩擦的流动。日常经验告诉我们：普通流体（比如室温下的水）流动时总是伴随着能量的黏性耗散，导致普通流体的流动逐渐变慢。与此相反的是，超流体可以无摩擦地永远地流动下去。超流体最初是在液氦实验中发现的。

本题研究接近绝对零度的超流体液氦的性质。液氦可视为密度为 ρ 的不可压缩的连续液体。速度矢量场可用流线进行描述，流线上每点的切线方向与该点的速度方向相同，流线的疏密程度与速度的大小成正比。流体的连续性意味着通过闭合曲面的液氦的速度 v 的通量总是为零，即对由给定的闭合曲面围成的无限小体积空间，流进和流出的液氦的质量是相等的。这意味着超流体的速度矢量和磁感应强度矢量相似，即超流体的流线与磁感线类似。

真正的超流体的另一个重要性质是无旋性，即超流体的速度 v 沿液氦中任意闭合回路的路径积分为零（旋度为零），也即

$$\oint_L \boldsymbol{v} \cdot \mathrm{d}\boldsymbol{l} = 0 \qquad ①$$

当液氦中出现"细涡旋丝"（如图 T18.1.1 中的粗实线）时，细涡旋丝周围的超流性会消失，相应地上述①结论需要修改。细涡旋丝的粗细约为原子大小 a，细涡旋丝会在周围的超流体中产生长程速度场，导致超流体的速度 v 绕细涡旋丝的闭合回路的路径积分不再为零（旋度非零），而是旋度量子，即

$$\left|\oint_L \boldsymbol{v} \cdot \mathrm{d}\boldsymbol{l}\right| = 2\pi\kappa \qquad ②$$

其中 $\kappa = \dfrac{\hbar}{m_{\mathrm{He}}}$ 称为旋度量子，m_{He} 为氦原子的质量。旋度量子化是宏观量子效应，类似于玻尔模型中的角动量量子化。

速度 v 的环路积分的积分路径在不穿过细涡旋丝时可收缩至一个点，则速度的环路积分等于零，如图 T18.1.1 中的路径 L_1, L_2, L_5, L_6。基于此，超流体中细涡旋丝产生的速度场与通电导线产生的磁场类似，两者只差一个比例因子。

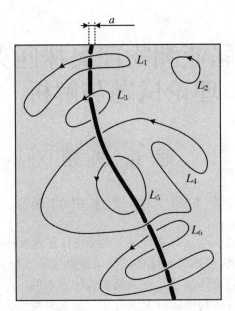

图 T18.1.1 超流体（阴影背景）中的涡旋丝（粗实线）

速度 v 沿路径 L_1, L_2, L_5, L_6 的旋度为零。速度 v 沿路径 L_3, L_4 的旋度为 $\pm 2\pi\kappa$，注意沿 L_3, L_4 的旋度方向相反。

A 部分　稳态涡旋丝

半径为 R_0（$R_0 \gg a$）的圆柱形烧杯中盛有超流体液氦，沿圆柱形烧杯中心轴线存在竖直的细涡旋丝，如图 T18.1.2 所示。

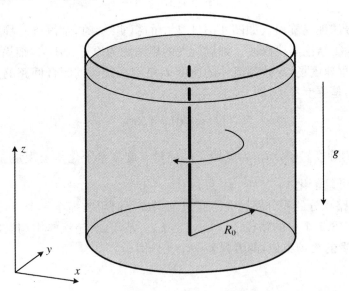

图 T18.1.2 沿圆柱形烧杯的中心轴线的竖直的细涡旋丝

（A1）画出流线的俯视图（沿 z 方向向下观察），并求距离圆柱形烧杯的中心轴线 r 处的速度 v 的表达式。

（A2）求细涡旋丝附近的液氦表面形状 $z = z(r)$ 的表达式。已知重力加速度为 g，忽略液氦的表面张力。

B 部分　细涡旋丝的运动

自由的细涡旋丝会随着流体的流动而在空间中运动（这是动量守恒的结果，具体见 C 部分），也就是说细涡旋丝的每个微元以该微元处的流体速度 v 运动。

例如：无限大空间中充满超流体液氦，考虑两个旋转方向相反的相距 r_0 平行放置的细直涡旋丝，如图 T18.1.3 所示。任一细直涡旋丝在另一细直涡旋丝的中性轴线上产生速度 $v_0 = \dfrac{\kappa}{r_0}$，因此两个细直涡旋丝均以速度 $v_0 = \dfrac{\kappa}{r_0}$ 做匀速直线运动，两者之间保持距离 r_0 不变。

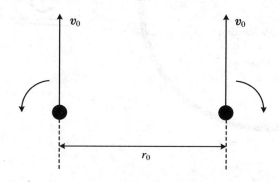

图 T18.1.3　两个平行放置且旋度相反的细直涡旋丝

（B1）无限大空间中充满超流体液氦，考虑两个旋转方向相同的相距 r_0 平行放置的细直涡旋丝，如图 T18.1.4 所示。求两个细直涡旋丝的运动速度 v_0 的表达式，并画出两个细直漩涡丝的运动轨迹图。

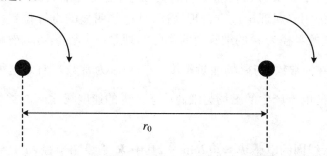

图 T18.1.4　两个平行放置且旋度相同的细直涡旋丝

盛有超流体液氦的圆柱形烧杯（即 A 部分中的圆柱形烧杯）中充满了以三角形栅格分布的相同的竖直细涡旋丝，如图 T18.1.5 所示，已知 $u \ll R_0$。

（B2）画出细涡旋丝 A，B 和位于圆心的细涡旋丝 C 的运动轨迹。

（B3）求距圆柱形烧杯中心轴线 r 处的细涡旋丝的速度 $v(r)$ 的表达式。

（B4）求细涡旋丝 A，B 在 t 时刻的距离 $AB(t)$ 的表达式。已知 $t=0$ 时刻 A，B 两者间的距离为 $AB(0)$。

（B5）求平滑（忽略栅格结构）的自由状态的液氦的表面形状 $z(r)$ 的表达式。

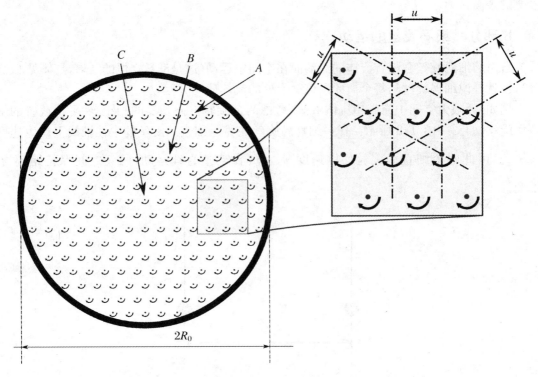

图 T18.1.5 圆柱形烧杯中三角形栅格分布的细涡旋丝(俯视图)

C 部分 涡旋系统的能量和动量

涡旋系统的能量主要来自长程速度场的贡献,速度场对细涡旋丝的具体结构不敏感。细涡旋丝本身并不能用宏观理论进行合理描述,且这些明显的奇异位置(无穷大)并无重要意义,故绕细涡旋丝的半径为 a 的细管内的实际物理量(如能量)可以忽略。而细管外的超流动能密度 $\frac{1}{2}\rho v^2$(ρ 为常数)与磁场能量密度 $\frac{1}{2}\frac{B^2}{\mu_0}$($\mu_0$ 为常数)类似,这种能量密度相似性以及本题开始所述的电流产生的磁场与细涡旋丝产生的速度场之间的类似性可用于计算给定系统的能流。

例如:根据圆形线圈的电感 $L \approx \mu_0 R \ln \frac{R}{a}$,其中 R 是线圈半径,a 是导线半径($R \gg a$),可以得到超流体中由细涡旋丝首尾相连形成的圆形涡旋(图 T18.1.6(a)中的粗实线)具有的能量为

$$U \approx 2R\rho\pi^2\kappa^2 \ln \frac{R}{a} \qquad ③$$

上式仅在 $R \gg a$ 时使用,其中 R 为圆形涡旋的半径,a 为细涡旋丝自身的半径。

涡旋系统的动量同样取决于长程速度场的贡献,可通过对动量密度 ρv 积分得到涡旋系统的动量。如图 T18.1.6 所示,考虑位于 xy 平面的圆形涡旋,由对称性可知圆形涡旋系统的总动量只有 z 分量,所以圆形涡旋系统的总动量为

$$p = p_z = \int \rho v_z \mathrm{d}V = \rho \iint \left(\int v_z \mathrm{d}z \right) \mathrm{d}x\mathrm{d}y \qquad ④$$

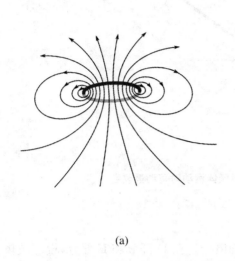 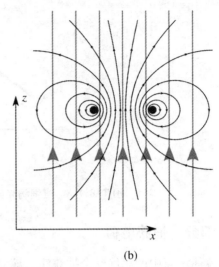

(a)　　　　　　　　　　　　　　　　(b)

图 T18.1.6

图(a)为立体图,是圆形涡旋产生的速度场;图(b)为正视图,是计算 $q(x,y)$ 的积分路径(淡色直线)。

上式中括号内的积分 $q(x,y) \equiv \int v_z \mathrm{d}z$ 其实是沿平行于 z 轴的路径的积分,积分路径如图 T18.1.6(b)中的淡色直线所示。根据旋度的定义有

$$q(x,y) = \int v_z \mathrm{d}z = \int_{L(x,y)} \boldsymbol{v} \cdot \mathrm{d}\boldsymbol{l} \qquad ⑤$$

它是分段常数。特别地,当积分路径从圆形涡旋外面穿过时,式⑤为零,即 $q(x,y) = 0$;当积分路径从圆形涡旋里面穿过时,式⑤为 $2\pi\kappa$,即 $q(x,y) = 2\pi\kappa$,因此该圆形涡旋系统的总动量为

$$p = \rho \cdot \pi R^2 \cdot 2\pi\kappa = 2\pi^2 \rho R^2 \kappa \qquad ⑥$$

考虑长为 d、宽为 $b(b \ll d)$ 的近似矩形涡旋,如图 T18.1.7 所示。

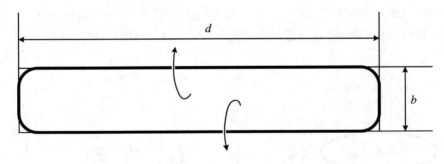

图 T18.1.7　近似矩形涡旋

（C1）求矩形涡旋的动量 $\boldsymbol{p}$ 的大小和方向。

（C2）求矩形涡旋的能量 U 的表达式。

（C3）若将长直细涡旋丝沿 x 方向平移距离 b,如图 T18.1.8 所示,从黑粗实线平移至暗粗实线。求平移过程中长直涡旋丝的动量改变 Δp 的大小和方向,要求画出动量改变的方向。由于受到容器的限制,长直涡旋丝的长度为 d。

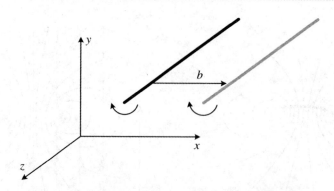

图 T18.1.8 当细涡旋丝相对流体运动时有动量改变

D 部分 捕获电荷

超流体液氦中的涡旋丝会捕获注入液氦中的电子。在 D 部分和 E 部分，设超流体液氦的相对介电常数 $\varepsilon_r = 1$。

(D1) 具有均匀线电荷密度 $\lambda < 0$ 的细直涡旋丝置于匀强电场 E 中，如图 T18.1.9 所示，画出细直涡旋丝的运动轨迹并求细直涡旋丝的运动速度 v 与时间 t 的关系。

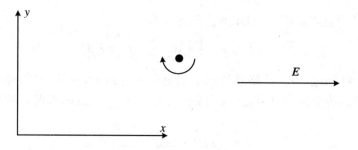

图 T18.1.9 均匀电场中的带电细直涡旋丝

具有均匀分布线电荷密度 $\lambda < 0$ 的半径为 R_0 的圆形涡旋置于匀强电场 E 中，匀强电场方向垂直于环路所在的平面，且与圆形涡旋的动量 p_0 的方向相反，如图 T18.1.10 所示。

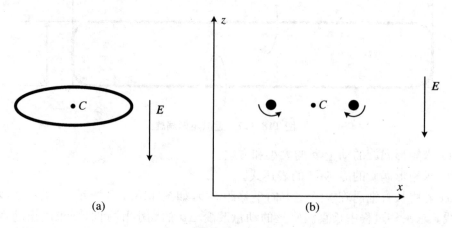

(a) (b)

图 T18.1.10

图(a)为立体图，显示匀强电场中的圆形涡旋；图(b)为正视图，显示匀强电场中的圆形涡旋。

(D2) 画出圆形涡旋的圆心 C 的运动轨迹并求出圆形涡旋的半径 R 与时间 t 的关系 $R(t)$。

(D3) 求圆形涡旋的圆心 C 的运动速度 v 与时间 t 的关系 $v(t)$。

(D4) 在 t^* 时刻撤去匀强电场 E 后的瞬间,圆形涡旋的圆心 C 的速度为 $v^* = v(t^*)$。求 t 时刻 ($t > t^*$) 圆心涡旋的圆心 C 的运动速度 $v(t)$ 的表达式。

E 部分　边界影响

由于流体不能通过器壁,因此固体容器壁会改变涡旋丝的速度场分布,即在数学上要求容器壁表面处垂直于器壁表面的速度分量为零。

无穷大平面器壁上方充满超流体液氦,考虑放置在无穷大平面器壁上方的细直涡旋丝,初始时刻,细直涡旋丝与平面器壁的距离为 h_0,如图 T18.1.11 所示。

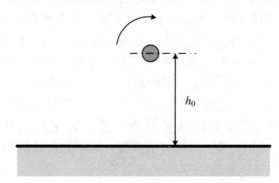

图 T18.1.11　平面器壁附近的细直涡旋丝

(E1) 画出细直涡旋丝的运动轨迹并求出运动速度 v 与时间 t 的关系。

无穷大直角器壁的右上方充满超流体液氦,考虑放置在直角器壁附近的细直涡旋丝,初始时刻,细直涡旋丝与两器壁的距离均为 h_0,如图 T18.1.12 所示。

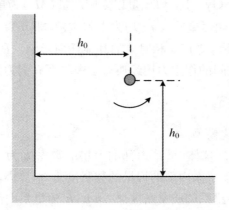

图 T18.1.12　直角器壁附近的细直涡旋丝

(E2) 求细直涡旋丝的初始速度 v_0 的表达式。

(E3) 画出细直涡旋丝的运动轨迹。

(E4) 经过足够长时间后,求细直涡旋丝的速度 v_∞ 的表达式。

第2题 超大质量黑洞双星系统的演化

引力波是爱因斯坦广义相对论的重要预言之一。引力波是与电磁波类似的以光速传播的时空波。虽然直接探测引力波非常困难，但是激光干涉引力波天文台（LIGO）与室女座干涉仪（VIRGO）合作，在2015年9月14日首次探测到引力波信号。

大质量物体的快速运动会辐射引力波。两个超大质量黑洞的合并是最强引力波的波源。根据广义相对论的预测，黑洞是极端高密度天体，其质量非常大，但体积通常非常小。本题无需考虑黑洞的其他特有性质。

目前广泛接受的星系演化理论是：星系是由$10^{10}\sim 10^{11}$颗恒星组成的系统。假设星系中心存在质量为$10^5\sim 10^8$倍太阳质量的超大质量黑洞，在演化过程中，两个星系可以通过碰撞合二为一。那么起初分别位于两个星系中心的两个超大质量黑洞是如何演化的呢？该演化过程主要可以分为三个阶段，每个演化阶段的物理原理虽然不同，但结果都是使得两个超大质量黑洞互相靠近。本题A，B，C三部分分别研究演化过程的三个阶段。本题D部分利用A，B，C部分的结论计算两个超大质量黑洞的演化过程的总时间。

当演化结束时，两个超大质量黑洞最终会合并为一个黑洞，合并过程大约持续1 h，合并期间会辐射出强烈的引力波。利用激光干涉引力波天文台（LIGO）和室女座干涉仪（VIRGO）就能探测到这些引力波。伴随着引力波天文学的发展，有关超大质量黑洞系统演化的研究方兴未艾。

已知物理学常数：万有引力常量$G = 6.67\times 10^{-11}$ N·m²/kg²，真空中的光速$c = 3.0\times 10^8$ m/s，宇宙年龄$t_H = 13.7$ Gy $= 13.7\times 10^9$ y。

提示：

① 本题的已知条件和待求结果中，长度以秒差距（pc）为单位，1 pc $= 3.1\times 10^{16}$ m；时间间隔以吉年（Gy）为单位，1 Gy $= 10^9$ y；质量以太阳质量（M_s）为单位，$M_s = 2.0\times 10^{30}$ kg。

② 本题假设星系中每颗恒星质量m均为太阳质量，即$m = M_s$。

③ 本题除引力波外，不考虑广义相对论的其他任何影响。所有恒星和黑洞均作为经典力学中的质点处理，相互之间的作用力用经典力学中的万有引力定律处理。

A部分 动力学摩擦

本部分研究星系的简化模型。

已知星系是半径为R的球体，星系内部的恒星的数密度为n，星系内部的恒星相对星系中心均可视为静止。由于星系内部的恒星的数密度n非常小，因此星系内部的恒星碰撞非常罕见，可以忽略不计。星系的质量密度$\rho = nm$，n为星系内部恒星的数密度，m为每颗恒星的质量。

考虑质量为$M(M\gg m)$的以速度v在星系中运动的超大质量黑洞。令人惊奇的是，该超大质量黑洞受到的来自星系中恒星的平均作用力并非为零，该作用力使得超大质量黑洞的运动速度减小，因此该力称为动力学摩擦。本部分研究超大质量黑洞受到的动力学摩擦。

如图T18.2.1所示，以超大质量黑洞为参考系，分析瞄准距离为b的恒星的运动过程。以超大质量黑洞所在位置为坐标原点，图T18.2.1中以水平向右为x轴正方向。令$b_1 =$

$\dfrac{GM}{v^2}$，假设 $b \gg b_1$，当恒星经过超大质量黑洞附近时，由于散射，恒星的运动方向会偏过角度 α，已知恒星的偏转角 $\alpha = k\dfrac{b_1}{b}$。

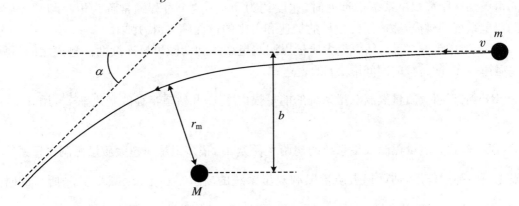

图 T18.2.1　恒星 m 在质量为 M 的超大质量黑洞作用下发生偏转

(A1) 求恒星偏转角 $\alpha = k\dfrac{b_1}{b}$ 中 k 的值。

(A2) 求从恒星转移给超大质量黑洞的 x 方向的动量大小 Δp_x 的表达式，用 G, M, m, v, b 表示。

(A3) 假设超大质量黑洞位于星系的中心，忽略瞄准距离 $b < b_1$ 范围内的恒星对超大质量黑洞的作用与影响。估算超大质量黑洞受到的星系内所有恒星的平均作用力 F_{DF} 的表达式，用 G, M, v, R, ρ, b_1 和星系的质量密度 ρ 表示。

在(A3)小题中得到的 F_{DF} 的表达式中包含 $\ln\dfrac{R}{b_1}$，以后将此记为 $\ln\Lambda$，即令 $\Lambda = \dfrac{R}{b_1}$。

(A4) 若 $M = 10^8 M_s$，$R = 20 \times 10^3$ pc，$v = 200$ km/s，求 $\ln\Lambda$ 的值。

B 部分　引力弹射

本部分考虑位于星系中心的由两个质量均为 $M(M \gg m)$ 的超大质量黑洞组成的系统。假定两个超大质量黑洞附近没有其他恒星。两个超大质量黑洞构成双星系统，即两个超大质量黑洞绕其共同质心均做半径为 a 的圆周运动，通常称为超大质量黑洞双星系统。

(B1) 求每个超大质量黑洞做圆周运动的速度 v_{bin} 的表达式和超大质量黑洞双星系统的总能量 E 的表达式，用 a, G, M 表示。

距离该超大质量双星系统很远(距离 $\gg a$) 的范围内存在许多恒星。在整个星系的引力作用下，星系内的大量恒星沿着各种不同的复杂轨道运动，因此星系内大多数恒星的运动方向可视为无规则的，如同理想气体中气体分子做无规则热运动，但与热运动不同的是，假定星系内所有恒星的运动速率是相同的 $\sigma(\sigma \ll v_{bin})$，所以星系内所有恒星都在做速率均为 σ、但方向各不相同的无规则运动。星系的平均质量密度记为 ρ。因此动力学摩擦将不再影响超大质量黑洞双星系统，黑洞双星系统的能量损失是由其他原因造成的。

(B2) 考虑最简情形，质量为 m 的恒星经过位置固定不动的质量为 $M_2 (M_2 \gg m)$ 质点附近。已知恒星在运动过程中与质点之间的最小距离为 r_m，恒星离质点很远时的速度为 σ，求瞄准距离 b 的表达式。

当一个恒星到达超大质量黑洞双星系统附近距离为 a 的范围时,恒星会和超大质量黑洞双星系统形成复杂的三体相互作用,产生所谓的三体问题。该三体问题的结果是:由于恒星与超大质量黑洞双星系统的强大的相互作用,超大质量黑洞双星系统会将恒星射出,当射出的恒星到达距离双星系统很远处时,速度约为 v_{bin}。这个过程通常称为恒星与超大质量黑洞双星系统的碰撞,碰撞后的恒星的加速和射出的过程称为引力弹射。

(B3)考虑到 $\sigma \ll v_{\text{bin}}$,估算超大质量黑洞双星系统和两颗恒星连续两次碰撞之间(每颗恒星碰撞一次)的特征时间间隔 Δt 的表达式。

(B4)估算超大质量黑洞双星系统的能量损失率 $\dfrac{\mathrm{d}E}{\mathrm{d}t}$ 和轨道半径的变化率 $\dfrac{\mathrm{d}a}{\mathrm{d}t}$,用 a,ρ,σ,G 表示。

(B5)若超大质量黑洞双星系统的初始半径为 a_1,很多恒星与超大质量黑洞双星系统依次发生引力弹射作用,估算超大质量黑洞双星系统的轨道半径由 a_1 减小至 $\dfrac{a_1}{2}$ 所需的时间 T_{ss} 的表达式。若 $\sigma = 200 \text{ km/s}$,$a_1 = 1 \text{ pc}$,$\rho = 10^4 M_{\text{s}}/\text{pc}^3$,求 T_{ss} 的值。

C 部分　引力波辐射

本部分研究与其他恒星没有任何相互作用的超大质量黑洞双星系统。超大质量黑洞双星系统的能量损失是由对外辐射引力波造成的。已知超大质量黑洞双星系统的能量损失率为

$$\dfrac{\mathrm{d}E}{\mathrm{d}t} = -\dfrac{1024}{5} \dfrac{G}{c^5} (\omega^3 I)^2$$

其中 ω 是超大质量黑洞双星系统的角速度,$I = 2Ma^2$ 是超大质量黑洞双星系统相对质心的转动惯量。

(C1)求由超大质量黑洞双星系统辐射引力波而造成的超大质量黑洞双星系统的轨道半径随时间的变化率 $\dfrac{\mathrm{d}a}{\mathrm{d}t}$ 的表达式。

当该超大质量黑洞双星系统的轨道半径 a 接近超大质量黑洞双星系统内任一黑洞的史瓦西半径 $r_{\text{g}} = \dfrac{2GM}{c^2}$ 时,两个超大质量黑洞便会很快合并为一个新黑洞。

(C2)若超大质量黑洞双星系统的初始轨道半径为 a_2($a_2 \gg r_{\text{g}}$),估算超大质量黑洞双星系统因辐射引力波而导致超大质量黑洞双星系统的轨道半径减小至 $a = r_{\text{g}} = \dfrac{2GM}{c^2}$ 所需的时间 T_{GW} 的表达式,用 a_2,M,c,G 表示。

(C3)若超大质量黑洞双星系统需要时间 $T_{\text{GW}} = t_{\text{H}}$(其中 t_{H} 为宇宙年龄)才能合并,求由两个质量均为 $M = 10^8 M_{\text{s}}$ 的黑洞组成的超大质量黑洞双星系统的初始轨道半径 a_{H} 的值。

D 部分　整个演化过程

本部分综合前述 A,B,C 三部分的结论来考虑更真实的天体物理。

考虑两个中心各有一个质量为 $M = 10^8 M_{\text{s}}$ 的超大质量黑洞的星系合并为半径 $R = 20 \times 10^3 \text{ pc}$ 的新星系。合并后的新星系的质量密度 ρ 与到新星系球心距离 r 的关系为

$$\rho(r) = \frac{\sigma^2}{4\pi G r^2}$$

其中 $\sigma = 200$ km/s。

(D1) 若有一物体在新星系内部恒星的引力作用下做半径为 $a(a<R)$ 的圆周运动，不考虑动力学摩擦，求该物体的运动速度 v 的表达式。

两个星系合并为新星系的瞬间，两个超大质量黑洞可在新星系内任意位置，且相互之间无任何作用与影响。考虑其中一个超大质量黑洞，设其绕新星系中心做半径为 $a(a<R)$ 的圆周运动，且由于动力学摩擦缓慢损失能量。

(D2) 估算该超大质量黑洞的轨道半径随时间的变化率 $\dfrac{\mathrm{d}a}{\mathrm{d}t}$ 的表达式。A 部分忽略了星系中恒星的运动速度，但在真实情况中星系内各恒星的真实运动速度不为零，虽然星系内恒星的真实运动速度并不都是 σ，但是恒星的真实运动速度都与 σ 同数量级，所以超大质量天体相对恒星的运动速度也与 σ 同数量级，故可以利用(A3)小题的结论进行估算，并假设 $\ln \Lambda$ 是(A4)小题中得到的表达式。

经过一定时间后，两个超大质量黑洞接近新星系的中心。假设这两个超大质量黑洞在星系的引力场中均绕星系中心做半径为 a 的圆周运动，如图 T18.2.2 所示。

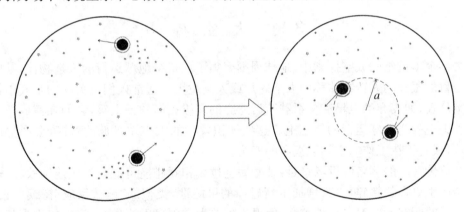

图 T18.2.2 超大质量黑洞双星系统形成前后的演化示意图

(D3) 估算临界半径 a_1 的表达式和值，要求两个超大质量黑洞之间的距离小于 a_1 时，两个超大质量黑洞之间的万有引力不可忽略，因此两个超大质量黑洞之间的距离小于 a_1 时，可以认为超大质量黑洞双星系统已经形成。

(D4) 假设两个星系合并为新星系的瞬间，两个超大质量黑洞与新星系中心的距离均为 $a_0 = 2\times 10^3$ pc，求由于动力学摩擦，两个超大质量黑洞在新星系中形成双星系统所需的时间 T_1 的表达式和值。

当两个超大质量黑洞形成双星系统后，超大质量黑洞双星系统将新星系内的所有恒星从星系中心射出，最终所谓的新星系中只剩下超大质量黑洞双星系统。此后动力学摩擦将不再起作用。超大质量黑洞双星系统开始由于弹射效应而失去能量。假设恒星绕超大质量黑洞双星系统的运动速度是 σ，根据 $\rho(r) = \dfrac{\sigma^2}{4\pi G r^2}$，此时星系的质量密度为 $\rho_1 = \rho(a_1) = \dfrac{\sigma^2}{4\pi G a_1^2}$。由于引力弹射会迅速减少超大质量黑洞双星系统的轨道半径，经过一段时间之后，超大质量黑洞双星系统开始由于辐射引力波而失去能量。

(D5) 当超大质量黑洞双星系统的轨道半径 a 小于 a_2 时,超大质量黑洞双星系统因为辐射引力波导致能量损失,求 a_2 的表达式和值。

(D6) ① 估算超大质量黑洞双星系统的轨道半径由 a_1 减小到 a_2 所需的时间(即引力弹射效应的作用时间)T_2 的表达式和值。

② 估算超大质量黑洞双星系统的轨道半径由 a_2 减小到几乎为零所需的时间(即引力波辐射时间)T_3 的表达式和值。

(D7) 利用上述结论,计算从星系合并到超大质量黑洞合并的演化过程中所需要的总时间 T_{ev} 的表达式和值。

长期以来,天体物理学家一直认为超大质量黑洞双星系统的演化至引力弹射阶段就停止了,其原因是超大质量黑洞双星系统此时已将瞄准距离较小的、有可能和其发生碰撞的所有恒星全部射出。这似乎意味着两个超大质量黑洞绝不会发生合并,这称为最终秒差距问题。

真实的星系具有更复杂的非对称形状。几年前科学家发现,在复杂形状的星系中,会不断出现瞄准距离较小的恒星。超大质量双黑洞会持续失去能量,但比本题估计的结论要慢,因而成功解决最终秒差距问题。

第3题 太空碎片

过去半个多世纪的太空探索中,地球周围聚集了大量绕地球运行的人造物体,其中不为任何特定目的服务的人造物体称为太空碎片或太空垃圾。通常人们最关注的是其中体积较大的太空垃圾,如废弃的卫星和发射载荷后遗弃的多级火箭的最上级,它们在完成任务后依然处在外太空的绕地球运行的轨道上。这些体积较大的太空垃圾彼此碰撞,会产生成千上万的碎片,威胁正在工作的空间航天器的安全。

现在流传甚广的著名假设场景是:某些太空垃圾相互碰撞可能会产生连锁效应,每一次碰撞都会产生更多的新碎片,又增加了新碰撞的可能性,类似的"链式反应"持续下去,会导致地球附近的所有人造卫星都被破坏,使得未来的太空项目无法进行,该设想称为基斯勒综合征。

为防止上述可怕的现象发生,计划把大件太空垃圾从现在的运动轨道拖至地球的大气层烧掉或拖至废弃轨道。为此设计了特别的航天器(太空拖船)用于俘获太空垃圾。在俘获失控物体之前,先理解失控物体的转动机制是非常重要的。本题希望研究在不同因素影响下的太空垃圾的转动机制是如何随时间变化的。

本题研究的太空垃圾是科博丁 42 号火箭的最上级(后面简称"火箭最上级"),如图 T18.3.1 所示,左侧是喷口,中央圆圈是球形燃料箱的轮廓线,C 是火箭最上级的质心(同时也是球形燃料箱的球心)。建立固连在火箭最上级的坐标系 xCy,坐标原点在火箭最上级的质心 C 处,x 轴是火箭最上级的对称轴,y 轴垂直于 x 轴,火箭最上级绕 x 轴的转动惯量为 J_x,绕 y 轴的转动惯量为 J_y,且 $J_x < J_y$。

A 部分 火箭最上级的转动

如图 T18.3.2 所示,火箭最上级初始转动时的角动量为 L,其中 θ 为火箭最上级的对称轴(图 T18.3.2 中的虚线)与角动量 L 之间的夹角。假定燃料箱是空的,且没有任何外力和外力矩作用在火箭最上级。

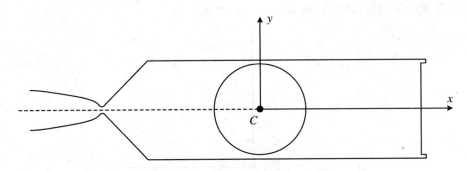

图 T18.3.1　科博丁 42 号火箭的最上级

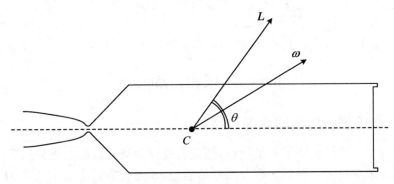

图 T18.3.2　火箭最上级的转动

已知火箭最上级的初始角动量为 $L = J_x\omega_x e_x + J_y\omega_y e_y$，其中 x 轴为火箭最上级的对称轴，x 方向和 y 方向的单位矢量分别为 e_x 和 e_y。

(A1) 求火箭最上级的角速度 ω 在 x 轴方向和 y 轴方向投影 ω_x，ω_y 的表达式，用 $L = |L|$，θ，J_x 和 J_y 表示。

(A2) 分别求与 ω_x 相关的火箭最上级的转动动能 E_x、与 ω_y 相关的火箭最上级的转动动能 E_y 和火箭最上级的总转动动能 $E = E_x + E_y$ 的表达式，用 L 和 $\cos\theta$ 等物理量表示。

(A3) 和 (A4) 小题研究火箭最上级的自由运动。已知火箭最上级的初始角动量为 L，初始角度为 $\theta(0) = \theta_0$，火箭最上级未受到任何外力和外力矩。

(A3) 火箭最上级的对称轴 Cx 在初始时刻时在惯性参考系中的位置记为 x_0 轴，火箭最上级的对称轴 Cx 在自由转动过程中与 x_0 轴之间的夹角记为 ψ，利用守恒定律求 ψ 的最大值的表达式。

提示：由于没有任何外力矩作用在火箭最上级，火箭最上级的角动量矢量保持恒定。

引入旋转参考系 $Cx_1y_1z_1$，y_1 轴沿火箭最上级的恒定角动量 L 方向，如图 T18.3.3 所示，按照右手螺旋构建 x_1 轴和 z_1 轴，x_1 轴和 z_1 轴绕 y_1 轴转动，要求 x_1 轴和 y_1 轴与火箭最上级的对称轴（图 T18.3.3 中过质心 C 的虚线）始终共面。

(A4) 已知火箭最上级的初始角动量为 L，初始角度为 $\theta(0) = \theta_0$，绕 x 轴和 y 轴的转动惯量分别为 J_x，J_y。

① 求旋转参考系 $Cx_1y_1z_1$ 绕 y_1 轴的转动角速度 $\Omega(t)$ 的表达式。

② 求火箭最上级相对旋转参考系 $Cx_1y_1z_1$ 的转动角速度 $\omega_s(t)$ 的大小和方向，其中大

小表示为随时间的关系式,方向表示为角速度方向与火箭最上级对称轴 Cx 的夹角 $\gamma_s(t)$。

提示:角速度矢量可以相加,即 $\omega = \omega_x + \omega_y = \Omega + \omega_s$。

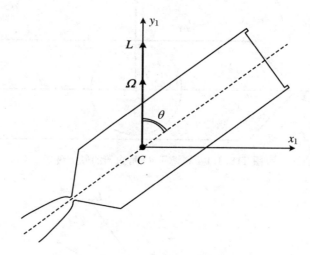

图 T18.3.3　火箭最上级的进动

B 部分　剩余燃料引起的暂态过程

虽然火箭在上升阶段消耗了大量燃料,但是有效载荷与火箭最上级分离后,火箭最上级的燃料箱内仍残余少量液体燃料。剩余燃料的质量 m 与火箭最上级的质量 M 相比可以忽略,但燃料箱里的液体燃料的晃动和其黏滞阻力会导致火箭最上级的能量损失,经过不规则的动力学暂态过程后,火箭最上级的能量到达极小值。

（B1）已知火箭最上级的初始角动量为 L,初始角度为 $\theta(0) = \theta_1$,其中 $0 < \theta_1 < \dfrac{\pi}{2}$。经过暂态过程后,火箭最上级的对称轴(图 T18.3.4 中的虚线)与角动量 L 之间的夹角由 θ_1 变为 θ_2,求 θ_2 的值。

（B2）若火箭最上级的初始角速度 $\omega(0) = \omega_1 = 1 \text{ rad/s}$,角速度方向与火箭最上级对称轴(图 T18.3.4 中的虚线)的夹角为 $\gamma(0) = \gamma_1 = \dfrac{\pi}{6}$,$J_x = 4200 \text{ kg} \cdot \text{m}^2$,$J_y = 15000 \text{ kg} \cdot \text{m}^2$。暂态过程结束后,火箭最上级的角速度由 ω_1 变为 ω_2,求 ω_2 的值。

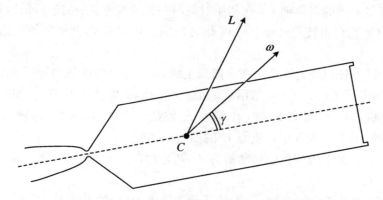

图 T18.3.4　火箭最上级的角速度与火箭最上级的对称轴(虚线)之间的夹角

C 部分 地磁场对太空垃圾的影响

影响轨道上火箭残骸的转动动力学的另一重要因素是火箭残骸与地磁场的相互作用。

- 感生电场引起的力矩

在匀强磁场 $\boldsymbol{B}$ 中放入厚度为 D、半径为 R 的薄壁非磁性球壳。已知匀强磁场随时间缓慢且均匀变化,即 $\dot{\boldsymbol{B}} = \dfrac{\mathrm{d}\boldsymbol{B}}{\mathrm{d}t}$ 很小且为常矢量,$\dfrac{\mathrm{d}\boldsymbol{B}}{\mathrm{d}t}$ 与匀强磁场 $\boldsymbol{B}$ 的夹角为 α,球壳材料的电阻率为 ρ,如图 T18.3.5 所示。

(C1) 由于感生电场,忽略球壳的自感,求球壳上的磁矩 $\boldsymbol{\mu}$ 的表达式,要求写成 μ_x, μ_y, μ_z 的分量形式。

(C2) 求作用在球壳上的力矩 $\boldsymbol{M}$ 的表达式,要求写成 M_x, M_y, M_z 的分量形式。

- 地磁场作用下的运动状态演化

现在继续研究火箭最上级的运动状态如何改变。假设火箭最上级在周期 $T = 100$ min 的圆形极地轨道上运动,如图 T18.3.6 所示。地磁场与火箭最上级相互作用的特征时间远大于暂态过程持续时间。现在研究火箭最上级的暂态过程结束后,火箭最上级会有何变化。先假设火箭最上级绕垂直于极地轨道平面的转轴以角速度 ω_2 转动。

(C3) 地磁场 $\boldsymbol{B}_E$ 可认为是由位于地球球心的点状磁偶极子产生的磁场,该磁偶极子的磁矩 $\boldsymbol{\mu}_E$ 沿 Y 轴负方向。火箭最上级的极地运动轨道与赤道平面 XOZ 交点处的地磁场 B 的大小为 $B_0 = 20\ \mu\mathrm{T}$。求图 T18.3.6 所示的情况中,火箭最上级运行轨道上角度 u 处的地磁场 $\boldsymbol{B}_E(u)$ 的表达式,要求写成 $B_{Ex}(u), B_{Ey}(u), B_{Ez}(u)$ 的分量形式。

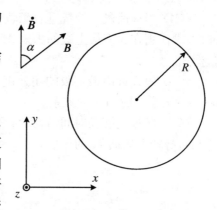

图 T18.3.5 磁场中的球壳

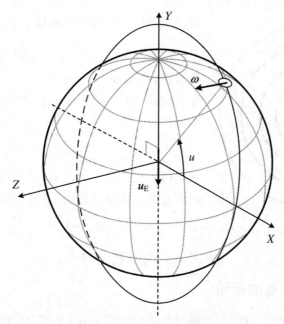

图 T18.3.6 火箭最上级的极地运动轨道

提示：将 $B_E(u)$ 的各分量 $B_{Ex}(u)$，$B_{Ey}(u)$，$B_{Ez}(u)$ 表示成 $2u$ 的函数，而不是 u 的函数，有助于后续的计算。

磁偶极子 $\boldsymbol{\mu}$ 在 r 处的磁感应强度为

$$\boldsymbol{B} = \frac{\mu_0}{4\pi}\left[\frac{3(\boldsymbol{\mu}\cdot\boldsymbol{r})\boldsymbol{r}}{r^5} - \frac{\boldsymbol{\mu}}{r^3}\right]$$

科博丁 42 号火箭最上级绝大部分由木材制造，仅低温燃料箱由导电材料制造。因此可将地磁场对火箭最上级的作用等效为作用在厚度 $D = 2$ mm、半径 $R = 4$ m、电阻率 $\rho = 2.7 \times 10^{-8}\ \Omega\cdot m$ 的导电薄球壳上。

(C4) 当火箭最上级绕垂直于轨道平面的转轴以角速度 ω 转动且角速度方向沿 Z 轴方向时，求作用在火箭最上级的力矩 $\boldsymbol{M}(u)$ 的表达式，要求写成 $M_X(u)$，$M_Y(u)$，$M_Z(u)$ 的分量形式。

(C5) 假设火箭最上级的角速度在一个轨道周期内的变化量小到可以忽略，求角速度 $\omega(t)$ 的大小与时间 t 的关系。

(C6) 经过足够长时间后，火箭最上级进入稳定状态时，求火箭最上级的轨道运行周期 T 与自身转动周期 T_s 的比值。

解　析

第 1 题　超流体中的漩涡

A 部分　稳态涡旋丝

（A1）由题意和对称性可知，流线是圆形的。从题中式②有

$$\oint \boldsymbol{v}\cdot d\boldsymbol{l} = v\cdot 2\pi r = 2\pi\kappa \tag{18.1.1}$$

得到距圆柱形烧杯中心轴线 r 处的速度为

$$v = \frac{\kappa}{r} \tag{18.1.2}$$

流线图如图 J18.1.1 所示。

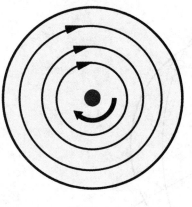

图 J18.1.1

（A2）考虑半径为 r 的薄圆层，由其表面的平衡条件可得

$$mg dz = m\frac{v^2}{r}dr \tag{18.1.3}$$

将式(18.1.2)代入式(18.1.3)并两边积分，可得细涡旋丝附近的超流体液氦表面形状函数为

$$z(r) = -\frac{\kappa^2}{2gr^2} + C \tag{18.1.4}$$

其中 C 为常数。

B 部分　细涡旋丝的运动

（B1）在两个平行细涡旋丝产生的速度场的作用下，两个细涡旋丝会绕着它们之间连线

的中点旋转,因而得到细涡旋丝的初始速度为

$$v_0 = \frac{\kappa}{r_0} \tag{18.1.5}$$

运动轨迹如图 J18.1.2 所示。

(B2) 涡旋 A,B,C 的轨迹如图 J18.1.3 所示,其中 A,B 的运动轨迹为圆周,圆心 C 静止不动。

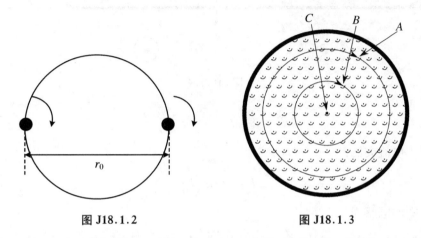

图 J18.1.2   图 J18.1.3

(B3) 考虑以圆柱形烧杯的中心轴线为圆心的圆形积分路径($r \gg a$),沿此圆形路径的环流由圆形路径内部的涡旋数决定,由于单位面积的涡旋密度为 $\dfrac{2}{u^2 \sqrt{3}}$,根据题中式②可得

$$2\pi r v = 2\pi \kappa \frac{2\pi r^2}{u^2 \sqrt{3}} \tag{18.1.6}$$

因此得到距圆柱形中心轴线 r 处的细涡旋丝的速度为

$$v = \frac{2\pi \kappa r}{u^2 \sqrt{3}} \tag{18.1.7}$$

(B4) 由式(18.1.7)可得细涡旋丝绕圆柱形烧杯中心轴线旋转的角速度为

$$\omega = \frac{2\pi \kappa}{u^2 \sqrt{3}} \tag{18.1.8}$$

由此可见,角速度是恒定值,故 $AB(t) = AB(0)$,所以细涡旋丝 A 和细涡旋丝 B 之间的距离保持不变。

(B5) 平滑的自由状态下的液氦的表面形状为

$$z(r) = \frac{\omega^2 r^2}{2g} = \frac{4\pi^2 \kappa^2 r^2}{6gu^4} \tag{18.1.9}$$

C 部分　涡旋系统的动量和能量

(C1) 矩形涡旋的动量垂直其平面,并与其面积成比例。矩形涡旋的动量大小为

$$p = 2\pi \kappa \rho b d \tag{18.1.10}$$

方向如图 J18.1.4 所示。

(C2) 由题意可知,细管外的超流动能密度 $\dfrac{1}{2}\rho v^2$ 与磁场能量密度 $\dfrac{1}{2}\dfrac{B^2}{\mu_0}$ 类似,电流产生的磁场性质与细涡旋丝产生的速度场性质类似。所以速度场可用磁感应强度类比:

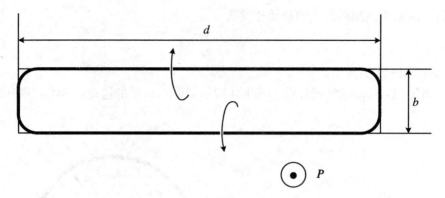

图 J18.1.4

$$B = v\sqrt{\mu_0 \rho} = \kappa \frac{\sqrt{\mu_0 \rho}}{r} \tag{18.1.11}$$

细涡旋丝可用电流类比：

$$I = 2\pi\kappa \sqrt{\frac{\rho}{\mu_0}} \tag{18.1.12}$$

矩形线圈的电感为

$$L = \frac{\Phi}{I} = \frac{2d}{I}\int_a^b \frac{\mu_0 I}{2\pi r}dr = \frac{\mu_0 d}{\pi}\ln\frac{b}{a} \tag{18.1.13}$$

根据电感的磁场能 $U = \frac{1}{2}LI^2$，结合式(18.1.11)~式(18.1.13)，最终得到矩形涡旋的能量为

$$U = 2\pi\kappa^2 \rho d \ln\frac{b}{a} \tag{18.1.14}$$

(C3) 由(C1)小题可得长直涡旋丝的动量改变为

$$\Delta p = 2\pi\kappa\rho bd \tag{18.1.15}$$

动量改变的方向如图 J18.1.5 所示。

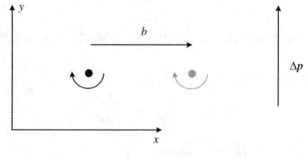

图 J18.1.5

D 部分　捕获电荷

(D1) 具有均匀线电荷密度 $\lambda < 0$ 的直涡旋丝在匀强电场 E 中受到的电场力为

$$F = (\lambda d)E \tag{18.1.16}$$

由式(18.1.15)，根据牛顿第二定律有

$$F = \frac{\Delta p}{\Delta t} = \frac{2\pi\kappa\rho d \Delta y}{\Delta y / v} \tag{18.1.17}$$

联立(18.1.16)和(18.1.17)两式,可得

$$v = \frac{E\lambda}{2\pi\kappa\rho} \tag{18.1.18}$$

细直涡旋丝的运动轨迹图如图 J18.1.6 所示。

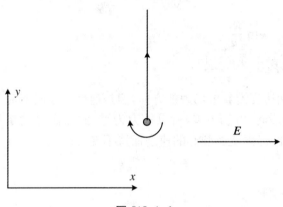

图 J18.1.6

(D2) 圆形涡旋的圆心 C 的运动轨迹如图 J18.1.7 所示。

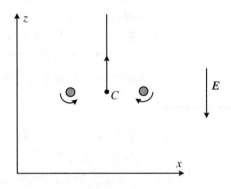

图 J18.1.7

作用在圆形涡旋上的电场力为

$$F = (2\pi R_0 |\lambda|)E \tag{18.1.19}$$

因此该电场力是不随时间变化的常量,圆形涡旋的圆心的运动速度与时间成线性关系,因而圆形涡旋的动量为

$$p = p_0 + 2\pi R_0 |\lambda| E t \tag{18.1.20}$$

仿照式(18.1.10),可得圆形涡旋的动量为

$$p = 2\pi^2 \rho R^2 \kappa \tag{18.1.21}$$

联立(18.1.20)和(18.1.21)两式,可得圆形涡旋的半径随时间的变化关系为

$$R = \sqrt{R_0^2 + \frac{E R_0 |\lambda|}{\pi \rho \kappa} t} \tag{18.1.22}$$

(D3) 通过能量随时间的变化率与动量随时间的变化率之间的关系

$$\frac{dU}{dt} = Fv = \frac{dp}{dt}v \tag{18.1.23}$$

得到圆形涡旋的圆心的速度为

$$v = \frac{dU}{dp} \approx \frac{\kappa}{2R}\ln\frac{R}{a} = \frac{\kappa}{2\sqrt{R_0^2 + \frac{ER_0|\lambda|}{\pi\rho\kappa}t}}\ln\frac{\sqrt{R_0^2 + \frac{ER_0|\lambda|}{\pi\rho\kappa}t}}{a}$$

$$\approx \frac{\kappa\ln\frac{R_0}{a}}{2\sqrt{R_0^2 + \frac{ER_0|\lambda|}{\pi\rho\kappa}t}} \tag{18.1.24}$$

圆形涡旋的圆心的运动速度沿着电场力的方向,但是速度大小随着时间越来越小。

(D4) 撤去电场后瞬间,电场为零,所以外力为零,此后满足动量守恒定律,所以圆形涡旋的半径为常数,因此圆形涡旋的圆心的速度保持不变,即

$$v(t) = v^* \tag{18.1.25}$$

E 部分　边界影响

(E1) 仿照静电学的电像法解决该问题。在平面器壁的下方设置一个对称的像涡旋来代替平面器壁的影响,从而两个涡旋丝在上半空间的速度场分布与器壁上方单个涡旋产生的速度场分布相同,如图 J18.1.8 所示。

根据边界条件,在平面器壁表面处垂直于器壁表面的速度分量为零。所以细直涡旋丝的速度为

$$v = \frac{\kappa}{2h_0} \tag{18.1.26}$$

细直涡旋丝的运动轨迹如图 J18.1.9 所示,运动方向与器壁表面平行。

(E2) 依然仿照静电学的电像法来解决该问题。直角器壁附近的细直涡旋丝的速度场分布需要用三个镜像细直涡旋丝来解决,具体的放置如图 J18.1.10 所示。

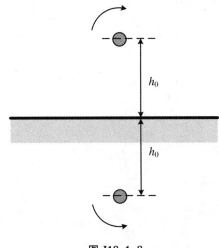

图 J18.1.8

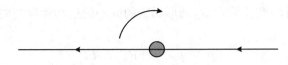

图 J18.1.9

镜像细直涡旋丝 1,2,3 产生的速度分别为

$$v_1 = \frac{\kappa}{2h_0}, \quad v_2 = \frac{\kappa}{2\sqrt{2}h_0}, \quad v_3 = \frac{\kappa}{2h_0} \tag{18.1.27}$$

所以涡旋丝的初始速度 v_0 的大小为

$$v_0 = |\boldsymbol{v}_1 + \boldsymbol{v}_2 + \boldsymbol{v}_3| = \sqrt{2}\,v_1 - v_2 = \frac{\kappa}{2\sqrt{2}h_0} \tag{18.1.28}$$

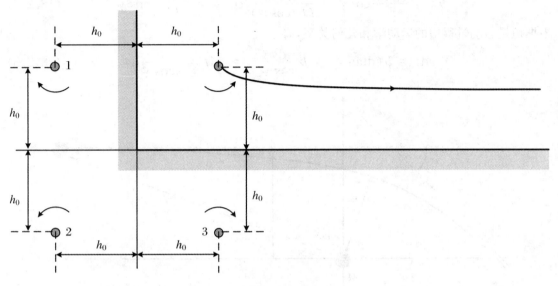

图 J18.1.10

(E3) 直角器壁附近的细直涡旋丝的运动轨迹如图 J18.1.10 中带箭头的粗实线所示。

(E4) 细直涡旋丝的能量为

$$U_{\text{tot}} \propto \ln\frac{\sqrt{x^2+y^2}}{a} - \ln\frac{x}{a} - \ln\frac{y}{a} = \frac{1}{2}\ln\frac{(x^2+y^2)a^2}{x^2 y^2} \tag{18.1.29}$$

细直涡旋丝系统的能量守恒要求

$$C = \frac{x^2+y^2}{x^2 y^2} = \frac{2}{h_0^2} \tag{18.1.30}$$

即 C 是沿运动轨迹的常数。经过足够长的时间后,$y \to \dfrac{h_0}{\sqrt{2}}$,所以足够长时间后细直涡旋丝的速度为

$$v_\infty = \frac{\kappa}{\sqrt{2}h_0} \tag{18.1.31}$$

第 2 题 超大质量黑洞双星系统的演化

A 部分 动力学摩擦

(A1) 由题意,构建平面直角坐标系,如图 J18.2.1 所示,恒星在瞄准距离为 b 的无穷远处的入射动量为 $\boldsymbol{p}_0 = -mv\hat{\boldsymbol{x}}$。恒星经过超大质量黑洞后偏转角度 α 到达无穷远处的动量为

$\boldsymbol{p} = p_x \hat{\boldsymbol{x}} + p_y \hat{\boldsymbol{y}}$,且 $p = p_0$。恒星偏转角的定义为

$$\tan \alpha = \frac{p_y}{p_x} \Leftrightarrow \sin \alpha = \frac{p_y}{p} \tag{18.2.1}$$

恒星经过超大质量黑洞附近时,恒星与超大质量黑洞之间的作用力为万有引力,两者间万有引力的 y 分量为

$$F_y = \frac{GMm}{r^2}\cos\varphi = \frac{GMm}{(b/\cos\varphi)^2}\cos\varphi = \frac{GMm}{b^2}\cos^3\varphi \tag{18.2.2}$$

根据恒星运动过程中的运动学和几何关系,有

$$v\,dt = b(d\tan\varphi) = b\frac{d\varphi}{\cos^2\varphi} \Rightarrow dt = \frac{b}{v\cos^2\varphi}d\varphi \tag{18.2.3}$$

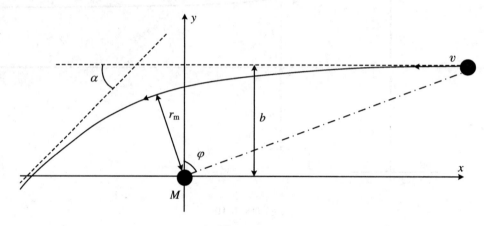

图 J18.2.1

利用动量定理并结合(18.2.2)和(18.2.3)两式,可得恒星获得的 y 方向动量为

$$p_y = \int F_y\,dt = \int_{-\pi/2}^{\pi/2} \frac{GMm}{b^2}\cos^3\varphi \cdot \frac{b}{v\cos^2\varphi}d\varphi$$
$$= \frac{GMm}{bv}\int_{-\pi/2}^{\pi/2}\cos\varphi\,d\varphi = \frac{2GMm}{bv} \tag{18.2.4}$$

考虑到

$$\sin\alpha = \frac{p_y}{p} = \frac{\frac{2GMm}{bv}}{mv} = \frac{2GM}{bv^2} = 2\frac{b_1}{b} \ll 1 \tag{18.2.5}$$

所以 α 是小角度,即 $\alpha \ll 1$,$\sin\alpha = \tan\alpha = \alpha$,故恒星的偏转角为

$$\alpha = 2\frac{b_1}{b} \tag{18.2.6}$$

最终得到

$$k = 2 \tag{18.2.7}$$

(A2)在恒星经过超大质量黑洞附近的整个散射过程中,恒星的能量是守恒的,因而有总能量为

$$E = \frac{1}{2}mv^2 = \frac{p_x^2 + p_y^2}{2m} \Rightarrow p_x^2 + p_y^2 = p^2 \tag{18.2.8}$$

假设恒星转移给超大质量天体的 x 方向动量为 Δp_x,因而有

$$(p - \Delta p_x)^2 + p_y^2 = p^2 \quad (18.2.9)$$

由式(18.2.5)可得 $p_y \ll p$，将式(18.2.9)展开后化简可得从恒星转移给超大质量黑洞的 x 轴方向的动量大小为

$$\Delta p_x = \frac{p_y^2}{2p} = \frac{2G^2 M^2 m}{b^2 v^3} = 2 \frac{b_1^2}{b^2} mv \quad (18.2.10)$$

（A3）在 Δt 时间内，能够在超大质量黑洞附近发生散射的恒星的数量为

$$\Delta N = 2\pi b (\mathrm{d}b) v n \Delta t \quad (18.2.11)$$

为了计算平均作用力，先对具有不同瞄准距离的恒星的作用力进行积分，然后再取平均，根据动量定理有

$$F_{\mathrm{DF}} = \frac{1}{\Delta t} \int \Delta p_x \, \mathrm{d}N = \frac{1}{\Delta t} \int_{b_1}^{R} -2 \frac{b_1^2}{b^2} mv \cdot (\Delta t) 2\pi b v n (\mathrm{d}b) = -4\pi \rho v^2 b_1^2 \int_{b_1}^{R} \frac{\mathrm{d}b}{b}$$

$$= -4\pi \rho v^2 b_1^2 \ln \frac{R}{b_1} = \frac{-4\pi \rho G^2 M^2}{v^2} \ln \frac{R}{b_1} \quad (18.2.12)$$

（A4）将题中已给数据代入，可得

$$b_1 = 11 \, \mathrm{pc}, \quad \ln \Lambda = 7.6 \quad (18.2.13)$$

B 部分　引力弹射

（B1）两个超大质量黑洞形成双星系统，由万有引力提供向心力：

$$G \frac{MM}{(2a)^2} = M \frac{v_{\mathrm{bin}}^2}{a} \quad (18.2.14)$$

从而得到超大质量黑洞做圆周运动的线速度为

$$v_{\mathrm{bin}} = \sqrt{\frac{GM}{4a}} \quad (18.2.15)$$

超大质量双星系统的总能量包括两个黑洞的动能和两者之间的势能：

$$E = 2E_k + U = 2 \cdot \frac{1}{2} M \left(\sqrt{\frac{GM}{4a}} \right)^2 - \frac{GM^2}{2a} = -\frac{GM^2}{4a} \quad (18.2.16)$$

（B2）质量为 m 的恒星经过位置固定不动的质量为 M_2 的质点附近时，恒星的角动量守恒：

$$mb\sigma = m r_m v_m \quad (18.2.17)$$

其中 v_m 为恒星与质点距离最近（为 r_m）时的速度。系统的总机械能也是守恒的：

$$\frac{1}{2} m \sigma^2 = \frac{1}{2} m v_m^2 - \frac{GM_2 m}{r_m} \quad (18.2.18)$$

联立(18.2.17)和(18.2.18)两式，可得瞄准距离为

$$b = r_m \sqrt{1 + \frac{2GM_2}{\sigma^2 r_m}} \quad (18.2.19)$$

（B3）为了估算超大质量黑洞双星系统与恒星连续两次碰撞之间的时间间隔，利用气体分子的碰撞作类比。根据分子动理论，若分子半径为 r，分子无规则热运动的平均速率为 v，分子数密度为 n，那么连续两次分子碰撞的时间间隔 t 粗略满足 $\pi r^2 v t n = 1$。在本小题中，用 $b_{\max}$ 代替分子半径 r，用 σ 代替 v，因此估算可得超大质量黑洞双星系统与恒星连续两次碰撞之间的时间间隔为

$$\Delta t = \frac{1}{\sigma b_{\max}^2 n} \quad (18.2.20)$$

接下来估计恒星与双星系统碰撞的最大瞄准距离 b_{max}。假设恒星能够到达超大质量黑洞双星系统的边缘，即与双星系统质心的距离为 a。当恒星离超大质量黑洞双星系统很远时，超大质量黑洞双星系统可视为质量 $M_2 = 2M$ 的质点，两者之间的相互作用力可直接采用两个质点间的万有引力来计算。

由(B2)小题的结论，假设 $r_m = a$，从而得到 $b_{max} = a\sqrt{1 + \dfrac{2GM_2}{\sigma^2 a}}$。考虑到 $\sigma \ll \sqrt{\dfrac{GM}{a}}$，所以 $b_{max} = \dfrac{\sqrt{2}}{\sigma}\sqrt{GMa}$，从而估算得到超大质量黑洞双星系统和恒星连续两次碰撞之间的特征时间间隔为

$$\Delta t = \frac{m\sigma}{GM\rho a} \tag{18.2.21}$$

(B4) 在引力弹弓效应作用下，恒星的平均能量增加为

$$\Delta E_{恒星} = \frac{1}{2}mv_{bin}^2 - \frac{1}{2}m\sigma^2 \tag{18.2.22}$$

每经过一次碰撞，双星系统的能量减少 $|\Delta E_{恒星}|$。考虑到 $\sigma \ll v_{bin}$，每经过一次碰撞，双星系统的能量变化 $\Delta E = -\dfrac{1}{2}mv_{bin}^2$。所以利用(18.2.15)和(18.2.21)两式可得超大质量黑洞双星系统的能量损失率为

$$\frac{dE}{dt} = \frac{\Delta E}{\Delta t} = \frac{-\frac{1}{2}mv_{bin}^2}{\frac{m\sigma}{GM\rho a}} = \frac{-\frac{1}{2}m\left(\sqrt{\frac{GM}{4a}}\right)^2}{\frac{m\sigma}{GM\rho a}} = -\frac{G^2M^2\rho}{8\sigma} \tag{18.2.23}$$

利用式(18.2.16)，两边对轨道半径 a 求导可得

$$\frac{dE}{da} = \frac{GM^2}{4a^2} \tag{18.2.24}$$

联立(18.2.23)和(18.2.24)两式，可得超大质量黑洞双星系统的轨道半径的变化率为

$$\frac{da}{dt} = -\frac{G\rho a^2}{\sigma} \tag{18.2.25}$$

(B5) 将式(18.2.25)化为

$$\frac{da}{a^2} = -\frac{G\rho}{\sigma}dt \tag{18.2.26}$$

上式两边积分：

$$\int_{a_1}^{a_1/2} \frac{da}{a^2} = \int_0^{T_{ss}} -\frac{G\rho}{\sigma}dt \tag{18.2.27}$$

由此得到超大质量黑洞双星系统的轨道半径由 a_1 减小至 $\dfrac{a_1}{2}$ 所需的时间为

$$T_{ss} = \frac{\sigma}{G\rho a_1} \tag{18.2.28}$$

代入数据可得

$$T_{ss} = 0.0048 \text{ Gy} \tag{18.2.29}$$

C部分　引力波辐射

(C1) 将(B1)小题的结论式(18.2.16)两边对时间求导，可得

$$\frac{dE}{dt} = \frac{d}{dt}\left(-\frac{GM^2}{4a}\right) = \frac{GM^2}{4a^2}\frac{da}{dt} \tag{18.2.30}$$

由题意可知,由辐射引力波造成的超大质量黑洞双星系统的能量损失率为

$$\frac{dE}{dt} = -\frac{1024}{5}\frac{G}{c^5}(\omega^3 I)^2 = -\frac{1024}{5}\cdot\frac{4G\omega^6 M^2 a^4}{c^5} \tag{18.2.31}$$

根据 B 部分,可知超大质量黑洞双星系统的角速度为 $\omega = \sqrt{\frac{GM}{4a^3}}$,将此代入式(18.2.31),并结合式(18.2.30),可得因辐射引力波而造成的超大质量黑洞双星系统的轨道半径的变化率为

$$\frac{da}{dt} = -\frac{256}{5}\frac{G^3 M^3}{c^5 a^3} \tag{18.2.32}$$

(C2) 将式(18.2.32)两边积分,可得

$$\int_{a_2}^{r_g = \frac{2GM}{c^2}} a^3 da = -\frac{256}{5}\frac{G^3 M^3}{c^5}\int_0^{T_{GW}} dt \tag{18.2.33}$$

从而得到超大质量黑洞双星系统因辐射引力波而导致轨道半径减少至 r_g 所需的时间为

$$T_{GW} = \frac{5}{1024}\frac{a_2^4 c^5}{G^3 M^3} \tag{18.2.34}$$

(C3) 将题中所给数据代入式(18.2.34),可得超大质量黑洞双星系统的初始轨道半径为

$$a_H = \left(\frac{1024}{5}\frac{t_H G^3 M^3}{c^5}\right)^{\frac{1}{4}} = 0.098 \text{ pc} \tag{18.2.35}$$

D 部分　整个演化过程

(D1) 球状星系内半径为 a 的球体内的恒星质量为

$$m(a) = \int_0^a 4\pi r^2 \rho(r) dr = \int_0^a 4\pi r^2 \frac{\sigma^2}{4\pi G r^2} dr = \frac{\sigma^2 a}{G} \tag{18.2.36}$$

物体在新星系内部恒星的引力作用下做半径为 a 的圆周运动时,由万有引力提供向心力:

$$G\frac{\frac{\sigma^2 am}{G}}{a^2} = m\frac{v^2}{a} \tag{18.2.37}$$

从而得到该物体做圆周运动的速度为

$$v = \sigma \tag{18.2.38}$$

这意味着物体在星系内部任意位置做圆周运动的速度均为 σ,与所处位置无关。

(D2) 该超大质量黑洞在新星系中做圆周运动的总能量为

$$E = \frac{1}{2}M\sigma^2 + U \tag{18.2.39}$$

超大质量黑洞在新星系中做圆周运动的引力势能为

$$U(a) = \int_\infty^a \frac{GMm(r)}{r^2} dr = \int_\infty^a \frac{GM}{r^2}\frac{\sigma^2 r}{G} dr = M\sigma^2 \ln a - M\sigma^2 \ln\infty \tag{18.2.40}$$

因超大质量黑洞的动能是常数,不随时间变化,故

$$\frac{dE}{dt} = \frac{dU}{dt} = \frac{dU}{da}\frac{da}{dt} = \frac{M\sigma^2}{a}\frac{da}{dt} \tag{18.2.41}$$

利用(A3)小题的结论,可得

$$\frac{dE}{dt} = -F_{DF} v = -4\pi G^2 M^2 \frac{\rho(r)}{v} \ln \Lambda = -\frac{GM^2 \sigma}{a^2} \ln \Lambda \qquad (18.2.42)$$

联立(18.2.41)和(18.2.42)两式,可得超大质量黑洞的轨道半径随时间的变化率为

$$\frac{da}{dt} = -\frac{GM}{a\sigma} \ln \Lambda \qquad (18.2.43)$$

(D3) 星系中半径为 a_1 的球体内的恒星质量恰好等于超大质量黑洞的质量 M 时,两个超大质量黑洞就形成了双星系统,即

$$m(a_1) = \frac{\sigma^2}{G} a_1 = M \qquad (18.2.44)$$

故临界半径为

$$a_1 = \frac{GM}{\sigma^2} = 11 \text{ pc} \qquad (18.2.45)$$

(D4) 对式(18.2.43)积分,可得

$$\int_{a_1}^{a_0} a\,da = -\frac{GM}{\sigma} \ln \Lambda \int_0^{T_1} dt \qquad (18.2.46)$$

再考虑到 $a_1 \ll a_0$,故由于动力学摩擦,两个超大质量黑洞在新星系中形成双星系统所需的时间为

$$T_1 = \frac{a_0^2 \sigma}{2GM \ln \Lambda} = 0.12 \text{ Gy} \qquad (18.2.47)$$

(D5) 超大质量黑洞双星系统的总能量损失是由引力弹弓效应和引力波的辐射引起的,由(18.2.23)和(18.2.31)两式,可得

$$\frac{dE}{dt} = \frac{G^2 M^2 \rho}{4\sigma} - \frac{1024}{5} \cdot \frac{4G\omega^6 M^2 a^4}{c^5}$$

$$= \frac{G^2 M^2 \rho}{4\sigma} - \frac{1024}{5} \cdot \frac{4G\left(\sqrt{\frac{GM}{4a^3}}\right)^6 M^2 a^4}{c^5}$$

$$= \frac{G^2 M^2 \rho}{4\sigma} - \frac{64 G^4 M^5}{5c^5 a^5} \qquad (18.2.48)$$

当超大质量黑洞双星系统的轨道半径为 $a(a < a_2)$ 时,超大质量黑洞双星系统因为引力波辐射导致能量损失,故

$$\frac{G^2 M^2 \rho}{4\sigma} < \frac{64 G^4 M^5}{5c^5 a^5} \qquad (18.2.49)$$

即

$$a_2 = \left(\frac{256 G^2 M^3 \sigma}{5c^5 \rho}\right)^{\frac{1}{5}} \qquad (18.2.50)$$

若 $\rho = \rho_1 = \rho(a_1)$,则 $a_2 = 0.026$ pc。

(D6) 作为粗略的估计,可以认为引力弹射阶段的能量损失仅仅是由引力弹射造成的,因此 T_2 与(B5)小题的结论类似,即

$$T_2 = \frac{\sigma}{G\rho a_2} = 0.27 \text{ Gy} \qquad (18.2.51)$$

在引力波辐射阶段,能量损失是由引力波辐射引起的,因此 T_3 与(C2)小题的结论类似,即

$$T_3 = \frac{5a_2^4 c^5}{1024 G^3 M^3} = \frac{\sigma}{4G\rho a_2} = 0.067 \text{ Gy} \tag{18.2.52}$$

(D7) 从星系合并到超大质量黑洞合并的演化过程所需要的总时间为
$$T_{ev} = T_1 + T_2 + T_3 = 0.46 \text{ Gy}$$

第3题 太空碎片

A部分 火箭最上级的转动

(A1) 根据角动量的定义有
$$J_x \omega_x = L\cos\theta, \quad J_y \omega_y = L\sin\theta \tag{18.3.1}$$
因此可得火箭最上级的角速度在 x 方向和 y 方向的投影分别为
$$\omega_x = \frac{L\cos\theta}{J_x}, \quad \omega_y = \frac{L\sin\theta}{J_y} \tag{18.3.2}$$

(A2) 根据转动动能的定义,可得与 ω_x, ω_y 有关的转动动能分别为
$$E_x = \frac{1}{2} J_x \omega_x^2 = \frac{L^2 \cos^2\theta}{2J_x}, \quad E_y = \frac{1}{2} J_y \omega_y^2 = \frac{L^2 \sin^2\theta}{2J_y} \tag{18.3.3}$$
故火箭最上级的总动能为
$$E = E_x + E_y = \frac{1}{2} J_x \omega_x^2 + \frac{1}{2} J_y \omega_y^2 = \frac{L^2}{2J_y} + \frac{L^2 \cos^2\theta}{2}\left(\frac{1}{J_x} - \frac{1}{J_y}\right) \tag{18.3.4}$$

(A3) 根据能量守恒定律和角动量守恒定律,可从式(18.3.4)解得
$$\cos^2\theta = \frac{2EJ_y J_x - L^2 J_x}{L^2 (J_y - J_x)} \Rightarrow \cos 2\theta = \frac{4EJ_y J_x - 2L^2 J_x}{L^2 (J_y - J_x)} - 1 \tag{18.3.5}$$
由于 $\cos 2\theta$ 是定值,因此火箭最上级的对称轴 Cx 绕 x_0 轴转动(即进动),所以最大夹角 ψ 为
$$\psi = 2\theta_0 \tag{18.3.6}$$

(A4) 由于火箭最上级的对称轴总是在 $Cx_1 y_1$ 平面,且 $\theta(t) = \theta_0$,因此火箭的对称轴在旋转参考系中是静止的,所以火箭最上级相对参考系 $Cx_1 y_1 z_1$ 的转动角速度 $\boldsymbol{\omega}_s$ 的方向必须与火箭最上级的对称轴共线,因此两者的夹角为
$$\gamma_s(t) = 0 \tag{18.3.7}$$
利用 t 时刻矢量 $\boldsymbol{\Omega} + \boldsymbol{\omega}_s$ 在 Cx 轴和 Cy 轴的投影可得
$$\omega_s + \Omega\cos\theta = \omega_x = \frac{L\cos\theta}{J_x}, \quad \Omega\sin\theta = \omega_y = \frac{L\sin\theta}{J_y} \tag{18.3.8}$$
所以旋转参考系 $Cx_1 y_1 z_1$ 绕 y_1 轴的转动角速度为
$$\Omega = \frac{L}{J_y} \tag{18.3.9}$$
由此可见 Ω 并不随时间变化。

考虑到 $\theta(t) = \theta_0$,得到火箭最上级相对旋转参考系 $Cx_1 y_1 z_1$ 的转动角速度为
$$\omega_s = \left(\frac{1}{J_x} - \frac{1}{J_y}\right) L\cos\theta_0 \tag{18.3.10}$$
同样 ω_s 并不随时间变化。

B部分 剩余燃料引起的暂态过程

（B1）由于剩余燃料与燃料箱之间的相互作用力对燃料和火箭最上级组成的系统而言是内力，因此火箭最上级的角动量依然是守恒的。

利用题中所给的初始夹角 $\theta(0) = \theta_1$ 和 $J_x < J_y$，再结合式(18.3.5)，可得经过暂态过程后火箭最上级的对称轴与角动量 L 之间的夹角为

$$\theta_2 = \frac{\pi}{2} \tag{18.3.11}$$

（B2）式(18.3.11)表示经过暂态过程后，火箭最上级绕与其对称轴垂直的轴线旋转，因此火箭最上级的最终角速度可利用角动量守恒 $L = \omega_2 J_y$ 得到：

$$\omega_2 = \frac{L}{J_y} = \frac{\sqrt{J_x^2 \cos^2 \gamma_1 + J_y^2 \sin^2 \gamma_1}}{J_y} \omega_1 \tag{18.3.12}$$

代入数据得到火箭最上级的角速度为

$$\omega_2 = 0.56 \text{ rad/s} \tag{18.3.13}$$

C部分 地磁场对太空垃圾的影响

（C1）根据法拉第电磁感应定律，由变化磁场导致的如图 J18.3.1 所示的环状阴影部分的感应电动势大小为

$$\mathscr{E} = \frac{\mathrm{d}\Phi}{\mathrm{d}t} = \frac{\mathrm{d}B}{\mathrm{d}t} S = \pi R^2 \sin^2 \varphi \frac{\mathrm{d}B}{\mathrm{d}t} \tag{18.3.14}$$

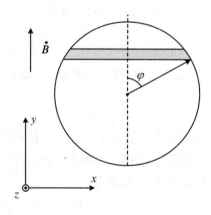

图 J18.3.1

环状阴影切片的电阻为

$$\mathrm{d}r = \frac{2\pi \rho R \sin \varphi}{DR \mathrm{d}\varphi} \tag{18.3.15}$$

环状阴影切片的电流为

$$\mathrm{d}I = \frac{\varepsilon}{\mathrm{d}r} = \frac{\mathrm{d}B}{\mathrm{d}t} \frac{DR^2}{2\rho} \sin \varphi \mathrm{d}\varphi \tag{18.3.16}$$

环状阴影切片的磁矩为

$$\mathrm{d}\mu = S \mathrm{d}I = \frac{\pi}{2\rho} DR^4 \frac{\mathrm{d}B}{\mathrm{d}t} \sin^3 \varphi \mathrm{d}\varphi \tag{18.3.17}$$

式(18.3.17)两边对整个球体积分，可得作用在薄球壳上的磁矩大小为

$$\mu = \int_0^\pi \frac{\pi}{2\rho} DR^4 \frac{dB}{dt} \sin^3\varphi \, d\varphi = \frac{2\pi}{3\rho} DR^4 \frac{dB}{dt} \tag{18.3.18}$$

由于磁矩的方向沿着 y 方向，因此磁矩的各分量为

$$\mu_x = 0, \quad \mu_y = -\frac{2\pi}{3\rho} DR^4 \frac{dB}{dt}, \quad \mu_z = 0 \tag{18.3.19}$$

（C2）根据磁感应强度和薄球壳的磁矩，可得作用在薄球壳上的力矩为

$$\boldsymbol{M} = \boldsymbol{\mu} \times \boldsymbol{B} \tag{18.3.20}$$

因此薄球壳上的力矩的各分量的表达式为

$$M_x = 0, \quad M_y = 0, \quad M_z = \mu B \sin\alpha = \frac{2\pi}{3\rho} DR^4 B \frac{dB}{dt} \sin\alpha \tag{18.3.21}$$

（C3）令地球半径为 R_0，根据题中所给的磁偶极子产生的磁感应强度分布公式，位于地球球心的磁偶极子 $\boldsymbol{\mu}_E = (0, -\mu_E, 0)$ 在 $\boldsymbol{r} = (R_0\cos u, R_0\sin u, 0)$ 处产生的磁感应强度为

$$B_X = -\frac{3}{2} \frac{\mu_0 \mu_E}{4\pi R_0^3} \sin 2u, \quad B_Y = (1 - 3\sin^2 u)\frac{\mu_0 \mu_E}{4\pi R_0^3}, \quad B_Z = 0 \tag{18.3.22}$$

因此在赤道轨道平面 $\boldsymbol{r} = (R_0\cos 0, R_0\sin 0, 0) = (R_0, 0, 0)$ 处的磁感应强度为

$$B_X = 0, \quad B_Y = \frac{\mu_0 \mu_E}{4\pi R_0^3}, \quad B_Z = 0 \tag{18.3.23}$$

由式(18.3.22)最终得到火箭最上级运行轨道上角度 u 处的地磁场的表达式为

$$B_X(u) = -\frac{3}{2} B_0 \sin 2u, \quad B_Y(u) = \frac{1}{2}(3\cos 2u - 1)B_0, \quad B_Z(u) = 0 \tag{18.3.24}$$

其中 $B_0 = \dfrac{\mu_0 \mu_E}{4\pi R_0^3}$。

（C4）考虑参考系 xyz，该参考系的 z 轴与 XYZ 参考系的 Z 轴共线，x 轴和 y 轴分别相对 X 轴和 Y 轴转过角度 β。地磁场在 xyz 参考系中的表达式为

$$B_x = B_X \cos\beta + B_Y \sin\beta, \quad B_y = -B_X \sin\beta + B_Y \cos\beta, \quad B_z = B_Z \tag{18.3.25}$$

地磁场在 xyz 参考系中随时间的变化率为

$$\begin{aligned}
\frac{dB_x}{dt} &= \frac{dB_X}{dt}\cos\beta + \frac{dB_Y}{dt}\sin\beta + (-B_X \sin\beta + B_Y \cos\beta)\frac{d\beta}{dt} \\
&= \left[\frac{dB_X(u)}{du}\cos\beta + \frac{dB_Y(u)}{du}\sin\beta\right]\frac{du}{dt} + (-B_X \sin\beta + B_Y \cos\beta)\frac{d\beta}{dt} \\
\frac{dB_y}{dt} &= -\frac{dB_X}{dt}\sin\beta + \frac{dB_Y}{dt}\cos\beta + (-B_X \cos\beta - B_Y \sin\beta)\frac{d\beta}{dt} \\
&= \left[-\frac{dB_X(u)}{du}\sin\beta + \frac{dB_Y(u)}{du}\cos\beta\right]\frac{du}{dt} + (-B_X \cos\beta - B_Y \sin\beta)\frac{d\beta}{dt} \\
\frac{dB_z}{dt} &= 0
\end{aligned} \tag{18.3.26}$$

利用 $\dfrac{du}{dt} = \dfrac{2\pi}{T}$，$\dfrac{d\beta}{dt} = \omega$ 以及(18.3.21)和(18.3.24)两式，得到火箭最上级沿 z 方向的力矩为

$$M_Z = M_z = \frac{2\pi}{3\rho} DB_0^2 R^4 \left[\frac{3\pi}{T}(3 - \cos 2u) - \frac{\omega}{2}(5 - 3\cos 2u)\right] \tag{18.3.27}$$

火箭最上级沿 x, y 方向的力矩为

$$M_x = 0, \quad M_y = 0 \tag{18.3.28}$$

(C5) 根据式(18.3.27)，火箭最上级沿 z 方向的力矩对时间的平均值为

$$\langle M_z \rangle = \frac{2\pi}{3\rho} DB_0^2 R^4 \left(\frac{9\pi}{T} - \frac{5\omega}{2} \right) \tag{18.3.29}$$

由于火箭最上级的力矩方向是沿旋转轴 z 方向的，因此该力矩并不改变转轴的方向，这意味着式(18.3.29)对最上级总是成立的。当暂态过程已经完成时，由(B1)小题可知，火箭最上级绕轴旋转，其旋转轴垂直于其对称轴。所以火箭最上级的角动量为

$$L_z = J_y \omega \tag{18.3.30}$$

利用 $\frac{dL_z}{dt} = M_z$ 可得角速度随时间的变化率为

$$\frac{d\omega}{dt} = \frac{2\pi}{3J_y \rho} DB_0^2 R^4 \left(\frac{9\pi}{T} - \frac{5\omega}{2} \right) \tag{18.3.31}$$

最终解得火箭最上级的角速度随时间的变化规律为

$$\omega(t) = \frac{18\pi}{5T} + \left(\omega_2 - \frac{18\pi}{5T} \right) \exp(-\delta t) \tag{18.3.32}$$

其中 $\delta = \frac{5\pi}{3J_y \rho} DB_0^2 R^4$。

(C6) 由式(18.3.32)，经过足够长的时间后，火箭最上级的转动角速度趋向于 $\frac{18\pi}{5T}$，最终得到火箭最上级的轨道运行周期 T 与转动周期 T_s 的比值为

$$\frac{T}{T(\infty)} = \frac{T\omega(\infty)}{2\pi} = \frac{9}{5} \tag{18.3.33}$$

第 19 届亚洲物理奥林匹克竞赛理论试题与解析[①]

理论试题

第 1 题 中性原子的光阱

光阱在制备超冷原子系统中有着重要的作用,并应用于量子测量技术。若将激光束照射到一堆中性原子上,就能捕捉并冷却这些中性原子,当原子被冷却到接近绝对零度时,原子会表现出迷人的量子行为,比如著名的玻色-爱因斯坦凝聚(BEC)现象。

本题研究用于中性原子的光阱的基本概念和钠原子的玻色-爱因斯坦凝聚实验中的特有现象。

中性钠原子可视为带正电荷 $+e$ 的等效核(包括钠原子核和除最外层那个电子之外的剩余 10 个电子)在带负电荷 $-e$ 的均匀分布的电子云中,等效核的质量远大于电子云的质量。若无外加电场,等效核的中心($+$)与电子云的中心($-$)重合;当激光照射钠原子时,激光的电场与钠原子的等效核和电子云都有相互作用,因此钠原子形成电偶极子,如图 T19.1.1 所示。同时,该电偶极子又与激光束的电场相互作用,从而产生了钠原子的电偶极子势能,也称为钠原子受到光势能的作用。光势能依赖于激光的光强分布 $I(r)$ 和激光频率。选择合适的激光光强和频率,可形成类似于囚笼的势阱(称为光阱),从而将中性钠原子限制在势阱中。

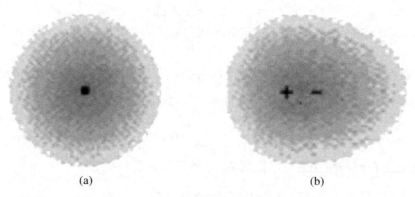

图 T19.1.1 中性钠原子的电子云分布

(a) 无电场时,电子云绕等效核呈球形分布,等效核中心与电子云中心重合;(b) 电场中电子云发生偏移,等效核中心($+$)与电子云中心($-$)分开。

[①] 第 19 届亚洲物理奥林匹克竞赛于 2018 年 5 月 6 日至 5 月 12 日在越南河内举行,共有 25 个国家和地区派出代表队参加。

A 部分 匀强电场中的电偶极子

考虑中性原子的极化，中性原子置于匀强电场 $\boldsymbol{E}_0 = E_0 \hat{\boldsymbol{u}}$ 中，其中 $\hat{\boldsymbol{u}}$ 是沿匀强电场方向的单位矢量，E_0 是匀强电场的大小。中性原子在匀强电场中产生电偶极矩

$$\boldsymbol{p}_0 = el\hat{\boldsymbol{u}} = \alpha E_0 \hat{\boldsymbol{u}}$$

其中 l 是中性原子的负电荷中心与正电荷中心之间的距离，α 为极化率。

中性原子所在的区域最初没有外加电场，而后外加匀强电场非常缓慢地从零逐渐增加到 E_0，由于匀强电场随时间的变化非常缓慢，因此在本部分中无需考虑电场随时间变化产生的影响，匀强电场的瞬时值表示为 $\boldsymbol{E} = E\hat{\boldsymbol{u}}$。

（A1）求原子从外加匀强电场中吸收的瞬时功率 P_abs 的表达式，用 E 和 $\dfrac{\mathrm{d}\boldsymbol{p}}{\mathrm{d}t}$ 表示。

（A2）当外加匀强电场从零缓慢增加到 E_0 时，求外加匀强电场对原子做的总功 W 的表达式，并由此得到外加匀强电场为 E_0 时电偶极子的势能 $U_\text{诱导}$ 的表达式，用 E_0 和 $\boldsymbol{p}_0$ 表示。

注意：当外加电场突然撤去后，由于惯性和库仑回复力的作用，电子云以固有角频率 ω_0 振荡。

B 部分 振荡电场中的电偶极子

本部分研究中性原子置于外加的随时间和空间变化的激光场中，激光电场为

$$\boldsymbol{E}(\boldsymbol{r},t) = E_0(\boldsymbol{r})\cos\omega t\, \hat{\boldsymbol{u}}$$

中性原子的电偶极矩 $\boldsymbol{p}$ 将随驱动激光的电场角频率 ω 振荡。众所周知，振荡的电偶极子自身会产生电磁辐射。由于产生电磁辐射，电子会受到反冲动量，使得电偶极子与电场间存在电磁摩擦，从而引起电偶极子的相位与激光电场的相位不同步，即两者间存在相位差，中性原子的电偶极矩可表示为

$$\boldsymbol{p}(\boldsymbol{r},t) = \alpha \cdot E_0(\boldsymbol{r})\cos(\omega t + \varphi)\hat{\boldsymbol{u}}$$

其中极化率 α 和相位差 φ 都依赖于激光电场的角频率（驱动角频率）ω，即 $\alpha = \alpha(\omega)$，$\varphi = \varphi(\omega)$。

由于电磁振荡，后面讨论的所有物理量均用平均值表示，平均时间为激光的电场振荡周期 $T = \dfrac{2\pi}{\omega}$，对于随时间周期性变化的物理量 $f(t)$，其对时间平均值定义为

$$\langle f(t) \rangle = \frac{\omega}{2\pi}\int_0^{\frac{2\pi}{\omega}} f(t)\mathrm{d}t$$

激光的光强 $I(\boldsymbol{r})$ 与激光的电场振幅 E_0 之间满足关系

$$I(\boldsymbol{r}) = \frac{1}{2}\varepsilon_0 c E_0^2(\boldsymbol{r})$$

其中 ε_0 为真空介电常数，c 为真空中的光速。

求中性原子的电偶极子势能 $U_\text{dip}(\boldsymbol{r}) = \langle U_\text{感生}(\boldsymbol{r},t) \rangle$ 的表达式，用 $\alpha, \varphi, \varepsilon_0, c$ 和 $I(\boldsymbol{r})$ 表示。

C 部分 散射率

通过电偶极子的势能，可将中性原子捕捉到势阱中，此外由于原子还会吸收和发射光

子,因此振荡的激光电场也会产生作用于原子的散射力,光散射过程可能导致原子被加热,导致原子从光阱中逃离,这可用散射率来表征。散射率是单位时间内一个原子所散射的光子数,定义为

$$\Gamma_{sc}(r) = \frac{\langle P_{abs}(r)\rangle}{\hbar\omega}$$

其中 $\Gamma_{sc}(r)$ 是散射率,$\langle P_{abs}(r)\rangle$ 是原子从激光场中吸收的平均功率,$\hbar\omega$ 是光子的能量 $\left(\hbar = \frac{h}{2\pi}\right)$。

求散射率 $\Gamma_{sc}(r)$ 的表达式,用 $\alpha, \varphi, \varepsilon_0, c, I(r), \hbar, \omega$ 表示。

D 部分 极化率

电偶极子势能 U_{dip} 和散射率 $\Gamma_{sc}(r)$ 都依赖于极化率 α。为了计算极化率 α,利用在外加电场 $\boldsymbol{E}(t) = E_0\cos\omega t\hat{\boldsymbol{u}}$ 作用下的一维谐振子模型,令 Ox 轴是与电场的单位矢量 $\hat{\boldsymbol{u}}$ 平行的坐标轴。在一维谐振子模型中,电子的运动由下述三种力决定:

① 回复力:$-m_e\omega_0^2 x\hat{\boldsymbol{u}}$。回复力描述了以固有频率 ω_0 振荡的自由振子,该角频率也对应原子在光场中发生跃迁时的频率。正电荷假设是静止的,x 表示负电荷中心相对正电荷中心的位移。

② 激光场的驱动力:$-eE_0\cos\omega t\hat{\boldsymbol{u}}$。

③ 阻尼力:$-m_e\gamma_\omega\dfrac{\mathrm{d}x}{\mathrm{d}t}\hat{\boldsymbol{u}}$。阻尼力是由加速运动的电荷的辐射产生的,$\gamma_\omega$ 是与角频率相关的阻尼率。

综合以上三种力可得电子的动力学方程为

$$\frac{\mathrm{d}^2 x}{\mathrm{d}t^2} + \gamma_\omega\frac{\mathrm{d}x}{\mathrm{d}t} + \omega_0^2 x = -\frac{eE_0\cos\omega t}{m_e}$$

其解为 $x = x_0\cos(\omega t + \varphi)$,其中 x_0, φ 为待定量。

求极化率 α 的表达式,用 $\gamma_\omega, e, m_e, \omega_0, \omega$ 表示。

E 部分 阻尼率

实际上,阻尼率 γ_ω 与电子轨道无关。因此可采用另一简单模型,即在没有激光场时,电子做角频率为 ω、线速度为 v_0 的圆周运动(注:此处 ω 与前述激光电场的角频率 ω 相同)。电子在加速运动时产生的电磁辐射的功率 P_L 遵循拉莫尔公式:

$$P_L = \frac{1}{6\pi\varepsilon_0}\frac{e^2 a^2}{c^3}$$

其中 a 为电子的加速度。阻尼力 F_d 与阻尼率 γ_ω 的关系为 $F_d = -m_e\gamma_\omega v_0$。假设电子的总能量比每个周期产生的电磁辐射的能量大的多。

(E1) 求能量阻尼率 γ_ω 的表达式,用 $e, \varepsilon_0, c, m_e, \omega$ 表示。

当激光的电场振荡频率 ω 接近电子固有频率 ω_0 时,极化率变大,导致电偶极子的势能更大,散射率也增大。因此通过考虑比值 $\dfrac{U_{dip}(r)}{\hbar\Gamma_{sc}(r)}$ 可以找到合适的激光频率来降低散射率,同时保持相当深的势阱。

(E2) 激光电场频率为 ω_0 时的阻尼率记为 $\gamma = \gamma_{\omega=\omega_0}$，求比值 $\dfrac{U_{\text{dip}}(r)}{\hbar \Gamma_{\text{sc}}(r)}$ 的表达式，用 ω，ω_0，γ 表示。

F 部分 激光场产生的势阱

由上述结论可得：通过选择角频率 ω 不太接近于原子的光跃迁频率 ω_0 的高强度激光，可以同时实现深囚禁势阱和低加热速率。

由于散射率 $\Gamma_{\text{sc}}(r)$ 是正的，从比值 $\dfrac{U_{\text{dip}}(r)}{\hbar \Gamma_{\text{sc}}(r)}$ 可知，若 $\omega < \omega_0$，则电偶极子的势能是负的，原子会被最大程度地囚禁在激光光束的聚焦区域（光强最大）。一旦原子落入势阱，通过减少阱深来去除高能原子，可将囚禁的原子气体冷却到超低温，从而形成玻色-爱因斯坦凝聚现象。玻色-爱因斯坦凝聚研究中的突破性进展是 20 世纪 90 年代末由 D. M. Stamper-Kurn 等科学家利用 ^{23}Na 原子实验获得的。

玻色-爱因斯坦凝聚的物理过程可作如下理解：自然界中有两种粒子，分别是自旋为整数的玻色子和自旋为半整数的费米子。根据泡利不相容原理，同一量子态中不可能存在两个费米子，而同一量子态中允许存在多个玻色子。超低温时，玻色子中的大部分可凝聚到最低的能量状态（基态），形成凝聚云（凝聚的玻色子）；而其余的玻色子处于较高能量的激发态（非凝聚的玻色子或者热的玻色子）。

接下来分析具体的玻色-爱因斯坦凝聚的实例：钠原子的稀薄气体。钠原子是玻色子，钠原子囚禁在由高斯激光束形成的光阱中，如图 T19.1.2(a) 所示。已知激光的波长为 λ，激光的角频率为 $\omega = \dfrac{2\pi c}{\lambda}$（$\omega < \omega_0$）。高斯光束沿 z 轴传播，高斯光束的光强分布为

$$I(\rho, z) = \dfrac{2P}{\pi D^2(z)} \exp\left[-\dfrac{2\rho^2}{\pi D^2(z)}\right]$$

其中 $\rho = \sqrt{x^2 + y^2}$，$D(z) = D_0 \sqrt{1 + \dfrac{z^2}{z_R^2}}$ 为腰宽，$z_R = \dfrac{\pi D_0^2}{\lambda}$ 为瑞利长度。激光总功率 P 和束腰系数 D_0 决定了囚禁光势阱的各参数。光势阱的重要参数就是势阱深度 $U_{\text{深度}}$，它是势能极小值的绝对值，规定无穷远处为势能零点，如图 T19.1.2(b) 所示。

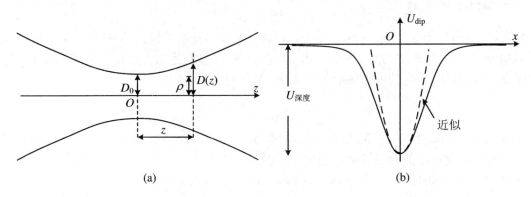

图 T19.1.2

(a) 高斯光束。实线是包络线，表示在 $z =$ 常数的固定平面上的腰宽 $D(z)$。(b) 由角频率 $\omega < \omega_0$ 的高斯光束产生的光阱沿 x 方向的示意图。虚线是近似的谐振子势，是对光阱底部附近势能的近似。

(F1) 求势阱深度 $U_{深度}$ 的表达式,用 $c,\omega,\omega_0,\gamma,P,D_0$ 表示。

(F2) 若激光功率 $P=4$ mW,激光波长 $\lambda=985$ nm,束腰系数 $D_0=6$ μm,钠原子的固有波长(与钠原子的跃迁频率对应的波长)$\lambda_0=589$ nm。求势阱深度 $U_{深度}$ 的值,要求用等效温度 T_0 表示,即在等效温度 T_0 时,未被囚禁的原子的平均动能等于势阱深度。

G 部分 势阱底部的谐振子近似

当原子云的温度 T 远小于等效温度 T_0 时,光阱势能可以很好地近似为具有柱对称的谐振子势能:

$$U_{dip}(\rho,z) = -U_{深度} + \frac{1}{2}m\Omega_\rho^2\rho^2 + \frac{1}{2}m\Omega_z^2 z^2$$

其中 m 为钠原子的质量,Ω_ρ,Ω_z 是在相应方向上的振动角频率。

(G1) 求 Ω_ρ,Ω_z 的表达式,用 T_0,m,D_0,z_R,k_B 表示,其中 k_B 是玻尔兹曼常量。

在超低温时,钠原子云由凝聚原子(凝聚云)和热原子组成。凝聚原子的行为服从海森伯不确定原理,根据不确定原理可以估算凝聚云的空间大小或动量分布。另外,热原子由经典物理学描述,服从麦克斯韦-玻尔兹曼分布律。

接下来估算凝聚云的大小,即凝聚钠原子与势阱中心的平均距离。当钠原子在整个凝聚云中运动时,每个凝聚钠原子都具有势能和动能。一方面,势能是关于凝聚云的尺寸的单调递增函数,钠原子试图降低势能以达到最低能级;另一方面,随着凝聚云尺寸的减小,根据不确定原理,原子的动量必须增加,从而导致原子的动能增加。因此通过平衡这两种趋势相反的能量,由钠原子组成的凝聚云最终达到最佳尺度。

为简单起见,考虑最简单一维谐振子势阱 $U(z)=\frac{1}{2}m\Omega_z^2 z^2 + 常数$。

(G2) 估算凝聚云的大小 z_0 的表达式,用 m,h,Ω_z 表示。

(G3) 求原子的最低能级 E_0 的表达式,用 h,Ω_z 表示。

(G4) 求原子运动的平均速度 v_0 的表达式,用 m,h,Ω_z 表示。

H 部分 区分凝聚云和热原子云

最后研究如何通过开关势阱来区分凝聚云和热原子云。要区分两种云,需要记录不同云的密度的形状图像。虽然势阱是各向异性的,但热原子云依然服从各向同性的麦克斯韦速度分布。相反,势阱是各向异性的,且玻色-爱因斯坦凝聚云的速度分布也是各向异性的。更准确地说,玻色-爱因斯坦凝聚云沿强约束轴的膨胀速度要大于沿弱约束轴的膨胀速度,因此膨胀主要发生在径向方向,凝聚云由最初的雪茄状最终演变成薄饼状,如图 T19.1.3 所示。所以在长时间飞行后密度分布将会是各向异性的,并与囚禁在势阱中时的凝聚云形状相反。现将前述结论扩展到三维势能,即高斯激光束的光阱。

(H1) 求高宽比值 $\dfrac{z_0}{\rho_0}$ 的表达式,其中 z_0 和 ρ_0 分别是描述凝聚云的初始大小的物理量,用 Ω_ρ,Ω_z 表示。

(H2) 当光阱关闭后,凝聚云沿不同的方向以不同的初始速度 v_ρ 和 v_z 膨胀,求比值 $\dfrac{v_\rho}{v_z}$ 的表达式,用 Ω_ρ,Ω_z 表示。

(H3) 假设凝聚云在膨胀过程中速度保持不变,经过长时间膨胀后,凝聚云的大小比初

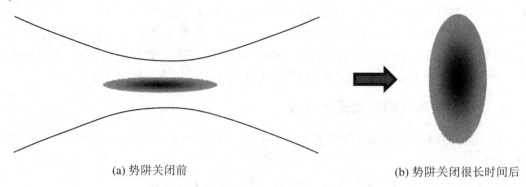

(a) 势阱关闭前　　　　　　　　　　　　(b) 势阱关闭很长时间后

图 T19.1.3　凝聚云的形状

始时大得多,即 $z_L \gg z_0$ 和 $\rho_L \gg \rho_0$,估算此时凝聚云的 $\frac{z_L}{\rho_L}$ 的值。

(H4) 与(H3)小题相同,经历长时间膨胀之后,热原子云的大小比初始时大得多,即 $z_{T,L} \gg z_0$ 和 $\rho_{T,L} \gg \rho_0$,估算此时热原子云的 $\frac{z_{T,L}}{\rho_{T,L}}$ 的值。

第 2 题　太 空 电 梯

目前,从地球到月球(或火星、其他天体)进行物质和人员运输的唯一运载工具是火箭。然而,利用火箭进行太空旅行的方式并不高效。

1967 年,苏联工程师阿图苏塔诺夫在《科学》杂志上首先提出了太空电梯的构想。太空电梯的构造设想如图 T19.2.1 所示,太空电梯由太空电梯轨道和可在太空电梯轨道内上下运动的电梯轿厢组成。太空电梯轨道为狭长形结构,太空电梯轨道的下端(图 T19.2.1 中(3)处)固定在地球赤道上,上端(图 T19.2.1 中(5)处)在赤道上空,离地面高度大于地球同步卫星离地面的高度。太空电梯绕地球中心的转动周期与地球的自转周期相同。地球同步卫星轨道是距离地心约 42300 km 的圆形轨道,与地球自转具有相同的周期和方向,在地球同步卫星轨道上的物体与自转的地球保持相对静止。

1975 年,美国工程师皮尔森在《宇航学报》杂志发表论文《轨道塔:利用地球旋转能量的航天发射器》,此后太空电梯的构想引起了人们的关注。皮尔森的论文指出了太空电梯的许多有用特征,而且明确指出,为了使太空电梯成为现实,太空电梯轨道必须由强度比钢铁高的多但密度比钢铁小得多的特殊材料制成。由于缺乏满足该特殊要求的材料,多年来太空电梯的研究几乎没有进展。

直到 20 世纪 90 年代,科学们发现了由六方碳原子阵列组成的碳纳米管新材料。2003 年,波特项目启动,计划建造并运营采用上述技术和材料的太空电梯。

本题希望研究太空电梯的两种设计、碳纳米管的力学性能,并探索太空电梯的应用。

已知物理数据:地球质量 $M = 5.98 \times 10^{24}$ kg,地球半径 $R = 6370$ km,地球同步轨道半径 $R_G = 42300$ km,太阳质量 $M = 2 \times 10^{30}$ kg,地球公转轨道半径 $R_E = 1.5 \times 10^8$ km $= 1$ AU,地球公转速度为 29.9 km/s,地球自转角速度 $\omega = 7.27 \times 10^{-5}$ rad/s,地球表面的重力加速度 $g = 9.8$ m/s^2。

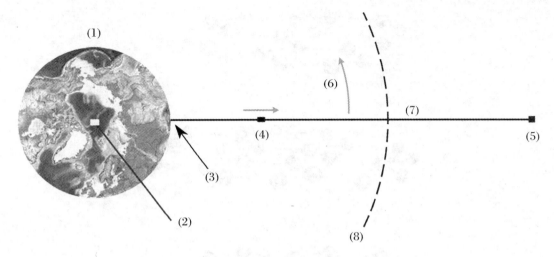

图 T19.2.1 太空电梯

(1)地球；(2)地球北极；(3)太空电梯轨道下端固定在赤道上；(4)太空电梯的轿厢；(5)配重；(6)太空电梯与地球一起转动；(7)太空电梯轨道；(8)地球同步轨道。

A 部分　截面均匀的圆柱形太空电梯轨道

首先考虑截面积为 A、密度为 ρ 的圆柱形太空电梯轨道。该太空电梯轨道可视为垂直固定放置在赤道上实心圆柱体。由于太空电梯轨道的上端高度大于地球同步卫星轨道的高度，因此太空电梯的圆柱体轨道的底部对地面的压强为零。太空电梯的圆柱体轨道沿其高度方向均处于拉紧状态，其拉伸应力(单位面积的作用力)可自行调整，使得太空电梯的圆柱形轨道的任意微元在重力、离心力和拉伸应力的作用下处于平衡状态。

(A1) 求太空电梯圆柱形轨道的上端与地球表面的距离 L 的值。

(A2) 求太空电梯圆柱形轨道内应力最大点与地球球心的距离 r 的表达式，用 R_G 表示。

(A3) 求太空电梯圆柱形轨道内最大应力 σ_{max} 的表达式，用 ρ，R_G，R 和 g 表示。若太空电梯的圆柱形轨道由密度为 $\rho_{Fe} = 7.9 \times 10^3 \ kg/m^3$、拉伸强度(拉伸强度是材料所能承受的最大拉伸应力)为 $\sigma_{Fe} = 5.0 \ GPa = 5.0 \times 10^9 \ Pa$ 的钢铁制成。求太空电梯圆柱形轨道内最大应力 σ_{max} 与钢铁的拉伸强度 σ_{Fe} 的比值。

B 部分　碳纳米管

A 部分的计算表明，为了建造太空电梯，需要具有非常高抗拉强度的轻质材料。碳纳米管恰好可以满足该要求，这是由于碳原子很轻且碳原子间化学键较强。

自然界中存在两种晶体碳结构：金刚石和石墨。金刚石中的每个碳原子为四个最近邻碳原子所包围，形成四面体。石墨具有层状结构，每一层中的碳原子排列在六边形平面晶格中，每个碳原子为三个最近邻碳原子所包围，如图 T19.2.2 所示。尽管金刚石被认为是最坚硬的材料，但石墨的每层六边形晶格中的碳原子之间的共价键(图 T19.2.2 中的实线)比金刚石四面体中的碳原子之间的共价键更强。但是石墨不同层的碳原子之间的作用力是范德瓦耳斯力(图 T19.2.2 中的虚线)，而范德瓦耳斯力比共价键要弱得多，因此石墨比金刚石要柔软得多。

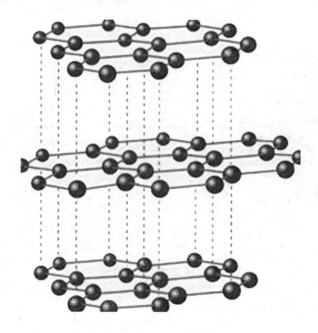

图 T19.2.2　石墨结构

单原子层的石墨称为石墨烯，石墨烯具有单原子厚度。单原子层的石墨烯并不稳定且倾向于卷起形成球形碳或碳纳米管，如图 T19.2.3 所示。

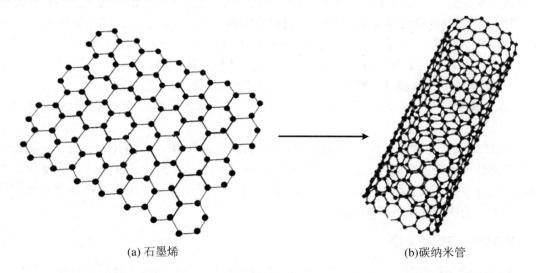

(a) 石墨烯　　　　　　　　　　　　　(b) 碳纳米管

图 T19.2.3

石墨烯的六边形晶格如图 T19.2.4 所示，六边形晶格中两个最近邻碳原子之间的距离 $a = 0.142$ nm，两个最接近的平行的共价键之间的距离 $b = 0.246$ nm。由于石墨烯中碳原子之间的共价键很强，导致碳纳米管的机械性能非常特殊，具有非常大的杨氏模量、非常大的拉伸强度和非常小的密度。杨氏模量定义为沿轴向拉伸应力与沿轴向应变之比，其中应变为形变长度与原长之比。在应力范围内，应力和应变之间满足胡克定律。

现在考察具有 27 个碳-碳平行键的碳纳米管的机械性能。为作图方便，图 T19.2.5 给出了 9 个碳-碳平行键的碳纳米管示意图。

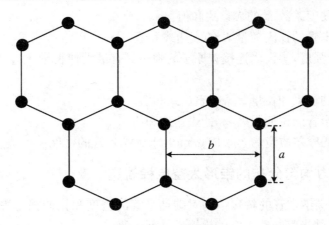

图 T19.2.4 石墨烯

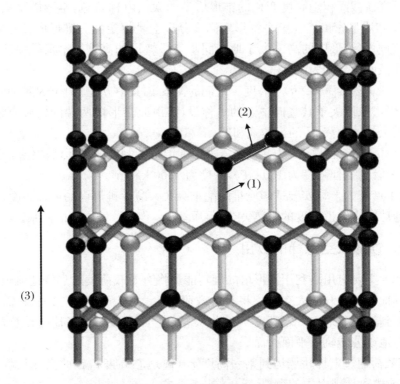

图 T19.2.5 具有 9 个碳-碳平行键的碳纳米管(本部分讨论 27 个碳-碳平行键)
(1)平行键;(2)倾斜键;(3)管轴方向。

碳纳米管中两个碳原子之间共价键的相互作用力可用莫尔斯势能

$$V(x) = V_0(e^{-\frac{4x}{a}} - 2e^{-\frac{2x}{a}})$$

描述,其中 $a = 0.142$ nm 为碳纳米管中两个最近邻碳原子之间的平衡距离,$V_0 = 4.93$ eV 是结合能,x 是碳原子相对于平衡位置的位移。为简单起见,可用二次多项式

$$V(x) = P + Qx^2$$

近似表示莫尔斯势能。忽略所有非近邻原子间的所有相互作用(包括倾斜键),忽略键角的变化。在莫尔斯势能近似式中,假定最近邻碳原子间通过劲度系数为 k 的弹簧相连。

(B1) 求莫尔斯势近似公式中系数 P 和 Q 的表达式,用 a 和 V_0 表示。

(B2) 求弹簧劲度系数 k 的表达式和值。

(B3) 求碳纳米管的杨氏模量 E 的表达式和值。

为了估计拉伸强度，假设当连接碳原子的弹簧具有最大伸长量 x_{max} 时，其弹性势能恰好等于结合能。

(B4) 求弹簧的最大伸长量 x_{max} 的表达式和值。

(B5) 求碳纳米管的拉伸强度 σ_0 的表达式和值。

(B6) 已知碳的摩尔质量为 $\mu = 12\ g/mol$，求碳纳米管的密度 ρ 的值。

C 部分　应力均匀分布的锥形太空电梯轨道

B 部分中利用碳纳米管的特殊结构对碳纳米管的密度和拉伸强度进行了理论估算，估算结果表明利用碳纳米管制造太空电梯轨道是可行的。

本部分研究横截面积随高度变化的锥形塔型的太空电梯轨道，锥形塔型的太空轨道设计可使应力 σ 和质量密度 ρ 在整个锥形塔高度分布上是恒定的。锥形塔具有轴对称性，且在赤道上竖直放置，锥形塔的高度大于地球同步卫星轨道的高度。锥形塔在地球表面和同步轨道处的横截面积分别为 A_S 和 A_G。

(C1) 求锥形塔截面积 $A(h)$ 与高度 h 之间的关系式，其中 h 是锥形塔从地面向上的高度。

(C2) 锥形塔采用关于其竖向中点的对称设计，由此锥形塔两端的横截面相等，求地球中心与锥形塔上端的距离 H 的表达式和值。

(C3) 锥形塔的锥度比定义为 A_G/A_S，求由碳纳米管制成的锥形塔的锥度比 A_G/A_S 的值，已知碳纳米管的拉伸强度为 130 GPa，密度为 1300 kg/m^3。

(C4) 在锥形塔的上端安装适当质量的配重会大大减少锥形塔的离地高度。设 h_C 为锥形塔上端与地球同步轨道高度的距离，求配重质量 m_C 与 h_C 的之间的关系。

D 部分　锥形太空电梯的应用

太空电梯的主要应用是利用锥形塔的旋转能量将有效载荷发射到绕地轨道上或者将航天器发射到其他行星。利用太空电梯将有效载荷送入太空是非常容易的，只需让有效载荷乘坐电梯轿厢到达距离地心一定高度 r 处并从静止开始释放。为了简化计算，假设锥形塔的运动轨迹与地球公转轨道平面共面。

(D1) 若载荷通过电梯轿厢运到某一高度 r_C（离地心高度），在此高度从静止状态释放载荷，载荷就能逃离地球引力的束缚，求 r_C 的表达式。

如果希望利用太空电梯来发射航天器以到达其他行星，则需要建造一个比 r_C 更高的锥形塔。设锥形塔的上端与地球中心的距离为 10.7×10^4 km。

(D2) 若将航天器从锥形塔上端由静止释放，求它可到达的与太阳的最小距离 r_{min} 和最大距离 r_{max} 的值，以 AU 为单位。忽略地球在锥形塔上端对航天器的引力。

第 3 题　热 电 效 应

导热材料中的热流和电流之间相互作用而产生热电效应。本题希望研究导热材料的三个主要热电效应：焦耳效应、塞贝克效应和珀耳帖效应，忽略其他热电效应。

① 焦耳效应。载流子（电子）与晶格相互作用产生焦耳热，称为焦耳效应。载流子定向

运动形成电流,载流子的一部分定向运动动能传递给晶格振动,使得晶体被加热。焦耳效应是不可逆的。

② 塞贝克效应。由两种不同的导电材料制成的导体 A 和导体 B 组成的热电偶中可观察到塞贝克效应。热电偶可由导体 A 和导体 B 直接连在一起形成环状构成(图 T19.3.1(a)),或者导体 A 和导体 B 通过热容和电阻率都非常小的导体材料制成的中间导体 C 连接在一起构成(图 T19.3.1(b))。

如图 T19.3.1 所示,当热电偶的两个连接端与不同温度的大热源 T_1 和 T_2 ($T_1 > T_2$)接触时,会产生塞贝克电动势:
$$\mathscr{E} = \alpha(T_1 - T_2)$$
其中 α 是热电偶的塞贝克系数,其与温度无关。塞贝克效应主要用于热电发电机,将热能转化为电能。

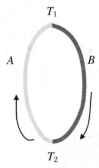

(a) 导体A与导体B直接连接　　(b) 导体A与导体B通过中间导体C连接

图 T19.3.1　热电偶(塞贝克效应)(T_1 为热端,T_2 为冷端)

③ 珀耳帖效应。珀耳帖效应是指:热电偶由两种不同的导电材料制成的导体 A 和导体 B 直接相连构成(图 T19.3.2(a))或者导体 A 和导体 B 通过第三种导体材料制成的中间导体 C 相连构成(图 T19.3.2(b))。当电流通过热电偶时,两种导体的连接处不是在吸热就是在散热。两种导体的连接处的珀耳帖热功率为
$$q = \pi I$$
其中 π 称为珀耳帖系数。具有珀耳帖效应的热电偶的闭环电路(如图 T19.3.2(b)所示)可用于制作制冷装置,热量从孤立隔离的一个连接端传出,然后在另一个连接端释放。

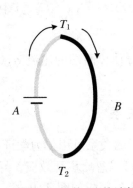 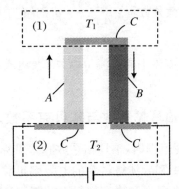

(a) 导体A与导体B直接连接　　(b) 导体A与导体B通过中间导体C连接

图 T19.3.2　热电偶(珀耳帖效应)

焦耳效应是不可逆的，但塞贝克效应和珀耳帖效应是可逆的。尽管塞贝克效应和珀耳帖效应需要温差元件间的连接端，但本质上还是整体效应。为简单起见，假定热量只能通过对周围环境的辐射而散失，忽略对流和传导导致的热量散失，且热流仅局限在热电偶内部以及热端和冷端。

本题中热电偶 AB 的长度为 $0.02\,\mathrm{m}$，塞贝克系数为 $\alpha = 420\,\mu\mathrm{V/K}$，组成热电偶 AB 的两种材料的热学参数和电学参数如表 T19.3.1 所示。

表 T19.3.1　热电偶所用材料参数（室温）

名称	材料	电阻率 $\rho/(\Omega\cdot\mathrm{m})$	热导率 $k/(\mathrm{W}/(\mathrm{m}\cdot\mathrm{K}))$
A	$\mathrm{Bi}_2\mathrm{Te}_{2.7}\mathrm{Se}_{0.3}$	1.0×10^{-5}	1.4
B	$\mathrm{Bi}_{0.5}\mathrm{Sb}_{1.5}\mathrm{Te}_3$	1.0×10^{-5}	1.4

A 部分　均匀导体棒中的热量传输

如图 T19.3.3 所示，电流 I 沿长为 L、电阻率为 ρ、热导率为 k 的均匀导体棒流动。导体棒的两端分别位于 Ox 轴的 $x=0$ 和 $x=L$ 处。导体棒在 $x=0$ 处的温度为 T_1，在 $x=L$ 处的温度为 T_2，导体棒两端的温度 T_1，T_2 都保持恒定。

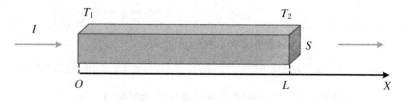

图 T19.3.3

根据傅里叶定律，导体棒中的热流 $q(x)$（单位时间内通过垂直于 x 轴的横截面的总热量）为

$$q(x) = -kS\frac{\mathrm{d}T(x)}{\mathrm{d}x}$$

其中 k 为热导率，S 为导体棒的横截面积。假定没有热量散失到环境中。

（A1）当导体棒处于稳态时，求导体棒中的温度分布 $T(x)$ 的表达式。

数学提示：微分方程 $\dfrac{\mathrm{d}^2 T(x)}{\mathrm{d}x^2} = a$ 的解为 $T(x) = \dfrac{1}{2}ax^2 + C_1 x + C_2$，其中 C_1 和 C_2 由边界条件确定。

（A2）求导体棒中的热流 $q(x)$ 的表达式，并给出导体棒两端的热流 $q(0)$ 和 $q(L)$ 的表达式。

B 部分　珀耳帖系数与塞贝克系数之间的关系

在所有温度范围内，珀耳帖系数和塞贝克系数之间的关系可用热力学证明。

导体材料 A 和导体材料 B 的电阻率足够小，因此可以忽略焦耳效应。导体材料 A 和导体材料 B 通过电阻率和热容都很小的第三种导体材料 C 制成如图 T19.3.1(b)所示的热电偶，该热电偶的塞贝克系数为 α。本部分利用这种特殊情形的热电偶来推导珀耳帖系数和塞贝克系数之间的关系。已知该热电偶在温度为 T_1 的热端和温度为 T_2 的冷端的珀耳帖系数分别为 π_1 和 π_2。在电学过程中,热电偶中的电子气体进行理想的热力学卡诺循环。

(B1) 求电子气体从热端吸收的热量 q_1 的表达式。

(B2) 求电子气体传输给冷端的热量 q_2 的表达式。

(B3) 求电子气体在一个热力学循环过程中提供的功率 P 的表达式,已知塞贝克系数为 α。

(B4) 求连接端的珀耳帖系数 π 的表达式,用该连接端的塞贝克系数 α 和温度 T 表示。

C 部分　热电发电机

在本题后续部分中,在所有温度下,珀耳帖系数 $\pi = \alpha T$,且必须考虑焦耳效应。

利用长度都为 L 的两个导体棒组成的热电偶可制成热电发电机,如图 T19.3.4 所示。导体棒 A 和 B 的参数分别为:横截面积 S_A, S_B;电阻率 ρ_A, ρ_B;热导率 k_A, k_B。导体棒 A 和 B 的下端连接负载电阻 R_L。

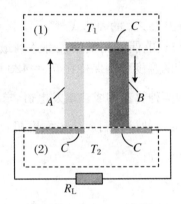

图 T19.3.4　热电发电机
(1)为热端(温度为 T_1);(2)为冷端(温度为 T_2)。

导体棒 A 和 B 组成的热电偶参数为:塞贝克系数 α,内电阻 $R = \rho_A \dfrac{L}{S_A} + \rho_B \dfrac{L}{S_B}$,热导 $K = k_A \dfrac{S_A}{L} + k_B \dfrac{S_B}{L}$。热电偶的热端保持温度 T_1 恒定,冷端保持温度 T_2 恒定,且 $T_1 > T_2$。电子气体从温度为 T_1 的热端获取的热功率为 q_1,电子气体释放给温度为 T_2 的冷端的热功率为 q_2。

(C1) 求 q_1, q_2 的表达式,用热电偶参数 α, R, K,温度 T_1, T_2 和电流 I 表示。

热电发电机的效率为 $\eta = \dfrac{P_L}{q_1}$,其中 P_L 是负载的电功率,负载电阻 R_L 和热电偶的内电阻之比为 $m = \dfrac{R_L}{R}$。

(C2) 求热电发电机的效率 η 的表达式,用热电偶参数 α, R, K,温度 T_1, T_2 和电阻比 m 表示。

为了获得高效率的热电发电机,热电偶需要具有以下特性:低电阻以减小焦耳热,低热导率以保持连接处的热量,并保持大温度梯度,将这三个属性置于物理量 $Z = \dfrac{\alpha^2}{KR}$ 中描述,称为热电偶的品质因数。

(C3) 求热电发电机的效率 η 的表达式，用 Z，理想卡诺循环效率 $\eta_c = \dfrac{T_1 - T_2}{T_1}$，$T_1$ 和 m 表示。

当热电发电机输出至负载的电功率最大，即 $P_L = P_{max}$ 时，热电偶的效率为 η_P。

(C4) 求 η_P 的表达式，用品质因数 Z 和 T_1，T_2 表示。

当电阻比 $m = M$ 时，热电发电机的效率达到最大，即 $\eta = \eta_{max}$。

(C5) 求 M 的表达式，用 Z 和 T_1，T_2 表示。

(C6) 求热电发电机的最大效率 η_{max} 的表达式，用 T_1，T_2，Z 和 M 表示。

增加热电偶的品质因数可以提高热电发电机的效率。在实际应用中，适当地选择组成热电偶的两导体棒的截面积 S_A，S_B，可使得热电偶的品质因数达到最大值 Z_m。

(C7) 当热电偶的品质因数达到最大时，求两导体棒的截面积比值 $\dfrac{S_A}{S_B}$ 的表达式，用 ρ_A，ρ_B，k_A，k_B 表示。

(C8) 求热电偶的最大品质因数 Z_m 的表达式，用 α，ρ_A，ρ_B，k_A，k_B 表示。

当负载电阻消耗的电功率与热电偶的品质因数都达到最大时，此时热电发电的效率称为最优效率 η_{opt}。设热端与冷端的温度分别保持在 $T_1 = 423 \text{ K}$，$T_2 = 303 \text{ K}$。

(C9) 由表 T19.3.1 所列的两种材料制成热电发电机，求 η_{opt} 的值，并求 $\dfrac{\eta_{opt}}{\eta_c}$ 的值。

(C10) 由表 T19.3.1 所列的两种材料制成热电发电机，求热电发电机的最大效率 η_{max} 的数值。

D 部分　热电冰箱

由热电偶制成的热电冰箱如图 T19.3.5 所示，热电偶的参数 α，K，R 与 C 部分相同。

热电偶顶端为热端，其初始温度为 T_1，其与周围环境隔绝，希望其被冷却。热电偶底端为温度维持在 T_2 的冷端，导体棒 A，B 与电池相连。电流的方向使得由于珀耳帖效应从顶部热端吸收热量，再释放至底部冷端。

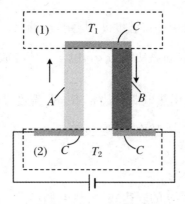

图 T19.3.5　热电冰箱

(1)为热端，是孤立热源(温度为 T_1)；(2)为冷端(温度为 T_2)。

(D1) 求冷却功率 q_C（即单位时间内由热端流入热电偶金属棒中的热流）的表达式，用热电偶的参数 α，K，R 和 T_1，T_2，I 表示。

(D2) 求热端与冷端的最大温差 $\Delta T_{\max} = T_2 - T_{1\min}$ 的表达式,用热电偶品质因数 Z 和孤立热源的最低温度 $T_{1\min}$ 表示。

热电偶由表 T19.3.1 中的材料 A,B 制成,当热电偶达到其最大品质因数 Z_m 时,可用于制作热电冰箱。

(D3) 当冷端温度 $T_2 = 300\text{ K}$ 时,求孤立热源所能达到的最低温度 $T_{1\min}$ 的值。

(D4) 当孤立热源达到其最低温度 $T_{1\min}$、而冷端温度维持在 $T_2 = 300\text{ K}$ 时,求热电冰箱的工作电流 I_w 的值。为了简化计算,假设两根金属棒的截面积相等,且 $S_A = S_B = 10^{-4}\text{ m}^2$。

当冷热端的温差小于 $\Delta T_{\max}$ 时,通常以性能系数 β 表示热电冰箱的性能,$\beta = \dfrac{q_C}{P}$,P 为电池提供的电功率。

(D5) 求热电冰箱的性能系数 β 的表达式,用热电偶的参数 α,K,R 和 T_1,T_2,I 表示。当热电冰箱的性能系数达到其最大值 $\beta_{\max}$ 时,电流强度为 I_β。

(D6) 求电流强度 I_β 的表达式,用热电偶参数 α,Z,R 和 T_1,T_2 表示。

(D7) 求热电冰箱的最大性能系数 $\beta_{\max}$ 的表达式。

解 析

第 1 题 中性原子的光阱

A 部分 匀强电场中的电偶极子

(A1) 中性原子的正、负电荷中心拉开距离 x,正负电荷在电场 E 中受到的电场力为
$$\boldsymbol{F} = \pm e\boldsymbol{E} \tag{19.1.1}$$

设在 dt 时间间隔内,正、负电荷中心之间的距离由 x 变为 $x + dx$,匀强电场对电偶极子做的功为
$$dW = \boldsymbol{F} \cdot d\boldsymbol{x} = e\boldsymbol{E} \cdot d\boldsymbol{x} = \boldsymbol{E} \cdot d\boldsymbol{p} \tag{19.1.2}$$

因此中性原子从外加匀强电场中吸收的瞬时功率为
$$P_{\text{abs}} = \frac{dW}{dt} = \boldsymbol{E} \cdot \frac{d\boldsymbol{p}}{dt} \tag{19.1.3}$$

(A2) 当外加匀强电场从零缓慢地增加到 E_0 时,它对中性原子做的总功可以由式 (19.1.2) 积分得到:
$$W = \int_0^{E_0} d\boldsymbol{p} \cdot \boldsymbol{E} = \int_0^{E_0} \alpha d\boldsymbol{E} \cdot \boldsymbol{E} = \frac{1}{2}\alpha E_0^2 = \frac{1}{2}\boldsymbol{p}_0 \cdot \boldsymbol{E}_0 \tag{19.1.4}$$

所以电偶极子的势能为
$$U_{\text{诱导}} = -W = -\frac{1}{2}\boldsymbol{p}_0 \cdot \boldsymbol{E}_0 \tag{19.1.5}$$

B 部分 振荡电场中的电偶极子

由式 (19.1.5) 可得振荡电场中的电偶极子的瞬时势能为
$$U_{\text{诱导}}(\boldsymbol{r},t) = -\frac{1}{2}\boldsymbol{p}_0 \cdot \boldsymbol{E}_0$$

$$= -\frac{1}{2}\alpha \cdot E_0(r)\cos(\omega t + \varphi)\hat{u} \cdot E_0(r)\cos\omega t\hat{u}$$

$$= -\frac{1}{2}\alpha E_0^2(r)\cos(\omega t + \varphi)\cos\omega t$$

$$= -\frac{1}{4}\alpha E_0^2(r)[\cos(2\omega t + \varphi) + \cos\varphi] \tag{19.1.6}$$

利用时间平均值的定义,可得振荡电场中的电偶极子的平均势能为

$$U_{\text{dip}}(r) = \langle U_{\text{诱导}}(r,t) \rangle$$

$$= -\frac{1}{4}\alpha E_0^2(r) \cdot \frac{\omega}{2\pi}\int_0^{\frac{2\pi}{\omega}}[\cos(2\omega t + \varphi) + \cos\varphi]dt$$

$$= -\frac{1}{4}\alpha E_0^2(r)\cos\varphi = -\frac{1}{4}\alpha(\omega)\cos\varphi E_0^2(r)$$

$$= -\frac{1}{2\varepsilon_0 c}\alpha(\omega)\cos\varphi I(r) \tag{19.1.7}$$

C部分 散射率

由式(19.1.3),原子从激光场中吸收的平均功率为

$$\langle P_{\text{abs}} \rangle = \left\langle E \cdot \frac{dp}{dt} \right\rangle = \left\langle E_0(r)\cos\omega t\hat{u} \cdot \frac{d[\alpha E_0(r)\cos(\omega t + \varphi)\hat{u}]}{dt} \right\rangle$$

$$= \alpha E_0^2(r)\omega\langle -\cos\omega t \cdot \sin(\omega t + \varphi)\rangle$$

$$= -\frac{1}{2}\alpha E_0^2(r)\omega\langle \sin(2\omega t + \varphi) - \sin(-\varphi)\rangle$$

$$= -\frac{1}{2}\alpha E_0^2(r)\omega\frac{\omega}{2\pi}\int_0^{\frac{2\pi}{\omega}}[\sin(2\omega t + \varphi) + \sin\varphi]dt$$

$$= -\frac{1}{2}\alpha(\omega)\omega E_0^2(r)\sin\varphi$$

$$= -\frac{1}{\varepsilon_0 c}\alpha(\omega)\omega I(r)\sin\varphi \tag{19.1.8}$$

所以中心原子的散射率为

$$\Gamma_{\text{sc}} = \frac{\langle P_{\text{abs}}(r)\rangle}{\hbar\omega} = -\frac{\alpha(\omega)\sin\varphi I(r)}{\hbar\varepsilon_0 c} \tag{19.1.9}$$

D部分 极化率

利用一维谐振子模型,可用 $E(x,t)$ 代替 $E(r,t)$。题中所给动力学方程

$$\frac{d^2 x}{dt^2} + \gamma_\omega \frac{dx}{dt} + \omega_0^2 x = -\frac{eE_0\cos\omega t}{m_e} \tag{19.1.10}$$

的尝试解应为

$$x = x_0\cos(\omega t + \varphi) \tag{19.1.11}$$

将式(19.1.11)代入式(19.1.10),可得

$$x_0(\omega_0^2 - \omega^2)\cos(\omega t + \varphi) - x_0\omega\gamma_\omega\sin(\omega t + \varphi) = -\frac{eE_0\cos\omega t}{m_e} \tag{19.1.12}$$

整理后得到

$$[(\omega_0^2 - \omega^2)\cos\varphi - \omega\gamma_\omega\sin\varphi]\cos\omega t - [(\omega_0^2 - \omega^2)\sin\varphi + \omega\gamma_\omega\cos\varphi]\sin\omega t$$
$$= -\frac{eE_0}{m_e x_0}\cos\omega t \qquad (19.1.13)$$

要使上式对任意时刻 t 均满足,要求系数满足

$$(\omega_0^2 - \omega^2)\cos\varphi - \omega\gamma_\omega\sin\varphi = -\frac{eE_0}{m_e x_0} \qquad (19.1.14)$$
$$(\omega_0^2 - \omega^2)\sin\varphi + \omega\gamma_\omega\cos\varphi = 0$$

由式(19.1.14)解得

$$x_0 = \frac{eE_0/m_e}{\sqrt{(\omega_0^2 - \omega^2)^2 + \gamma_\omega^2\omega^2}} \qquad (19.1.15)$$

$$\sin\varphi = \frac{\omega\gamma_\omega}{\sqrt{(\omega_0^2 - \omega^2)^2 + \gamma_\omega^2\omega^2}}, \quad \cos\varphi = -\frac{\omega_0^2 - \omega^2}{\sqrt{(\omega_0^2 - \omega^2)^2 + \gamma_\omega^2\omega^2}} \qquad (19.1.16)$$

因此中性原子的瞬时电偶极矩为

$$p = -ex = -ex_0\cos(\omega t + \varphi) = \alpha(\omega)E_0\cos(\omega t + \varphi) \qquad (19.1.17)$$

所以极化率为

$$\alpha(\omega) = -\frac{ex_0}{E_0} = -\frac{e}{E_0}\frac{eE_0/m_e}{\sqrt{(\omega_0^2 - \omega^2)^2 + \gamma_\omega^2\omega^2}}$$
$$= -\frac{e^2}{m_e\sqrt{(\omega_0^2 - \omega^2)^2 + \gamma_\omega^2\omega^2}} \qquad (19.1.18)$$

E 部分 阻尼率

(E1) 由于阻尼力做功而损失的功率即为电磁辐射的功率:

$$-m_e\gamma_\omega v \cdot v = -\frac{1}{6\pi\varepsilon_0}\frac{e^2 a^2}{c^3}$$
$$\Rightarrow \quad -m_e\gamma_\omega(\omega r)^2 = -\frac{1}{6\pi\varepsilon_0}\frac{e^2(\omega^2 r)^2}{c^3} \qquad (19.1.19)$$

从而得到能量阻尼率为

$$\gamma_\omega = \frac{1}{6\pi\varepsilon_0}\frac{e^2\omega^2}{m_e c^3} \qquad (19.1.20)$$

(E2) 式(19.1.20)可化为

$$\frac{e^2}{m_e} = \frac{6\pi\varepsilon_0 c^3\gamma_\omega}{\omega^2} \qquad (19.1.21)$$

从而得到阻尼率为

$$\gamma = \gamma_{\omega_0} = \left(\frac{\omega_0}{\omega}\right)^2\gamma_\omega \qquad (19.1.22)$$

利用(19.1.7),(19.1.9),(19.1.16)三式,可得比例为

$$\frac{U_{\text{dip}}(r)}{\hbar\Gamma_{sc}(r)} = \frac{-\frac{1}{2\varepsilon_0 c}\alpha(\omega)\cos\varphi}{-\hbar\frac{\alpha(\omega)\sin\varphi}{\hbar\varepsilon_0 c}} = \frac{1}{2\tan\varphi}$$
$$= -\frac{\omega_0^2 - \omega^2}{2\frac{\omega^3}{\omega_0^2}\gamma} = -\frac{\omega_0^2(\omega_0^2 - \omega^2)}{2\omega^3\gamma} \qquad (19.1.23)$$

F 部分　激光场产生的势阱

(F1) 利用(19.1.7),(19.1.16)和(19.1.18)三式,可得势阱深度为

$$U_{\text{深度}} = |U_0| = \left|\frac{\alpha(\omega)\cos\varphi I(0,0)}{2\varepsilon_0 c}\right| = \left|\frac{\alpha(\omega)\cos\varphi}{2\varepsilon_0 c}\frac{2P}{\pi D_0^2}\right|$$

$$= \left|6c^2\frac{P}{D_0^2}\frac{(\omega_0^2-\omega^2)\frac{\gamma}{\omega_0^2}}{(\omega_0^2-\omega^2)^2+\gamma^2\frac{\omega^6}{\omega_0^4}}\right| \tag{19.1.24}$$

(F2) 当 $P = 4$ mW, $\lambda = 985$ nm, $D_0 = 6\ \mu$m, $\lambda_0 = 589$ nm 时,阻尼率为

$$\gamma = \frac{1}{6\pi\varepsilon_0}\frac{e^2\omega_0^2}{m_e c^3} = \frac{2\pi e^2}{3\varepsilon_0 m_e c\lambda_0^2} = 6.4\times10^7\ /\text{s} \tag{19.1.25}$$

要使用势阱深度与平均动能相当,应有

$$U_{\text{深度}} = k_B T_0 \tag{19.1.26}$$

将已知数据代入上式可得

$$T_0 = 4.13\ \mu\text{K} \tag{19.1.27}$$

G 部分　势阱底部的谐振子近似

(G1) 由于物体做简谐运动,当 z 方向振幅最大时,势能达到最大,比在势阱底部时高 $U_{\text{深度}}$:

$$U_{\text{深度}} = k_B T_0 = \frac{1}{2}m\Omega_z^2 z_R^2 \tag{19.1.28}$$

从而得到

$$\Omega_z = \sqrt{\frac{2k_B T_0}{m z_R^2}} \tag{19.1.29}$$

由于物体做简谐运动,当 ρ 方向振幅最大时,势能达到最大,比在势阱底部时高 $U_{\text{深度}}$:

$$2U_{\text{深度}} = 2k_B T_0 = \frac{1}{2}m\Omega_\rho^2 D_0^2 \tag{19.1.30}$$

从而得到

$$\Omega_\rho = \sqrt{\frac{4k_B T_0}{m D_0^2}} \tag{19.1.31}$$

(G2) 凝聚云的平均势能为

$$U(z_0) = \text{常数} + \frac{1}{2}m\Omega_z^2 z_0^2 \tag{19.1.32}$$

为估计粒子的动量,假设 $p \sim \Delta p, z \sim \Delta z$。利用不确定原理有

$$p \sim \frac{\hbar}{z_0} \tag{19.1.33}$$

粒子的动能为

$$E_k = \frac{p^2}{2m} = \frac{\hbar^2}{2m z_0^2} \tag{19.1.34}$$

所以粒子的总能量为

$$E = \frac{1}{2}m\Omega_z^2 z_0^2 + \frac{\hbar^2}{2m z_0^2} + \text{常数} \tag{19.1.35}$$

当总能量最小时,对应着平衡状态,故有

$$\frac{1}{2}m\Omega_z^2 z_0^2 = \frac{\hbar^2}{2mz_0^2} \qquad (19.1.36)$$

从而得到凝聚云的大小为

$$z_0 = \sqrt{\frac{\hbar}{m\Omega_z}} \qquad (19.1.37)$$

(G3) 当凝聚云的大小为 $z_0 = \sqrt{\frac{\hbar}{m\Omega_z}}$ 时,能量为

$$E_{\min} = \frac{1}{2}m\Omega_z^2 z_0^2 + \frac{\hbar}{2mz_0^2} + 常数 = \hbar\Omega_z + 常数 \qquad (19.1.38)$$

所以原子的最低能级为

$$E_0 = \hbar\Omega_z \qquad (19.1.39)$$

(G4) 根据不确定原理可以估计原子的动量为

$$mv_z = \frac{\hbar}{z_0} = \sqrt{m\hbar\Omega_z} \qquad (19.1.40)$$

从而得到原子 z 方向的速度为

$$v_z = \sqrt{\frac{\hbar\Omega_z}{m}} \qquad (19.1.41)$$

所以原子运动的平均速度为

$$v_0 = \sqrt{\frac{\hbar\Omega_z}{m}} \qquad (19.1.42)$$

H 部分 区分凝聚云和热原子云

(H1) 对于三维谐振子势,仿照式(19.1.37)可得

$$x_0 = y_0 = \sqrt{\frac{\hbar}{m\Omega_\rho}} \qquad (19.1.43)$$

所以

$$\rho_0 = \sqrt{x_0^2 + y_0^2} = \sqrt{\frac{2\hbar}{m\Omega_\rho}} \qquad (19.1.44)$$

从而得到高宽比为

$$\frac{z_0}{\rho_0} = \sqrt{\frac{\Omega_\rho}{2\Omega_z}} \qquad (19.1.45)$$

(H2) 对于三维谐振子势,仿照式(19.1.41)可得

$$v_x = v_y = \sqrt{\frac{\hbar\Omega_\rho}{m}} \qquad (19.1.46)$$

所以

$$v_\rho = \sqrt{v_x^2 + v_y^2} = \sqrt{\frac{2\hbar\Omega_\rho}{m}} \qquad (19.1.47)$$

从而得到速度比为

$$\frac{v_\rho}{v_z} = \sqrt{\frac{2\Omega_\rho}{\Omega_z}} \qquad (19.1.48)$$

(H3) 经过长时间 t 膨胀以后,凝聚云的大小为

$$z_L = z_0 + v_z t \approx v_z t$$
$$\rho_L = \rho_0 + v_\rho t \approx v_\rho t \tag{19.1.49}$$

所以经过时间 t 后的比值为

$$\frac{z_L}{\rho_L} \approx \frac{v_z}{v_\rho} \approx \sqrt{\frac{\Omega_z}{2\Omega_\rho}} \ll 1 \tag{19.1.50}$$

(H4) 由于热原子云的速度分布是各向同性的,且满足麦克斯韦速度分布,因此有

$$v_{T,z} = v_{T,\rho} \Rightarrow \frac{v_{T,\rho}}{v_{T,z}} \approx 1 \tag{19.1.51}$$

经过长时间 t 膨胀后,有

$$z_{T,L} = z_0 + v_{T,z} t \approx v_{T,z} t$$
$$\rho_{T,L} = \rho_0 + v_{T,\rho} t \approx v_{T,\rho} t \tag{19.1.52}$$

所以经过长时间后,热原子云的比值为

$$\frac{\rho_{T,L}}{z_{T,L}} \approx \frac{v_{T,\rho}}{v_{T,z}} \approx 1 \tag{19.1.53}$$

第 2 题 太 空 电 梯

A 部分 截面均匀的圆柱形太空电梯轨道

(A1) 考虑圆柱形太空电梯轨道距离地球中心 r 处高度为 dr 的圆柱微元,在随地球转动的旋转参考系中,规定沿着地球半径向外为正方向,该圆柱微元在万有引力 $\frac{GM\rho A dr}{r^2}$、离心力 $(\rho A dr)\omega^2 r$、圆柱体微元两侧的张力 $A\sigma(r)$ 和 $A\sigma(r+dr)$ 的作用下处于平衡状态:

$$-\frac{GM\rho A dr}{r^2} + (\rho A dr)\omega^2 r + A\sigma(r+dr) - A\sigma(r) = 0 \tag{19.2.1}$$

整理后可得

$$\frac{d\sigma}{dr} = \frac{GM\rho}{r^2} - \omega^2 r \rho = GM\rho\left(\frac{1}{r^2} - \frac{r}{R_G^3}\right) \tag{19.2.2}$$

考虑到圆柱体两端的压强为零,将式(19.2.2)从 R 到 R_G 积分,可得 R_G 处的应力为

$$\sigma(R_G) = \int_R^{R_G} GM\rho\left(\frac{1}{r^2} - \frac{r}{R_G^3}\right)dr = GM\rho\left(\frac{1}{R} - \frac{3}{2R_G} + \frac{R^2}{2R_G^3}\right) \tag{19.2.3}$$

同理,将式(19.2.2)从 R_G 到 H(地球球心与太空电梯轨道上端的距离)积分,可得 R_G 处的应力为

$$\sigma(R_G) = \int_{R_G}^{H} GM\rho\left(\frac{1}{r^2} - \frac{r}{R_G^3}\right)dr = GM\rho\left(\frac{1}{H} - \frac{3}{2R_G} + \frac{H^2}{2R_G^3}\right) \tag{19.2.4}$$

由题意,(19.2.3)和(19.2.4)两式应等价,故有

$$\frac{1}{R} - \frac{3}{2R_G} + \frac{R^2}{2R_G^3} = \frac{1}{H} - \frac{3}{2R_G} + \frac{H^2}{2R_G^3} \tag{19.2.5}$$

从而得到太空电梯轨道上端与地球球心的距离为

$$H = \frac{R}{2}\left[\sqrt{1 + 8\left(\frac{R_G}{R}\right)^3} - 1\right] = 1.51 \times 10^5 \text{ km} \tag{19.2.6}$$

最终得到太空电梯轨道上端与地球表面的距离为

$$L = H - R = \frac{R}{2}\left[\sqrt{1 + 8\left(\frac{R_G}{R}\right)^3} - 3\right] = 1.45 \times 10^5 \text{ km} \tag{19.2.7}$$

（A2）太空电梯轨道内应力最大的点满足

$$\frac{d\sigma}{dr} = GM\rho\left(\frac{1}{r^2} - \frac{r}{R_G^3}\right) = 0 \tag{19.2.8}$$

从而得到太空电梯轨道内应力最大的点与地球球心的距离为

$$r = R_G \tag{19.2.9}$$

（A3）根据(19.2.3)和(19.2.9)两式，可得太空电梯圆柱形轨道内的最大应力为

$$\sigma_{\max}(R_G) = GM\rho\left(\frac{1}{R} - \frac{3}{2R_G} + \frac{R^2}{2R_G^3}\right) = \rho g\left(R - \frac{3R^2}{2R_G} + \frac{R^4}{2R_G^3}\right) \tag{19.2.10}$$

将题中所给的钢铁的数据代入上式，可得

$$\sigma_{\max} = \sigma_{\max}(R_G) = 383 \text{ GPa} \tag{19.2.11}$$

从而得到太空梯圆柱形轨道内最大应力与钢铁的拉伸强度的比值为

$$\frac{\sigma_{\max}}{\sigma_{Fe}} = \frac{383 \text{ GPa}}{5 \text{ GPa}} = 76.5 \tag{19.2.12}$$

该比值远大于1，所以钢铁不适合用来建造圆柱形太空电梯。

B 部分　碳纳米管

（B1）将题中所给的莫尔斯势能公式作泰勒展开到 x 的平方项，即得

$$V = V_0\left(-1 + \frac{4x^2}{a^2}\right) \tag{19.2.13}$$

从而得到

$$P = -V_0, \quad Q = \frac{4V_0}{a^2} \tag{19.2.14}$$

（B2）由式(19.2.13)可得两个碳原子间的弹簧的弹力为

$$F = -\frac{dV}{dx} = -\frac{8V_0}{a^2}x \tag{19.2.15}$$

所以

$$k = \frac{8V_0}{a^2} = 313 \text{ N/m} \tag{19.2.16}$$

（B3）具有27个碳-碳平行键的碳纳米管的直径为

$$d = \frac{27b}{\pi} \tag{19.2.17}$$

碳纳米管的杨氏模量为

$$E = 27 \cdot \frac{F/A}{x/a} = 27 \cdot \frac{kx/A}{x/a} = 27k\frac{a}{A}$$

$$= 27k\frac{a}{\frac{1}{4}\pi d^2} = \frac{108ka}{\pi d^2} = 342 \text{ GPa} \tag{19.2.18}$$

（B4）弹簧具有最大伸长量时弹性势能恰好等于结合能：

$$V_0 = \frac{1}{2}kx_{\max}^2 \tag{19.2.19}$$

从而得到弹簧的最大伸长量为

$$x_{\max} = \sqrt{\frac{2V_0}{k}} = \frac{1}{2}a = 0.071 \text{ nm} \tag{19.2.20}$$

(B5) 碳纳米管的拉伸强度为

$$\sigma_0 = E\frac{x_{\max}}{a} = \frac{1}{2}E = 171 \text{ GPa} \tag{19.2.21}$$

(B6) 如图 J19.2.1 所示，$\frac{\pi d^2}{4} \cdot \frac{3a}{2}$ 的体积内包含有 18 个碳原子(对考察的碳纳米管，则有 54 个碳原子)，因此碳纳米管的密度为

$$\rho = \frac{2 \times 27 \times \mu}{N_A \times \frac{\pi d^2}{4} \times \frac{3a}{2}} = 1.44 \times 10^3 \text{ kg/m}^3 \tag{19.2.22}$$

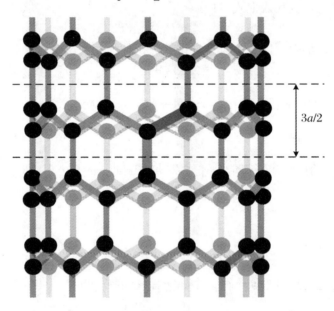

图 J19.2.1

C 部分　应力均匀分布的锥形太空电梯轨道

(C1) 利用与 A 部分类似的方法，但是锥形塔的应力是处处恒定的，因此锥形塔的截面积 A 随塔身的高度 h 变化。考虑锥形塔距离地球球心 r 处附近的微元 $\mathrm{d}r$，其受力如图 J19.2.2 所示，该处微元的合力应为零，则有

$$\sigma(A + \mathrm{d}A) + (\rho A \mathrm{d}r)\omega^2 r = \frac{GM(\rho A \mathrm{d}r)}{r^2} + \sigma A \tag{19.2.23}$$

化简可得

$$\frac{\mathrm{d}A}{A} = \frac{\rho GM}{\sigma}\left(\frac{1}{r^2} - \frac{r}{R_G^3}\right)\mathrm{d}r = \frac{\rho g R^2}{\sigma}\left(\frac{1}{r^2} - \frac{r}{R_G^3}\right)\mathrm{d}r \tag{19.2.24}$$

将上式积分得

$$\int_{A_S}^{A(h)} \frac{\mathrm{d}A}{A} = \int_{R}^{R+h} \frac{\rho g R^2}{\sigma}\left(\frac{1}{r^2} - \frac{r}{R_G^3}\right)\mathrm{d}r \tag{19.2.25}$$

最终得到锥形塔的截面积为

$$A(h) = A_S \exp\left[\frac{\rho g R^2}{\sigma}\left(\frac{1}{R} + \frac{R^2}{2R_G^3} - \frac{1}{R+h} - \frac{(R+h)^2}{2R_G^3}\right)\right] \quad (19.2.26)$$

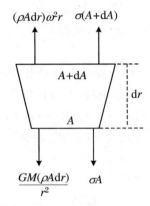

图 J19.2.2

(C2) 利用题中所给条件 $A(H) = A(0) = A_S$，将其代入式(19.2.26)，可得

$$\frac{1}{R} + \frac{R^2}{2R_G^3} - \frac{1}{R+H} - \frac{(R+H)^2}{2R_G^3} = 0 \quad (19.2.27)$$

从而得到地球中心到锥形塔上端的距离为

$$R + H = \frac{R}{2}\left[\sqrt{1 + \left(\frac{2R_G}{R}\right)^3} - 1\right] = 1.51 \times 10^5 \text{ km} \quad (19.2.28)$$

(C3) 由碳纳米管制成的锥形塔的锥度比为

$$\frac{A_G}{A_S} = \exp\left[\frac{\rho g R}{2\sigma}\left(\frac{R^3}{R_G^3} - 3\frac{R}{R_G} + 2\right)\right] \quad (19.2.29)$$

将题中所给数据代入可得

$$\frac{A_G}{A_S} = 1.623 \quad (19.2.30)$$

(C4) 作用在配重上的作用力之和必须为零：

$$\frac{GMm_C}{(R_G + h_C)^2} + \sigma \cdot A(R_G + h_C) = m_C \omega^2 (R_G + h_C) \quad (19.2.31)$$

根据式(19.2.29)，$A(R_G + h_C)$ 为

$$A(R_G + h_C) = A_S \exp\left[\frac{\rho g R^2}{2\sigma R_G^3}\left(\frac{R_G^3 + R^3}{R} - \frac{2R_G^3 + (R_G + h_C)^3}{R_G + h_C}\right)\right] \quad (19.2.32)$$

利用(19.2.31)和(19.2.32)两式，可得配重质量为

$$m_C = \frac{\rho A_S \dfrac{\sigma}{\rho g} \exp\left[\dfrac{\rho g R^2}{2\sigma R_G^3}\left(\dfrac{2R_G^3 + R^3}{R} - \dfrac{2R_G^3 + (R_G + h_C)^3}{R_G + h_C}\right)\right]}{\dfrac{R^2(R_G + h_C)}{R_G^3}\left[1 - \left(\dfrac{R_G}{R_G + h_C}\right)^3\right]} \quad (19.2.33)$$

D 部分　锥形太空电梯的应用

(D1) 如果载荷通过电梯轿厢时在距离地球球心 r 处的总能量满足

$$E = \frac{1}{2}m\omega^2 r^2 - G\frac{Mm}{r} \geq 0 \quad (19.2.34)$$

则它由静止释放后能逃离地球引力的束缚,从而得到

$$r_C = \left(\frac{2GM}{\omega^2}\right)^{\frac{1}{3}} \quad (19.2.35)$$

只要载荷通过电梯轿厢运送到高度大于 r_C,从静止状态释放载荷,它就能逃离地球引力的束缚。

(D2) 设地球的公转速度为 v_E,航天器从电梯轿厢释放时的速度为 $v_1 = \omega h_0$。如果 $\boldsymbol{v}_1$ 与 $\boldsymbol{v}_E$ 平行,航天器可到达与太阳的最远距离,释放时航天器相对太阳的速度为 $v_1 + v_E$,释放时的位置即为航天器的近日点,此时与太阳的距离为地球的公转轨道半径 R_E。设航天器与太阳的最远距离为 r_2,航天器在最远距离的速度为 v_2。

根据角动量守恒定律和能量守恒定律,有

$$m(v_E + v_1)R_E = mv_2 r_2$$
$$\frac{1}{2}m(v_E + v_1)^2 - \frac{GMm}{R_E} = \frac{1}{2}mv_2^2 - \frac{GMm}{r_2} \quad (19.2.36)$$

联立以上两式,解得航天器与太阳的最远距离为

$$r_{max} = r_2 = \frac{(v_E + \omega h_0)^2 R_E^2}{2GM - (v_E + \omega h_0)^2 R_E} \quad (19.2.37)$$

代入数据可得 $r_{max} = r_2 = 5.3$ AU,这个轨道覆盖了木星轨道。

同样地,要让航天器尽可能地接近太阳,才能到达与太阳的最近距离,此时 $\boldsymbol{v}_1$ 与 $\boldsymbol{v}_E$ 反平行,释放时航天器相对太阳的速度为 $v_E - v_1$,释放时的位置即为航天器的远日点(此处与太阳的距离为 R_E),设航天器与太阳的最近距离(即近日点距离)为 r_2,航天器与太阳的距离最近时速度为 v_2。

根据角动量守恒定律和能量守恒定律,有

$$m(v_E - v_1)R_E = mv_2 r_2$$
$$\frac{1}{2}m(v_E - v_1)^2 - \frac{GMm}{R_E} = \frac{1}{2}mv_2^2 - \frac{GMm}{r_2} \quad (19.2.38)$$

解得

$$r_{min} = r_2 = \frac{(v_E - \omega h_0)^2 R_E^2}{2GM - (v_E - \omega h_0)^2 R_E} \quad (19.2.39)$$

代入数据可得 $r_{min} = 0.43$ AU,这个轨道覆盖了水星轨道。

第 3 题 热 电 效 应

A 部分 均匀导体棒中的热量传输

(A1) 考虑稳态时导体棒 x 至 $x + dx$ 处的热传递过程,在该微元内的焦耳热功率和通过横截面积的热流达到平衡状态,即

$$-kS\frac{dT(x)}{dx} + \left(\rho\frac{dx}{S}\right)I^2 = -kS\frac{dT(x + dx)}{dx} \quad (19.3.1)$$

而上式等号右侧根据数学关系可改写为

$$kS\frac{dT(x + dx)}{dx} = kS\frac{dT(x)}{dx} + kS\frac{d^2T(x)}{dx^2}dx \quad (19.3.2)$$

将式(19.3.2)代入式(19.3.1),可得

$$\frac{d^2 T(x)}{dx^2} = -\frac{\rho}{kS}\frac{I^2}{S} \tag{19.3.3}$$

根据题中给的数学提示,微分方程(19.3.3)的通解为

$$\frac{dT(x)}{dx} = -\frac{\rho I^2}{kS^2}x + C_1 \Rightarrow T(x) = -\frac{\rho I^2}{2kS^2}x^2 + C_1 x + C_2 \tag{19.3.4}$$

其中 C_1, C_2 由边界条件确定。当 $x=0$ 时, $T(0) = T_1$, 代入式(19.3.4)得到

$$C_2 = T_1 \tag{19.3.5}$$

当 $x=L$ 时, $T(L) = T_2$, 代入式(19.3.4)并结合式(19.3.5)得到

$$C_1 = \frac{T_2 - T_1}{L} + \frac{\rho L}{2S^2 k}I^2 \tag{19.3.6}$$

从而得到当导体棒处于稳态时,导体棒中的温度分布为

$$T(x) = T_1 + \left(\frac{\rho I^2 L}{2kS^2} - \frac{T_1 - T_2}{L}\right)x - \frac{\rho I^2}{2kS^2}x^2 \tag{19.3.7}$$

(A2) 根据傅里叶定律并结合式(19.3.7),得到导体棒的热流分布为

$$q(x) = -kS\frac{dT(x)}{dx} = \frac{kS}{L}(T_1 - T_2) + \frac{\rho I^2}{S}\left(x - \frac{L}{2}\right) \tag{19.3.8}$$

导体棒中 $x=0$ 处和 $x=L$ 处的热流分别为

$$q(0) = \frac{kS}{L}(T_1 - T_2) - \frac{\rho L I^2}{2S} = K(T_1 - T_2) - \frac{1}{2}RI^2$$

$$q(L) = \frac{kS}{L}(T_1 - T_2) + \frac{\rho L I^2}{2S} = K(T_1 - T_2) + \frac{1}{2}RI^2 \tag{19.3.9}$$

其中 $K = k\dfrac{S}{L}, R = \dfrac{\rho L}{S}$。

B 部分　珀耳帖系数与塞贝克系数之间的关系

(B1) 电子气体从热端吸收热量,由珀耳帖效应可得吸收的热量为

$$q_1 = \pi_1 I \tag{19.3.10}$$

(B2) 电子气体将热量输送给冷端,由珀耳帖效应可得释放的热量为

$$q_2 = \pi_2 I \tag{19.3.11}$$

(B3) 电子气体在一个热力学循环过程中由塞贝克效应提供的功率为

$$P = \mathcal{E}I = \alpha(T_1 - T_2)I \tag{19.3.12}$$

(B4) 由于热电偶中的热循环可视为理想卡诺循环,因而其热力学效率为

$$\eta = \frac{P}{q_1} = \frac{T_1 - T_2}{T_1} \tag{19.3.13}$$

将(19.3.10)和(19.3.12)两式代入式(19.3.13),可得

$$\frac{T_1 - T_2}{T_1} = \frac{\alpha(T_1 - T_2)}{\pi_1} \tag{19.3.14}$$

从而得到连接端的珀耳帖系数为

$$\pi_1 = \alpha T_1 \tag{19.3.15}$$

一般而言,连接端的珀耳帖系数为

$$\pi = \alpha T \tag{19.3.16}$$

C部分 热电发电机

(C1) 仿照式(19.3.9),电子气体从热端获得的热功率为

$$q_1 = K(T_1 - T_2) - \frac{1}{2}RI^2 + \alpha T_1 I \tag{19.3.17}$$

其中 K, R 分别为热电偶的热导和内阻,表达式分别为

$$K = K_A + K_B = \frac{k_A S_A}{L} + \frac{k_B S_B}{L} \tag{19.3.18}$$

$$R = R_A + R_B = \frac{\rho_A L}{S_A} + \frac{\rho_B L}{S_B}$$

仿照式(19.3.9),电子气体释放给冷端的热功率为

$$q_2 = K(T_1 - T_2) + \frac{1}{2}RI^2 + \alpha T_2 I \tag{19.3.19}$$

(C2) 根据热电发电机效率的定义有

$$\eta = \frac{P_L}{q_1} = \frac{I^2 R_L}{K(T_1 - T_2) - \frac{1}{2}RI^2 + \alpha T_1 I}$$

$$= \frac{m}{\frac{K(T_1 - T_2)}{I^2 R} - \frac{1}{2} + \frac{\alpha T_1}{IR}} \tag{19.3.20}$$

热电发电机中的电流为

$$I = \frac{\alpha(T_1 - T_2)}{R_L + R} = \frac{\alpha(T_1 - T_2)}{(m+1)R} \tag{19.3.21}$$

将式(19.3.21)代入式(19.3.20),得到热电发电机的效率为

$$\eta = \frac{m(T_1 - T_2)}{\frac{KR(1+m)^2}{\alpha^2} + (1+m)T_1 - \frac{T_1 - T_2}{2}} \tag{19.3.22}$$

(C3) 利用 $Z = \frac{\alpha^2}{KR}$ 和 $\eta_c = \frac{T_1 - T_2}{T_1}$,式(19.3.22)可改写为

$$\eta = \eta_c \frac{m}{\frac{(1+m)^2}{ZT_1} + (1+m) - \frac{1}{2}\eta_c} \tag{19.3.23}$$

由上式明显可以看出,品质因数 Z 越大,热电发电机的效率越大,因此在热电发电机中尽可能采用 $Z \gg 1$ 的材料制成的热电偶。

(C4) 当负载电阻 R_L 和内电阻 R 相等时,$m = 1$,负载电阻中的电功率最大,将 $m = 1$ 和 $\eta_c = \frac{T_1 - T_2}{T_1}$ 代入式(19.3.23),可得此时热电偶的效率为

$$\eta_P = \frac{T_1 - T_2}{\frac{4}{Z} + \frac{3T_1 + T_2}{2}} \tag{19.3.24}$$

(C5) 要使热电偶的效率达到最大值,可通过令式(19.3.23)两边对 m 的导数为零得到,即

$$\frac{d\eta}{dm} = \frac{d}{dm}\left[\eta_c \frac{m}{\frac{(1+m)^2}{ZT_1} + (1+m) - \frac{1}{2}\eta_c}\right] = 0 \tag{19.3.25}$$

解得此时负载电阻与内电阻的比值为

$$m = M = \sqrt{1 + Z\frac{T_1 + T_2}{2}} \tag{19.3.26}$$

即当 $m = M = \sqrt{1 + Z\frac{T_1 + T_2}{2}}$ 时，热电发电机的效率达到最大值。

(C6) 将式(19.3.26)代入式(19.3.23)，可以得到热电发电机的最大效率为

$$\eta_{\max} = \frac{T_1 - T_2}{T_1} \cdot \frac{M - 1}{M + \frac{T_2}{T_1}} \tag{19.3.27}$$

其中 $M = \sqrt{1 + Z\frac{T_1 + T_2}{2}}$。

(C7) 根据热电偶的品质因数的定义 $Z = \frac{\alpha^2}{KR}$ 可知，要使 Z 取得最大值 Z_m，只需分母 KR 取最小值即可。根据式(19.3.18)，KR 的具体表达式为

$$KR = \left(\frac{k_A S_A}{L} + \frac{k_B S_B}{L}\right)\left(\frac{\rho_A L}{S_A} + \frac{\rho_B L}{S_B}\right)$$

$$= k_A \rho_A + k_B \rho_B + k_A \rho_B \frac{S_A}{S_B} + k_B \rho_A \frac{S_B}{S_A} \tag{19.3.28}$$

很明显，当两导体棒的截面积之比为

$$\frac{S_A}{S_B} = \sqrt{\frac{\rho_A k_B}{\rho_B k_A}} \tag{19.3.29}$$

时，热电偶的品质因数达到最大值。

(C8) 将式(19.3.29)代入式(19.3.28)，并根据热电偶的品质因数的定义 $Z = \frac{\alpha^2}{KR}$，可得热电偶的最大品质因数为

$$Z_m = \frac{\alpha^2}{(\sqrt{\rho_A k_A} + \sqrt{\rho_B k_B})^2} \tag{19.3.30}$$

(C9) 根据式(19.3.30)，由表 T19.3.1 中的两种材料制成的热电偶的最大品质因数的值为

$$Z_m = \frac{\alpha^2}{(\sqrt{\rho_A k_A} + \sqrt{\rho_B k_B})^2} = 3.15 \times 10^{-3} \,/\mathrm{K} \tag{19.3.31}$$

根据式(19.3.24)，由表 T19.3.1 中的两种材料制成的热电偶的热端和冷端分别保持 423 K 和 303 K 温度时，热电发电机的最优效率为

$$\eta_{\mathrm{opt}} = \frac{T_1 - T_2}{\frac{4}{Z_m} + \frac{3T_1 + T_2}{2}} = 5.84\% \tag{19.3.32}$$

热端和冷端分别保持 423 K 和 303 K 的卡诺热机的效率为

$$\eta_c = \frac{T_1 - T_2}{T_1} = \frac{120}{423} = 28.4\% \tag{19.3.33}$$

从而得到两者的比值为

$$\frac{\eta_{\mathrm{opt}}}{\eta_c} = 0.21 \tag{19.3.34}$$

(C10) 由表 T19.3.1 中的两种材料制成的热电偶，根据式(19.3.26)，负载电阻与内电

阻的比值为

$$M = \sqrt{1 + Z_m \frac{T_1 + T_2}{2}} = 1.46 \tag{19.3.35}$$

时,热电发电机的效率达到最大,根据(19.3.27)和(19.3.33)两式得到热电发电机的最大效率为

$$\eta_{\max} = \eta_c \frac{M - 1}{M + \frac{T_2}{T_1}} = 6.0\% \tag{19.3.36}$$

D 部分　热电冰箱

(D1) 为了达到制冷的目的,选择如图 T19.3.5 所示的电流方向,这样能够使得孤立热源能被冷却,即珀耳帖效应使得热量从顶部热端释放给底部冷端。利用式(19.3.9),可得冷却功率为

$$q_C = K(T_1 - T_2) + \alpha T_1 I - \frac{1}{2} R I^2 \tag{19.3.37}$$

其中 K, R 分别为热电偶的热导和内阻:

$$\begin{aligned} K &= K_A + K_B = \frac{k_A S_A}{L} + \frac{k_B S_B}{L} \\ R &= R_A + R_B = \frac{\rho_A L}{S_A} + \frac{\rho_B L}{S_B} \end{aligned} \tag{19.3.38}$$

(D2) 为了使热端与冷端的温差达到最大,必须要求冷却功率达到最大,即要求

$$\frac{dq_C}{dI} = \frac{d}{dI}\left[K(T_1 - T_2) + \alpha T_1 I - \frac{1}{2} R I^2\right] = 0 \tag{19.3.39}$$

满足上式的解为

$$I = I_q = \frac{\alpha T_1}{R} \tag{19.3.40}$$

得到最大冷却功率为

$$q_{CM} = \frac{\alpha^2 T_1^2}{2R} - K(T_2 - T_1) \tag{19.3.41}$$

当冷却功率为零时,将不再继续冷却,从而得到热端与冷端的最大温差为

$$\Delta T_{\max} = T_2 - T_{1\min} = \frac{\alpha^2 T_{1\min}^2}{2KR} = \frac{Z T_{1\min}^2}{2} \tag{19.3.42}$$

其中 $Z = \frac{\alpha^2}{KR}$ 是热电偶的品质因数。

(D3) 由表 T19.3.1 中的材料 A, B 制成的热电偶的最大品质因数为 $Z_m = 3.15 \times 10^{-3}$/K。根据式(19.3.42),可得热端能够到达的最低温度为

$$T_{1\min} = \frac{1}{Z_m}(\sqrt{1 + 2Z_m T_2} - 1) \tag{19.3.43}$$

将数据代入,可得孤立热端能够达到的最低温度为

$$T_{1\min} = 222 \text{ K} \tag{19.3.44}$$

(D4) 由表 T19.3.1 中的材料 A, B 制成的热电偶的内阻为

$$R = R_A + R_B = \frac{\rho_A L}{S_A} + \frac{\rho_B L}{S_B} = 4.0 \times 10^{-3} \text{ } \Omega \tag{19.3.45}$$

根据式(19.3.40),可得热电冰箱的工作电流为

$$I_w = \frac{\alpha T_{1\min}}{R} = 23.3 \text{ A} \tag{19.3.46}$$

(D5) 根据能量守恒定律,电池提供的电功率等于热电偶的焦耳热功率和由珀耳帖效应产生的热功率,即

$$P = RI^2 + \alpha(T_2 - T_1)I \tag{19.3.47}$$

所以热电冰箱的性能系数为

$$\beta = \frac{q_C}{P} = \frac{\alpha T_1 I - K(T_2 - T_1) - \frac{1}{2}RI^2}{\alpha(T_2 - T_1)I + RI^2}$$

$$= -\frac{1}{2} + \frac{\alpha(T_2 + T_1)I - 2K(T_2 - T_1)}{2[\alpha(T_2 - T_1)I + RI^2]} \tag{19.3.48}$$

(D6) 当热电冰箱的性能系数达到最大值时,满足

$$\frac{d\beta}{dI} = \frac{d}{dI}\left[\frac{\alpha T_1 I - K(T_2 - T_1) - \frac{1}{2}RI^2}{\alpha(T_2 - T_1)I + RI^2}\right] = 0 \tag{19.3.49}$$

解得满足上式的性能系数 I_β 为

$$I_\beta = \frac{K(T_2 - T_1)}{\alpha \dfrac{T_2 + T_1}{2}}\left(\sqrt{1 + Z\frac{T_2 + T_1}{2}} + 1\right)$$

$$= \frac{\alpha(T_2 - T_1)}{R\left(\sqrt{1 + Z\dfrac{T_2 + T_1}{2}} - 1\right)} \tag{19.3.50}$$

(D7) 将式(19.3.50)代入式(19.3.48),得到热电冰箱的最大性能系数为

$$\beta_{\max} = \frac{T_1\sqrt{1 + Z\dfrac{T_2 + T_1}{2}} - T_2}{(T_2 - T_1)\left(\sqrt{1 + Z\dfrac{T_2 + T_1}{2}} + 1\right)} \tag{19.3.51}$$

参 考 文 献

［1］ 历届亚洲物理奥林匹克竞赛英文试题［EB/OL］. https://apho2020.tw/site/page.aspx? pid=280&sid=1316&lang=en.

［2］ 全国中学生物理竞赛委员会. 全国中学生物理竞赛专辑:2019［M］.北京:北京大学出版社,2019.

［3］ 全国中学生物理竞赛委员会. 全国中学生物理竞赛专辑:2018［M］.北京:北京大学出版社,2018.

［4］ 全国中学生物理竞赛委员会. 全国中学生物理竞赛专辑:2016—2017［M］.北京:北京大学出版社,2017.

［5］ 全国中学生物理竞赛委员会. 全国中学生物理竞赛专辑:2015［M］.北京:北京大学出版社,2015.

［6］ 全国中学生物理竞赛委员会. 全国中学生物理竞赛专辑:2014［M］.北京:北京大学出版社,2014.

［7］ 全国中学生物理竞赛委员会. 全国中学生物理竞赛专辑:2013［M］.北京:北京大学出版社,2013.

［8］ 全国中学生物理竞赛委员会办公室. 全国中学生物理竞赛专辑:2012［M］.北京:北京大学出版社,2012.

［9］ 全国中学生物理竞赛委员会办公室. 全国中学生物理竞赛专辑:2010［M］.北京:北京大学出版社,2010.

［10］ 全国中学生物理竞赛委员会办公室. 全国中学生物理竞赛专辑:2009［M］.北京:北京大学出版社,2009.

［11］ 全国中学生物理竞赛委员会办公室. 全国中学生物理竞赛专辑:2008［M］.北京:北京大学出版社,2008.

［12］ 郑永令. 亚洲物理奥林匹克竞赛试题与解答(第1届—第8届)［M］.上海:华东师范大学出版社,2009.

中国科学技术大学出版社中学物理用书

初中物理培优讲义.一阶/郭军

初中物理培优讲义.二阶/郭军

新编初中物理竞赛辅导/刘坤

高中物理学.1/沈克琦

高中物理学.2/沈克琦

高中物理学.3/沈克琦

高中物理学.4/沈克琦

高中物理学习题详解/黄鹏志　李弘　蔡子星

加拿大物理奥林匹克/黄晶　矫健　孙佳琪

美国物理奥林匹克/黄晶　孙佳琪　矫健

俄罗斯物理奥林匹克/黄晶　俞超　申强

中学奥林匹克竞赛物理教程·力学篇(第2版)/程稼夫

中学奥林匹克竞赛物理教程·电磁学篇(第2版)/程稼夫

中学奥林匹克竞赛物理讲座(第2版)/程稼夫

高中物理奥林匹克竞赛标准教材(第2版)/郑永令

中学物理奥赛辅导:热学·光学·近代物理学(第2版)/崔宏滨

物理竞赛真题解析:热学·光学·近代物理学/崔宏滨

物理竞赛专题精编/江四喜

物理竞赛解题方法漫谈/江四喜

奥林匹克物理一题一议/江四喜

中学奥林匹克竞赛物理实验讲座/江兴方　郭小建

国际物理奥林匹克竞赛理论试题与解析(第31—47届)/陈怡　杨军伟

亚洲物理奥林匹克竞赛理论试题与解析(第1—19届)/陈怡　杨军伟

全国中学生物理竞赛预赛试题详解(第1—36届)/张元元

全国中学生物理竞赛复赛试题详解(第13—36届)/张元元

物理学难题集萃.上册/舒幼生　胡望雨　陈秉乾

物理学难题集萃.下册/舒幼生　胡望雨　陈秉乾

大学物理先修课教材:力学/鲁志祥　黄诗登

大学物理先修课教材:电磁学/黄诗登　鲁志祥

大学物理先修课教材:热学、光学和近代物理学/钟小平

强基计划校考物理模拟试题精选/方景贤　陈志坚
名牌大学学科营与自主招生考试绿卡·物理真题篇(第2版)/王文涛　黄晶
重点大学自主招生物理培训讲义/江四喜
高中物理母题与衍生·力学篇/董马云
高中物理母题与衍生·电磁学篇/董马云
物理高考题典：压轴题(第2版)/尹雄杰　张晓顺
物理高考题典：选择题/尹雄杰　张晓顺
高中物理解题方法与技巧(第2版)/尹雄杰　王文涛
高中物理必修1学习指导：概念·规律·方法/王溢然
高中物理必修2学习指导：概念·规律·方法/王溢然
中学物理数学方法讲座/王溢然
高中物理经典名题精解精析/江四喜
高中物理一点一题型/温应春
力学问题讨论/缪钟英　罗启蕙
电磁学问题讨论/缪钟英

中学生物理思维方法丛书

分析与综合/岳燕宁
守恒/王溢然　徐燕翔
猜想与假设/王溢然
图示与图像/王溢然　王亮
模型/王溢然
等效/王溢然
对称/王溢然　王明秋
分割与积累/王溢然　许洪生
归纳与演绎/岳燕宁
类比/王溢然　张耀久
求异/王溢然　徐达林　施坚
数学物理方法/王溢然
形象、抽象、直觉/王溢然